KB220248

사도행전

송로

제12권 나의 생명조차

# 사도행전 속으로
Into the Acts 12. My Life Worth Nothing

**지은이** 이재철
**펴낸곳** 주식회사 홍성사
**펴낸이** 정애주
국효숙 김의연 박혜란 손상범
송민규 오민택 임영주 차길환

2018. 4. 30. 초판 발행   2024. 7. 15. 5쇄 발행

**등록번호** 제1-499호 1977. 8. 1.
**주소** (04084) 서울시 마포구 양화진4길 3   **전화** 02) 333-5161   **팩스** 02) 333-5165
**홈페이지** hongsungsa.com   **이메일** hsbooks@hongsungsa.com
**페이스북** facebook.com/hongsungsa
**양화진책방** 02) 333-5161

• 잘못된 책은 바꿔 드립니다. • 책값은 뒤표지에 있습니다.

ISBN 978-89-365-1285-9 (04230)
ISBN 978-89-365-0531-8 (세트)

# 12 나의 생명조차
### 사도행전 19, 20장

이재철

# 참된 교회를 그리며

저는 주일예배 시간에 늘 '순서설교'를 합니다. 순서설교는 제가 만든 용어로, 문자 그대로 성경을 순서대로 설교하는 것입니다. 강해설교도 성경의 순서를 따르지만 일반적으로 본문을 넓게 잡기에 각 구절에 대한 비중이 떨어지기 쉽습니다. 그러나 순서설교는 본문을 한두 구절씩 짧게 잡는 것이 특징입니다. 그러다 보니 성경 가운데 책 한 권의 설교를 끝내기 위해서는 상당한 햇수가 필요합니다. 그런데도 제가 목회를 시작한 이래 20여 년 동안 계속 순서설교를 해온 까닭이 있습니다. 1년에 주일은 52일밖에 없습니다. 그러므로 목회자가 한 교회에서 평생 목회해도 주일예배 시간에 성경 66권의 내용을 모두 심도 있게 설교하는 것은 물리적으로 불가능합니다. 주일예배는 물론이고 새벽 기도회, 수요 성경공부, 구역 성경공부 등에 빠짐없이 참석하는 교인은 예외겠지만, 주일예배에만 참석하는 대다수 교인은 결국 일주일에 한 번 설교자가 선호하거나 의도하는 구절에 대한 설교만 듣게 됩니다. 그렇게 해서는 하나님의 말씀인 성경 전체를 바르게 이해하고 세상에서 하나님의 말씀을 좇아 사는 것은 지극히 어려운 일입니다. 그와 같은 단점을 보완하기 위해 매 주일 본문 구절의 깊이와 성경 전체의 넓이를 동시에 추구하자는 것이 순서설교입니다. 다시 말해 주일마다 각 구절을 깊이 있게 다루면서, 그 깊이만큼 해당 구절을 창으로 삼아 성경 전체를 들여다보고, 예배가 끝난 뒤에는 그 구절을 안경으로 쓰고 일주일 동안 세상에서 살자는 것입니다.

성경은 창세기부터 요한계시록까지 거미줄보다 더 정교하고 치밀하게 얽혀 있습니다. 그리고 성경 각 구절은 그 전체를 들여다보는 신비로운 창입니다. 똑같은 풍경도 창의 모양과 색깔에 따라 다르게 보이듯이, 성경을 들여다보는 창이 많고 다양할수록 성경 전체에 대한 이해가 더 깊어지고 넓어지기 마련입니다. 제가 순서설교를 선호하는 까닭이 여기에 있습니다. 구약성경의 초점이 '오실 예수'에, 신약성경의 초점이 '오신 예수'에 맞추어져 있기에, 즉 성경 전체의 초점이 '오직 예수' 한 분이기에 순서설교와 절기설교는 상충하지 않습니다. 성경의 모든 구절이 예수님을 들여다보기 위한 창이기 때문입니다. 특정 절기와는 무관해 보이는 구절로 그 절기를 묵상함으로써 오히려 성경의 오묘함을 더 깊이 확인할 수 있습니다.

100주년기념교회 주일예배 설교 텍스트로 사도행전을 선택한 데엔 두 가지 이유가 있습니다. 저의 첫 목회지였던 '주님의교회'에서 요한복음 순서설교를 끝으로 10년 임기를 마친 것이 첫 번째 이유입니다. 목회의 장소와 형태 그리고 목적은 달라져도 목회의 영속성이 단절되는 것은 아니기에 요한복음에 이어 사도행전을 선택하였습니다. 두 번째 이유는 100주년기념교회로 저를 불러내신 주님께서 제게 부여하신 소명이 한국 교회의 출발점인 양화진외국인선교사묘원 묘지기이기 때문입니다. 이미 출판된 요한복음 설교집 〈요한과 더불어〉의 주제가 '주님과 동행'이라면 〈사도행전 속으로〉의 주제는 복음의 결과인 '교회 되기'이므로, 한국 교회의 출발점인 양화진에서 사도행전을 통해 참된 교회의 의미를 되새기기 위함입니다. 2005년 7월 10일 100주년기념교회 창립과 동시에 사도행전 1장 1절부터 순서설교를 시작한 이래 만 5년을 맞는 현재에도 사도행전을 계속 설교하고 있습니다. 주님께서 제 건강과 여건을 허락하신다면, 100주년기념교회에서 목회하는 동안 사도행전 순서설교를 끝내는 것이 제 소박한 바람입니다.

부족하기 짝이 없는 사람을 늘 변함없이 당신의 도구로 사용해 주시는 주님께 감사드릴 뿐입니다.

2010년 7월 양화진에서

이재철

차례

서문_ 참된 교회를 그리며  5

# 사도행전 19장

# 사도행전 20장

# 부록

일러두기

*〈사도행전 속으로〉 제12권은 2015년 1월 18일부터 12월 20일까지 100주년기념교회 이재철 목사가 주일
  예배에서 설교한 내용을 묶어 낸 것입니다.
* 본문에 인용한 성경 구절은 개역개정판 성경을 기본으로 하였고, 그 외의 역본을 따랐을 경우 별도 표
  기하였습니다.
* 본문에 인용한 찬송가는 새찬송가를 기본으로 하였습니다.

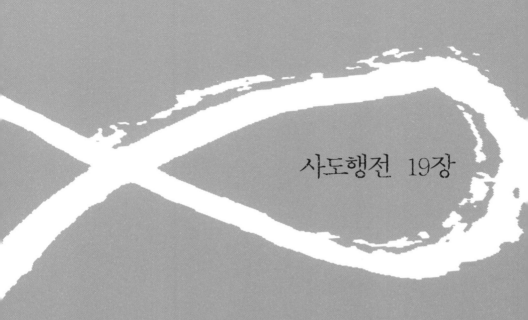

# 사도행전 19장

주님을 믿는 것은 주님의 말씀을 믿는 것이요,

주님의 말씀을 믿는 것은

주님의 말씀이 지닌 힘을 믿는 것입니다.

# 1. 성령이 임하시므로

사도행전 19장 1-7절

아볼로가 고린도에 있을 때에 바울이 윗지방으로 다녀 에베소에 와서 어떤 제자들을 만나 이르되 너희가 믿을 때에 성령을 받았느냐 이르되 아니라 우리는 성령이 계심도 듣지 못하였노라 바울이 이르되 그러면 너희가 무슨 세례를 받았느냐 대답하되 요한의 세례니라 바울이 이르되 요한이 회개의 세례를 베풀며 백성에게 말하되 내 뒤에 오시는 이를 믿으라 하였으니 이는 곧 예수라 하거늘 그들이 듣고 주 예수의 이름으로 세례를 받으니 바울이 그들에게 안수하매 **성령이** 그들에게 **임하시므로** 방언도 하고 예언도 하니 모두 열두 사람쯤 되니라

새해 들어 우리가 처음으로 접하는 사도행전 19장은 이렇게 막이 오르고 있습니다.

아볼로가 고린도에 있을 때에, 바울이 윗지방으로 다녀 에베소에 와서 어떤 제자들을 만나(1절).

에베소에 있던 아볼로는 고린도로 갔고, 고린도에서 에베소를 거쳐 자신의 목회 본거지인 시리아의 안디옥으로 귀환했던 바울은 자신의 약속대로 에베소를 되찾아왔습니다. 이 짧은 내용 속에서 우리는 인간의 상상을 초월하는 주님의 신비로운 섭리와, 오직 주님께만 헌신한 바울의 중심을 동시에 읽을 수 있습니다.

지난 시간에 확인했듯이 '요한의 세례'만 알고 있던 알렉산드리아 출신 아볼로는 에베소에서, 바울이 그곳에 심어 둔 브리스길라와 아굴라 부부를 만나 온전한 복음을 전수받았습니다. 그 이후 아볼로는 고린도로 건너가, 1년 6개월 동안 고린도에서 복음을 전하다가 시리아의 안디옥으로 귀환한 바울의 공백을 자신도 모르게 메웠습니다. 그 덕분에 에베소를 다시 찾은 바울은 사도행전 20장 31절의 증언처럼, 로마제국의 4대 도시인 에베소에서 3년이나 머물면서 복음을 더 깊고 넓게 전할 수 있었습니다.

그때까지 바울과 아볼로는 서로 대면한 적이 없었습니다. 바울이 아볼로에게, 앞으로 나는 3년 동안 에베소를 책임질 테니 내가 개척한 고린도 교회를 당신이 당분간 돌보아 달라고 부탁하는 편지를 써보낸 적도 없었습니다. 그들은 각각 다른 공간과 환경 그리고 상황 속에서 주님의 인도하심을 따라 매일 주어진 자신의 삶에 최선을 다했을 뿐입니다. 그러나 주님의 시각에서 보면, 다시 말해 위에서 내려다보면, 주님께서는 에베소에서 브리스길라와 아굴라 부부를 도구 삼아 복음으로 무장시킨 아볼로를 바울이 떠난 고린도에 포진시키시고, 3차 전도 여행을 시작한 바울을 오늘날의 터키 대륙인 당시의 소아시아 반도를 위해 에베소에 장기 체류케 하심으로, 그 시대를 위한 당신의 섭리를 한 치의 오차도 없이 성취하셨습니다. 새해를 맞은 올 1년 동안에도 우리의 삶 속에는 선뜻 이해할 수 없는 일들이 일어날 수 있습니다. 우리의 계획이 무산될 수도 있습니다. 그러나 바로 그와 같은 우리의 삶을 통해 이 시대를 향한 주님의 섭리가 거미줄처럼 치밀하게 이루어지고 있음을 잊지 않는다면, 우리의 상황이나 여건과는 상관없이 올 한 해도 주님 안에서 절대적 의미를 지니는 새해로 엮어지게 될 것입니다.

본문 1절에 의하면 에베소를 다시 찾은 바울은 "윗지방으로 다녀 에베소"에 이르렀습니다. 사도행전 18장 23절의 증언과 같이, 시리아의 안디옥에서 3차 전도 여행을 시작한 바울이 "갈라디아와 브루기아 땅을 차례로" 거쳐 에베소에 이른 것이었습니다. 더 상세하게 말씀드리면 바울이 에베소에 이르기 전에, 1차 전도 여행 중에 복음을 전했던 도시인 더베, 루스드라, 이고니온, 비시디아 안디옥을 2차 전도 여행 때처럼 먼저 방문했다는 말입니다. 바울이 시리아의 안디옥에서 2~3차 전도 여행을 시작하면서 걸어서 북쪽으로 올라가 동쪽에 있는 더베를 찾아가기 위해서는, 경로상 반드시 자신의 고향인 다소를 먼저 거쳐야만 했습니다. 그러나 2차 전도 여행 때도 그랬지만, 바울의 3차 전도 여행을 다루고 있는 오늘 본문에서도 바울이 고향 다소를 거쳤다는 사실은 언급되어 있지 않습니다. 젊은 시절 13년이나 고향에 칩거해야만 했던 바울이 오랜만에 고향에서 가족 친지들과 재상봉의 기쁨을 나누었다는 내용은 단 한마디도 없습니다. 그런 일이 있었더라도 주님의 부르심을 받은 바울에게는 그것이 절대적인 의미를 지니는 것이 아니었기 때문입니다. 그러고 보면 지중해 세계를 여러 차례 누비고 다닌 바울이었지만, 잠시라도 그의 가족을 만나 행복을 누렸다는 증언은 성경 어디에도 없습니다. 바울은 사람을 사랑하되, 혈연과 지연을 초월한 주님의 사랑으로 사랑하였습니다. 그는 주님의 부르심을 받은 이후 혈연과 지연에 얽매인 적이 없었습니다. 그래서 그는 그 누구 그 어디에도 얽매임 없이 주님 안에서 날마다 새로워질 수 있었고, 혈연과 지연을 뛰어넘어 세상을 새롭게 하는 주님의 통로가 될 수 있었습니다.

그리스도인인 우리 역시 사람을 사랑하지만, 우리의 사랑은 혈연과 지연속에 갇힌 이기심에 지나지 않는 경우가 더 많습니다. 우리도 사랑하긴 하지만 우리의 사랑이 우리 자신도, 우리 가정도, 이 세상도 새롭게 하지 못하는 이유가 여기에 있습니다. 혈연과 지연의 우물에 갇힌 사랑은 반드시 썩기 마련이기에, 그 우물은 악취가 진동하는 시궁창과 다를 바가 없습니다. 그리스도인에게 혈연과 지연이 사랑의 시발점과 과정은 될 수 있을지언정 종착역이 될 수는 없습니다. 올 1년 동안 우리의 사랑이 혈연과 지연을 초월할 때 우리는 비로소 주님의 사랑과 생명을 사방에 흘려 보내는 주님의 온전한 통로가 될 수 있고, 주님 안에서 날마다 새로워지는 새해를 누릴 수 있습니다.

본문 1절을 다시 보면, 에베소를 되찾은 바울은 그곳에서 "어떤 제자들을 만"났습니다. 7절은 그들의 수를 "열두 사람쯤"이라고 증언하고 있습니다. 그들 스스로 주님을 믿는 주님의 제자라고 밝힌 것이었습니다. 만약 그들이 2차 전도 여행을 마무리하면서 귀로에 잠시 에베소에 기항한 바울로부터 복음을 영접한 그리스도인들이었다면, 본문은 정관사를 붙여 그들을 '그 제자들'이라고 표현했을 것입니다. 본문이 그들을 '어떤 제자들'이라고 부른 것은 그들이, 바울이 처음 보는 사람들이었기 때문입니다.

> 이르되 너희가 믿을 때에 성령을 받았느냐? 이르되 아니라, 우리는 성령이 계심도 듣지 못하였노라. 바울이 이르되, 그러면 너희가 무슨 세례를 받았느냐? 대답하되, 요한의 세례니라(2–3절).

바울은 처음 만난 그들이 주님의 제자들이라고는 밝혔지만, 바울이 보기에 성령님의 사람들처럼 보이지는 않았습니다. 바울은 그들에게 "너희가 믿을 때에 성령을 받았느냐?"고 물었습니다. 너희들이 주님을 믿는다면 너희들 속에 성령님께서 내주하고 계실 터인데, 왜 너희 언행 속에서 성령님의 모습이 보이지 않느냐는 의미였습니다. 바울의 질문에 그들은 성령님께서 계심을 들어 본 적도 없다고 대답했습니다. 바울은 그들에게 그렇다면 "무슨 세례를 받았"는지 재차 물었고, 그들은 "요한의 세례"라고 답했습니다.

사도행전 18장 24-25절을 살펴볼 때 말씀드렸던 것처럼, 본문의 '요한'은 요단강에서 회개를 외치며 세례를 베풀던 세례자 요한이었습니다. 세례자 요한은 사람들에게 예수님을 향해 돌아설 것을 요구하는 회개의 세례를 설파하긴 했지만, 정작 그 자신은 예수님의 십자가 고난과 부활을 통해 성취된 복음의 완결을 보지 못한 채 세상을 떠났습니다. 그가 순교한 뒤에 그의 제자들 가운데 사방으로 흩어져 예수님을 전한 사람들이 있었습니다. 그러나 그들이 아는 예수님도 예수님의 공생애 초기에 국한된 예수님이었습니다. 그들 역시 세례자 요한처럼 예수님의 십자가 고난과 부활을 알지는 못했습니다. 그러므로 그들이 전한 예수님의 복음은 복음의 일부일 뿐, 온전한 복음이 아니었습니다. 서두에 언급한 아볼로도 그런 사람 중의 한 명이었습니다. 따라서 우리는 바울이 에베소에서 만난, '요한의 세례'를 받은 본문의 '어떤 제자들'이, 브리스길라와 아굴라 부부로부터 온전한 복음을 전수받기 이전의 아볼로로부터 '요한의 세례'에 대해서만 듣고 배운 사람들임을 알게 됩니다.

> 바울이 이르되, 요한이 회개의 세례를 베풀며 백성에게 말하되, 내 뒤에 오시는 이를 믿으라 하였으니 이는 곧 예수라 하거늘, 그들이 듣고 주 예수의 이름으로 세례를 받으니, 바울이 그들에게 안수하매 성령이 그들에게 임하시므로 방언도 하고 예언도 하니(4-6절).

바울은 그들에게 세례자 요한이 언급했던 구원자 예수님에 대해 설명해 주었고, 그들은 "주 예수의 이름으로 세례를 받"았습니다. 이것은 그들이 단순히 세례라는 종교적 형식을 거쳤음을 뜻하지 않습니다. 바울은 로마서 6장에서 세례를, 예수님의 십자가 죽음과 연합하여 옛사람이 죽고, 예수님의 부활과 연합하여 새사람으로 거듭나는, 새 생명의 역사로 정의하였습니다. 그러므로 '요한의 세례'만 알던 사람들이 주 예수의 이름으로 세례를 받았다는 것은, 십자가의 죽음과 부활을 통해 구원을 성취하신 예수님을 자신들의 주님으로 모셔 들였다는 의미였습니다.

그리고 바울이 세례를 베풀기 위해 그들의 머리에 손을 얹는 순간, 그들에게 성령님께서 임하셨습니다. 우리가 믿는 하나님께서는 삼위일체 하나님이십니다. 성령님께서는 성부 하나님의 영이신 동시에 성자 하나님의 영이시기도 합니다. 바울이 그들의 머리에 손을 얹는 순간 주님의 영이 그들에게 임하신 것이었습니다. 그것은 바울의 손 자체에 무슨 대단한 능력이 있었다는 말이 아닙니다. 바울을 통해 주님의 영이 그들에게 임하심으로, 고작 '요한의 세례'만 알뿐, 십자가의 죽음과 부활을 통한 예수님의 구원에 대해서는 들어 본 적도 없는 그들에게 주님의 구원이 거저 주어졌다는 말입니다. 그들이 주님의 구원을 입기 위해 그 어떤 노력을 기울인 적도 없었지만, 십자가의 예수 그리스도를 믿어 구원 얻는 은혜가 주님의 영을 통해 거저 주어진 것이었습니다.

우리는 오늘 본문 앞에서 '나는, 나도, 과연 성령님을 받았는가?'라고 자문하지 않을 수 없습니다. 이 질문에 대한 바울의 답변입니다.

그러므로 나는 여러분에게 알려드립니다. 하나님의 영으로 말하는 사람

은 아무도 "예수는 저주를 받아라" 하고 말할 수 없고, 또 성령을 힘입지

않고서는 아무도 "예수는 주님이시다" 하고 말할 수 없습니다

(고전 12:3, 새번역).

우리는 예수님께서 우리의 주님이심을 믿고 고백하는 그리스도인들입니다. 그러나 생각하면 할수록, 이 고백보다 더 어려운 믿음의 고백은 없습니다. 예전에 말씀드린 적이 있습니다만, 2천 년 전이라면 신라의 시조 박혁거세와 고구려의 시조 주몽이 알을 깨고 나왔다는 아득한 옛날입니다. 도대체 우리 가운데, 그 옛날 지구 반대편에서 십자가에 못박히신 예수님을 누가 보았습니까? 그 예수님께서 우리의 죗값을 대신 치르시고 우리를 구원해 주시기 위해 십자가의 제물로 돌아가셨다가 죽음을 깨뜨리고 부활하셨다는 황당한 이야기를, 누가 믿을 수 있겠습니까? 세상에는 그 사실을 믿지 않거나 비웃는 사람들이 훨씬 더 많습니다. 하지만 우리는 보지도 못한 그 황당한 이야기를 믿고, 예수님을 우리의 주님으로 고백하고 있습니다. 어떻게 이런 일이 가능했습니까? 우리의 노력이나, 우리의 인지력에 의해서입니까? 결코 아닙니다. 우리는 그분을 알지도 못했고, 그 어떤 노력을 기울인 적도 없지만, 주님의 영이신 성령님께서 먼저 우리에게 임하여 주셨기에, 황당하기 짝이 없어 보이는 십자가의 예수님을 우리의 주님으로 믿고 고백하며 오늘도 이 자리에 나와 있습니다.

주목해야 할 것은 오늘의 본문이, 바울이 '어떤 제자들'에게 '너희가 믿을 때에 성령을 받았느냐?'고 묻는 것으로부터 시작하고 있다는 사실입니다. 그때까지 '요한의 세례'만 알고 있던 그들은 주님의 십자가 죽음과 부활 그리고 이 땅에 다시 강림하신 주님의 영에 대해 전혀 모르고 있었고, 또 주님의 영이 그들에게 임하시기 전이었기에, 바울이 보기에 그들의 언행 속에서

주님이 전혀 드러나 보이지 않았습니다. 바꾸어 말하면, 주님의 영이 임하여 주님을 주인으로 믿고 고백하는 사람의 언행을 통해서는 반드시 주님이 드러나 보여야 합니다. 주님의 겸손하심이 드러나고, 주님의 거룩하심이 드러나고, 주님의 신실하심이 드러나고, 주님의 사랑이 드러나야 한다는 말입니다. 우리의 언행을 통해 주님이 드러나 보이지 않고서야 어떻게 우리가 영이신 주님을 주인으로 모신 주님의 제자라 할 수 있겠습니까?

대체 우리의 삶을 통해 어떻게 주님이 드러나게 할 수 있겠습니까? 주님의 영이 먼저 우리에게 임하시어 우리로 하여금 알지도 못하던 주님을 믿게 해 주셨으므로, 우리가 가만히 있기만 해도 우리의 삶을 통해 주님이 절로 드러나게 됩니까? 결단코 그렇지 않습니다.

> 너희는 먼저 그의 나라와 그의 의를 구하라(마 6:33).
> 나는 마음이 온유하고 겸손하니 나의 멍에를 메고 내게 배우라(마 11:29).
> 네 이웃을 네 몸과 같이 사랑하라(마 22:39).
> 너희 안에 이 마음을 품으라. 곧 그리스도 예수의 마음이니(빌 2:4).
> 오직 너희를 부르신 거룩한 이처럼, 너희도 모든 행실에 거룩한 자가 되라(벧전 1:15).
> 하나님의 능하신 손아래에서 겸손하라(벧전 5:6).

지금 봉독해 드린 주님의 말씀에 사용된 동사는 모두 명령형입니다. 주님께서는 우리가 가만히 있어도 우리의 삶 속에서 하나님의 나라와 의가 구현되고, 우리가 주님을 본받아 배우며, 주위 사람을 주님의 사랑으로 사랑하고, 예수의 마음을 품고, 모든 행실에 거룩한 사람이 되고, 겸손하게 살게 될 것이라고 말씀하신 적이 없습니다. 주님께서는 하나님의 나라와 그의 의를 먼저 구하고, 주님을 본받아 배우고, 주위 사람을 주님의 사랑으로 사랑하며, 주님의 마음을 품고, 모든 행실에 거룩한 사람이 되고, 겸손하라고 일일이 명령하셨습니다. 우리가 주님의 명령을 먼저 지킴으로 구원 얻는 것이 아닙니다. 그것이 구원의 법칙이라면, 주님의 명령을 제대로 지킬 수 없는 우리 가운데 구원받을 수 있는 사람은 단 한 사람도 없습니다.

그럼에도 주님께서 우리에게 그렇게 명령하시는 것은, 우리의 모든 죄와 허물에도 불구하고 주님의 구원의 은혜가 먼저 임했기에 구원받은 그리스도인으로서, 우리 속에 임해 계시는 주님의 능력에 의지하여 주님의 명령을 좇아 살아가야 할 거룩한 성화聖化의 의무가 우리에게 주어졌기 때문입니다. 그래서 누구보다도 심하게 주님을 대적하다가 오직 주님의 은혜로 구원 얻은 바울은 그 이후에는, 날마다 자신을 쳐 복종시키고 날마다 자신을 부인하면서 주님의 명령에 순종하였습니다. 구원이 인간의 이성과 의지를 초월하여 주님께서 거저 주신 신비로운 은혜의 선물이라면, 구원받은 그리스도인의 성화는 주님의 은혜에 대한 인간의 이성과 의지를 다한 응답이기 때문입니다. 그리고 그와 같은 그리스도인에 의해 이 세상은 새로워집니다. 주님께서 그런 사람을 통해 역사하시기 때문임은 두말할 나위도 없습니다.

오늘날 한국 교회가 세상을 살리는 소금과 빛의 역할을 감당하지 못하고 자정 능력마저 상실한 것은, 이미 한국 교회에서 자성의 목소리가 터져 나오고 있듯이 '싸구려 은혜', '싸구려 용서'와 무관하지 않습니다. 그동안 많은 교회가 교인들로 하여금 죄사함과 구원의 은혜를 한번 입기만 하면 가만히 있어도 성화의 삶이 절로 수반되는 것처럼 착각하게 하면서, 주님의 명령에 자신의 이성과 의지를 다해 순종하게 하지는 않았습니다. 그것은 성경이 말하는 구원의 은혜가 아닙니다. 성경이 말하는 구원의 은혜는 반드시 성화의 삶을 수반합니다. 구원의 은혜는 주님의 영이 나와 함께하시는 것이요, 거룩하신 주님의 영이 비천한 나와 함께하시는 까닭은 나로 하여금 이 세상에서 성화의 삶을 살게 해주시기 위함입니다.

신년 초에 아내와 함께 요양병원에 입원해 계신 장모님을 문병하였습니다. 저를 보신 장모님께서 "바쁠 텐데 오늘도 마음먹고 왔구나" 하며 반가워하셨습니다. 그러자 아내가 말했습니다. "우리말이 참 정확하지요? 마음먹지 않으면 아무 일도 할 수 없어요." 정말 그렇지 않습니까? 마음먹지 않으면, 자식이 눈에 보이는 부모에게도 응당 해야 할 일을 제대로 할 수 없습니다. 하물며 마음먹지 않고서야, 어찌 눈에 보이지 않는 영이신 주님의 명령에 순종할 수 있겠습니까?

올해는 우리 교회 창립 10주년을 맞는 해입니다. 창립 10년이라면 우리의 신앙이 교만에 빠지고 성경에서 벗어나 자기만의 타성에 빠지기에 충분한 기간입니다. 그래서 신년 0시 예배 시간에 말씀드린 것처럼, 올해 우리 교회의 표어를 요한복음 14장 20절에 의거하여 '너희가 내 안에, 내가 너희 안에'로 정했습니다. 우리가 그 어떤 노력을 기울이지 않았음에도 주님의 영이 우리에게 먼저 임하여 구원의 은혜를 입게 해주셨을 뿐 아니라, 주님의 영이 계속 우리 안에 계시고, 우리로 하여금 주님 안에 거하게 해주셨습니다.

우리가 주님의 이 은혜를 정녕 믿고 고백한다면 우리 모두 이제부터 마음먹고, 큰맘 먹고, 우리를 이끄시는 주님의 명령에 우리의 이성과 의지를 다해 순종하십시다. 주님의 말씀에 의지하여 하나님의 나라와 그의 의를 먼저 구하고, 주님을 본받아 배우고, 주위 사람을 주님의 사랑으로 사랑하고, 주님의 마음을 품고, 모든 행실에 거룩한 사람이 되고, 주님의 겸손한 제자들이 되십시다. 그때 우리 속에 계신 주님께서 우리 자신을 날로 새롭게 해주심은 물론이요, 우리를 통로로 삼아 이 시대를 정화시켜 주실 것이요, 그 결과로 우리는 매일 새날 새해를 누리게 될 것입니다.


내가 주님을 알기도 전에 내 안에 임해 주시고, 나로 하여금 주님 안에 거하게 해주심으로 영원한 구원의 은혜를 베풀어 주신 주님. 올 1년 동안 나의 계획은 무산되더라도, 나의 삶을 통해 이 시대 역사 속에 거미줄처럼 치밀하게 성취되고 있는 주님의 섭리를 볼 수 있는 영안을 주십시오. 올 1년 동안, 나의 사랑이 혈연과 지연을 초월한 주님의 사랑이게 해주십시오. 올 1년 동안, 주님의 영을 모시고 살아가는 그리스도인답게 주님의 명령에 나의 이성과 의지를 다해 응답하게 해주십시오.

주님의 말씀에 의지하여 하나님의 나라와 그의 의를 먼저 구하고, 주님을 본받아 배우고, 주위 사람을 주님의 사랑으로 사랑하고, 주님의 마음을 품고, 모든 행실에 거룩한 사람이 되고, 주님의 겸손한 제자가 됨으로, 우리를 통해 매순간 주님이 드러나 보이게 해주십시오. 그리하여 우리의 삶이, 우리로 인해 이 시대가, 매일 새날 새해를 누리게 해주십시오. 아멘.

# 2. 방언도 하고 예언도 하니 I

사도행전 19장 1–7절

아볼로가 고린도에 있을 때에 바울이 윗지방으로 다녀 에베소에 와서 어떤 제
자들을 만나 이르되 너희가 믿을 때에 성령을 받았느냐 이르되 아니라 우리는
성령이 계심도 듣지 못하였노라 바울이 이르되 그러면 너희가 무슨 세례를 받
았느냐 대답하되 요한의 세례니라 바울이 이르되 요한이 회개의 세례를 베풀며
백성에게 말하되 내 뒤에 오시는 이를 믿으라 하였으니 이는 곧 예수라 하거늘
그들이 듣고 주 예수의 이름으로 세례를 받으니 바울이 그들에게 안수하매 성
령이 그들에게 임하시므로 **방언도 하고 예언도 하니** 모두 열두 사람쯤 되니라

 

오늘 본문에 이르기까지 바울과 알렉산드리아의 아볼로는 단 한 번도 만
난 적이 없었습니다. 바울이, 자신이 개척한 고린도 교회를 부탁하는 편지
를 아볼로에게 써보낸 적도 없었습니다. 바울과 아볼로는 각각 다른 공간과
환경 그리고 상황 속에서 주님의 인도하심을 따라, 매일 주어진 각자의 삶에
최선을 다했을 뿐입니다. 하지만 주님께서는 에베소에서 브리스길라와 아굴

라 부부를 통해 복음으로 무장시킨 아볼로를 바울이 떠난 고린도에 포진시키시고, 3차 전도 여행을 시작한 바울을 오늘날의 터키 대륙인 당시의 소아시아 반도를 위해 에베소에 장기 체류케 하심으로, 2천 년 전 그 시대를 위한 당신의 섭리를 신비롭게 성취하셨습니다. 그리고 오늘은 우리를 통해 이 시대를 향한 당신의 섭리를 이루시기 위해 지금 우리 가운데 임해 계신 그 주님께, 먼저 감사와 찬양을 올려드립니다.

　시리아의 안디옥에서 3차 전도 여행을 다시 시작하여 브루기아와 갈라디아 땅을 차례로 거쳐, 자신의 약속대로 에베소를 재방문한 바울은 그곳에서 '어떤 제자들'을 만났습니다. 지난 시간에 상세하게 살펴본 것처럼, 그들은 '성령님의 계심'을 들어 본 적도 없는 사람들이었습니다. 그들이 알고 있는 것은 예전의 아볼로처럼 세례자 '요한의 세례', 다시 말해 예수님의 공생애 초기에만 국한되어 있었습니다. 바울은 그들에게 생전의 세례자 요한이 예언했던 메시아―예수님을 전했고, 그들은 '주 예수의 이름으로 세례를 받'았습니다. 바울이 그들에게 세례를 베풀며 그들의 머리 위에 손을 얹자, 그들이 조금 전까지 알지도 못했던 성령님께서 그들에게 친히 임하셨습니다. 그들이 주님의 구원을 입기 위해 그 어떤 노력을 기울인 적도 없었지만, 십자가의 예수 그리스도를 믿어 구원 얻는 은혜가 주님의 영을 통해 그들에게 거저 주어진 것이었습니다.

　　　바울이 그들에게 안수하매 성령이 그들에게 임하시므로 방언도 하고 예
　　　언도 하니, 모두 열두 사람쯤 되니라(6절).

　성령님께서 임하심과 동시에, 대략 열두 명쯤 되는 그들에게 공통적으로 나타난 현상이 있었습니다. 그들이 마치 약속이라도 한 듯, 모두 "방언도 하

고 예언도" 한 것이었습니다. 이를테면 그들이 행한 '방언'과 '예언'이, 그들에게 성령님께서 임하셨다는 증거가 되었습니다. 본문이 언급하고 있는 '예언'에 대해서는 다음 시간에 다루기로 하고, 오늘은 '방언'에 관해 생각해 보기로 하겠습니다.

일반적으로 방언은, 영적인 무아지경의 상태에서 나오는, 이성으로는 이해할 수 없는 천상의 말로만 이해되고 있습니다. 그래서 방언은, 그리스도인이 자신에게 임하신 성령님을 가장 손쉽게 확인하는 길로 여겨지기도 합니다. 자신의 의지와는 상관없이 혀가 꼬부라지며 이해할 수 없는 말이 자신의 입에서 터져 나오는 경험은 확실히, 성령님의 임재를 가장 용이하게 확인하는 길입니다. 하지만 방언을 이처럼 신비로운 외적 현상으로만 이해하기에, 이미 2천 년 전부터 방언과 관련된 부작용이 있었습니다. 그리스도인들이 방언을 자기 과시의 수단으로 삼고, 서로 우열을 따지어, 방언할 줄 모르는 사람은 상대적으로 열등감을 느끼는 것과 같은 부작용이었습니다. 바울은 고린도 교회에 써보낸 편지인 고린도전서에서, 14장 한 장을 온통 방언에 할애하였습니다. 고린도의 교인들 간에 서로 자신을 과시하려는 방언으로 인한 부작용이, 그만큼 컸기 때문입니다. 바울은 그 고린도 교인들에게 다음과 같이 권면했습니다.

> 내가 너희 모든 사람보다 방언을 더 말하므로 하나님께 감사하노라. 그러나 교회에서 네가 남을 가르치기 위하여, 깨달은 마음으로 다섯 마디 말을 하는 것이 일만 마디 방언으로 말하는 것보다 나으니라(고전 14:18-19).

바울은 누구보다도 방언을 더 잘할 수 있었습니다. 그렇지만 바울은 고린도 교인들에게, 공개 장소에서 사람들이 알아들을 수도 없는 방언으로 일만 마디를 하는 것보다, 자신이 먼저 분명히 깨닫고 상대도 깨달을 수 있는 말 다섯 마디를 하는 것이 더 낫다고 권면했습니다. 공개 장소에서까지 방언으로 기도하거나 말하려는 것은 자기 과시를 위한 교만일 뿐, 성령님께서 주신 참된 의미의 방언이 아니기 때문입니다. 한국 교회에서도 오래전부터 방언과 관련된 부작용이 있어 왔습니다. 방언을 신비로운 외적 현상으로만 잘못 이해한 결과입니다. 만약 본문의 '어떤 제자들'이 행한 방언이 그런 외적 현상으로만 그쳤다면, 얼마 지나지 않아 도리어 그들의 믿음생활에도 방언으로 인한 부작용이 수반되었을 것입니다. 성령님께서 그들에게 임하심과 동시에 그들의 입에서 터진 방언이 절대적 가치를 지닌다면, 그 방언이 참된 의미의 방언이었기 때문일 것입니다. 그러므로 방언을 바르게 파악하기 위해서는 사도행전에 나타난 방언의 본래 의미, 참된 의미를 먼저 이해할 필요가 있습니다.

성경에서 성령님의 은사, 즉 성령님의 선물인 방언이 처음으로 사람들에게 주어졌던 역사적 사실은 사도행전 2장에 기록되어 있습니다. 9년 전에 사도행전 2장을 상세하게 살펴보았습니다만, 오순절에 제자들에게 성령님께서 임하시자 제자들이 갑자기 방언을 하기 시작했습니다. 그 전에는 한 번도 없었던 일로, 제자들에게 임하신 성령님의 은사였습니다. 그래서 한국에는 성령님의 많고 많은 은사 가운데, 천상의 말을 하는 방언이 성령님을 받았다는 유일한 증거라고 주장하는 교단과 교회도 있습니다. 오순절에 제자들에게 처음으로 주어졌던 방언을 외적 현상으로만 잘못 이해한 결과입니다. 2천 년 전 성령님의 강림과 동시에 제자들이 처음으로 말한 방언은, 사람들이 무슨 말인지 알아들을 수도 없는 신비로운 천상의 말이 아니었습니다. 사도행전 2장 5-13절이 당시의 정황을 전해 주고 있습니다.

그때에 경건한 유대인들이 천하 각국으로부터 와서 예루살렘에 머물러 있더니, 이 소리가 나매, 큰 무리가 모여 각각 자기의 방언으로 제자들이 말하는 것을 듣고 소동하여 다 놀라 신기하게 여겨 이르되, 보라, 이 말하는 사람들이 다 갈릴리 사람이 아니냐? 우리가 우리 각 사람이 난 곳 방언으로 듣게 되는 것이 어찌 됨이냐? 우리는 바대인과 메대인과 엘람인과 또 메소보다미아, 유대와 갑바도기아, 본도와 아시아, 브루기아와 밤빌리아, 애굽과 및 구레네에 가까운 리비야 여러 지방에 사는 사람들과 로마로부터 온 나그네, 곧 유대인과 유대교에 들어온 사람들과 그레데인과 아라비아인들이라. 우리가 다 우리의 각 언어로 하나님의 큰일을 말함을 듣는도다 하고, 다 놀라며 당황하여 서로 이르되, 이 어찌된 일이냐 하며, 또 어떤 이들은 조롱하여 이르되, 그들이 새 술에 취하였다 하더라.

본문에 거명된 최소한 열여섯 지역은, 당시 유대인들이 알고 있던 거의 전 세계였습니다. 제자들이 방언을 하던 현장에는, 마침 오순절을 맞아, 전 세계로부터 예루살렘을 방문한 디아스포라 유대인들이 모여 있었습니다. 수 세기 전부터 이국땅에 뿌리를 내리고 살던 그들은 각각 다른 현지어를 모국어로 사용하였습니다. 그러나 제자들이 방언을 할 때, 희한하게도 그 모든 사람들이 제자들의 방언을 각각 자신이 사용하는 모국어로 알아들었습니다. 제자들은 학교 문턱도 넘어서 본 적이 없는 무식한 갈릴리 출신들이었습니다. 정규교육을 받아 본 적이 없기에 외국어를 전혀 알지 못하는 제자들이 한 말이었는데도, 그곳에 모인 사람들은 각각 자신들의 모국어로 알아들었습니다.

언어가 다르면 소통이 불가능합니다. 언어가 다르다는 것은 표현 방식뿐 아니라, 사고 방식과 이해 방식도 같지 않음을 뜻합니다. 갈릴리 출신의 무식한 제자들은 전혀 외국어를 구사할 수 없었습니다. 그들은 외국어를 모국어로 사용하는 사람들과는 대화나 소통이 아예 단절될 수밖에 없었습니다. 그들에게는 다른 언어가 자신들의 능력으로는 결코 넘을 수 없는 거대한 장벽이었습니다. 그러나 성령님께서 임하시자 제자들은 평소에 전혀 말이 통하지 않던, 외국어를 모국어로 사용하는 사람들과도 말이 통했습니다. 소통이 시작된 것입니다. 이처럼 성령님의 역사 속에서 최초로 제자들에게 주어진 방언의 참된 의미는, 각각 다른 언어를 사용하는 사람 간의 소통이었습니다. 그래서 우리가 '방언'이라 말하는 헬라어는 본래 '혀'와 '언어'를 동시에 의미하는 '글롯사γλῶσσα'입니다. '혀'를 뜻하는 영어 'tongue'가 '언어'를 의미하기도 하는 것과 같습니다.

예루살렘에 모인, 외국어를 모국어로 사용하는 사람들은, 무식한 제자들의 말을 각각 자신들의 모국어로 알아듣게 되는 것에 대해 깜짝 놀랐습니다. 개중에는, "새 술"에 취했다고 제자들을 조롱하는 사람들도 있었습니다. 제자들의 방언은 그 정도로 예사롭지 않았습니다. 그때의 시간이 아침 9시였습니다. 베드로는 그 이른 시간에 자신들이 결코 술 취하지 않았음을 역설하면서, 자신들의 방언이 성령님께서 임하신 결과임을 입증하기 위해, 성령님께서 강림하실 것을 예고한 선지자 요엘의 예언을 인용하였습니다.

하나님이 말씀하시기를, 말세에 내가 내 영을 모든 육체에 부어 주리니 너희의 자녀들은 예언할 것이요, 너희의 젊은이들은 환상을 보고, 너희의 늙은이들은 꿈을 꾸리라. 그때에 내가 내 영을 내 남종과 여종들에게 부어 주리니 그들이 예언할 것이요, 또 내가 위로 하늘에서는 기사를, 아래로 땅에서는 징조를 베풀리니 곧 피와 불과 연기로다. 주의 크고 영화로운 날이 이르기 전에, 해가 변하여 어두워지고 달이 변하여 피가 되리라(행 2:17-20).

참 이상한 일입니다. 베드로는 지금, 자신들에게 성령님께서 임하셨음을 입증하기 위해 요엘 선지자의 예언을 인용하지 않았습니까? 그러나 제자들에게 성령님께서 강림하신 그날 아침, 요엘의 예언 가운데 실제로 사람들 앞에서 이루어진 것은 아무것도 없었습니다. 성령님께서 강림하셨다고 해서 제자들의 자녀들이 예언한 적도 없었고, 젊은이들이 환상을 본 적도 없었고, 거룩한 꿈을 꾼 늙은이들도 없었으며, 하늘이나 땅에서 기이한 징조가 나타나지도 않았고, 갑자기 해가 사라지고 달이 피로 변하는 초자연적인 현상은 더욱 없었습니다. 성령님의 강림을 입증하기 위해서라면, 베드로가 요엘의 예언을 실수로 잘못 인용했음이 틀림없어 보입니다. 이것이 과연 베드로의 실수였겠습니까? 만약 그렇다면 베드로의 그 인용이 하나님의 말씀으로 사도행전에 기록되었을 리가 없습니다. 요엘의 예언 가운데 현실 속에서 이루어진 것이 아무것도 없음에도 베드로가 굳이 그 요엘서를 인용한 것은, 성령강림의 증거에 관한 한 요엘이 예언한 그 모든 내용보다도, 다른 언어를 사용하는 사람들 간의 소통을 가능케 해준 방언이 더 큰 증거임을 강조하기 위함이었습니다.

성령님 안에서 그리스도인으로 살아간다는 것은 자기 개인의 삶이 새로워지는 것은 물론이요, 그 결과로 다른 사람과의 관계도 새롭게 구축되는 것을 의미합니다. 그것이 가능하기 위해서는 상대와의 소통이 반드시 전제되어야만 합니다. 이런 관점에서 소통이 불가능하던 사람과의 소통을 가능하게 해주는 방언은 참으로 중요합니다. 그것이 주님의 영이신 성령님께서 임재하신 유일한 증거는 아니지만, 가장 큰 증거 중의 하나일 수는 있습니다. 사랑도, 평화도, 공생도, 전도도, 모두 소통의 토대 위에서만 가능하기 때문입니다.

우리는 '성숙자반' 8과 '성령님의 은사'를 통해, 모든 '외적은사'는 반드시 '내적은사'로 승화되어야 함을 배운 적이 있습니다. 신비로운 천상의 말을 하는 것이 방언의 외적은사라면, 평소 대화가 통하지 않던 사람 간에 말이 통하기 시작하는 것은 방언의 내적은사라고 했습니다. 겉으로 화려하게 드러나 보이는 방언의 외적은사는 자칫 자기 과시를 위한 자기 교만에 빠지기 쉽지만, 사람 간의 소통을 가능하게 해주는 방언의 내적은사는 받으면 받을수록 사람 관계의 폭과 깊이가 더 넓고 깊어지게 됩니다. 오늘 본문이 증언하는 '어떤 제자들'의 방언이 절대적인 의미를 지닌다면, 그 방언이 겉으로 드러난 일시적인 외적은사로 그치지 않고, 오순절에 주님의 제자들이 행하였던 방언처럼 다른 사람과의 소통을 가능하게 해주는 내적은사로 이어졌기 때문일 것입니다.

우리는 거의 모두 한국어를 모국어로 사용하고 있습니다. 그렇지만 같은 한국어를 사용하는 사람들 간에도 소통이 되는 경우보다는, 소통이 불가능한 경우가 훨씬 더 많습니다. 한 지붕 아래에서 한국어를 주고받으면서도 소통이 되지 않는 부부, 한 사무실에서 일하면서도 소통이 불가능한 동료들, 같은 교회에 다니면서도 소통이 막힌 교인들이 얼마나 많은지 모릅니다. 형식적으로는 동일한 한국어를 사용하지만, 실제로는 한국어를 빌려 각자 다른 언어를 말하는 탓입니다. 서로 상대의 말을 들으려 하지 않으면, 한국어로 아무리 많은 말을 주고받아도 각자 다른 언어를 말하는 것에 지나지 않습니다. 언어의 발성은 입과 목에서 이루어지지만, 언어의 근본적인 출발점은 마음이기 때문입니다. 그러나 주님 앞에서 깊이 생각해 보십시다. 신앙생활하는 남편과 아내가 서로 다른 언어를 고집하느라 막상 대화가 통하지는 않는다면, 그들이 과연 주님을 주인으로 모신 참된 믿음의 부모가 될 수 있겠습니까? 그리스도인인 진보주의자와 보수주의자가 서로 다른 언어에 집착하느라 소통이 불가능하다면, 어떻게 그들이 이 시대를 아우르는 주님의 진정한 제자가 될 수 있겠습니까?

우리 교회의 모태인 100주년기념재단의 초대 이사장 한경직 목사님은 한국 개신교를 대표하는 보수계의 거두였습니다. 반면에 2대 이사장 강원용 목사님은 한국 개신교 진보계의 선두주자였습니다. 강원용 목사님은 초대 이사장 한경직 목사님의 생전에는 재단의 부이사장이었습니다. 이념적으로 좌우 양 끝에 위치한 한경직 목사님과 강원용 목사님이 생전에, 이사장과 부이사장으로 한 기관에서 함께 재직한 것은 100주년기념재단이 유일합니다. 그 두 분은 이념과 신앙관과 인생관은 판이하게 달랐지만, 주님 안에서는 얼마든지 서로 소통하고 이해하며 함께 동역할 수 있음을 100주년기념재단을 통해 이 세상에 직접 입증해 주었습니다. 그 두 분은 이를테면 방언의 내적은사를 받은 분들이었고, 우리는 그 두 분의 소통의 정신을 이어받은 100주년기념교회 교인들입니다.

주님께서는 보수주의자나 진보주의자, 어느 한 진영만을 위해 십자가를 지신 것이 결코 아닙니다. 당신의 오른팔로는 보수주의자를, 왼팔로는 진보주의자를 동시에 감싸 주시기 위해, 주님의 두 손이 십자가에 못박히셨습니다. 남편이나 아내―어느 한 사람이 아니라 두 사람을 함께 품어 주시기 위해, 주님께서 당신의 양손을 십자가에 내어놓으셨습니다. 나뿐만 아니라, 나와 소통이 되지 않는 그 사람도 어루만져 주시기 위해, 주님의 두 손이 십자가의 제물이 되셨습니다. 주님께서 특정인이나 특정 지역 혹은 특정 그룹만의 주님이 아니라, 남녀노소 빈부귀천을 막론하고 만인을 위한 주님이신 까닭이 여기에 있습니다. 그 주님을 모신 그리스도인이라면, 그 주님께서 내 안에 임해 계심을 믿는다면, 우리는 모두 방언—즉 소통의 사람이 되어야 합니다.

지난달에 잠시 부산에 다녀왔습니다. 그곳에서 마침 지나치는 길에 위치한 갤러리에 들어갔다가, 한쪽 벽면을 온통 장식하고 있는 거대한 낙서판을 보았습니다. 그 위에 적힌 수많은 낙서들 가운데 유독 제 눈에 띄는 내용이 있었습니다.

> 목마른 자가 우물을 파고, 돈 많은 자가 우물을 사고, 돈 많은 자가 생수를 팔고, 목마른 자가 생수 사려고 일을 한다네.

오늘의 세태를 이보다 더 간략하고도 적확하게 표현할 수 있겠습니까? 사람들은 기회만 닿으면 돈으로 무엇이든 소유하고 지배하려 합니다. 동네 우물마저 독점하려는 상황 속에서는 거래나, 다른 언어를 통한 일방적인 자기주장만 있을 뿐, 사람 간에 진정한 소통은 있을 수 없습니다. 그러나 우물과 관련된 사람들이 우물을 소유와 지배의 대상으로 보지 않고 서로 그 우물의 선한 청지기가 된다면, 바로 그 우물 덕분에 사람들의 소통은 날이 갈수록 더 원활해지고 깊어질 것입니다.

우리가 소통해야 할 누군가와의 소통이 지금 막혀 있다면, 따지고 보면 그것은 우리가 주님께서 맡겨 주신 우물을 독점하려 하기 때문입니다. 우리 각자에게는, 주님께서 우리를 믿고 맡겨 주신 우물이 있습니다. 그 우물 속에는 단지 생수로 대변되는 물질만 들어 있는 것이 아닙니다. 그 우물 속에는 우리의 시간과 재능과 지식과 이념과 의지와 감정 등, 우리의 모든 것이 들어 있습니다. 그 우물을 자신만을 위해 독점하려 하면, 아무리 한국어로

방언도 하고 예언도 하니 I  33

많은 말을 주고받아도 주위 사람들과의 소통은 영영 멀어지기 마련입니다.

그리스도인은 각자에게 맡겨진 우물의 청지기가 되어야 합니다. 우물의 주인이 주님이심을 알아, 주님의 선하신 뜻을 위해 우물 속의 모든 것을 사용하는 것입니다. 그때 우리는 대립과 분열과 단절이 판을 치는 이 암울한 조국의 현실 속에서, 악과 불의는 단호하게 물리치면서도, 사람 간의 소통은 확대시켜 나가는 진정한 방언의 실천자들로 살아갈 수 있습니다. 홀로는 불가능하지만, 우리 각자에게 당신의 우물을 맡겨 주시고 우리 모두를 위해 십자가를 지신 주님의 도우심 속에서는 얼마든지 가능합니다. 주님께서는 우리가 그렇게 살 수 있게끔 우리를 도우시기 위해 이미 우리 안에 임해 계시고, 우리로 하여금 벌써부터 당신 안에 있게 해주셨습니다.

주님께서는 남편과 아내, 부모와 자식, 형제와 자매, 고용주와 고용인, 보수주의자와 진보주의자, 여당과 야당을, 모두 양팔로 감싸시고 어루만져 주시기 위해, 당신의 두 손을 십자가의 제물로 내어놓으셨습니다. 그래서 주님께서는 만인의 구주셨고, 주님 안에서는, 로마제국의 하수인인 세리 마태와 무력으로 독립을 쟁취하려던 시몬도 소통할 수 있었습니다. 그 주님께서 이미 우리 안에 계시고, 우리로 하여금 주님 안에 있게 해주셔서 감사합니다.

우리 모두 주님의 도우심 속에서 주님을 닮고, 주님을 본받아 살게 해주십시오. 우리 각자는, 주님께서 우리에게 맡겨 주신 우물의 청지기임을 잊지 말게 해주십시오. 우물 속의 모든 것을 오직 주님의 선한 뜻을 위해 사용하게 해주십시오. 그리하여 사회 각계각층의 분열과 대립과 단절이 국민의 마음을 갈가리 찢어 놓는 조국의 아픈 현실 속에서, 악과 불의에는 단호히 맞서면서도, 사람 간의 소통은 날로 확대시켜 나가, 진정한 방언의 실천자로 살게 해주십시오. 대립과 분열과 단절은 한순간에 일어나지만, 소통과 통합의 회복을 위해서는 누군가가 오랫동안 썩어지는 밀알이 되어야 하기에, 한국 교회 200주년을 향한 길닦이의 사명을 부여받은 우리 자신이, 조국과 한국 교회를 위해 그 책무를 자임하게 해주십시오. 아멘.

# 3. 방언도 하고 예언도 하니 II 사순절 첫째 주일

사도행전 19장 1-7절

아볼로가 고린도에 있을 때에 바울이 윗지방으로 다녀 에베소에 와서 어떤 제
자들을 만나 이르되 너희가 믿을 때에 성령을 받았느냐 이르되 아니라 우리는
성령이 계심도 듣지 못하였노라 바울이 이르되 그러면 너희가 무슨 세례를 받
았느냐 대답하되 요한의 세례니라 바울이 이르되 요한이 회개의 세례를 베풀며
백성에게 말하되 내 뒤에 오시는 이를 믿으라 하였으니 이는 곧 예수라 하거늘
그들이 듣고 주 예수의 이름으로 세례를 받으니 바울이 그들에게 안수하매 성
령이 그들에게 임하시므로 **방언도 하고 예언도 하니** 모두 열두 사람쯤 되니라

 

작년 가을부터 한국 교회 일각에서 괴소문이 나돌기 시작했습니다. 12월
에 한반도에서 전쟁이 터진다는 괴소문이었습니다. 그 괴소문의 진원지는,
미국의 모 신학대학원을 중퇴했다는 홍혜선 전도사라는 분이었습니다. 그
녀는 하나님의 말씀이 자기에게 임했다며 작년 9월 6일, 한국 전쟁을 예언
하는 동영상을 처음으로 유투브에 올렸습니다. 그 동영상을 조회하는 사람

의 숫자가 많아지자 홍혜선 전도사는 계속하여 후속 동영상들을 인터넷에 올렸고, 그녀의 '한국 전쟁 예언'은 SNS를 통해 급속도로 퍼져나갔습니다.

이미 공개된 바와 같이 그 예언 내용은 이랬습니다. 12월이 되면, 북한이 그동안 파놓은 수많은 땅굴을 통해 기습 남침하여 대통령이 납치당하고, 남한 국민의 절반이 사망하며, 어린아이들은 북으로 끌려가 인육으로 잡아먹히고, 여성들은 제2의 정신대원으로 전락할 것이므로, 12월이 되기 전에 반드시 외국으로 피난 가라는 것이었습니다. 그리고 홍혜선 전도사는 급기야는, 전쟁이 2014년 12월 14일 주일 새벽 4시 30분에 발발할 것이라고 구체적인 날짜와 시간까지 예언하였습니다.

그 즈음에 SNS가 삶의 일부가 되어 있는 청년 몇 명이 각각 시차를 두고 제게 물었습니다. 12월 14일에 한국 전쟁이 터진다는 홍혜선 전도사의 예언에 대해 어떻게 생각하느냐는 질문이었습니다. 저는 그 청년들에게 담임목사의 직을 걸고 장담하건대, 홍혜선 전도사가 예언한 날에는 절대로 전쟁이 터지지 않을 테니 아무 염려 말라고 답해 주었습니다. 그러나 되돌아보면, 이미 거짓으로 판명된 홍혜선 전도사의 한국 전쟁 예언은 약과였습니다. 23년 전인 1992년에 한국 교회에는 더 큰 물의가 빚어졌었습니다. 이장림 목사라는 분이 퍼트리기 시작한 시한부종말론 때문이었습니다.

이장림 목사는 '다가올 미래를 준비하라'는 의미의 '다미선교회'를 설립하고, 1992년 10월 28일 밤 12시에 주님의 재림과 함께 휴거携擧가 일어날 것이라고 예언하였습니다. 다시 말해 그리스도인들이 산 채로 공중으로 들림받아, 재림하시는 주님을 공중에서 영접하게 될 것이므로, 그리스도인들은 그날을 준비해야 한다고 예언한 것입니다. 당시에는 지금과 같은 SNS가 갖추어져 있지 않았지만, 이장림 목사의 예언은 전국에 파장을 미쳐 그의 시한부종말론을 받아들인 교회가 166개나 되었고, 교인들의 수는 이루 헤아릴 수조차 없을 정도로 많았습니다. 종말과 휴거를 확신한 교인들은 휴거를 믿지 않는 가족들과 의연히 절연하고, 생업마저 포기하고, 전 재산을 팔아 교회에 헌납한 뒤, 휴거를 준비하기 위해 기도에 전념하였습니다. 이장림 목사의 종말과 휴거 예언이 엄청난 사회 문제로 비화된 것이었습니다. 당시 임신한 한 여성은, 배 속에 있는 태아의 무게 때문에 자신이 공중으로 들림 받는 데 지장을 받을까 봐 미리 낙태한 것으로 알려지기도 했습니다. 자신이 산 채로 공중으로 들림 받는 휴거를 믿는다면서도, 태어나지도 않은 자기 배 속 태아의 무게는 휴거에 장애물이 될 것이라고 여긴다면, 대체 그 믿음은 무엇을 위한 무슨 믿음인 것입니까?

이장림 목사가 휴거를 예언한 1992년 10월 28일은 수요일이었고, 당시 저는 주님의교회 목사였습니다. 당일 저녁 7시경부터 방송에서는, 그날 밤에 휴거될 것을 믿는 사람들이 하얀 옷을 입고 자신들이 속한 예배당으로 속속 모여들고 있다는 뉴스가 나오고 있었습니다. 저는 그날 밤 수요성경공부시간을 통해, 이장림 목사가 밤 12시에 반드시 일어날 것이라고 단정한 휴거는 결코 일어나지 않을 것이라고 오히려 제가 교우님들 앞에서 단정하였습니다. 그날 주님의교회 수요성경공부는 밤 8시에 시작되었고, 이장림 목사가 예언한 휴거는 4시간 후인 밤 12시로 예정되어 있었습니다. 이장림 목사의 예언이 정말 하나님께서 주신 예언이라면, 불과 4시간 후면 그의 예언이 현실이 될 판이었습니다. 만약 제가 0.001퍼센트라도 이장림 목사의 예언이 사실일지도 모른다는 생각을 지니고 있었다면, 그날 밤 수요성경공부시간에 휴거에 대해서는 아예 언급하지 않거나, 언급하더라도 두루뭉술하게 모호한 표현을 사용하였을 것입니다.

그러나 그날 밤 이장림 목사가 단정한 휴거 시각을 불과 4시간 앞두고 제가 주님의교회 교인들에게 4시간 후에 휴거는 결코 일어나지 않을 것이라고 단정한 것은, 그리고 작년에 몇몇 청년들에게 홍혜선 전도사가 예언한 한국 전쟁은 절대로 발발하지 않는다고 담임목사직을 걸고 장담한 것은, 구체적인 날짜와 시각을 밝히는 것과 같은 점쟁이식의 예언은 성경이 말하는 예언이 아니기 때문입니다.

하지만 홍혜선 전도사의 예언을 믿고, 그녀가 한반도에서 전쟁이 터진다고 예언한 작년 12월 14일 이전에 미국, 캐나다, 피지, 필리핀, 캄보디아, 태국 등으로 피난 간 그리스도인들이 적지 않았던 것으로 알려지고 있습니다. 2주일 전 SBS-TV의 간판 프로 〈그것이 알고 싶다〉는, 홍혜선 전도사의 전쟁 예언을 믿고 태국 최북단의 외진 지역 매홍손이라는 곳으로 피난 간 한국인들을 취재하여 방영하였습니다. 약 40명에 달하는 사람들이, 한국인 선교사가 경영하는 선교센터에서 집단생활하고 있었습니다. 2014년 12월 14일 한국 전쟁이 터진다는 홍혜선 전도사의 예언이 거짓이었음이 이미 판명되었음에도, 그들은 현재 한국에서 예전과는 다른 양상의 전쟁이 진행 중이라고 믿고 있었습니다. 고속도로와 아파트 옥상에서 발생한 연쇄충돌과 화재 등이, 북한에 의한 전쟁 소행이라고 굳게 믿고 있는 것이었습니다.

1992년 10월 28일로 단정한 이장림 목사의 시한부종말론이 얼마나 큰 사회적 문제를 일으켰었던지, 그날 수요성경공부를 마친 제가 밤 11시가 넘어 귀가하니, 휴거 신봉자들의 집결장소 가운데 한 곳인 어느 예배당의 광경을 텔레비전이 생중계하고 있었습니다. 수많은 시민들이 정말 무슨 일이 일어나는지 확인하기 위해 예배당 앞에 모여 있었고, 하얀 옷을 입고 예배당 안으로 들어가는 휴거 신봉자들은 마치 승리자처럼 TV 카메라와 시민들을 향해 손가락으로 V자를 그려 보였습니다. 이미 예배당에 들어간 휴거 신봉자들은 2층 창문을 통해 손을 흔들면서, 바깥에 모여 있는 시민들—그들의 관점에서 볼 때 휴거에서 제외된 시민들을 측은한 표정으로 바라보았습니다. 그러나 이장림 목사가 예언한 밤 12시가 지나도 어느 누구에게도, 어느 곳에서도 휴거는 일어나지 않았습니다. 그 순간 전국 166개의 예배당에 모여 있던 휴거 신봉자들이 얼마나 당혹스러웠겠습니까?

　나중에 알려진 이야기입니다만, 밤 12시가 지나도 휴거가 일어나지 않자 신봉자들 사이에서 소동이 일어나기 시작했습니다. 그때 한 예배당에서는 지도자가 이렇게 외쳤다고 합니다. "휴거는 한국 시간이 아니라, 이스라엘 시간으로 밤 12시에 일어납니다." 한국과 이스라엘 간에는 7시간의 시차가 있습니다. 그 예배당에 모여 있던 사람들은 이튿날 아침 7시까지 기다렸지만 끝내 휴거는 일어나지 않았습니다. 또 어느 예배당에서는 이렇게 소리치는 지도자도 있었다고 합니다. "지금 교통체증 때문에 주님의 재림이 늦어지고 있습니다." 하지만 차량의 운행이 멈춘 한밤중에도 주님의 재림은 없었습니다. 이튿날 아침 조간신문마다에는, 고개를 숙이고 예배당을 빠져나오는 휴거 신봉자들의 사진이 실렸습니다. 전날 밤 손가락으로 V자를 그리며 예배당 안으로 들어가던 모습과는 너무나도 대조적이었습니다. 이장림 목사의 종말과 휴거 예언은 이처럼 비성경적인 거짓이었음이 명명백백하게 밝혀졌음에도, 당시의 휴거 신봉자들 가운데는 23년이 지난 지금까지도 휴거 예언 날짜를 계속 미루어 가면서, 자신들이 정한 날짜의 휴거를 여전히 믿고 있다고 합니다.

　1992년 10월 28일 밤 12시를 못박은 이장림 목사의 종말과 휴거 예언, 그리고 2014년 12월 14일 주일 새벽 4시 30분에 발발한다고 단정한 홍혜선 전도사의 한국 전쟁 예언은 너무나도 황당해서, 이성과 상식이 통하는 그리스도인이라면 언급할 가치조차 없는 내용입니다. 그런데도 멀쩡하던 그리스도인들이 가정과 생업마저 내팽개치고 이장림 목사나 홍혜선 전도사 식의 거짓 예언에 쉽게 심취하거나 현혹당하는 것은, 성경이 말하는 예언을 점쟁이 식의 예언으로 그릇 이해하고 있기 때문입니다.

3차 전도 여행을 시작한 바울은 자신의 약속대로 에베소를 다시 방문하여 '어떤 제자들'을 만났습니다. 그들은 '성령님의 계심'을 들어 본 적도 없는 사람들이었습니다. 바울은 '요한의 세례'만 알고 있는 그들에게 생전의 세례자 요한이 예언했던 메시아—예수님을 전했고, 그들은 '주 예수의 이름으로 세례를 받았습니다. 바울이 그들에게 세례를 베풀며 그들의 머리 위에 손을 얹자, 조금 전까지 그들이 알지도 못했던 성령님께서 그들에게 친히 임하셨습니다. 그들이 주님의 구원을 입기 위해 그 어떤 노력을 기울인 적도 없었지만, 십자가의 예수 그리스도를 믿어 구원 얻는 은혜가 주님의 영을 통해 그들에게 그저 주어진 것이었습니다.

> 바울이 그들에게 안수하매 성령이 그들에게 임하시므로 방언도 하고 예언도 하니, 모두 열두 사람쯤 되니라(6절).

성령님께서 임하심과 동시에 대략 열두 명쯤 되는 그들이 마치 약속이라도 한 듯, 모두 '방언도 하고 예언도 하'였습니다. 이를테면 그들이 행한 '방언'과 '예언'이, 그들에게 성령님께서 임하셨다는 증거가 되었습니다. 사도행전에 나타난 '방언'의 깊은 의미에 대해서는 지난 시간에 숙고하였으므로, 오늘은 '예언'에 관해 함께 생각해 보기로 하겠습니다.

성령님께서 친히 임하셨을 때, 본문의 제자들이 대체 어떤 예언을 했겠습니까? 구체적으로 몇 년 몇 월 며칠 몇 시에 전쟁이 터지거나 종말이 임할 것이라는, 소위 점쟁이 식의 예언이었겠습니까? 그런 식의 예언이었다면, 그 예언이 아무리 족집게처럼 맞아떨어졌다 한들, 오늘의 시점에서 보면 무려 2천 년이나 경과한, 우리와는 무관한 과거사일 뿐이지 않습니까? 시간이 지나갈수록 우리와는 아무 상관없는 과거사로 점점 멀어져갈 뿐인 그런 예언이 성령 하나님 앞에서 무슨 의미를 지닐 수 있겠습니까? 그런 식의 예언이라면, 본문이 증언하고 있는 성령님의 은사로서의 예언과 점쟁이의 예언 사이에 대체 무슨 차이가 있을 수 있겠습니까?

우리말 '예언'은 미래의 일을 점쟁이처럼 미리 말하는 것을 의미합니다. 그러나 본문에서 우리말 '예언하다'로 번역된 헬라어 동사 '프롭헤튜오 προφητεύω'의 성경적 의미는 본래 그런 뜻이 아닙니다. '프롭헤튜오'는 구약에 사용된 히브리어 동사 '나바נבא'를 헬라어로 번역한 것으로, 히브리어 동사 '나바'는 본디 '하나님의 말씀을 맡다'는 의미입니다. 그리고 '하나님의 말씀을 맡은 사람'을 히브리어로 '나비נביא'라 하는데, 그 단어가 우리말로 '예언자'라 번역되고 있습니다. 하지만 히브리어 '나비'는 흔히 잘못 알고 있듯이 한자로 '미리 예豫' 자를 사용한 '예언자豫言者'가 아니라, '맡길 예預' 자로 이루어진 '예언자預言者'입니다. 은행이 사람들의 예금을 책임지고 맡듯이, 하나님의 말씀을 책임지고 맡은 사람이 '예언자預言者'인 것입니다. 즉 성경에 등장하는 수많은 선지자들은 족집게처럼 미래의 일을 미리 알아맞히는 점쟁이들이 아니라, 하나님의 말씀으로 과거와 현재와 미래를 해석하면서 자신의 시대와 세상을 바르게 추스른 예언자들이었습니다. 점쟁이 식의 예언에 심취하면 할수록 인생과 신앙이 점점 더 미몽에 빠져들어 거룩한 삶과는 도리어 거리가 멀어지지만, 말씀으로 시대와 역사를 해석하며 자신과 타인을 말씀 위에 곧추세워 가는 예언자의 삶은 점점 더 거룩해지는 까닭이 바로 여기에 있습니다.

오늘 본문의 제자들이 예언함으로써 미래의 일을 알아맞히는 점쟁이처럼 되었다면, 그것은 그들의 신앙에 유익보다는 오히려 해악을 끼쳤을 것입니다. 그들이 성령님의 임재 속에서 예언했다는 것은 하나님의 말씀으로 시대와 세상을 분별하고 해석하면서, 자신뿐 아니라 타인의 삶까지도 바르게 추슬러 주는 성경적 의미의 예언자들이 되었음을 뜻했습니다. 그것이 그들에게 성령님께서 임하셨다는 참된 증거였습니다.

올해 우리 교회의 표어는 요한복음 14장 20절에 의거한, '너희가 내 안에, 내가 너희 안에'입니다. 우리가 주님 안에 있고, 주님께서 우리 안에 계신 것입니다. 이것은 우리의 요구 사항이거나 희망 사항이 아닙니다.

이것은 우리를 향한 주님의 약속입니다. 그리고 당신의 약속대로 주님께서는 이미 영으로 우리 안에 임해 계시고, 우리로 하여금 벌써부터 당신 안에 있게 해주셨습니다. 그 주님께서는 로고스, 말씀이십니다. 로고스이신 주님께서 당신의 말씀 안에 우리를 있게 하심으로, 당신 자신인 당신의 말씀을 우리에게 송두리째 맡겨 주신 것입니다. 주님께서 우리 모두를 당신의 말씀을 맡은 예언자로 세워 주셨다는 말입니다. 그러므로 우리에게 이미 임해 계신 주님의 영이신 성령님의 조명 속에서는, 우리는 얼마든지 주님의 말씀으로 과거를 해석하며, 현재를 분별하고, 미래를 예측하면서, 자신과 타인의 삶을 말씀 위에 곧추세워 주는 예언자로 살아갈 수 있습니다.

이제부터 제가 예언해 보겠습니다. 지난 세월 동안 주님 밖에서 인생을 허비하다가 이제 막 주님을 향해 돌아선 분들에게는, 이사야 43장 18-19절 상반절 말씀으로 예언하겠습니다.

너희는 이전 일을 기억하지 말며 옛날 일을 생각하지 말라. 보라, 내가 새 일을 행하리니 이제 나타낼 것이라.

현대인들은 하나님보다도 하나님께서 주신 것들을 더 좋아합니다. 그리스도인이라고 다 예외인 것도 아닙니다. 생명도 인격도 없는, 자신을 결코 영원히 책임져 줄 수 없는 세상의 것들을 우상으로 신봉하느라, 정작 생의 목적으로 섬겨야 할 하나님을 수단으로 삼고 있습니다. 그래서 저는 이 시대와 현대인들을 향해 여호수아 23장 16절 말씀으로 예언할 수 있습니다.

> 만일 너희가 너희의 하나님 여호와께서 너희에게 명령하신 언약을 범하고 가서 다른 신들을 섬겨 그들에게 절하면, 여호와의 진노가 너희에게 미치리니, 너희에게 주신 아름다운 땅에서 너희가 속히 멸망하리라.

그러나 이 세상에서 상대적인 불이익을 감수하면서까지 그리스도인의 선한 양심을 지키며 살아가는 사람들에게는, 이렇게 예언할 것입니다.

> 눈물을 흘리며 씨를 뿌리는 자는, 기쁨으로 거두리로다. 울며 씨를 뿌리러 나가는 자는, 반드시 기쁨으로 그 곡식 단을 가지고 돌아오리로다 (시 126:5-6).

또 매사에 주님의 말씀을 좇아 의롭게 산다는 이유 때문에 이해당사자들로부터 도리어 모함받고 박해당하는 분들이 있습니까? 그런 분들께는 예레미야 1장 19절 말씀으로 예언합니다.

> 그들이 너를 치나 너를 이기지 못하리니, 이는 내가 너와 함께하여 너를 구원할 것임이니라. 여호와의 말이니라.

세상에서 가진 것도, 내세울 것도 전혀 없는 자신의 삶을 통해서도 과연 하나님의 섭리가 성취될까 반신반의하는 사람에게는, 다음과 같이 예언하겠습니다.

> 만군의 여호와께서 맹세하여 이르시되, 내가 생각한 것이 반드시 되며, 내가 경영한 것을 반드시 이루리라(사 14:24).

이처럼 우리는 성령님의 조명 아래에서 누구든지 말씀으로 예언자의 삶을 살 수 있습니다. 아니, 우리는 반드시 예언자로 살아야만 합니다. 그것이 영으로 우리 안에 임해 계신 주님께서 우리에게 당신의 말씀을 맡겨 주신 이유이기 때문입니다.

오늘은 주님의 십자가 고난과 부활을 묵상하고 기리면서, 우리의 어그러진 삶을 주님 앞에서 바르게 추스르는 참회의 절기인 사순절 첫째 주일입니다. 우리의 죗값을 대신 치르시기 위해 십자가의 제물로 돌아가셨다가 사흘째 되는 날 죽음을 깨뜨리고 부활하신 주님께서 이미 우리 안에 영으로 임해 계시고, 우리로 하여금 벌써부터 당신 자신이신 당신의 말씀 안에 거하게 해주셨건만, 그동안 전혀 예언자답게 살아오지 못한 우리의 잘못을 회개하십시다. 우리 시대의 분열과 대립, 혼돈과 혼란이, 예언자답게 살아오지 못한 우리 자신의 책임임을 통감하십시다. 이장림 목사나 홍혜선 전도사처럼 성령을 빙자한, 허황한 점쟁이식의 예언에 그 누구도 심취하거나 현혹당하지 마십시다. 사순절 첫째 주일을 맞아 우리 모두 성령님의 도우심 속에서 주님의 말씀으로 과거를 해석하며, 현재를 분별하고, 미래를 예측하면서, 자신과 타인의 삶을 말씀 위에 곧추세워 주는 이 시대의 '나비'—예언자들이 되십시다. 우리는 보잘것없어도 주님의 말씀이 반드시 이 시대를 살릴 것입니다. 우리의 말은 순간적인 공기의 진동으로 끝나 버리지만, 주님의 말씀은 죽음과 어둠을 깨뜨리는 영원한 생명의 빛이시기 때문입니다.

내가 말씀을 맡은 예언자답게 살지 못했기에, 이 세상이 이렇게 어두워졌습니다. 내가 예언자답게 살지 못했기에, 조국의 현실이 이다지도 암울해졌습니다. 이 땅의 교회가 거룩성을 상실한 것도, 예언자답게 살지 못한 나의 탓입니다. 참회의 절기인 사순절 첫째 주일을 맞이하여 이 모든 잘못을 회개하오니, 용서하여 주십시오.

우리의 죗값을 대신 치르시기 위해 십자가의 제물로 돌아가셨다가, 죽음과 어둠을 깨뜨리고 부활하신 주님께서 영으로 우리 안에 임해 계시고, 당신 자신인 당신의 말씀 안에 있게 해주셨음을 잊지 말게 해주십시오. 이제부터 우리 모두 당신의 말씀을 맡은 이 시대의 '나비'—예언자로 살아가게 해주십시오. 주님의 말씀으로 과거를 해석하며, 현재를 분별하고, 미래를 예측하면서, 자신과 타인의 삶을 말씀 위에 곧추세워 주는 예언자가 되게 해주십시오. 우리의 예언이, 죽음과 어둠이 지배하는 이 시대를 진리 안에서 부활케 하는 촉매제가 되게 해주십시오. 아멘.

# 4. 방언도 하고 예언도 하니 III 사순절 둘째 주일

사도행전 19장 1–7절

아볼로가 고린도에 있을 때에 바울이 윗지방으로 다녀 에베소에 와서 어떤 제
자들을 만나 이르되 너희가 믿을 때에 성령을 받았느냐 이르되 아니라 우리는
성령이 계심도 듣지 못하였노라 바울이 이르되 그러면 너희가 무슨 세례를 받
았느냐 대답하되 요한의 세례니라 바울이 이르되 요한이 회개의 세례를 베풀며
백성에게 말하되 내 뒤에 오시는 이를 믿으라 하였으니 이는 곧 예수라 하거늘
그들이 듣고 주 예수의 이름으로 세례를 받으니 바울이 그들에게 안수하매 성
령이 그들에게 임하시므로 **방언도 하고 예언도 하니** 모두 열두 사람쯤 되니라

지난 두 시간에 걸쳐 살펴본 것처럼, 3차 전도 여행을 시작한 바울은 자신
의 약속대로 다시 찾은 에베소에서 '어떤 제자들'을 만났습니다. 바울은 '성
령님의 계심'을 들어 본 적도 없이, 단지 '요한의 세례'만 알고 있는 그들에게
예수님을 전했습니다. 그리고 바울이 세례를 베풀며 그들의 머리 위에 손을
얹자, 조금 전까지 그들이 알지도 못했던 성령님께서 그들에게 친히 임하셨

습니다. 그들이 주님의 구원을 입기 위해 그 어떤 노력을 기울인 적도 없었지만, 십자가의 예수 그리스도를 믿어 구원 얻는 은혜가 주님의 영을 통해 그들에게 그저 주어진 것이었습니다.

> 바울이 그들에게 안수하매 성령이 그들에게 임하시므로 방언도 하고 예언도 하니, 모두 열두 사람쯤 되니라(6절).

성령님께서 임하심과 동시에 그들이 마치 약속이라도 한 듯, 모두 '방언도 하고 예언도 하'였습니다. 그것이 그들에게 성령님께서 임하셨다는 증거였습니다. 이미 숙고해 보았듯이, 오순절에 제자들에게 최초로 주어졌던 '방언'의 본질은 사람들이 알아들을 수도 없는 신비한 천상의 말이 아니라, 평소에 언어가 전혀 통하지 않던 사람들 간의 소통이었습니다. 성경에는 신비한 천상의 말을 뜻하는 방언도 분명히 언급되어 있습니다. 그러나 그 방언 역시 사람과 주님 간의 영적 소통이라는 관점에서, 소통이라는 방언의 본질적 의미는 동일합니다. 또 성경이 의미하는 '예언'은 점쟁이처럼 미래의 일을 알아맞히는 것이 아니라, 하나님의 말씀으로 과거를 해석하며 현재를 분별하고 미래를 예측하면서, 자신과 타인의 삶을 하나님의 말씀 위에 곧추세워 주는 것이었습니다.

본문에 의하면, 바울의 안수와 동시에 성령님께서 임하신 제자들의 수는 '모두 열두 사람쯤' 되었습니다. 여기에 우리가 주목해야 할 사실이 있습니다. 성령님께서 그들에게 임하셨을 때 열두 사람쯤 되는 그들 가운데 어떤 사람은 방언만 하고, 나머지 사람은 예언만 한 것이 아니었습니다. 그들 가운데 단 한 사람의 예외도 없이, 그들이 모두 방언도 하고 예언도 하였습니다. 그들에게 성령님께서 임하셨다는 증거가 방언이나 예언 중 어느 하나가 아니라, 방언과 예언─둘 다였습니다. 이와 같은 사실은 우리에게 대단히 중요한 깨달음을 안겨 줍니다. 성령님 안에서는 방언과 예언이 따로 놀지 않고, 언제나 함께 어우러진다는 깨달음입니다.

방언은 대화가 통하지 않던 사람 간의 소통이라고 했습니다. 소통의 전제는 공감입니다. 공감 없이 소통은 불가능합니다. 어떤 사람들 간에 소통이 원활하게 이루어지고 있다면, 그것은 그들이 어떤 사안이나 주제에 대해 서로 공감하고 있음을 뜻합니다. 그러므로 소통력은 곧 공감력입니다. 공감력과 소통의 범위는 정비례합니다. 공감력이 크면, 소통의 범위도 자연히 확대됩니다. 그러나 말씀으로 세상과 시대를 해석하는 예언의 수반 없이 공감력만 있다면, 어떻게 되겠습니까? 그때의 소통력과 공감력은 야합과 구별될 수 없을 것입니다. 그리스도인은 불의와 악을 행하는 사람의 처지도 공감하고 그들과도 소통해야 하지만, 어떤 경우에도 악과 불의 그 자체와 야합할 수는 없습니다. 우리의 방언에 예언이 수반되지 않으면 우리의 소통력과 공감력은 지켜야 할 원칙과 기준을 상실한 채, 세상과의 야합을 정당화하는 자기 변명이나 자기 면죄부로 전락하게 됩니다.

성경적 의미의 예언은 하나님의 말씀으로 과거를 해석하며, 현재를 분별하고, 미래를 예측하면서, 자신과 타인을 말씀 위에 곧추세워 주는 것이라고 했습니다. 즉 예언의 의의는 선포 그 자체에 있는 것이 아니라, 하나님의 말씀으로 시대와 세상을 바로 세우는 데 있습니다. 하나님께서 구약시대의 예언자 에스겔에게 당신의 말씀을 맡기시며 말씀하셨습니다.

너는 그들에게 말하라. 주 여호와의 말씀이니라. 나의 삶을 두고 맹세하노니, 나는 악인이 죽는 것을 기뻐하지 아니하고, 악인이 그의 길에서 돌이켜 떠나 사는 것을 기뻐하노라. 이스라엘 족속아! 돌이키고 돌이키라. 너희 악한 길에서 떠나라. 어찌 죽고자 하느냐?(겔 33:11)

하나님께서는 악인이 자기 죄에 빠져 죽지 않고, 돌이켜 살기를 바라는 분이십니다. 그래서 당신의 말씀을 맡긴 예언자들을 이 땅에 계속 보내셨습니다. 그리고 에스겔을 향한 하나님의 말씀은 다음과 같이 이어집니다.

가령 내가 악인에게 말하기를 너는 죽으리라 하였다 하자(겔 33:14상).

하나님의 말씀은 인간의 말과 다른, 절대적인 말씀 아닙니까? 하나님께서 악인에게 "너는 죽으리라"고 예언하셨다면, 그 악인에게 더 이상 살 길은 없습니다. 하나님께서 말씀하신 이상, 악인이 아무리 발버둥쳐도 그는 죽을 수밖에 없습니다. 그러나 하나님의 말씀은 오히려 그 반대였습니다.

가령 내가 악인에게 말하기를 너는 죽으리라 하였다 하자. 그가 돌이켜, 자기의 죄에서 떠나서 정의와 공의로 행하여 저당물을 도로 주며, 강탈한 물건을 돌려 보내, 그 생명의 율례를 지켜 행하여 죄악을 범하지 아니하면, 그가 반드시 살고 죽지 아니할지라. 그가 본래 범한 모든 죄가 기억되지 아니하리니, 그가 반드시 살리라. 이는 정의와 공의를 행하였음이라(겔 33:14-16).

하나님께서 악인에게 '너는 죽으리라'고 예언하셨다면, 그것은 악인을 죽이기 위함이 아니라 그로 하여금 돌이켜 정의와 공의 위에 바로 서게 하심으로, 당신의 말씀으로 그를 살려 주시기 위함임을 하나님께서 직접 밝히신 것입니다. 하나님으로부터 그 역할을 위임받은 사람들이 선지자들, 다시 말해 예언자들이었습니다. 예언자들은 미래를 알아맞히는 신통력을 과시하거나 사람을 죽이기 위함이 아니라, 하나님의 말씀으로 시대와 세상과 사람을 살리기 위해 모진 박해와 시련 속에서도 예언의 사명을 다했습니다.

말로 사람을 죽이려는 사람과 살리려는 사람은, 목소리와 억양 그리고 표정과 눈빛이 다를 수밖에 없습니다. 그래서 예언은 감화력이기도 합니다. 사람을 돌이키게 하는 것은 감화력 없이는 불가능합니다. 하지만 인간에 대한 공감력을 배제한 예언만 있다면, 또 어떻게 되겠습니까? 그때의 예언은, 그 내용이 아무리 옳은 소리라 해도 감화력은커녕, 도리어 자기 안에 갇힌 독선이 되고 말 것입니다. 바리새인들이 누구보다 율법을 내세웠으면서도 감화력이라고는 전혀 없는 독선자로 전락한 것은, 그들이 인간에 대한 공감력을 결여하고 있었기 때문입니다. 감화력과 공감력을 지니지 못한 그들은 사람을 살리려는 것이 아니라 죽이기 위해 율법을 독점하는 어리석은 결과를 초래하고 말았습니다.

성령님 안에서 방언의 공감력과 예언의 감화력이 따로 놀지 않고 항상 한데 어우러지는 이유가 바로 여기에 있습니다. 삼위일체 하나님의 영이신 성령님께서는 사람을 살리시는 영이시기 때문입니다. 예언의 감화력이 수반되지 않은 방언의 공감력은 야합과 구별될 수 없고, 방언의 공감력을 결여한 예언의 감화력은 독선으로 전락하기 마련입니다. 어느 쪽이든 한쪽으로 치우쳐서는, 결과적으로 사람을 죽이게 됩니다. 그래서 본문의 제자들에게 성령님께서 임하셨을 때, 열두 명이나 되는 그들은 단 한 사람의 예외도 없이, 모두 방언과 예언을 동시에 하였습니다. 성령님 안에서 방언의 공감력과 예언의 감화력이 한데 어우러져야 사람을 살리는 주님의 통로가 될 수 있는 까닭이었습니다.

사도행전은 유대인들을 헬라파 유대인과 히브리파 유대인으로 구별하여 부르고 있습니다. 이스라엘 왕국은 솔로몬이 죽은 이후에 남북으로 분단되었다가, 주전 722년 아시리아 제국의 침공으로 북왕국이 먼저 멸망했습니다. 그리고 남왕국은 주전 586년 바빌로니아 제국에 의해 멸망당했습니다. 그때 많은 유대인들이 이스라엘 땅을 떠나 지중해 세계 각지로 뿔뿔이 흩어졌습니다. 그들은 수세기에 걸쳐 대대로 현지에 뿌리를 내리고 살면서 현지어를 모국어로 사용하였습니다. 사람들은 그들을 헬라파 유대인이라 불렀습니다. 소위 해외파였습니다. 반면에 히브리파 유대인들은 온갖 풍파 속에서도 조상 대대로 이스라엘 땅을 지키고 살면서 모국어인 히브리어를 사용하였습니다. 이른바 국내파였습니다. 국내파인 히브리파 유대인과 해외파인 헬라파 유대인 사이에는 넘을 수 없는 거대한 장벽이 있었습니다. 국내파—히브리파 유대인들은 온갖 어려움 속에서도 이스라엘 땅을 지켜 왔다는 자부심과 함께, 해외파—헬라파 유대인들에 대해 나라가 어려울 때 나라를 등지고 떠난 사람들이라는 반감을 품고 있었습니다. 그러나 더없이 넓은 지중해 세계를 석권한 로마제국 곳곳에 흩어져 살던 해외파—헬라파 유대인들은, 좁디좁은 이스라엘 땅에 갇혀 살면서도 터무니없이 콧대만 높은 국내파—히브리파 유대인들을, 세계성을 결여한 우물 안의 개구리로 여겼습니다. 같은 유대인이면서도 해외파인 헬라파 유대인과 국내파인 히브리파 유대인은 마치 물과 기름처럼 서로 이질적이었습니다.

　지지난 시간에 살펴본 것처럼, 2천 년 전 성령강림과 함께 주님의 제자들이 처음으로 방언을 하던 현장에는 히브리파 유대인들뿐 아니라, 마침 오순절을 맞아 온 지중해 세계로부터 예루살렘을 방문한 헬라파 유대인들도 모여 있었습니다. 로마제국의 최소한 열여섯 지역에서 예루살렘을 찾은 헬라파 유대인들은 각각 다른 외국어를 모국어로 사용하고 있었습니다. 그러나 제자들이 방언을 할 때, 희한하게도 헬라파 유대인들은 제자들의 방언을 각각 자신이 사용하는 모국어로 알아들었습니다. 제자들은 학교 문턱도 넘어서 본 적이 없는 무식한 갈릴리 출신들이었습니다. 정규교육을 받아 본 적이 없기에 외국어를 전혀 알지 못하는 제자들이 한 말이었는데도, 그곳에 모인 헬라파 유대인들은 각각 자신들의 모국어로 알아들었습니다. 성령님의 강림과 동시에 히브리파 유대인인 제자들과 헬라파 유대인들 사이에 소통이 시작된 것이었습니다. 그것은 국내파요 히브리파 유대인이었던 제자들에게, 그동안 그들이 경원시하던 해외파인 헬라파 유대인들에 대한 공감력이 생겼음을 의미했습니다. 그러나 주님의 제자들이 성령님의 임재 속에서 얻은 것이 공감력뿐이었던 것은 아니었습니다.

제자들이 오순절에 처음으로 방언한 시각은 아침 9시였습니다. 어떤 사람들은 제자들을 가리켜 '새 술'에 취했다고 조롱하기도 했습니다. 베드로는 자신들이 술 취한 것이 아니요, 자신들의 방언이 성령님께서 임하신 결과임을 입증하기 위해 성령님의 강림을 예고한 요엘 선지자의 예언을 인용하였습니다. 베드로는 거기에서 그치지 않고, 과거에 유대인들은 예수님을 못박아 죽였지만, 하나님께서 다시 살리신 그 예수님은 현재의 그리스도시며, 미래에도 영원토록 하나님 우편에 앉아 계실 주님이심을 설파하면서, 그곳에 모인 사람들에게 돌이켜 회개하여 예수 그리스도의 이름으로 세례 받을 것을 촉구하였습니다. 사도행전 2장 41절에 의하면 베드로의 설교를 듣고 히브리파 유대인과 헬라파 유대인을 막론하고, 그날 주님을 영접하고 세례를 받은 사람의 수가 무려 3천 명이나 되었습니다. 그 많은 사람들이 모두 베드로의 설교에 감화된 것이었습니다. 놀라운 감화력이었습니다.

이처럼 베드로는 성령님 안에서 방언의 공감력과 예언의 감화력을 동시에 지니고 있었습니다. 그래서 그의 공감력이 세상과의 야합으로 전락하거나 그의 감화력이 독선의 우물에 갇히지 않고, 그는 주님 부르시는 날까지 사람을 살리는 사도의 삶으로 일관할 수 있었습니다. 그에게 임하신 성령님께서 사람을 살리는 삼위일체 하나님의 영이셨기에 가능한 일이었습니다.

오늘은 3·1독립운동이 일어난 지 만 96년째 되는 날입니다. 3·1독립운동은 일본이 우리나라를 강제 병합한 지 9년째가 되던 1919년 3월 1일을 기점으로, 전국에서 일어난 평화적·비폭력 항일독립운동으로, 일제강점기에 나타난 최대 규모의 민족운동이자, 제1차 세계대전 이후 전승국의 식민지에서 일어난 최초의 대규모 독립운동이었습니다. 당시 독립을 선포한 '독립선언문'의 일부 내용을 번역문으로 읽어드리겠습니다.

> 병자수호조약 이후 때때로, 굳게 맺은 갖가지 약속을 저버렸다 하여 일본의 신의 없음을 죄주려 하지 아니하노라. 학자는 강단에서, 정치가는 실제에서, 우리 옛 왕조 대대로 물려 온 터전을 식민지로 보고, 우리 문화 민족을 마치 미개한 사람들처럼 대우하여, 한갓 정복자의 쾌감을 탐할 뿐이요. 우리의 오랜 사회 기초와 뛰어난 겨레의 마음가짐을 무시한다 하여, 일본의 의리 적음을 꾸짖으려 하지 아니하노라. 우리 스스로 채찍질하기에 바쁜 우리는 남을 원망할 겨를을 갖지 못하노라. 현재를 준비하기에 바쁜 우리는 묵은 옛일을 응징하고 가릴 겨를도 없노라. 오늘 우리의 할 일은 다만 자기 건설이 있을 뿐이요, 결코 남을 파괴하는 데 있는 것이 아니로다. 엄숙한 양심의 명령으로써 자기의 새 운명을 개척함이요, 결코 묵은 원한과 한때의 감정으로써 남을 시기하고 배척하는 것이 아니로다. 낡은 사상과 낡은 세력에 얽매여 있는 일본 정치가들의 공명심에 희생된, 부자연스럽고 불합리한, 그릇된 상태를 고쳐서 바로잡아, 자

연스럽고 합리적인 바른 길, 큰 으뜸으로 돌아오게 함이로다… (중략) … 오늘날 우리 조선 독립은 조선 사람으로 하여금 정당한 삶의 번영을 이루게 하는 동시에, 일본으로 하여금 그릇된 길에서 벗어나 동양을 지지하는 자의 무거운 책임을 다하게 하는 것이며, 중국으로 하여금 꿈에도 면하지 못하는 불안과 공포로부터 벗어나게 하는 것이며, 또 동양 평화로 그 중요한 일부를 삼는 세계 평화와 인류 행복에 필요한 계단이 되게 하는 것이라. 이 어찌 구구한 감정의 문제이리요?

독립선언문 그 어디에도 나라를 빼앗은 일본에 대한 적개심을 부추기는 내용은 없습니다. 오히려 일본으로 하여금 그릇된 길에서 돌아설 것을 촉구하면서, 세계 평화와 인류 행복의 관점에서 독립을 선포하였습니다. 하지만 일본은 3·1독립운동을 무력으로 무자비하게 진압하였습니다. 전국 각지에서 평화적으로 행진하는 비무장 시위대에 총격을 가하는 학살을 감행했고, 수많은 사람들을 체포하여 가혹한 고문마저 서슴지 않았습니다. 당시 일제의 통계에 의하면, 3·1독립운동이 시작된 이후 불과 3개월 동안 시위 진압 과정에서 사망한 사람이 7,509명, 부상자가 15,961명, 구금자는 46,948명이나 되었습니다. 그리고 47개의 교회 예배당과 두 개의 학교, 민간인 가옥 715채가 소각되었습니다. 당시 일제가 공식적으로 발표한 통계가 그 정도였으니, 실제 피해는 훨씬 더 컸음을 알 수 있습니다.

그렇다면 3·1독립운동은 그렇듯 무참하게 실패로 끝나 버리고 만 것입니까? 결코 그렇지 않습니다. 3·1독립운동의 연장선상에서 중국 상하이에 대한민국 임시정부가 수립되었고, 독립운동이 체계화·조직화·활성화하는 계기가 마련되었습니다. 또 3·1독립운동으로 민중의 민족의식과 정치의식이 고취되어 독립국가의 목표가 왕조의 회복에서 민주공화국으로 바뀌었습니다. 더욱이 평화와 비폭력을 내세웠던 3·1독립운동은 같은 해 중국에서 일어난 반일 애국 5·4운동, 인도 간디의 비폭력·불복종운동, 이집트의 반영反英 자주운동, 터키의 민족운동 등, 아시아와 중동 지역의 민족운동에까지 영향을 미쳤습니다. 이를테면 3·1독립운동은 우리나라의 드라마와 음악이 한류 붐을 일으키기 거의 한 세기 전에 해외에 영향을 미친 최초의 한류였습니다. 그리고 3·1독립운동은 국제 정세의 변화 속에서 마침내 1945년 8·15광복으로 이어졌습니다. 일제의 무자비한 무력 진압에 의해 실패로 끝나 버린 것 같은 3·1독립운동이 어떻게 국내외적으로 그렇듯 큰 영향을 미칠 수 있었겠습니까? 당시 기독교 지도자와 교회가 대거 참여하고, 평화적이고도 비폭력적으로 독립을 요구한 3·1독립운동이 민족을 살리기 위한 생명 공감력과 감화력을 지니고 있었기 때문입니다.

오늘은 주님의 십자가 고난과 부활을 묵상하고 기리면서, 우리의 어그러진 삶을 주님 앞에서 바르게 추스르는 참회의 절기인 사순절 둘째 주일이기도 합니다. 우리의 공감력이 지금 세속적 야합과 구별되고 있지 않다면, 우리가 스스로 감화력이라고 내세우는 것이 실은 자기 독선에 지나지 않는다면, 그래서 우리가 말마다 옳은 소리를 하면서도 정작 이 시대와 세상을 살리지는 못한다면, 그것은 우리가 성령님이 아니라 각자 자신의 사익을 좇고 있기 때문입니다. 공감력과 감화력은 사익을 넘어서는 순간부터 작동합니다. 베드로를 비롯한 제자들이 사익을 좇았다면, 세상을 살리는 사도행전의 공감력과 감화력은 불가능했을 것입니다. 3·1독립운동을 이끈 지도자들과 지식인들이 사익을 추구했더라도, 3·1독립운동은 일제의 총칼 앞에 무모하게 민족을 희생시킨 무의미한 헛일로 허무하게 끝나고 말았을 것입니다.

우리 모두 사순절 둘째 주일을 맞이하여, 우리를 영원히 책임져 줄 수 없는 우리 자신의 사익을 좇아온 어리석음을 회개하십시다. "너희가 내 안에,

내가 너희 안에 있는 것을 너희가 알리라"(요 14:20)는 주님의 약속처럼, 우리를 살리시려 십자가의 제물로 돌아가셨다가 죽음을 깨뜨리고 부활하시어 지금 우리 안에 임해 계시는, 주님의 영이신 성령님을 좇으십시다. 성령님 안에서 방언의 공감력과 예언의 감화력으로 우리 사회의 공의와 정의를 확립해 가십시다. 방언의 공감력과 예언의 감화력이 나를 살리고, 너를 살리며, 우리를 살리고, 이 시대를 살리며, 다가올 미래를 살릴 것입니다. 우리가 성령님 안에서 방언의 공감력과 예언의 감화력을 지닐 때, 우리는 우리의 이웃인 중국과 일본을 평화의 사슬로 한데 엮는 평화의 사도들이 될 수 있습니다.

죄인이 자기 죄에 빠져 죽기를 원하시지 않고, 돌이켜 반드시 살기를 원하시는 하나님 아버지! 아버지의 그 뜻을 받들어, 죄인과 소통하기 위해 직접 인간의 몸으로 이 땅에 오셨던 예수님을 찬양합니다. 예수님께서는 연약한 인간의 삶에 공감하시면서도, 단 한 번도 세상의 불의와 야합하신 적이 없었습니다. 오히려 인간의 죗값을 직접 치르기 위해 당신 자신이 십자가의 제물로 돌아가심으로, 우리 모두를 당신의 영원한 생명으로 감화시켜 주셨습니다. 그것도 모자라 영으로 이미 우리 안에 임해 계시고, 우리로 하여금 벌써부터 당신 자신인 말씀 안에 거하게 해주셨음을 감사드립니다.

성령님 안에서 우리 모두 주님의 공감력과 감화력으로 우리 사회의 공의와 정의를 구현하게 해주십시오. 성령님을 등지고 사익을 좇느라 야합을 공감력으로 포장하거나, 독선을 감화력으로 곡해하는 어리석음을 더 이상 범하지 않게 해주십시오. 성령님 안에서 방언의 공감력과 예언의 감화력으로 이 시대와 다가오는 미래를 살리는 생명의 통로가 되게 해주시고, 동북아와 세계의 평화를 경작하는 평화의 사도들이 되게 해주십시오. 아멘.

# 5. 그들을 떠나 I 사순절 넷째 주일

사도행전 19장 8-10절

바울이 회당에 들어가 석 달 동안 담대히 하나님 나라에 관하여 강론하며 권
면하되 어떤 사람들은 마음이 굳어 순종하지 않고 무리 앞에서 이 도를 비방
하거늘 바울이 **그들을 떠나** 제자들을 따로 세우고 두란노 서원에서 날마다 강
론하니라 두 해 동안 이같이 하니 아시아에 사는 자는 유대인이나 헬라인이나
다 주의 말씀을 듣더라

저 자신과 관련하여 먼저 말씀드리는 것을 양해해 주시기 바랍니다. 2013
년 6월 17일에 전립선암 수술을 받은 저는 4개월 만인 그해 10월 둘째 주일
에 강단에 복귀하면서, 한 달에 세 번은 설교할 것이라고 교우님들께 약속드
렸었습니다. 그러나 2013년 12월부터 작년 1월 말까지 계속된 방사선치료의
여파로 체력이 뒷받침되지 않아, 작년 중반기에 넉 달 동안 설교를 중단해야
했고, 하반기에는 한 달에 한 번만 설교할 수 있었습니다. 그리고 올해가 시
작되면서부터는 오늘에 이르기까지 한 달에 두 번씩 강단에 서고 있습니다.

그로 인해 제 마음속에는 교우님들과의 약속을 지키지 못하는 데 대한 송구함과 큰 부담감이 늘 있었습니다. 이제 다음 달인 4월부터는 약속드렸던 대로 매달 첫째 주일부터 셋째 주일까지, 한 달에 세 번씩 설교하려고 합니다. 세월이 흘러갈수록 저 자신의 연약함과 부족함을 통감하고 있습니다. 깨어진 질그릇 파편처럼 보잘것없는 저를 위해 기도해 주시기를 부탁드립니다.

3차 전도 여행을 다시 시작한 바울은, 자신이 약속했던 대로 재방문한 에베소에서 '어떤 제자들'을 만났습니다. 바울이 '요한의 세례'만 알고 있는 그들에게 복음을 전하고, 주 예수의 이름으로 세례를 베풀며 그들의 머리 위에 손을 얹자 성령님께서 그들에게 친히 임하심과 동시에, '열두 사람쯤' 되는 그들이 한 사람의 예외도 없이 모두 '방언도 하고 예언도' 했습니다. 우리는 지난 세 시간에 걸쳐 '방언'과 '예언'의 본질적 의미, 성경적 의미에 대해 함께 생각해 보았습니다.

> 바울이 회당에 들어가 석 달 동안 담대히 하나님 나라에 관하여 강론하며 권면하되(8절).

바울은 지금까지 방문하는 도시에서마다 그렇게 했던 것처럼, 재방문한 에베소에서도 우연히 만난 '어떤 제자들'에게 복음을 전하고 세례를 베푼 후에는, 곧장 유대인 회당을 찾아갔습니다. 어느 도시에서든, 회당은 전도의 거점으로 삼기에 가장 용이한 곳이었습니다. 우리는 에베소를 재방문한 '바울이 회당에 들어가' 복음을 전했다는 이 간단한 본문을 통해, 본문 속에 감추어져 있는 뜻깊은 만남을 확인할 수 있습니다.

바울이 에베소의 유대인 회당을 찾은 것이 이번이 처음이었던 것은 아니었습니다. 사도행전 18장에서 살펴보았던 것처럼, 바울은 2차 전도 여행 중에 1년 6개월 동안 체류했던 고린도에서 자신의 목회 본거지인 시리아의 안디옥으로 귀환하기 위해 배를 탔습니다. 그 배가 에베소에 잠시 기항하자, 바울은 배가 다시 출항하기까지 배 안에서 가만히 기다리고 있지 않았습니다. 바울은 그 틈을 이용하여 에베소의 회당을 찾아가 복음을 전했습니다. 비록 짧은 시간 동안이나마 바울로부터 난생처음으로 생명의 복음을 접하고 주님을 영접한 에베소 사람들은 바울에게, 자신들과 함께 오래도록 머물면서 계속 복음을 전해 주기 원했습니다. 그러나 바울은 자신의 일정상 그들에게 다시 돌아오겠다는 약속을 남기고, 일단 시리아의 안디옥으로 귀환하면서 그들과 헤어졌습니다. 그리고 3차 전도 여행을 시작한 바울이 자신의 약속대로 에베소를 재방문하여 회당을 다시 찾아갔다는 것은, 회당에서 바로 그들을 다시 만났음을 뜻합니다. 다시 만난 바울과 그들의 감격과 기쁨이 얼마나 컸겠습니까?

우리 속담에 '원수는 외나무다리에서 만난다'는 말이 있습니다. 내가 어떻게 해서든 피하고 싶어 하는, 나를 원수로 여겨 내게 복수하려는 바로 그 사람을, 도저히 피하거나 돌이킬 수 없는 외나무다리에서 언젠가는 반드시 대면하게 된다는 의미입니다. 회자정리會者定離―한 번 만난 사람은 헤어지기 마련이지만, 생자필회生者必會―살아 있으면 반드시 다시 만나게 됩니다. 그때 피할 수 없는 외나무다리에서 원수로 만나 낭패를 당할 수도 있고, 가슴 뭉클한 감격 속에서 재상봉의 기쁨을 누릴 수도 있습니다. 그것은 전적으로 평소 사람을 대하는 자신의 삶의 태도에 달려 있습니다. 바울은 에베소의 그리스도인들에게, 세상 모든 사람들이 갈구하는 돈을 주지 않았습니다. 그런데도 에베소의 그리스도인들이 다시 만난 바울을 보고 기뻐하였다면, 그것은 바울이 항해 중에 잠시 기항한 에베소에서 굳이 유대인 회당을 찾아가 생명의 복음을 전할 정도로, 인간에 대한 깊은 사랑을 지니고 있었기 때문입니다. 돈은 사람을 배신하지만, 사랑은 신의를 저버리지 않습니다. 돈은 사람을 지배하지만, 사랑은 사람을 섬깁니다. 돈은 거짓을 부끄러워하지 않지만, 사랑은 진리와 함께 기뻐합니다. 그래서 돈을 좇으면 오늘의 친구도 내일엔 외나무다리에서 만나는 원수가 되기 마련이지만, 사랑을 좇으면 바울처럼 언제 어디서나 누구와도 재상봉의 감격과 기쁨을 누릴 수 있습니다.

우리는 오늘의 본문 속에 감추어져 있는 또 하나의 감격적인 만남을 확인할 수 있습니다. 바울, 그리고 브리스길라와 아굴라 부부의 재상봉입니다. 이미 우리가 알고 있는 것처럼 바울은 잠시 기항했던 에베소를 떠나면서, 자신을 붙잡는 에베소의 그리스도인들을 위하여 브리스길라와 아굴라 부부를 그곳에 남겨 놓았습니다. 그들은 원래 고린도의 천막제조 사업가 부부였습니다. 그러나 고린도를 방문한 바울로부터 주님을 영접한 그들은 바울의 동역자가 되었고, 바울이 2차 전도 여행을 매듭짓고 시리아의 안디옥으로 귀환하려 하자, 그들 부부는 아예 자신들의 사업을 접고 바울을 따라나섰습니다. 바울과 함께 지중해 세계를 누비고 다니며 주님의 손과 발로 살아가기 위함이었습니다. 그러나 바울은 잠시 기항한 에베소에 그들 부부를 그대로 남아 있게 했습니다. 그것은 그들 부부가 의도하거나 원한 바가 아니었습니다. 당시에는 자동차나 기차가 없었습니다. 여행 수단은 선박 아니면 도보였습니다. 배를 타고 시리아의 안디옥으로 귀환한 바울이 도보로 갈라디아와 브루기아 땅을 거쳐 다시 에베소로 되돌아오기까지는 얼마나 기다려야 할지 알 수 없었습니다. 그런 상황 속에서 기약도 없이, 연고자도 없는, 그저 잠시 기항했을 뿐인 에베소에 정착하며 살아야 한다는 것은 그들 부부에게 여간 어려운 일이 아니었을 것입니다. 당시 로마제국은 전 지역이 미전도 지역이었습니다. 브리스길라와 아굴라 부부는 전도를 명분 삼아 얼마든지 자신들이 원하는 곳으로 옮겨 갈 수도 있었습니다. 그러나 그들은 바울이 되돌아올 때까지 자신들에게 맡겨진 에베소를 지켰습니다. 그리고 바로 그 에베소에서 헤어졌던 바울과 재상봉의 감격과 기쁨을 누렸습니다. 만약 그들이 자기 좋은 곳을 찾아 에베소를 떠나 버렸더라면, 언젠가 바울을 다시 만났을 때 그들은 수치심으로 바울의 눈을 똑바로 쳐다보지 못했을 것입니다.

'회자정리'—한 번 만난 사람은 헤어지기 마련이고, '생자필회'—살아 있으면 반드시 다시 만나게 됩니다. 그리고 자기에게 주어진 자리를 지키는 사람만 누구와도 재상봉의 감격과 기쁨을 누릴 수 있습니다. 남편의 자리, 아내의 자리, 부모의 자리, 자식의 자리, 그리스도인의 자리, 소명의 자리를 지키지 않고는, 사람과의 만남을 통한 주님의 신비로운 섭리가 지속적으로 이루어지지는 않습니다.


에베소의 회당을 다시 찾은 바울은 그곳에서 "석 달 동안 담대히 하나님의 나라에 관하여 강론하며 권면하"였습니다. 우리말 '담대히 강론하다'는 의미로 번역된 헬라어 동사 '파르레시아조마이παρρησιάζομαι'가 원문에 미완료형으로 기록되어 있습니다. 바울이 시간이 나면 이따금 회당을 찾아 복음을 전한 것이 아니라, 석 달 동안 회당에서 계속하여 복음을 전했다는 의미입니다. 그 결과는 다음과 같았습니다.

> 어떤 사람들은 마음이 굳어 순종하지 않고 무리 앞에서 이 도를 비방하거늘(9절 상).

'모든 사람들'이 아니었습니다. 일부에 불과한 "어떤 사람들"이 "마음이 굳어", "순종하지 않고", 공개적으로 복음을 "비방하"였습니다. 헬라어 원문에는 '마음이 굳어지다', '순종하지 않다'는 동사도 미완료형으로 기록되어 있습니다. 바울이 회당에서 복음을 전하는 석 달 내내, 그들이 돌처럼 굳은 마음으로 복음을 계속하여 배척한 것이었습니다. 그러다가 마침내 그들은 공개적으로 복음을 비방하기에 이르렀습니다. 우리말 '비방하다'로 번역된 헬라어 동사 '카콜로게오κακολογέω'는 '욕하다', '저주하다', '모욕하다', '훼방하다'는 의미를 지니고 있습니다. 그들이 공개적으로 복음을 모욕하면서, 바울이 회당에서 복음을 전하지 못하도록 훼방한 것이었습니다.

그 고약한 사람들의 행동을 본문이 전해 주고 있는 표현의 순서가 중요합니다. 굳은 마음, 불순종, 훼방의 순서입니다. 먼저 그들의 마음이 돌처럼 굳어 있었습니다. 생명의 특징은 유연함이요, 죽음의 특성은 경직입니다. 어릴 때는 유연하던 몸이 나이가 들어 가면 뻣뻣해지다가, 생명이 끊어짐과 동시에 시멘트처럼 굳어져 버립니다. 본문의 '어떤 사람들'의 마음이 돌처럼 굳어 있었다는 것은, 그들의 심령이 아예 죽어 있었다는 말입니다. 그들의 마음이 굳은 상태에서는, 바울이 석 달 동안 쉬지 않고 생명의 말씀을 전해도, 그 말씀은 배척해야 할 불순종의 대상에 지나지 않았습니다. 그리고 마침내 그들은 복음의 훼방꾼이 되고 말았습니다. 이처럼 불신이 굳은 마음, 불순종, 훼방의 순서로 전개됨을 일러 주는 본문을 통해, 우리는 믿음의 바른 순서를 파악할 수 있습니다. 불신의 순서에 사용된 표현과 반대의 뜻을 지닌 표현의 배열이 그 해답입니다.

즉 믿음은 부드러운 마음, 말씀에 대한 순종, 주님의 증인된 삶의 순서로 전개됩니다. 우리가 하나님의 말씀을 품기 위해서는, 농부에 의해 갈아엎어진 밭처럼 우리의 마음이 부드러운 옥토가 되어야 합니다. 옥토가 씨앗을 삼키면 씨앗이 옥토를 먹으며 열매로 결실되듯이, 우리의 마음이 하나님의 말씀을 삼키면 하나님의 말씀이 우리를 사로잡아 우리가 하나님의 말씀에 순종하지 않을 수 없게 됩니다. 그 결과 우리는 그 말씀의 능력에 힘입어 그 말씀의 증인으로, 우리를 살리신 주님의 증인으로 살아가게 됩니다. 우리의 마음은 이렇듯 중요합니다. 우리의 마음은 불신의 시발점이 될 수도 있고, 견고한 믿음의 도약대가 될 수도 있습니다.

> 바울이 그들을 떠나 제자들을 따로 세우고 두란노 서원에서 날마다 강론하니라(9절 하).

바울이 석 달이나 회당에서 계속하여 복음을 전하는 동안, 복음을 배척하며 자신을 훼방하는 사람들을 얼마나 선하게 타이르고 권면했겠습니까? 그러나 복음의 훼방꾼인 그들에게는 개선의 여지가 조금도 보이지 않았습니다. 결국 바울이 그들을 떠났습니다. 바울이 회당을 떠나 두란노 서원이라는 곳에서 이미 주님을 영접했거나, 새롭게 주님을 영접한 주님의 제자들에게 계속 복음을 가르치기 시작한 것입니다.

> 두 해 동안 이같이 하니 아시아에 사는 자는 유대인이나 헬라인이나 다 주의 말씀을 듣더라(10절).

바울은 2년 동안 계속하여 두란노 서원에서 복음을 전했습니다. 그 결과로 유대인과 헬라인을 막론하고 아시아의 많은 사람들이 주님의 말씀을 들었습니다. 주님의 말씀을 단순히 귀로 듣지 않고, 삶으로 순종하는 주님의 증인이 되었다는 뜻입니다. 본문이 언급한 "아시아"는 오늘날 터키 대륙의 서부 지역을 일컫는 명칭입니다. 바울이 두란노 서원에서 전하는 복음이 에베소에 국한되지 않고, 에베소를 넘어 광활한 아시아 전 지역으로 퍼져나가 인종을 불문하고 수많은 그리스도인들이 생기게 된 것입니다.

그렇다면 그들의 입장에서 한번 생각해 보십시다. 어떻게 에베소를 넘어 아시아의 유대인과 헬라인에게까지 구원의 은혜가 미칠 수 있었습니까? 역설적이게도 바울이 에베소의 회당에서 석 달 동안 복음을 전할 때, 그 회당에 마음이 돌처럼 굳어 복음을 배척하고 모독하는 훼방꾼들이 있었기 때문입니다. 만약 그들이 없었더라면, 바울은 계속 회당에서 복음을 전했을 것이요, 에베소에서 복음은 유대인 회당을 벗어나지 못했을 것입니다. 그러나 그 집요한 훼방꾼들 덕분에 바울은 회당을 떠나 두란노 서원에서 복음을 전하기 시작했고, 그 결과로 복음은 유대인 회당에서 벗어나 에베소를 뛰어넘어 아시아 전 지역에까지 퍼질 수 있었습니다. 이 얼마나 신비로운 구원의 섭리입니까? 구원받은 아시아의 유대인과 헬라인 가운데 그 누가, 이 신비로운 구원의 섭리를 논리적으로 설명할 수 있었겠습니까? 이 신비로운 구원의 섭리를 깨달은 사람이라면 옥토와 같은 마음으로, 주님의 말씀에 순종하면서, 더더욱 주님의 증인으로 살아가지 않았겠습니까?

우리가 구원받은 그리스도인으로 지금 이 자리에 앉아 있는 것은, 논리적으로는 도저히 설명할 수 없는, 본문이 일깨워 주는 것과 똑같은 신비로운 주님의 섭리의 결과입니다. 이 사실을 깨닫는다면 우리 역시 옥토와 같은 마음으로, 주님의 말씀에 순종하면서, 매사에 주님의 증인으로 살아갈 수밖에 없습니다. 바울은 바로 이때 에베소에서 기록한 고린도전서 2장 2절을 통해 이렇게 고백하였습니다.

내가 너희 중에서 예수 그리스도와 그가 십자가에 못박히신 것 외에는 아무것도 알지 아니하기로 작정하였음이라.

바울이 전한 예수 그리스도는, 자신을 세상에서 출세시켜 주거나 물질적으로 부유하게 해주는 예수 그리스도가 아니었습니다. 그가 전한 예수 그리스도는, 자신의 죗값을 대신 치러 주시기 위해 십자가의 제물로 못박혀 돌아가셨다가 죽음을 깨뜨리고 부활하신, 오직 십자가의 예수 그리스도셨습니다. 그러므로 바울에게 주님의 증인으로 사는 것은, 곧 십자가의 증인으로 사는 것이었습니다. 이것은 주님의 신비로운 섭리 속에서 구원의 은총을 입은 우리 모두에게 해당되는 원칙입니다. 우리가 주님의 증인으로 살아간다는 것은 단지 입으로 주님의 말씀을 되뇌는 것이 아니라, 주님의 말씀을 좇아 십자가의 증인으로 살아감을 의미합니다.

한 청년이 명동성당에서 느낀 단상을 제게 보내왔습니다. 그 내용 가운데 일부를 당사자의 허락을 받아 읽어드리겠습니다.

일이 있어 명동에 갔다가 오랜만에 명동성당을 찾았다. 마치 거대한 금고와도 같아 보이는, 돈이 쌓아 올린 빌딩 숲 사이에 견고하게 자리를 지키고 있는 성당의 모습은 참 귀해 보였다. 여기 저기 사진을 찍는 사람들. 나도 덩달아 사진을 찍어 보기로 했다. 높이 솟아 있는 십자가는 경건해 보였다. 하지만 몇 장을 찍다 보니 멀리서는 인지하지 못했으나 가까이 다가갈수록 십자가는 나와 카메라의 시야각에서 멀어지며, 바로 앞까지 다가가자 십자가는 고개를 아무리 쳐들어도 보이지 않게 된다는 것을 느끼게 되었다. 얼마 전 '교회가 가야 할 곳은 사람 사이'라는 글을 읽었다. 비슷한 맥락으로 십자가가 너무 높이 있다는 생각이 들었다. 멀리서 보았을 때만 선명하고 구체적인 십자가라니, 가까이 다가가 올려다본 십자가는 오히려 십자가의 왜곡된 형태였다. 높이 매달기만 하는 것이 십자가의 목적은 아닐 것이다. 태극기를 높이 매달기만 한다고 애국심이 절로 고취

되는 것이 아니듯 말이다.

십자가는 높이 매달기 위함이 아니라, 우리의 삶으로 지기 위해 우리에게 주어졌습니다. 오늘날 교회와 그리스도인들이 세상을 살리는 소금과 빛의 역할을 감당하지 못한다면, 그것은 십자가를 높이 매달기만 할뿐 그리스도인 각자가 지려 하지는 않기 때문입니다. 사람이 지려 하지 않는 십자가, 높이 매달리기만 한 십자가는 십자가의 왜곡에 지나지 않습니다.

2년 전 서울시립미술관에서 프랑스 화가 고갱의 회고전이 개최되었습니다. 국내에서는 처음으로 고갱의 최고 걸작들을 한자리에서 감상할 수 있는 뜻깊은 전시회였습니다. 특히 고갱의 3대 걸작으로 불리는 〈설교 후의 환상La vision du sermon〉, 〈황색 그리스도Le Christ Jaune〉, 그리고 〈우리는 어디서 왔는가, 우리는 무엇인가, 우리는 어디로 가는가D'où venons nous, Que somme nous, Où allons nous〉가 모두 전시되어, 예술 애호가들의 가슴을 설레게 했던 특별전이었습니다. 전시된 모든 작품이 경이로웠지만, 특별히 제 마음을 끈 작품은 〈황색 그리스도〉였습니다. 그 그림 앞에 섰을 때, 복사본에서는 느낄 수 없었던 진한 감동이 있었습니다. 노랗게 물든 프랑스 브르타뉴 지방 퐁타방의 가을 풍경을 그린 그 그림의 한 중앙에는, 사지에 못이 박힌 예수 그리스도의 십자가가 자리 잡고 있습니다. 고갱이 그 그림을 그리기 이전까지는, 모든 성화 속에서 사지가 못박힌 예수 그리스도의 십자가는 항상 골고다의 높은 언덕에 세워져 있었습니다. 그 높은 십자가를 고갱이 처음으로, 자신의 작품 〈황색 그리스도〉를 통해 인간 삶의 현장으로 끌어내린 것이었습니다. 십자가는 더 이상 높은 골고다 언덕이 아니라, 그리스도인 개개인이 자신의 삶으로 질 때에만 의미가 있다는 메시지였습니다. 그 그림 속에서 추수를 앞둔 아낙네들이, 골고다의 높은 언덕에서 퐁타방의 낮은 들판으로 내려온, 사지에 못박힌 예수 그리스도의 십자가 앞에서 기도를 드리고 있습니다. 단순히 자신들의 배만 채우기 위함이라기보다는, 구원받은 그리스도인으로서 이웃을 섬기는 십자가를 지기 위해 추수하겠다는 결단의 기도일 것입니다.

우리 교회는 주일에 여러 건물에 흩어져 예배드리지만, 예배드리는 건물들의 옥상이나 외부 어디에도 십자가가 세워져 있지 않습니다. 양화진에서 외부에 드러난 십자가는 선교기념관 지붕 위의 작은 십자가가 유일하지만, 우리 교회가 창립되기 20년 전에 건립된 선교기념관의 소유주는 우리 교회가 아니라 100주년기념재단입니다. 2005년 우리 교회가 창립된 직후, 멀리서도 보일 수 있게끔 양화진 언덕에 십자가 첨탑을 높이 세우자는 의견도 있었습니다. 그러나 실행에 옮기지 않았던 것은 십자가는 높이 세우는 것이 아니라, 우리 각자가 자신의 삶으로 져야 한다는 자각이 있었기 때문입니다.

십자가를 진다는 것은 하고 싶은 일이 아니라, 하기 싫어도 해야 할 일을 묵묵히 행하는 것입니다. 우리는 모두 처절했던 주님의 겟세마네 기도를 알고 있습니다. 주님께서 원하신 것은, 참혹한 십자가의 제물이 되지 않는 것이었습니다. 그러나 당신이 져야만 하셨기에 주님께서는 끝내 십자가의 제물이 되셨고, 우리는 그분으로부터 구원의 은총을 입은 그분의 제자들입니다. 우리가 브리스길라와 아굴라 부부처럼, 하기 싫어도 해야 할 일을 묵묵히 행하는 십자가의 증인으로 살아야 할 당위성이 바로 여기에 있습니다.

오늘은 주님의 십자가 고난과 부활을 묵상하고 기리면서, 우리의 어그러진 삶을 주님 앞에서 바르게 추스르는 참회의 절기인 사순절 넷째 주일입니다. 우리 모두 십자가를 높이 매달거나 십자가로 치장하려고만 했지, 스스로 십자가를 지려 하지는 않았던 우리의 잘못을 십자가의 주님 앞에 회개하십시다. 십자가를 매달기만 하는 사람에게 십자가는 생명 없는 장식품에 불과하지만, 십자가를 지는 사람에게 십자가는 부활과 영원한 생명의 능력이 됩니다. 십자가는 공동묘지에서 한줌의 흙으로 허망하게 사라져 버릴 우리 자신과, 죽음을 깨뜨리고 영원히 부활하신 주님을 이어 주는 유일한 연결고리이기 때문입니다. 그래서 주님께서는 오늘도 우리에게 이렇게 명령하고 계십니다.

누구든지 나를 따라오려거든, 자기를 부인하고 자기 십자가를 지고 나를 따를 것이니라(마 16:24).

이 시간에도 영으로 우리 안에 임해 계시고, 우리로 하여금 말씀을 통해 당신 안에 있게 해주신 주님! 주님의 손길로 나의 마음을 어루만져 주시어, 돌처럼 굳은 내 마음이 옥토가 되게 해주십시오. 주님의 말씀 안에서, 헛된 욕망을 좇으려는 나 자신을 부인하게 해주십시오. 주님의 말씀에 순종하면서, 하고 싶은 일이 아니라 해야 할 일을 묵묵히 수행하는, 십자가의 증인으로 살아가게 해주십시오. 돈을 목적 삼으면 돈이 많아질수록 나의 심령이 피폐해질 뿐이지만, 십자가는 지면 질수록 내 삶 속에 부활의 생명이 넘치게 됨을, 그래서 언제 어디서나 누구와도 부끄럼 없이 만날 수 있음을, 나의 삶으로 확인하는 지혜와 용기를 내려 주십시오. 이 시간 이후로, 우리 모두가 움직이는 십자가가 되게 해주십시오. 비록 우리에게 십자가 첨탑은 없어도, 움직이는 십자가로 살아가는 우리로 인해, 이 세상이 살 만한 곳이 되게 해주십시오. 아멘.

# 6. 그들을 떠나 II <sub></sub>부활주일

사도행전 19장 8-10절

바울이 회당에 들어가 석 달 동안 담대히 하나님 나라에 관하여 강론하며 권면하되 어떤 사람들은 마음이 굳어 순종하지 않고 무리 앞에서 이 도를 비방하거늘 바울이 **그들을 떠나** 제자들을 따로 세우고 두란노 서원에서 날마다 강론하니라 두 해 동안 이같이 하니 아시아에 사는 자는 유대인이나 헬라인이나 다 주의 말씀을 듣더라

오늘은 부활주일입니다. 우리의 죗값을 대신 치르시기 위해 십자가의 제물로 돌아가신 주님께서는 사흘째 되는 날, 죽음의 권세를 깨뜨리고 영원히 다시 사셨습니다. 주님의 다시 사심을 기리는 부활주일은, 우리가 왜 그리스도인으로 살아야 하는지를 새롭게 되새기게 해주는, 기쁘고도 뜻깊은 명절입니다. 만약 주님의 부활이 없었더라면 주님을 믿는 우리의 믿음은 헛되고도 헛된 일이요, 자기를 부인하면서까지 그리스도인으로 살아가는 우리는 세상에서 가장 미련한 사람들일 것입니다. 그러나 주님께서 죽음을 깨뜨리고 부

활하셨기에 우리는 주님 안에서 영원한 생명을 누리면서, 이 세상의 그 어떤 상황에도 굴하지 않고 죽음을 뛰어넘는 영원한 진리를 좇을 수 있습니다.

고린도후서 2장 14-16절은 사도 바울의 고백입니다.

> 항상 우리를 그리스도 안에서 이기게 하시고, 우리로 말미암아 각처에서 그리스도를 아는 냄새를 나타내시는 하나님께 감사하노라. 우리는 구원 받는 자들에게나 망하는 자들에게나 하나님 앞에서 그리스도의 향기니, 이 사람에게는 사망으로부터 사망에 이르는 냄새요, 저 사람에게는 생명 으로부터 생명에 이르는 냄새라, 누가 이 일을 감당하리오.

바울의 이 고백의 배경은 로마 황제 혹은 장군의 개선 행진입니다. 전쟁에서 승리한 황제나 장군은 수도 로마의 시민들 앞에서 대대적인 개선 행진을 벌였습니다. 그때 황제나 개선 장군을 뒤따르는 행렬은, 개선 군인들과 결박당한 채 끌려오는 적군의 포로들로 이루어져 있었습니다. 그리고 개선 행진이 벌어지는 길 곳곳에는 향이 피워져 있어, 사방으로 퍼지는 향의 향기가 승리의 열기를 고조시켜 주었습니다. 개선 행진에 참여한 개선 군인들과 결박당해 끌려온 포로들은 사방에서 진동하는, 똑같은 향의 냄새를 맡았습니다. 그러나 그 냄새의 의미는 판이하게 달랐습니다. 각종 포상과 진급 그리고 사랑하는 가족이 기다리고 있는 개선 군인들에게 그 향의 냄새는 승리의 냄새요, 희망의 냄새요, 축제의 냄새였습니다. 한마디로 말해 지금보다나은 삶을 보장해 주는 생명의 냄새였습니다. 하지만 머지않아 비참하게 처형당하거나 일평생 노예로 살아야 할 포로들에게 그 향은 절망과 고통의 냄새, 즉 죽음의 냄새일 뿐이었습니다.

이와 같은 논리로 주님의 복음을 받아들인 사람에게 복음은 죽음을 뛰어넘는 영원한 생명의 향기가 되지만, 복음을 거부한 사람에게 복음은 죽음의 심판을 초래하는 죽음의 냄새로 귀결될 따름입니다. 인간의 코끝에서 호흡이 멎으면 모든 인간의 육체는 화장터에서 한 줌의 재로 사라지거나, 땅 속에서 악취를 풍기며 썩어 문드러지게 됩니다. 그럴지라도 우리는 화장터와 공동묘지를 뛰어넘어, 주님 안에서 영원한 생명을 누릴 것입니다. 우리 주님께서 죽음과 무덤을 깨뜨리고 부활하신 덕분입니다. 이 사실을 믿는 사람이 이 세상에서 어떤 상황 속에서든 싱싱한 생명의 냄새를 풍기며 그리스도의 향기로 살아갈 수 있습니다. 부활하신 주님께서 이미 그 사람 안에 임해 계시고, 그로 하여금 당신의 말씀을 통해 당신 안에 있게 해주시기 때문입니다.

3차 전도 여행을 시작하여 에베소를 다시 찾은 바울은, 그곳에 있는 회당에서 '석 달 동안 담대히 하나님 나라에 관하여 강론하며 권면'하였습니다. 석 달 동안 계속하여 복음을 전하고 가르친 것이었습니다. 그렇지만 회당에 모인 모든 사람들이 다 복음을 받아들인 것은 아니었습니다.

어떤 사람들은 마음이 굳어 순종하지 않고 무리 앞에서 이 도를 비방하거늘, 바울이 그들을 떠나 제자들을 따로 세우고, 두란노 서원에서 날마다 강론하니라(9절).

회당에는 바울이 복음을 전하는 석 달 내내 돌처럼 굳은 마음으로 복음에 순종하기는커녕, 공개적으로 복음을 비방하면서 바울이 회당에서 복음을 전하지 못하도록 훼방하는 사람들이 있었습니다. 어쩔 수 없이 바울은 그들을 떠나야만 했습니다. 바울은 회당을 떠나 두란노 서원이라는 곳에서 이미 주님을 영접했거나, 새롭게 주님을 영접한 사람들에게 계속 복음을 가르치기 시작했습니다.

바울이 회당에서 전한 복음과, 회당 밖 두란노 서원에서 전한 복음은 서로 다른 복음이 아니었습니다. 십자가에서 인간의 죗값을 대신 치르신 나사렛 예수가 죽음을 깨뜨리고 부활하신 구원자―그리스도이심을 핵심으로 하는, 동일한 복음이었습니다. 동일한 복음을 듣고서도 복음을 배척한 사람들은 살아 있는 것처럼 보였지만 실은 이미 죽음의 악취를 풍기고 있었고, 복음을 영접한 사람들은 죽어도 영원한 생명의 냄새를 내뿜을 그리스도의 향기들이었습니다. 부활하신 주님을 영접하는 것은 단순히 윤리 도덕의 문제가 아니라, 이렇듯 인간 생명의 본질에 관한 문제, 다시 말해 생명의 향기로 영원히 살아남느냐 아니면 죽음의 악취로 허망하게 소멸하느냐의 문제입니다.

중요한 것은 10절의 증언입니다.

> 두 해 동안 이같이 하니, 아시아에 사는 자는 유대인이나 헬라인이나 다 주의 말씀을 듣더라.

에베소의 회당에는 복음을 배척하면서, 바울이 복음을 전하지 못하도록 집요하게 방해하는 훼방꾼들이 있었습니다. 그러나 지난 시간에 살펴보았던 것처럼, 역설적이게도 그들로 인해 오늘날 터키 대륙의 서부 지역인 아시아에서까지 인종을 불문하고 많은 사람들이 주님의 말씀을 듣게 되었습니다. 주님의 말씀을 단지 귀가 아니라, 자신의 삶으로 듣는 주님의 증인들이 되었다는 뜻입니다. 이를테면 에베소의 회당에서 복음과 바울을 배척함으로써 스스로 죽음의 악취를 진동하던 훼방꾼들이, 복음이 에베소를 넘어 아시아 전 지역의 많은 사람들에게까지 전파되게 하는 데 결과적으로 기여한 셈이었습니다. 이런 일이 본문의 에베소에서 처음 일어났던 것은 아니었습니다. 바울이 전도 여행을 시작한 이래 이런 일은 계속 있어 왔습니다.

1차 전도 여행을 시작한 바울이 비시디아 안디옥을 찾아가, 그곳에 있는 회당에서 두 안식일에 걸쳐 복음을 전했습니다. 첫 번째 안식일에 바울의 설교를 들은 사람들의 입소문을 통해 그다음 안식일에 예상 밖의 인파가 회당으로 몰려들자, 바울을 시기한 유대교 지도자들은 바울을 비방하며 바울이 회당에서 더 이상 설교하지 못하도록 했습니다. 바울은 어쩔 수 없이 회당 밖에서 복음을 전하였고, 그 덕분에 뜻밖에도 비시디아 안디옥의 많은 이방인들이 주님을 영접하였습니다. 그러자 바울을 더욱 못마땅하게 여긴 유대교 지도자들은 그 도시의 유력자들을 선동하여, 바울을 아예 비시디아 안디옥에서 추방해 버렸습니다. 그래서 바울은 예정에도 없던 이고니온으로 이동하여 복음을 전하였습니다. 이고니온에서도 바울을 배척하는 유대인들로 인해 바울은 루스드라로 옮겨 가 복음을 전했습니다. 그곳에서 선천성 하반신 마비자를 주님의 이름으로 일으켜 세우고도 유대인들로부터 돌팔매질을 당한 바울은, 이번에는 더베를 찾아가서 복음을 전했습니다. 이처럼 스스로 죽음의 악취를 진동하는 복음의 훼방꾼들은 역설적이게도, 바울로 하여금 주님께서 예정하신 다음 행선지로 가게 해주는 교통신호 역할을 해주었습니다.

2차 전도 여행 때에도 마찬가지였습니다. 가는 곳마다 죽음의 악취를 풍기는 복음의 훼방꾼들이 바울을 배척했고, 죽음의 악취를 진동하는 그 훼방꾼들 탓에 바울은 예정에도 없던 곳을 찾아가 복음을 전했으며, 결과적으로 주님께서 선택하신 당신의 백성들은 신비롭게도 한 치의 오차도 없이 구원의 은혜를 입을 수 있었습니다. 그리고 3차 전도 여행을 시작한 바울에게 본문의 에베소에서도 똑같은 일이 일어난 것이었습니다. 죽음의 악취를 풍기는 복음의 훼방꾼들 덕분에, 복음은 바울을 통해 에베소를 넘어 아시아 전 지역에까지 퍼질 수 있었습니다.

성경과 2천 년 교회사를 들여다보면, 복음이 마치 강물처럼 흘렀음을 알게 됩니다. 발원지에서부터 바다에 이르기까지 일직선으로만 흐르는 강은 이 세상 어디에도 없습니다. 모든 강은 언덕이나 산과 같은 장애물을 만나면 흐름의 방향을 바꾸기 마련입니다. 강이 굽이굽이 흐른다는 표현은 이와 같은 강의 속성을 잘 나타내고 있습니다. 복음 역시 스스로 죽음의 악취를 진동하는 복음의 훼방꾼들로 인해 사람들이 상상치도 못한 곳, 그러나 주님께서 예정하신 곳으로 한 치의 오차도 없이 굽이굽이 흘렀습니다. 그 결과 복음은 지난 2천 년 동안 지중해와 대서양 그리고 태평양을 건너, 한반도에 살고 있는 우리 개개인에게까지 굽이굽이 흘러왔습니다. 이를테면 복음이 우리 각자에게 전해지기까지의 길목에는 그리스도의 향기를 내뿜는 주님의 증인들도 있었지만, 스스로 죽음의 악취를 진동하면서 복음의 방향을 바꾸어 놓은 복음의 훼방꾼들도 많았다는 말입니다. 만약 복음의 훼방꾼들이 전혀 없었더라면 복음은 우리에게 흘러오지 않고 다른 곳으로, 다른 사람들에게로, 직행했을는지도 모를 일입니다. 지난 2천 년 동안 지구 곳곳에서 죽음의 악취를 풍기며 활개치던 복음의 훼방꾼들이, 역시 죽음의 악취를 풍기던 우리 각자에게 구원의 복음이 굽이굽이 흘러오게 하는 데 결과적으로 교통신호 역할을 해준 셈입니다. 그 덕분에 우리는 부활하신 주님 안에서 죽어도 사는, 영원한 생명의 향기를 누리고 풍기는 그리스도인이 되었습니다. 생각하면 생각할수록 신묘막측한 주님의 구원의 섭리가 아닐 수 없습니다.

그렇다면 부활하신 주님 안에서 영원한 생명의 향기를 누리며 살고 있는 우리 삶의 태도는 어떠해야 하겠습니까? 우리 각자의 구원에 결과적으로 기여했을지도 모를, 여전히 죽음의 악취를 진동하고 있는 사람들을 외면한 채, 구원받은 우리끼리만 영원한 생명의 향기를 만끽하기만 하면 되겠습니까? 그것이, 복음의 강이 우리 각자에게 먼저 신묘막측하게 흘러오게 하신 주님의 뜻이겠습니까? 이 질문에 대하여 사도 바울은 이렇게 답하고 있습니다.

> 헬라인이나 야만인이나 지혜 있는 자나 어리석은 자에게, 다 내가 빚진 자라(롬 1:14).

주님으로부터 신비로운 구원의 은총을 입은 바울은 그 이후, 일평생 채무감으로 살았습니다. 먼저는, 자신이 주님을 알기도 전에 십자가에서 자신의 죗값을 대신 치러 주셨을 뿐 아니라 죽음을 깨뜨리고 부활하시어, 복음과 교회를 짓밟으며 죽음의 악취를 진동하던 자신을 영원히 구원해 주신 주님에 대한 채무감이었습니다. 그리고 주님에 대한 바울의 채무감은 사람에 대한 채무감으로 나타났습니다. 복음을 듣고도 복음을 적극적으로 배척하여 복음이 흘러가는 방향을 바꾼 복음의 훼방꾼이든, 복음을 한 번도 듣지 못한 사람이든, 복음 밖에서 죽음의 악취를 풍기고 살면서도 자신이 죽었음을 자각지도 못하는 이 세상 모든 사람들에 대한 채무감이었습니다. 그것이, 주님을 대적하며 죽음의 악취를 진동하던 자신을 먼저 신묘막측하게 구원해 주신 주님의 뜻이라고 바울은 굳게 믿었습니다. 바울이 고린도전서 9장 16절을 통해 다음과 같이 고백한 까닭이 바로 여기에 있었습니다.

> 내가 복음을 전할지라도 자랑할 것이 없음은, 내가 부득불 할 일임이라. 만일 복음을 전하지 않으면, 내게 화가 있을 것이로다.

바울은 복음을 전하기 위해 자신의 온 삶을 던져 지중해 세계를 누비고 다녔지만, 자신의 행위를 자랑으로 여긴 적이 없었습니다. 그것은 주님께 진 사랑의 빚을 사람들에게 갚기 위한, 그리스도인의 의무이자 책임일 뿐이었습니다.

우리가 우리 자신의 공로나 노력 없이, 오직 주님의 신비롭고도 일방적인 구원의 은총으로 죽음의 악취에서 벗어나, 부활하신 주님 안에서 영원한 생명의 향기를 누리고 풍기게 되었음을 믿는다면, 우리 역시 바울처럼 주님과 사람들에 대한 채무감으로 살아가야 합니다. 아무 자격도 없는 우리를 먼저, 죽음의 악취로부터 생명의 향기로 신묘막측하게 구원해 주신 주님의 뜻이 바로 거기에 있습니다.

한 일간지 기자가 제게 물었습니다. 종교인은 갑근세가 면제되는데도, 왜 27년 전에 굳이 세무서 직원을 설득하면서까지 여태껏 갑근세를 자진납부 해오고 있는지, 예전에 사업할 때에도 왜 숨김없이 세금을 꼬박꼬박 성실하게 납부했었는지를 묻는 질문이었습니다. 저는 '세금은 더불어 살기 위한 첫 번째 나눔'이기 때문이라고 대답했습니다. 국민의 세금으로 도로·항만·철도·전기·통신·학교·병원·상하수 처리와 같은 국가 인프라가 구축되고, 교육·복지·치안·국방이 확립되면서 국민에게 그 혜택이 돌아가게 됩니다. 그러므로 성실한 세금 납부보다 더 확실한 나눔, 더 구체적인 이웃 사랑은 없습니다. 그 기자가 제 대답을 자신의 칼럼을 통해 소개하자, 신문에서 그 칼럼을 읽은 어느 저명인사가 자신이 집필 중인 책에 제 말을 인용하고 싶다고 양해를 구하면서, '세금은 더불어 살기 위한 첫 번째 나눔'이라는 저의 세금론이 이타심에 기인한 것인지를 물어 왔습니다. 저는 이타심이 아니라, 채무감의 발로라고 설명해 드렸습니다. 먼저는 구원받은 그리스도인으로 살게 해주신 주님에 대한 채무감이요, 다음으로는 저보다 먼저 이 땅을 거쳐 간 분들에 대한 채무감입니다. 그분들이 납부한 세금과 쏟아부은 수고와 노력으로 이 땅에 도로와 도시가 건설되었고, 저는 그 혜택 속에 무임승차하여 자랐습니다. 저는 태어나면서부터 저보다 앞서 이 땅을 거쳐간 분들에게 빚을 진 채무자가 된 것입니다. 그러므로 제가 살아 있는 동안 이 사회와 미래 세대를 위해 그 빚을 갚는 것은, 태어나면서부터 빚을 지고 태어난 채무자로서의 의무와 도리를 다하기 위함입니다.

저는 제 아들들이 군에 입대할 때에도 그랬지만 군 입대를 앞둔 청년들에게, 남의 집 아들들에게 진 빚을 당당하게 갚고 오라고 말합니다. 그동안 이 나라를 지키기 위해 수많은 집 아들들이 수고의 땀을 흘렸습니다. 특히 한국전쟁 중에 얼마나 많은 집 아들들이 나라를 위해 목숨을 바쳤는지 모릅니다. 그 아들들 덕분에 오늘 우리가 편안하게 지낼 수 있음은 새삼스럽게 강조할 필요도 없습니다. 그러므로 대한민국의 남성이 군에 입대하는 것은 단순히 헌법에 명기된 국방의 의무를 이행하기 이전에, 그동안 남의 집 아들들에게 져온 빚을 갚기 위함입니다. 남의 집 아들들의 생명을 담보로 한 국가 안보는 누리면서도 정당한 사유 없이 그 빚을 갚으려 하지는 않는다면, 그런 사람들이야말로 부도덕한 빚쟁이임에 틀림없을 것이요, 그런 부도덕한 빚쟁이들이 득세하는 사회라면 그 사회는 머지않아 붕괴하고 말 것입니다.

세계 IT업계의 신기원을 이룬 스티브 잡스가 2011년에 타계한 이후, 애플사의 최고경영자 자리를 이어받은 사람은 잡스의 동료였던 팀 쿡이었습니다. 카리스마 넘치는 잡스와는 상반되는 기질과 태도로 인해, 당시 팀 쿡에 대한 시장의 반응은 회의적이었습니다. 그러나 쿡은 시장의 냉담한 평가에 개의치 않고 자기 소신대로 애플을 이끌어, 보도에 의하면 지난해 말 미국 기업 역사상 최대의 실적을 기록했습니다. 지난 4월 1일 팀 쿡은 미국

경제잡지 〈포춘〉과의 인터뷰에서 10살짜리 조카의 대학 학비를 제외하고, 자신의 전 재산을 자선단체에 기부하겠다고 밝혔습니다. 현재 그의 재산은 8억 달러, 우리 돈으로 8,800억 원에 달하는 것으로 알려지고 있습니다. 팀 쿡은 그 동기를 "사회로부터 혜택을 많이 받은 사람은, 의무적으로 해야 할 일도 많다. 나는 확실히 많은 혜택을 받은 사람"이기 때문이라고 밝혔습니다. 그는 자신이 그렇듯 큰 명성과 부를 얻을 수 있었던 것은, 자기 개인의 능력으로 인함이 아니라 사회로부터 많은 혜택을 받은 결과이므로, 사회에 진 빚을 갚기 위해 자신의 전 재산을 사회에 환원하는 것을 자신의 의무로 여기고 있습니다.

이 세상 모든 사람은 누구에겐가 빚을 지고 태어나, 일평생 자신이 닦지 않은 도로를 통행하고 자신이 수고하지 않은 사회적 혜택 속에서 살아갑니다. 비단 그리스도인이 아니더라도 그 채무감을 깨달은 사람들은 일평생 자신의 삶을 통해 그 빚을 갚고 있습니다. 잠시 이 세상을 거쳐가면서 빚을 떼어먹는 파렴치한 인간으로 살기보다는, 진 빚을 갚는 인생이 훨씬 값지고 보배로움을 아는 까닭입니다. 성숙하고 좋은 사회는 그런 채무자가 많은 사회입니다. 하물며 그리스도인이라면 두말할 나위가 있겠습니까?

우리는 모두 죽음의 악취를 진동하던 움직이는 시체에 불과했지만, 죽음을 깨뜨리고 부활하신 주님의 신묘막측한 섭리 속에서, 죽어도 영원한 생명의 향기를 풍기는 그리스도인으로 택함 받았습니다. 우리 모두 부활하신 주님께 사랑의 채무자가 된 것입니다. 우리에게 천만 개의 생명이 있고 그 생명을 모두 드려도, 주님께는 다 갚지 못할 크나큰 사랑의 빚입니다. 우리가 이 큰 사랑의 빚을 진정으로 깨닫는다면, 우리 역시 살아 있는 동안 바울처럼 사람들에게 이 빚을 갚지 않을 수 없습니다. 복음을 배척하는 복음의 훼방꾼들이든, 복음을 아직 들어보지 못한 사람들이든, 죽음의 악취를 풍기면서도 자신의 죽었음을 자각하지 못하는 이 세상 모든 사람들에게 우리는 사랑의 빚을 진 채무자들입니다. 우리의 시간도, 재능도, 물질도, 우리 홀로 누리라고 주신 것이 아니라, 주님께 진 사랑의 빚을 사람들에게 갚는 데 사용하라고 주님께서 우리에게 맡기신 것임을 잊지 마십시다.

죽음을 깨뜨리고 부활하신 주님께서는 결코 멀리 계시지 않습니다. 부활하신 주님께서는 영으로 우리 안에 이미 임해 계시고, 당신의 말씀으로 벌써부터 우리를 품어 주고 계십니다. 그래서 우리의 모든 허물과 부족함에도 불구하고 우리가 영원한 생명의 냄새를 풍기며 살게 되었습니다. 우리가 주님의 그 사랑을 알고 사람들에게 그 사랑의 빚을 갚아 갈 때, 우리도 바울처럼 이 세상에 진동하는 죽음의 악취를 주님의 생명으로 제거하는 부활의 증인이 될 것이요, 부활의 개선 행진에 앞장선 그리스도의 향기가 될 것입니다.


주님, 바울은 주님의 부활을 가리켜 "하나님께서 살리신 이는 썩음을 당하지 아니하"셨다(행 13:37)고 증언했습니다. 주님께서 우리의 죗값을 대신 치르시기 위해 십자가에서 돌아가셨더라도, 무덤에 안치된 주님의 시신이 썩어 버렸더라면, 우리는 산 것 같지만 죽음의 악취를 진동하는 죽음의 덫에서 영원히 벗어나지 못했을 것입니다. 그러나 우리를 위해 돌아가신 주님께서 무덤 속에서 썩지 않으시고, 무덤과 사망의 권세를 깨뜨리고 영원히 부활해 주셔서 감사합니다. 부활하신 주님께서 주님의 증인은 물론이요 복음의 훼방꾼까지 사용하시어, 복음의 강이 한반도에 있는 우리 각자에게까지 신묘막측하게 굽이굽이 흘러오게 하셔서, 죽음의 악취를 진동하던 우리로 하여금 싱싱한 생명의 향기를 풍기는 그리스도인으로 살게 해주셔서 감사합니다.

주님께 진 이 큰 사랑의 빚을, 우리 모두 사람들에게 갚는 이 시대의 바울이 되게 해주십시오. 우리는 이 세상에 태어나서부터 세상을 떠날 때까지 사랑의 채무자일 뿐, 결코 채권자가 아님을 잊지 말게 해주십시오. 매일매일 사랑의 채무자로 살아가는 우리 모두, 이 세상에 진동하는 죽음의 악취를 주님의 생명으로 제거하는 진정한 부활의 증인이 되게 해주시고, 부활의 개선 행진에 앞장선 그리스도의 향기가 되게 해주십시오. 아멘.

# 7. 따로 세우고

사도행전 19장 8-10절

바울이 회당에 들어가 석 달 동안 담대히 하나님 나라에 관하여 강론하며 권면하되 어떤 사람들은 마음이 굳어 순종하지 않고 무리 앞에서 이 도를 비방하거늘 바울이 그들을 떠나 제자들을 **따로 세우고** 두란노 서원에서 날마다 강론하니라 두 해 동안 이같이 하니 아시아에 사는 자는 유대인이나 헬라인이나 다 주의 말씀을 듣더라

지난 주일 3부 예배를 마치고 엘리베이터 안에서 만난 여성도님이 제게 두 가지 사실에 대해 감사를 표했습니다. 첫 번째는, 그날의 설교를 통해 세금의 의미를 바르게 알게 되어 감사하다고 했습니다. 이 땅을 앞서 거쳐간 분들의 세금과 수고에 기인한 사회적 혜택 속에서 자신이 살고 있음을 비로소 깨달았기에, 앞으로 성실한 세금 납부로 그분들에게 진 빚을 이 사회와 미래 세대를 위해 갚겠다는 뜻이었습니다. 두 번째로, 남의 집 아들들의 군복무를 통한 헌신 덕분에 국가 안보를 누리고 있음을 깨닫게 되었음도 감사하

다고 했습니다. 그리고 미국에 유학 중인 자신의 아들에게 가능한 한 군 입대를 면하게 해주려 했는데, 설교를 들으면서 자신의 아들을 귀국시켜 남의 집 아들들에게 진 빚을 갚게 하겠다고 말했습니다.

저는 그 성도님께, 오히려 제가 감사하다고 말씀드렸습니다. 저는 그런 성도님을 만나면 눈시울이 뜨거워질 정도로 감동받습니다. 참된 믿음은 사유 혹은 깨달음 그 자체에 머물지 않고 반드시 삶의 변화, 실천, 실행으로 이어지기 때문입니다. 만약 그 성도님이 그동안 단 한 번이라도 세금을 제대로 납부하지 않은 적이 있다면, 그리고 유학 중인 자신의 아들을 브로커를 동원하여 탈법적인 방법을 불사하면서까지 군복무에서 빼돌린다면, 그와 같은 행위의 토대는 세속적 사고방식일 것입니다. 많은 사람들이 그렇게 하기에, 교회에 다니긴 하지만 자신도 거리낌 없이 그렇게 하는 것입니다. 그러나 아무리 세상 사람들이 그렇게 할지라도 그것이 잘못되었음을 깨달아 앞으로 사회에 진 빚을 갚기 위해 성실하게 세금을 납부하고, 유학 중인 아들을 귀국시켜 다른 집 아들들에게 진 빚을 갚게 하는 것은, 세속적인 사람들과는 구별된 사고와 삶의 방식입니다. 어느 쪽이 진정한 그리스도인의 삶일 것인지는 불을 보듯 뻔합니다.

세상 사람들과 똑같은 사고와 삶의 방식을 좇아서는, 몸이 아무리 예배당을 드나들어도 진정한 그리스도인일 수는 없습니다. 교회를 가리키는 헬라어 '엑클레시아ἐκκλησία'는 '밖으로'를 뜻하는 '에크ἐκ'와 '부르다'는 의미의 '칼레오καλέω'에서 파생된 단어입니다. 따라서 교회는 '세상 밖으로 주님의 부르심을 받은 사람들의 모임'입니다. 주님의 몸 된 교회를 이루고 있는 우리는 세상 속에 살면서도, 동시에 세상 밖으로 주님의 부르심을 입은 사람들입니다. 주님께서 왜 우리를 세상 밖으로 불러내셨겠습니까? 세속적 사고방식으로 살아서는 우리의 인생을 망치기 때문입니다. 세상 사람들이 다 그렇게 산다고 해서 세상 사람들을 따라 넓은 길을 걸어서는, 잠시 육체적으로 편안하고 물질적으로 부유하게 살 수는 있겠지만, 결국엔 공동묘지에서 영원히 멸망해 버리고 말기 때문입니다. 그래서 우리의 구원자이신 주님께서는 우리가 멸망으로 치닫는 세상과는 구별된 삶을 살 수 있게끔, 우리를 세상 밖으로 불러내셨습니다. 그것이 바로 '거룩'입니다.

모세를 통해 이스라엘 백성을 죽음의 땅 이집트에서 불러내신 하나님께서 모세에게 명령하셨습니다.

> 너는 이스라엘 자손의 온 회중에게 말하여 이르라. 너희는 거룩하라. 이
> 는 나 여호와 너희 하나님이 거룩함이니라(레 19:2).

주님께서 우리를 세상 밖으로 불러내신 것은 세상과는 달리, 거룩하신 주님 앞에서 거룩한 삶을 살게 하시기 위함입니다. 거룩한 삶은 유별난 삶을 의미하지 않습니다. '거룩하다'는 뜻의 히브리어 동사 '카다쉬קדשׁ'는 '구별하다'는 의미입니다. 화려해 보이는 듯하지만 결국엔 공동묘지의 멸망으로 끝나 버릴 세상의 넓은 길에서 자신을 구별하여, 비록 협착해 보일망정 예수 그리스도의 영원한 생명과 진리의 길을 좇는 것이 거룩입니다. 우리 홀로는 가당찮은 일입니다. 그러나 우리를 세상에서 구별하여 세상 밖으로 불러 주신 주님께서 이미 우리 안에 계시고, 벌써부터 당신의 말씀으로 우리를 품고 계시기에, 우리는 그분 안에서 얼마든지 구별된 삶, 즉 거룩한 삶을 살 수 있습니다. 우리가 서로 성도라고 호칭하는 것은, 우리 자신이 거룩하신 주님으로부터 세상 밖으로 부르심을 받은 거룩한 존재, 바꾸어 말해 구별된 존재임을 서로 인정함을 의미합니다. 성도와 교회의 힘은 거룩에서, 구별된 삶에서 나옵니다. 세상 사람들과 똑같이 살아서는, 교회가 세상 밖으

로 주님의 부르심을 받은 사람들의 모임이 될 수 없습니다. 우리가 참된 성도일 수 없다는 말입니다.

3차 전도 여행을 시작하여 에베소를 다시 찾은 바울은, 그곳에 있는 회당에서 '석 달 동안 담대히 하나님 나라에 관하여 강론하며 권면하'였습니다. 그러나 회당에 모인 사람들이 다 복음을 받아들인 것은 아니었습니다. 회당에는 바울이 복음을 전하는 석 달 내내 돌처럼 굳은 마음으로 복음에 순종하기는커녕, 공개적으로 복음을 비방하면서 바울이 회당에서 복음을 전하지 못하도록 집요하게 바울을 배척하고 훼방하는 사람들이 있었습니다.

> 어떤 사람들은 마음이 굳어 순종하지 않고 무리 앞에서 이 도를 비방하거늘, 바울이 그들을 떠나 제자들을 따로 세우고, 두란노 서원에서 날마다 강론하니라(9절).

결국 바울은 복음의 훼방꾼들을 떠나야만 했습니다. 바울은 회당을 떠나 "제자들을 따로 세"웠습니다. 본문이 언급한 '제자들'은 이미 우리가 알고 있는 것처럼, 2차 전도 여행을 매듭짓고 시리아의 안디옥으로 귀환하던 바울이 잠시 기항한 에베소에서 복음을 전했을 때 주님을 영접한 사람들과, 그들을 위해 바울이 에베소에 체류케 한 브리스길라와 아굴라 부부로부터 주님을 영접한 사람들, 그리고 3차 전도 여행을 시작하여 에베소를 다시 찾은 바울을 통해 새롭게 주님을 영접한 사람들을 모두 아우르는 표현입니다. 한마디로 당시 에베소의 모든 그리스도인들을 일컫습니다.

에베소에서 바울은 혼자가 아니었습니다. 방금 확인한 것처럼 에베소에는 이미 주님을 영접한 다수의 그리스도인들이 있었습니다. 그러나 바울은 그들과 힘을 합쳐, 회당에서 자신을 배척하는 복음의 훼방꾼들과 맞서려 하지 않았습니다. 바울은 복음의 훼방꾼들을 떠나 에베소의 그리스도인들을 '따로 세'웠습니다. 우리말 '따로 세우다'로 번역된 헬라어 동사 '압호리조ἀφορίζω'는 '경계선을 그어 구별하다'는 의미입니다. 바울이 복음을 영접한 에베소의 그리스도인들과 함께 분명하게 선을 그어, 복음을 배척하는 복음의 훼방꾼들과 자신들을 구별한 것이었습니다. 그들과 뒤섞여 살아서는 거룩한 영적 힘을 누릴 수도, 발휘할 수도 없기 때문이었을 것입니다.

바울은 "두란노 서원"에서 이미 복음을 영접한 에베소의 그리스도인들에게, 그리고 새롭게 주님의 부르심을 받은 사람들에게 복음을 "날마다 강론" 하였습니다. 본문 10절에 의하면, 바울은 무려 2년 동안이나 그렇게 했습니다. 바울이 두란노 서원에서 2년 내내, 하루도 거르지 않고 매일 복음을 전한 것이었습니다. 우리말 '서원'이라 번역된 헬라어 명사 '스콜레σχολή'는 이 단어에서 학교를 뜻하는 영어 'school'이 파생되긴 했지만, 본래는 토론이나 논쟁도 벌어지고, 강연도 이루어지며, 사람들이 여가를 즐기기도 하는 다목적 공간을 가리켰습니다. 고대 로마제국 시대에는 이런 '스콜레'가 흔했던 것으로 알려지고 있습니다. 아무리 그렇다 해도 바울이 2년 동안이나 날마다 예배와 말씀 공부의 목적으로 동일한 '스콜레'를 계속하여 사용한다는 것은 여간 어려운 일이 아니었을 것입니다.

본문에 언급된 '두란노 서원'은 에베소에 살고 있는 '튀란노스'라는 사람의 '스콜레'를 가리킵니다. 베자 사본Codex Bezae에 의하면, 오전에는 주인인 튀란노스가 자신의 '스콜레'를 사용했기에, 바울과 에베소의 그리스도인들은 튀란노스가 사용하지 않는 오전 11시부터 오후 4시까지 그의 '스콜레'를 이용한 것으로 전해지고 있습니다. 날씨가 무더운 에베소에서 그 시간은 사람들이 일을 멈추고 점심 식사를 한 뒤 시에스타siesta, 다시 말해 낮잠을 자는 시간이었습니다. 지속적으로 사용할 수 있는 고정 장소를 구하기 쉽지 않았던 바울과 에베소의 그리스도인들은, 대부분의 사람들이 낮잠을 즐기는 동안, 그 시간에 비어 있는 튀란노스의 '스콜레'에서 날마다 예배를 드리고 말씀을 공부한 것이었습니다.

사람의 육체는 환경의 지배를 받습니다. 혹한의 북극에서 사는 사람의 생체 리듬과, 혹서의 남방에 사는 사람의 생체 리듬이 동일할 수는 없습니다. 무더운 지역에 사는 사람들이 낮잠을 자는 것은, 그래야 그 자연환경 속에서 정상적인 생체 리듬을 유지할 수 있기 때문입니다. 그렇다면 바울과 에베소의 그리스도인들도 그곳의 무더운 기후 속에서 정상적인 생체 리듬을 유지하기 위해서는 매일 낮잠을 자야만 했습니다. 하지만 그들은 육체를 위해 낮잠을 자기보다는, 날마다 그 시간에 비어 있는 튀란노스의 '스콜레'에서 예배를 드리고 주님의 말씀을 배웠습니다. 그것은 단순히 복음의 훼방꾼들과 자신들을 구별하기 위함만이 아니라, 세상 사람들의 세속적인 사고와 삶의 방식으로부터 자신들을 분명하게 구별하기 위함이었습니다. 이렇듯 자신들을 구별하여 따로 세운 그들이야말로 '세상 밖으로 주님의 부르심을 입은 사람들의 모임'인 교회의 정체성을 정립하고 확립한 진정한 교회요, 참된 영적 공동체였습니다.

> 두 해 동안 이같이 하니, 아시아에 사는 자는 유대인이나 헬라인이나 다 주의 말씀을 듣더라(10절).

지난 두 주에 걸쳐 살펴본 것처럼, 바울을 회당에서 배척한 복음의 훼방꾼들 덕분에 결과적으로 역설적이게도, 복음은 에베소를 넘어 오늘날 터키 대륙의 서부 지역인 아시아의 전 지역에까지 퍼질 수 있었습니다. 그러나 그것은 절로, 혹은 우연히 이루어진 일이 아니었습니다. 바울을 회당에서 배척한 복음의 훼방꾼들, 그리고 인종을 불문하고 아시아의 전 지역에서 복음을 영접한 사람들 사이에는, 세상 사람들로부터 자신들을 철저하게 따로 세운 바울과 에베소 그리스도인들의 자기 구별이 있었습니다. 그들이 세상과 자신들을 분명하게 구별하여 따로 세우는 교회를 이루었기에, 주님께서 그들을 통로로 삼아 당신의 복음이 에베소를 넘어 아시아의 구석구석까지 스며들게 하신 것이었습니다.

바울과 에베소의 그리스도인들이 자신들을 구별하여 따로 세웠다고 해서, 그들이 에베소를 떠나 심산계곡 외딴 수도원으로 들어간 것은 아니었습니다. 대부분의 에베소 사람들이 낮잠을 즐기는 시간에 그들이 예배를 드리고 말씀을 공부하던 튀란노스의 '스콜레' 역시 에베소 안에 있었습니다. 로마제국의 4대 도시에 고대세계 7대 불가사의 중의 하나였던 아데미 신전이 버티고 있던 당시의 에베소는 대표적인 우상의 도시요, 맘모니즘의 도시요, 향락의 도시였습니다. 그러나 바울과 에베소의 그리스도인들은 그 타락의 도시 한가운데에서 세상 사람들과 자신들을 주님 안에서 분명하게 구별하여 따로 세움으로써, 도리어 세상 사람들을 살려 내는 진정한 교회가 되었습니다. 이와 같은 사실을 통해 우리는, 그리스도인들이 세상 사람들로부터 자신을 구별하여 따로 세운다는 것은 공간이나 위치의 문제가 아니라, 심령의 문제임을 깨달을 수 있습니다. 바울과 에베소의 그리스도인들은 타락한 에베소 한가운데에서도 세상 사람들의 타락한 사고와 삶의 방식으로부터 자신들의 심령을 구별함으로써, 오히려 세상 사람들의 심령을 밝혀 주는 진리의 빛이 되었습니다.

고린도전서는 잘 알려진 바와 같이 고린도의 교인들을 위한 바울의 편지

입니다. 그 편지 가운데 '사랑장'으로 불리는 고린도전서 13장은 그 편지의
압권입니다.

> 내가 사람의 모든 말과 천사의 말을 할 수 있을지라도, 내게 사랑이 없
> 으면, 울리는 징이나 요란한 꽹과리가 될 뿐입니다. 내가 예언하는 능력
> 을 가지고 있을지라도, 또 모든 비밀과 모든 지식을 가지고 있을지라도,
> 또 산을 옮길 만한 모든 믿음을 가지고 있을지라도, 사랑이 없으면, 아
> 무것도 아닙니다. 내가 내 모든 소유를 나누어 줄지라도, 내가 자랑삼아
> 내 몸을 넘겨줄지라도, 사랑이 없으면, 내게는 아무런 이로움이 없습니다
> (고전 13:1-3, 새번역).

바울은 북소리보다 더 큰 영적 울림의 이 편지를 세상과 격리된 장소에
서 쓰지 않았습니다. 타락의 도시 에베소의 한가운데에서, 세상 한복판에
서 그 편지를 썼습니다. 바울 역시 자신을 세상과 구별하여 에베소의 그리
스도인들과 더불어 진정한 교회를 이룸으로써, 세상 사람들의 심령을 울리
는 하나님의 말씀을 기록할 수 있었습니다. 다시 말해 그는 그리스도인들과
함께 자신을 세상으로부터 따로 세운 구별된 영적 공동체로 일굼으로써, 주
님께 진 사랑의 빚을 주님의 이름으로 세상 사람들에게 갚을 수 있었습니
다. 이런 의미에서 교회의 중요성, 그리고 교회가 참된 영적 공동체를 지향
해야 할 당위성은 아무리 강조해도 지나침이 없습니다.

우리는 '새신자반'을 통해, 교회생활은 '말씀', '봉사', '교통'이 세 꼭짓점을
이루는 정삼각형과 같아야 한다고 배웠습니다. '말씀'은 두말할 것도 없이
하나님의 말씀입니다. 교회가 세상 밖으로 부르심을 받아 구별된 삶을 사

는 사람들의 모임이라면, 그 구별된 삶의 출발점이자 목적은 하나님의 말씀입니다. '말씀'은 교회의 존재 이유입니다. 그러나 '말씀'만 있다면 그곳은 신학교이지 교회는 아닙니다. '말씀'은 반드시 '봉사'의 삶으로 이어져야 합니다. '말씀'을 '봉사'의 삶으로 실천하는 가운데 성경 말씀은 단순히 종이에 인쇄된 문자가 아니라, 우리의 삶 속에서 살아 역사하시는 하나님의 생명과 능력으로 육화하게 됩니다. 만약 '말씀' 없이 '봉사'의 실천만 있다면, 그곳은 교회가 아니라 세상의 자선단체와 구별될 수 없을 것입니다. '말씀'과 '봉사'의 삶은 성도의 거룩한 '교통' 속에서 지속될 수 있습니다. 헬라어 '코이노니아'가 한국 교회에서 '친교' 혹은 '교제'로 통용되고 있지만, 실은 '교통'이라 함이 더욱 타당하다고 했습니다. '친교' 혹은 '교제'가 표피적인 사귐을 뜻하는 반면, '교통'은 마음이 통하는 마음의 사귐까지 포함하기 때문입니다. 서로 격려해 주고 믿음의 용기를 북돋아 주는 성도의 거룩한 '교통'을 통해, 그리스도인들의 믿음은 그 어떤 환난 속에서도 불연속적인 점으로 단절되지 않고, 선으로 계속 이어져 갈 수 있습니다. 만약 '말씀'과 '봉사'를 결여한 '교통'만 있다면, 그것은 세상의 사교 모임에 불과할 것입니다. 그러므로 그리스도인의 교회생활은 언제나 '말씀', '봉사', '교통'이 정삼각형의 조화와 균형을 이루어야 합니다. 그래야 그리스도인들은 세상으로부터 자신을 따로 세워 구별된 삶을 멈춤 없이 살 수 있고, 결과적으로 세상을 새롭게 하는 주님의 진정한 제자들이 될 수 있습니다.

　바울과 에베소의 그리스도인들이 자신들을 세상과 구별하여, 대부분의 에베소 사람들이 낮잠을 즐기는 시간에 비어 있는 튀란노스의 '스콜레'를 이용하여 2년 동안 예배와 하나님의 말씀을 공부하면서 진정한 교회를 이루었다는 것은, 그들 개개인의 삶 속에 '말씀', '봉사', '교통'이 정삼각형의 조화와 균형을 이루고 있었다는 말입니다. 그들을 통해 복음이 에베소를 넘어 아시아 전 지역으로 퍼져나갈 수 있었던 것도, 바울이 타락의 도시 에베소의 한복판에서 영혼의 샘물인 고린도전서를 기록할 수 있었던 것도, 모두 그 조화와 균형의 결과였습니다.

그러므로 세상 밖으로 부르심을 받은 그리스도인으로서 세상과 구별된 삶을 지속적으로 살기 위해서는, 일주일에 한 번 주일예배에 참석하는 것만으로는 부족합니다. 우리를 끌어당기는 세상의 힘은 쓰나미처럼 강력합니다. 그 세상으로부터 자신을 따로 세워 도리어 세상을 변화시키는 참된 그리스도인으로 살아가기 위해서는, 주일예배와 더불어 소그룹 모임인 구역 모임을 필요로 합니다. 같은 지역이나 같은 연령, 혹은 같은 처지에 있는 사람들이 소그룹으로 모여 서로 격려하고 믿음의 용기를 북돋아 주는 구역 모임은, 자신의 삶 속에 '말씀', '봉사', '교통'의 정삼각형을 정착시키고 확장시켜 주는 최적의 시스템이라 할 수 있습니다. 바울과 에베소의 그리스도인들이 튀란노스의 '스콜레'에서 2년 동안 매일 모였다는 것은, 그들의 모임이 우리의 구역 모임과 같은 소그룹모임도 포함하고 있었음을 뜻합니다.

우리가 소위 본당이라 부르는 홍보관 지하 3층 예배실은 500여 명밖에 수용할 수 없어, 주일이면 열아홉 군데의 크고 작은 예배 처소에 흩어져 예배드리는 우리는 누가 우리 교회 교인인지 서로 알 수 없는 여건 속에 있습니다. 그래서 창립 10주년을 맞는 7월 둘째 주일에 교회학교 어린이들을 포함하여 전 교인들이 모두 한 공간에서 함께 예배드리기 위해 적합한 장소를 물색해 보았습니다만, 우리 교회 전 교인을 수용할 수 있는 장소는 거리도 멀뿐더러, 대관료만 5천만 원에 이른다고 해서 아쉽지만 포기하였습니다. 다행히도 이번 5월 5일 어린이날에 '전교인 운동회'인 '100투게더'가 목동주경기장에서 열리기로 예정되어 있습니다. 제 개인적인 소망은 '전교인 운동회'답게 명실공히 우리 교회 전 교인이 그날 목동주경기장에 다 함께 모여, 서로 얼굴을 익히면서, '100투게더'를 우리 각자의 삶 속에 '말씀', '봉사', '교통'의 정삼각형을 정립하고 확립하는 계기로 삼는 것입니다.

우리는 세상 밖으로 주님의 부르심을 받은 그리스도인들입니다. 그리스도인으로서 우리의 영적인 힘도, 능력도, 세상으로부터 우리를 따로 세워 구별할수록 더 크게 발휘됩니다. 본문의 바울과 에베소의 그리스도인들처럼, 우리 모두 세상과 우리 사이에 분명한 경계선을 그으십시다. 우리 모두 주님의 지체가 되어 서로 끌어 주고 밀어 주는 가운데, 우리의 삶 속에 '말씀', '봉사', '교통'의 정삼각형을 날로 확장시켜 가십시다. 우리가 우리 자신을 세상으로부터 따로 세워 구별하면 할수록, 우리가 세상으로부터 격리되는 것이 아니라, 세상이 도리어 우리로 인해 새로워질 것입니다. 이것이 구별, 즉 거룩의 역설입니다. 이 역설을 아는 사람이, 세상으로부터 버림받은 주님의 죽음이 도리어 세상 모든 사람을 살리는 영원한 부활로 이어진 십자가의 역설을, 자신의 삶으로 실천하는 주님의 참된 제자가 될 수 있습니다.


주님, 세상 속에서 공동묘지를 향해 치닫던 우리를 외면하시지 않고, 세상 밖으로 불러내어 주셔서 감사합니다. 그리고 우리를 세상 밖에 방치해 두시지 않고, 주님께서 이미 우리 속에 임해 계시고, 벌써부터 당신의 말씀으로 우리를 품어 주고 계셔서 감사합니다.

우리 모두 주님 안에서, 주님의 말씀을 힘입어, 세상과는 분명하게 선을 긋고, 세상으로부터 우리 자신을 따로 세워 구별된 삶을 살아가게 해주십시오. 우리로 하여금 함께 100주년기념교회를 이루게 하신 주님 안에서, 우리가 서로 격려하고 믿음의 용기를 북돋아 주는 가운데, 우리 각자의 삶 속에 '말씀', '봉사', '교통'의 정삼각형이 날마다 정착하고 확장되게 해주십시오. 우리가 우리 자신을 세상으로부터 구별하면 할수록, 우리로 인해 이 세상이 점점 더 새로워지는 거룩의 역설, 십자가의 역설을 잊지 말게 해주십시오. 그리하여 우리의 가정과 일터 그리고 교회가 이 세상을 살리는, 이 시대를 위한 튀란노스의 '스콜레'가 되게 해주십시오. 아멘.

# 8. 놀라운 능력을

사도행전 19장 11–12절

하나님이 바울의 손으로 **놀라운 능력을** 행하게 하시니 심지어 사람들이 바울의 몸에서 손수건이나 앞치마를 가져다가 병든 사람에게 얹으면 그 병이 떠나고 악귀도 나가더라

지난 주일에는 '구별', 즉 '거룩'의 역설에 대해 생각해 보았습니다. 바울과 에베소의 그리스도인들은 세상으로부터 자신들을 따로 세워 구별하였습니다. 자신들과 세상 사이에 분명하게 선을 그은 것이었습니다. 그러나 그들은 세상에서 소외당하거나 고립되지 않고, 오히려 그들에 의해 세상이 새로워지는 거룩의 역설이 이루어졌습니다. 이 거룩의 역설을 아는 사람이, 세상으로부터 버림받은 주님의 죽음이 도리어 세상 모든 사람을 살리는 영원한 부활로 이어진 십자가의 역설을, 자신의 삶으로 실천하는 주님의 참된 제자가 될 수 있다고 했습니다. 오늘의 본문은 그렇듯 거룩의 역설, 십자가

의 역설을, 자신의 삶으로 실천한 바울을 통해 어떤 일이 일어났었는지 증언해 주고 있습니다.

> 하나님이 바울의 손으로 놀라운 능력을 행하게 하시니(11절).

이 구절의 주어는 바울이 아니라 하나님이십니다. 바울이 "놀라운 능력을" 행한 것이 아니라, 하나님께서 바울로 하여금 그의 손으로 놀라운 능력을 행하게 하셨습니다. 본문이 언급한 '놀라운 능력'은, 12절에 의하면 치유와 축귀의 능력이었습니다. 바울이 손을 얹음과 동시에 사람들이 병에서 나음을 얻고, 사람들을 괴롭히던 악귀가 쫓겨난 것입니다. 본문에서 우리말 '놀라운'으로 번역된 헬라어 '튀쿠사스τυχούσας'는 '두드러진'이란 의미와 함께 '이례적인'이라는 뜻을 지니고 있습니다. 하나님께서는 이 이전에도 바울로 하여금 병자를 고치거나 귀신을 쫓아내게 하신 적이 있었습니다. 따라서 치유와 축귀를 새삼스럽게 '이례적인 능력'이라고 표현한 본문이 의아스럽게 여겨질 수 있습니다. 그러나 12절을 보면, 본문이 왜 '이례적인 능력'이라는 표현을 사용했는지 이해할 수 있습니다.

> 심지어 사람들이 바울의 몸에서 손수건이나 앞치마를 가져다가 병든 사람에게 얹으면, 그 병이 떠나고 악귀도 나가더라(12절).

지난 주일에 살펴본 것처럼, 바울과 에베소의 그리스도인들은 무더운 날씨 탓에 대부분의 사람들이 점심을 먹고 낮잠을 즐기는 오전 11시부터 오후 4시까지, 그 시간에 비어 있는 튀란노스의 스콜레에서 예배드리며 하나님의 말씀을 공부하였습니다. 천막제조 기술을 보유하고 있던 바울은, 그 이외의 시간에는 생계를 위해 천막을 제조하였습니다. 본문에서 우리말 '손수건'으로 번역된 '수다리온σουδάριον'은 '땀'을 의미하는 라틴어 '수다르sūdor'에서 파생된 단어로, 바울이 천막을 제조하면서 흐르는 땀을 닦던 천조각을 의미합니다. 그리고 우리말 '앞치마'로 번역된 '시미킨디온σιμικίνθιον'은, 바울이 천막을 제조할 때 두르던 작업용 앞가리개를 가리킵니다. 사람들이 바울의 땀수건과 작업용 앞가리개를 가져다가 병자에게 얹자, 병이 떠나고 귀신이 쫓겨난 것이었습니다. 그것은 확실히 이례적인 능력이었습니다.

이 땅에 오신 예수님께서도 많은 사람들을 질병과 귀신의 시달림으로부터 해방시켜 주셨습니다. 그때마다 예수님께서는 병자의 몸에 손을 얹거나, 병자를 마주보고 명령하거나 하셨습니다. 그러나 반드시 그렇게 하신 것은 아니었습니다. 하혈이 그치지 않는 혈루증으로 12년 동안이나 고통당하던 여인이 있었습니다. 전 재산을 치료비로 썼지만 아무런 효험이 없었습니다. 그 가련한 여인이 예수님의 소문을 듣고, 예수님을 찾아갔습니다. 이미 큰 무리가 예수님을 에워싸고 있었습니다. 감히 예수님 면전에 설 자격이 없다고 여긴 그 여인은 무리를 뚫고 예수님의 뒤쪽으로 가, 예수님의 옷에 가만히 자신의 손을 대었습니다. 예수님의 옷에 손만 대어도, 이 세상 그 어떤 의사도 고치지 못한 자신의 혈루증이 나을 것이라 믿은 것이었습니다. 그 순간 예수님의 능력이 그 여인에게 임함과 동시에, 그 여인의 혈루증이 깨끗하게 나았습니다. 예수님께서 그 여인을 마주보고 그 여인의 몸에 손을 얹으신 적도, 그 여인을 향해 혈루증이 떠나가라고 명령하신 적도 없었습니다. 예수님께서는 당신의 등 뒤에 있는 여인을 쳐다보시지도 않았습니다. 그 여인은 예수님의 몸도 아닌, 단지 예수님의 옷에 손을 대었을 뿐이었습니다. 그런데도 예수님께서는 그 여인의 믿음을 가상하게 보시고, 당신의 능력으로 그 여인의 혈루 근원을 깨끗하게 마르게 해주셨습니다. 극히 이례적인 능력이었습니다.

주님의 제자였던 베드로도 왕성하게 치유 사역을 수행하였습니다. 다음은 사도행전 5장 15–16절의 증언입니다.

> 심지어 병든 사람을 메고 거리에 나가 침대와 요 위에 누이고, 베드로가 지날 때에 혹 그의 그림자라도 누구에게 덮일까 바라고. 예루살렘 부근의 수많은 사람들도 모여 병든 사람과 더러운 귀신에게 괴로움을 받는 사람을 데리고 와서 다 나음을 얻으니라.

사람들은 몸을 움직일 수 없는 중환자들을 메고 거리로 나와, 그들을 침상과 깔판 위에 눕혀 놓고 베드로가 지나가길 기다렸습니다. 그리고 그곳을 지나가던 베드로의 그림자가 병자들 위에 덮이자, 그들의 병이 낫고 귀신이 떠나갔습니다. 그림자는 실체 없는 허상일 뿐이지 않습니까? 베드로의 허상인 그림자에 무슨 힘이 있어 그런 일이 가능할 수 있었겠습니까? 그 병자들을 불쌍하게 여기신 하나님께서 베드로의 그림자를 통해서까지 역사하신 결과였습니다. 그 역시 이례적인 능력이었습니다.

오늘 본문의 증언 또한 마찬가지입니다. 바울도 우리와 똑같은 유한한 인간에 지나지 않았습니다. 게다가 땀과 때에 찌든 그의 땀수건과 작업용 앞가리개는, 다른 사람들에게는 넝마와 크게 다르지 않았을 것입니다. 그렇지만 사람들이 그것들을 가져다가 병자들에게 얹자 병이 낫고 귀신이 쫓겨났습니다. 바울의 땀수건과 작업용 앞가리개는 지극히 하찮은 것들이었지만, 에베소 사람들을 긍휼하게 여기신 하나님께서 바울의 그 하찮은 것들을 통해서도 당신의 능력을 베풀어 주신 덕분이었습니다. 가히 이례적인 능력이었습니다.

　예수님과 눈을 마주치지 않고 예수님의 옷에 손만 대어도 속수무책이던 불치의 혈루병이 낫고, 베드로의 그림자에 덮이거나 바울의 땀수건과 작업용 앞가리개에만 닿아도 병이 낫고 귀신이 쫓겨난다면, 그것은 분명히 이례적인 능력입니다. 그러나 그 능력의 주체가 삼위일체 하나님이심을 간과해서는 안 됩니다. 예수님의 옷과 베드로의 그림자, 그리고 바울의 땀수건과 작업용 앞가리개 자체가 그런 능력을 지니고 있었다면, 그것은 누구도 부인할 수 없는 이례적인 능력임에 틀림없습니다. 그러나 그 하찮은 것들을 도구 삼아 그런 능력을 베푸신 분은 삼위일체 하나님이셨습니다. 천지를 창조하신 전능하신 하나님께는, 그런 능력은 전혀 이례적인 능력일 수 없습니다. 그럼에도 사도행전을 기록한 누가가 오늘의 본문에서 그것을 '이례적인 능력'이라고 표현한 것은, 당시 그런 능력을 직접 목격한 에베소 사람들의 입장에서, 그리고 2천 년이 지나 오늘의 본문을 읽을 우리의 입장에서 본문을 기록했기 때문입니다.

　전능하신 하나님께서는 하찮은 물건을 통해서도, 인간들이 보기에 지극히 이례적인 능력을 행하실 수 있습니다. 이것은 2천 년 전 성경 속에만 국한된 이야기가 아닙니다. 시간과 공간을 초월하시는 하나님께서는 21세기 오늘날에도 필요하시다면 당신의 뜻을 위하여 미물을 통해서도, 인간이 보기에 극히 이례적인 능력을 여전히 행하고 계십니다.

　'새신자반'을 통해 말씀드린 적이 있습니다만, 저는 그동안 신앙생활을 해오면서 하나님의 이례적인 능력을 여러 차례 경험하였습니다. 그중에는 핸드폰과 관련된 경험도 있습니다. 2009년 11월 17일부터 19일까지 미얀마의 양곤에서 동남아 선교사수련회가 열렸습니다. 강사로 초청받은 저는 당시에 스마트폰 이전의 폴더폰을 사용하고 있었습니다. 그 이전부터 외국에 나가면 자동으로 해외 로밍이 되도록 신청을 해두었던 저는, 미얀마에서도 으레 자동 로밍이 될 줄로 알았습니다. 그러나 미얀마에 도착하여 핸드폰을 켜보고서야, 그 나라에서는 해외 로밍이 되지 않는다는 사실을 알았습니다. 1962년부터 쿠데타로 정권을 장악한 군부가 정보와 통신을 독점하기 위해 해외 로밍을 차단하고 있는 탓이었습니다. 경험이 있는 분은 아시겠습니다만 당시에 해외 로밍이 되지 않는 곳에서는 핸드폰의 시계도 작동하지 않아, 핸드폰을 켜면 시간은 늘 12시에 고정되어 있었습니다. 미얀마에서 로밍이 차단된 제 핸드폰 화면에도 12시로 고정된 시간은 전혀 움직이지 않았습니다. 통화도 불가능하고, 시계도 작동하지 않는 제 핸드폰은 미얀마에서는 무용지물이었습니다.

선교사수련회가 열린 장소는 호텔이었지만, 새벽에 잠을 깨워 주는 '모닝콜' 서비스가 제공되지 않았습니다. 그 대신 주최측 선교사님 한 분이 모닝콜 봉사를 해준다고 했습니다. 그러나 수많은 신청자들에게 혼자 일일이 수동으로 전화 다이얼을 돌려서 모닝콜을 해주겠다는 그 한 분만 믿어서는, 제가 원하는 새벽 시간에 모닝콜을 받지 못할 것이 뻔했고, 잘못하다가는 제가 인도해야 할 새벽기도회를 놓치는 실수를 할 수도 있었습니다. 그때 제 머릿속에 불현듯 핸드폰 생각이 났습니다. 저는 마치 자석에 끌리듯, 이미 미얀마에서는 무용지물임을 확인했던 제 핸드폰을 꺼내 전원을 켰습니다. 그 전날 미얀마에 도착했을 때 12시에 고정되어 있던 화면 속 시계가, 놀랍게도 미얀마 현지 시간을 가리키고 있었습니다. 해외 로밍이 되지 않은 상태에서도 핸드폰 시계가, 전날과는 달리 제 눈앞에서 분명히 작동하고 있었습니다. 저는 핸드폰 시계로 알람을 맞추었습니다. 다음 날 새벽에 핸드폰의 알람은 정확하게 울렸고, 저는 예정된 새벽기도회도 차질 없이 인도할 수 있었습니다. 새벽기도회가 끝난 뒤에 저는 핸드폰을 다시 켜보았습니다. 핸드폰 화면 속의 시계는 현지 시간이 아니라, 종전처럼 12시로 되돌아가 고정되어 있었습니다. 언제 알람을 울려 주었느냐는 듯 시계의 작동이 다시 멈추어 있는 것이었습니다. 저는 핸드폰을 끄고 켜기를 몇 번이나 반복해 보았습니다. 그러나 미얀마를 떠나기까지 12시에 고정된 제 핸드폰 시계는, 다시는 작동하지 않았습니다.

해외 로밍이 되지 않는 통신의 오지에서, 으레 멈추어 있어야 할 제 핸드폰 속의 시계가 하룻밤 동안 정확하게 작동했다는 것은 이례적인 일이 아닐 수 없습니다. 저는 지금도, 모닝콜 서비스가 제공되지 않던 그곳에서 선교사수련회가 차질 없이 마칠 수 있게끔 하나님께서 정지된 제 핸드폰 속의 시계를 작동시켜 주셨던 것으로 굳게 믿고 있습니다. 하나님의 이례적인 능력이었습니다. 그러나 유한한 피조물인 제게 그것이 이례적인 능력으로 투영되었을 뿐, 전능하신 하나님께는 그런 것쯤은 조금도 이례적인 능력일 수 없습니다. 하나님께서는 첨단 과학의 시대인 오늘날에도 이렇듯 당신의 뜻을 위하여, 보잘것없고 하찮은 물건을 통해서도 인간이 보기에 이례적인 능력을 행하고 계십니다. 그렇다면 그 하나님 앞에서 우리 삶의 태도는 어떠해야 하겠습니까?

12년 동안이나 혈루증으로 고통받던 여인이 예수님의 옷에 손을 대어 나음을 받았다고 해서 그 이후로 예수님의 옷에만 집착했다면, 그 여인은 자신의 이례적인 경험 때문에 도리어 주님과는 영영 멀어지고 말았을 것입니다. 지나가는 베드로의 그림자 덕분에 치유받은 사람들이 베드로의 그림자만 따라다녔다면, 그들은 이례적으로 육체의 치유는 얻었지만 진리의 실체는 결코 얻지 못했을 것입니다. 바울의 땀수건과 작업용 앞가리개로 병과 귀신의 억눌림에서 해방된 사람들이 바울의 그 하찮은 물건들을 신줏단지 모시듯 했다면, 그들의 이례적인 경험은 하나님과 그들 사이를 가로막는 장애물이 되고 말았을 것입니다.

삼위일체 하나님께서 하찮은 물건들을 통해서까지 그들에게 이례적인 능력을 베풀어 주신 것은, 궁극적으로 그들의 삶을 진리 위에 반듯하게 세워주시기 위함이었습니다. 해외 로밍도 되지 않는 통신의 오지에서 제 핸드폰의 시계가 하룻밤 동안 정확하게 작동했다고 해서 제가 그런 이례적인 현상만을 제 믿음의 목적으로 삼아 왔다면, 저는 이미 미신에 사로잡힌 우상숭배자로 전락하고 말았을 것입니다. 저는 하나님의 능력으로 그런 이례적인 경험을 했기에, 하나님 앞에서 더욱 반듯하게 살기 위해 애쓰지 않을수 없습니다.

질병으로 고통당하는 사람이 하나님의 능력으로 육체의 치유를 받는 것도 대단히 귀한 일입니다. 그러나 아무리 건강해도 세월이 지나면 육체는 쇠퇴하고, 끝내는 썩어 문드러지기 마련입니다. 그러므로 육체의 건강보다 더 중요한 것은, 비록 병든 몸일망정, 주님 안에서 반듯하게 사는 것입니다. 한 사람의 반듯한 삶을 통해 하나님께서는 한 시대를 새롭게 하시고, 다가오는 미래까지 새롭게 하십니다. 성경에 등장하는 모든 인물들이 그 증인들입니다. 혼돈과 흑암 속에서 난마처럼 얽혀 있던 인간의 삶이 하나님의 능력으로 반듯하게 정립되는 것보다 더 이례적인 능력은 없습니다.

작년 1월 하순에 방사선치료를 끝낸 저는 2월부터 5월까지 홍천에 있는 요양시설 '힐리언스 선마을'을 오가며 몸을 추스렸습니다. 선마을에는 저 같은 환자나 개인보다도, 1박2일 혹은 2박3일 일정으로 그곳의 힐링 프로그램에 연수차 참여하는 단체가 훨씬 더 많았습니다. 제가 선마을을 오가는 4개월 동안에도 재벌회사 임직원, 금융기관 임직원, 의사, 교수, 교사, 공무원 등, 많은 단체가 다녀갔습니다. 그곳에 조그만 스파가 있는데, 탈의실에는 문을 여닫는 옷장 대신 소쿠리들이 선반에 놓여 있습니다. 따라서 스파이용자들은 다른 사람들이 소쿠리에 벗어 둔 옷을 서로 볼 수 있습니다. 제가 그곳을 드나들던 4개월 동안, 그 스파에서 얼마나 많은 사람들의 옷을 보았겠습니까? 그러나 짧지 않은 4개월 동안 그 스파에서 옷이 반듯하게 개켜져 있는 소쿠리는, 제 소쿠리를 제외하고는, 단 한 사람의 소쿠리뿐이었습니다. 그 한 분은 저와 함께 신앙생활한 분이었습니다. 그분 이외의 다른 사람들 소쿠리에는 예외 없이 옷이 아무렇게나 벗어 던져져 있었습니다. 재벌기업 임직원도, 금융인도, 의사도, 교수도, 교사도, 공무원도, 어른도, 청년도, 아이도, 다 똑같았습니다. 물론 저와 다른 시간에 스파를 이용한 분들 가운데에는 소쿠리에 자신의 옷을 반듯하게 개켜 놓은 분도 있었을 것입니다. 그러나 제가 스파를 이용한 시간에는 언제나 동일한 상황이었습니다. 대부분의 사람들은 자신이 사용한 타월도 아무데나 내팽개쳐 두었습니다. 여자 탈의실은 어떤지 제 처에게 물었더니, 그쪽도 마찬가지라고 했습니다. 자신의 옷이나 사용한 타월을 많은 사람들이 공동으로 사용하는 공개 장소에서 아무렇게나 내팽개쳐 둔다는 것은, 그 사람의 마음이 반듯하게 세워져 있지 않다는 반증입니다. 반듯한 마음은 반드시 반듯한 언행으로 드러나기 마련입니다.

저는 그 선마을 스파 탈의실의 옷 소쿠리에서 대한민국의 실상을 보았습니다. 모든 일을 바른 원칙과 기준에 따라 철저하고도 반듯하게 실행하기보다는, 좋은 게 좋다는 식으로 관행을 내세우며 적당하게 때워 넘기는 대한민국의 실상 말입니다. 공개 장소에서 내의를 포함한 자신의 옷을 어지럽게 내팽개쳐 두는 사람이 기업이나 금융기관의 임직원이 된다 한들, 업무든 공사든, 모든 일을 바른 원칙과 기준에 따라 반듯하면서도 투명하게 처리할 수 있겠습니까? 그런 사람이 의사라면, 다른 사람의 생명을 자기 생명처럼 소중하게 다룰 수 있겠습니까? 그런 사람이 교수나 교사라면, 전인적인 참교육을 기대할 수 있겠습니까? 그런 사람이 공무원이라면, 국가의 백년대계를 설계하고 집행하기보다는 적당하게 복지부동하지 않겠습니까? 그런 사람이 정치인이라면, 우리나라의 정치는 더 저급하고 유치해지지 않겠습니까? 그런 사람이 여객선 선장이라면, 승객의 생명보다 자기 생명을 더 우선시하지 않겠습니까? 그런 사람이 여객선 정비사라면, 정비도 대충 대충 넘기지 않겠습니까? 1년 전에 일어난 세월호의 비극은, 진도 앞바다에서 몇 사람의 실수로 우연히 일어난 사고가 아닙니다. 그것은 바른 원칙과 기준을 아무렇지도 않게 짓밟으면서 살아온 우리 자신의 삶이 빚어낸 참극이었습니다. 우리 모두 그 참극의 공범이란 말입니다.

작년 4월 16일 세월호 참극이 일어난 후 온 국민이 세월호 승무원들과 청해진해운의 실질적 소유주였던 유병언 회장에게 분노하고, 많은 사람들이 정부의 무능을 탓할 때였습니다. 그렇지만 선마을의 스파 이용자들은 여전히 소쿠리에 자신의 옷을 아무렇게나 벗어던졌고, 도심에서는 계속하여 많은 운전자들이 교통법규를 위반했고, 심지어 승객을 기다리느라 사거리 길목에 정차하여 차량의 흐름을 막는 택시 기사들과 곳곳에 불법 현수막을 거는 사람들도 여전했습니다. 그들이 세월호와 관련하여 다른 사람을 비판하고 비난하면서도, 자신들이 공범이라고는 인식하지 못하기 때문이었을 것입니다. 그리고 1년이 지났지만, 우리 사회에는 아무것도 변한 것이 없습니다. 지난 1년 동안에도 온갖 사고 사건 속에서, 사람들은 여전히 바른 원칙과 기준을 외면한 채 자신의 이득과 편의를 위해 무슨 일이든 적당하게 때워 넘기고 있습니다. 그렇다면 제2, 제3의 세월호 참극이 또 언제, 어디에서, 어떤 형태로 터질지 모를 일입니다.

5월 5일 목동주경기장에서 열릴 예정인 전교인운동회 '100투게더'는 임용완 목사님의 주관으로 준비 중에 있습니다. 임 목사님이 '100투게더' 준비에 얼마나 몰두하고 있는지, 밤에 자면서 잠꼬대도 '100투게더'라고 한답니다. 올해 초 임 목사님이 '100투게더' 준비를 시작하면서 제게 특별히 당부할 말이 있는지 물었습니다. 저는 한 가지만 당부했습니다. 모든 경기에 참여하는 교우님들이 철저하게 경기 룰을 지키게 해달라는 것이었습니다. 교회 행사가 있을 때마다 룰을 지키지 않는 교우님들을 보면 무척 안타깝습니다. 교회 안에서 교인들 간의 친목을 위한 행사에서도 룰을 지키지 못한다면, 이 세상의 이권 앞에서 어떻게 바른 원칙과 기준을 준수하면서 이 세상을 반듯하게 세우는 그리스도인이 될 수 있겠습니까?

태초에 카오스—혼돈 그 자체였던 이 세상은, 하나님의 말씀에 의해 코스모스—질서의 세상으로 바뀌었습니다. 삼위일체 하나님의 말씀은 혼돈을 질서로 바꾸고 세우시는 능력이십니다. 경탄하지 않을 수 없는, 이례적인 능력이십니다. 그 이례적인 능력의 하나님께서 이미 우리 안에 임해 계시고, 벌써부터 당신의 말씀으로 우리를 품고 계십니다. 우리 모두 하나님의 그 이례적인 능력을 힘입어 우리의 마음과 삶을 반듯하게 세워 가십시다. 그것이 세월호의 참극을 진정으로 기리는 삶이요, 우리의 후손이 대대로 살아갈 이 땅에 다시는 세월호 침몰과 같은 참극이 일어나지 않도록 우리 사회를 근본적으로 반듯하게 세우는 길입니다. 하나님의 이례적인 능력 속에 살아가는 우리가 그렇게 하지 않는다면, 대체 이 세상 어느 누가 그렇게 할 수 있겠습니까?

내가 하나님을 알기도 전에 삼위일체 하나님께서 먼저 나를 아시고, 나의 이름을 불러 하나님의 자녀 삼는 이례적인 은혜를 베풀어 주셨음을 감사합니다. 성자 하나님께서 나의 죗값을 십자가에서 대신 치러 주심으로, 먹보다 더 검고 주홍보다 더 붉던 나의 죄가 눈같이 정결케 되는 이례적인 능력을 베풀어 주셨음도 감사합니다. 삼위일체 하나님께서 보잘 것없는 내 속에 이미 임해 계시고, 하나님의 말씀으로 벌써부터 나를 품으사, 날마다 하나님의 이례적인 능력 속에서 살 수 있게 해주신 것도 감사합니다.

하나님의 그 이례적인 능력을 힘입어, 우리 모두 하나님 앞에서 우리 자신을 반듯하게 세우는 참된 그리스도인이 되게 해주십시오. 하나님의 이례적인 능력 속에서 살아가는 우리로 인해 무너진 우리 사회의 원칙과 기준이 회복되어, 우리 사회가 공의와 공익을 실천하는 반듯한 사회가 되게 해주십시오. 그리하여 1년 전 세월호의 참극을 당한 분들의 희생이, 새로운 대한민국 건설을 위한 생명의 밀알이 되게 해주십시오. 아멘.

# 9. 은 오만이나 <sup>가정주일</sup>

사도행전 19장 13-20절

이에 돌아다니며 마술하는 어떤 유대인들이 시험삼아 악귀 들린 자들에게 주 예수의 이름을 불러 말하되 내가 바울이 전파하는 예수를 의지하여 너희에게 명하노라 하더라 유대의 한 제사장 스게와의 일곱 아들도 이 일을 행하더니 악귀가 대답하여 이르되 내가 예수도 알고 바울도 알거니와 너희는 누구냐 하며 악귀 들린 사람이 그들에게 뛰어올라 눌러 이기니 그들이 상하여 벗은 몸으로 그 집에서 도망하는지라 에베소에 사는 유대인과 헬라인들이 다 이 일을 알고 두려워하며 주 예수의 이름을 높이고 믿은 사람들이 많이 와서 자복하여 행한 일을 알리며 또 마술을 행하던 많은 사람이 그 책을 모아 가지고 와서 모든 사람 앞에서 불사르니 그 책 값을 계산한즉 **은 오만이나** 되더라 이와 같이 주의 말씀이 힘이 있어 흥왕하여 세력을 얻으니라

에베소에서 바울은 세상과 자신을 분명하게 구별함으로써, 세상에서 고립되거나 소외당하지 않고 도리어 세상을 새롭게 하는 거룩의 역설을 자신의 삶으로 실천하였습니다. 하나님께서는 그 바울로 하여금 이례적인 능력

을 행하게 하셨습니다. 바울이 손을 얹음과 동시에 사람들이 병에서 나음을 얻고, 사람들을 괴롭히던 악귀가 쫓겨난 것입니다. 심지어는 사람들이, 바울이 생계를 위해 천막을 제조할 때 사용하던 땀수건과 작업용 앞가리개를 가져다가 병자에게 얹어도, 병이 떠나고 귀신이 쫓겨났습니다. 바울의 땀수건과 작업용 앞가리개가 무슨 신통력을 지니고 있어서가 아니라, 에베소 사람들을 긍휼하게 여기신 하나님께서 바울의 하찮은 땀수건과 앞가리개를 통해서도 당신의 능력을 베풀어 주신 덕분이었습니다.

오늘의 본문은 그 이후의 일을 전해 주고 있습니다.

> 이에 돌아다니며 마술하는 어떤 유대인들이 시험 삼아 악귀 들린 자들에게 주 예수의 이름을 불러 말하되, 내가 바울이 전파하는 예수를 의지하여 너희에게 명하노라 하더라(13절).

본문에 언급된, "돌아다니며 마술하는 어떤 유대인들"이 헬라어 원문에 '엑소르키스테스ἐξορκιστής'라고 기록되어 있습니다. '무당'이라는 의미입니다. 그 유대인 무당들은 에베소의 붙박이 무당들이 아니라, 돈벌이가 있는 곳을 찾아다니는 떠돌이 무당들이었습니다. 그들은 바울이 에베소에서 예수님의 이름으로 귀신을 쫓아내는 것을 목격하고, 바울을 그대로 흉내 내었습니다. 그들이 사람을 괴롭히는 악귀를 향해, "내가 바울이 전파하는 예수를 의지하여 너희에게 명하노라"고 말한 것이었습니다. 그들 역시 바울이 전하는 예수님의 이름을 의지하여 귀신을 다루려고 시도한 것이었습니다. 그들이 예수님을 믿었기 때문이 아니었습니다. 자신들이 그동안 귀신을 다루기 위해 사용해 오던 주문呪文보다 바울이 언급한 예수님의 이름이 더 신통력을 지녔다고 여겨, 자신들의 돈벌이를 위해 예수님의 이름을 단지 주문으로 이용하려 한 것이었습니다.

더욱이 본문에서 우리말 '명하노라'로 번역된 헬라어 동사 '호르키조ὁρκίζω'는 '탄원하다'라는 의미를 지니고 있습니다. 유대인 무당들이 귀신들을 향해 사람들에게서 나가라고 명령한 것이 아니라, 나가 달라고 부탁한 셈이었습니다. 무당의 역할이 본래 귀신을 제압하거나 축출하는 것이 아니라, 귀신을 달래고 얼러 사람을 괴롭히지 못하게 하는 데 있지 않습니까? 이를테면 유대인 무당들도 귀신들에게 나가 달라고 예수님의 이름으로 일종의 타협을 시도한 것이었습니다. 그것은 예수님의 방법이 아니었습니다.

예수님께서는 귀신을 쫓아내실 때 단 한 번도 귀신에게 '호르키조', 나가 달라고 부탁하신 적이 없었습니다. 예수님의 축귀와 관련하여 성경에는 헬라어 동사 '에피탓소ἐπιτάσσω' 혹은 '파랑겔로παραγγέλλω'가 사용되어 있습니다. 두 단어 모두 '명령하다'는 뜻입니다. 예수님께서는 사람들을 괴롭히는 귀신들에게 언제나 나가라고 명령하셨고, 그 명령 앞에서 모든 귀신은 굴복하였습니다. 공생애 초기부터 사탄을 제압하신 주님이셨기에, 주님과 맞설 귀신은 있을 수 없었습니다.

바울은 빌립보에서도 귀신 들린 여인을 만난 적이 있었습니다. 그 여인은 사람들에게 점을 쳐주고 자신의 고용주들에게 큰돈을 벌어 주는 가련한 여인이었습니다. 귀신에 시달리는 그 여인을 불쌍히 여긴 바울이 귀신에게 명령하였습니다.

> 예수 그리스도의 이름으로 내가 네게 명하노니 그에게서 나오라 하니, 귀신이 즉시 나오니라(행 16:18하).

바울이 사용한 헬라어 동사가 방금 말씀드린 '파랑겔로'입니다. 바울은 귀신을 달래고 얼러 그 가련한 여인에게서 나가 주기를 부탁하거나, 귀신과 타협하려 하지 않았습니다. 바울도 귀신을 향해 그 여인에게서 나가라고 예수 그리스도의 이름으로 단호히 명령했고, 그 순간 귀신이 굴복함과 동시에 그 여인은 귀신의 시달림에서 해방되었습니다. 그것이 가능할 수 있었던 것은 바울의 그 명령이 단순한 주문이 아닌 믿음의 선포였고, 또 그의 믿음의 대상이신 예수 그리스도께서 바울과 함께하고 계셨기 때문입니다. 하지만 에베소의 유대인 무당들은 예수님을 믿지도 않으면서 자신들의 돈벌이를 위해, 예수님의 이름을 단지 주문 삼아 귀신을 다루려고 시도했습니다.

그렇다면 그들의 시도가 과연 귀신들에게 통했겠습니까? 전혀 그렇지 않았음을 그다음의 예를 통해 알 수 있습니다.

유대의 한 제사장 스게와의 일곱 아들도 이 일을 행하더니(14절).

헬라어 원문은 스게와를 '아르키에류스ἀρχιερεύς'라고 표기하고 있습니다. 유대인 스게와가 '제사장'이 아니라, '대제사장'이었다는 의미입니다. 그러나 유대인의 문헌 그 어디에도 대제사장 가운데 스게와라는 이름은 나타나 있지 않습니다. 많은 주석학자들은 유대인 무당이었던 스게와가 자신의 권위와 명성을 높이기 위해 대제사장의 명칭을 도용한 것으로 보고 있습니다. 그의 일곱 아들들도 무당들이었습니다. 그들 역시 바울이 전한 예수님의 이름을 주문 삼아 귀신을 다루려고 시도하였습니다.

악귀가 대답하여 이르되, 내가 예수도 알고 바울도 알거니와 너희는 누구냐 하며(15절).

마가복음 1장 24절에 의하면, 가버나움의 회당에 귀신 들린 사람이 있었습니다. 그 귀신은 예수님을 만나는 순간, 자신이 사로잡고 있는 사람의 입을 통하여 소리쳤습니다.

> 나사렛 예수여, 우리가 당신과 무슨 상관이 있나이까? 우리를 멸하려 왔나이까? 나는 당신이 누구인 줄 아노니 하나님의 거룩한 자니이다.

귀신이 즉각 예수님을 알아본 것이었습니다. 앞에서 언급한 빌립보의 귀신 들린 여인도 바울 일행을 보자마자, "이 사람들은 지극히 높은 하나님의 종으로서 구원의 길을 너희에게 전하는 자라"(행 16:17)고 외쳤습니다. 이처럼 영적 실체인 귀신들은 성자 하나님이신 예수님과 예수님을 모신 사람들을 알아보았습니다. 그래서 그들은 예수님께 감히 맞설 수 없음을 잘 알고 예수님께 굴복하였습니다. 본문의 귀신 역시 예수님도 알고 바울도 알고 있었습니다. 그 귀신이 스게와의 일곱 아들들에게 "너희는 누구냐?"고 소리쳤습니다. 스게와의 일곱 아들들이 예수님을 믿지도 않으면서, 단지 예수님의 이름을 주문으로만 이용하고 있음을 귀신이 다 알고 있었던 것입니다.

> 악귀 들린 사람이 그들에게 뛰어올라 눌러 이기니, 그들이 상하여 벗은 몸으로 그 집에서 도망하는지라(16절).

귀신 들린 사람은 단 한 명이었습니다. 반면에 스게와의 아들들은 일곱 명이나 되었습니다. 상식적으로는 한 명이 일곱 명을 이길 수 없습니다. 하지만 귀신 들린 한 사람이 마치 사냥감을 낚아채는 표범처럼 스게와의 일곱 아들들에게 뛰어올라 그들을 제압해 버리고 말았습니다. 그들은 모두 몸에 부상을 입고 겉옷도 제대로 걸치지 못한 채, 귀신 들린 사람의 집에서 황급히 도망치고 말았습니다. 형제 일곱 명이 힘을 합쳐 예수님의 이름을 이용하여 귀신을 다루려고 시도했다가, 도리어 그들이 귀신에게 꼼짝 없이 당하고 말았습니다. 믿음 없이 예수님의 이름을 함부로 이용하거나 주문으로 삼으려 해서는, 오히려 화를 입게 됨을 입증해 주는 사건이었습니다. 역설적이게도 이 사건을 통해 에베소의 더 많은 사람들이 주님을 경외하게 되었습니다.

> 에베소에 사는 유대인과 헬라인들이 다 이 일을 알고 두려워하며 주 예수의 이름을 높이고(17절).

고대세계 7대 불가사의 중의 하나였던 아데미 신전이 자리 잡고 있어 온갖 미신이 판을 치던 에베소에서는, 어떤 이름이나 주문이 용하다는 소문이 나기만 하면 사람들은 너나할 것 없이 그 이름이나 주문을 부르거나 외우곤 했습니다. 그러나 바울이 전한 예수 그리스도께서는 병자도 고치고 귀신도 쫓아내시지만, 믿음 없이 그 이름을 단순히 주문처럼 이용하려 해서는 화를 입게 됨을 직접 확인한 에베소 사람들은, 주 예수님을 진심으로 경외하면서 예수님의 이름을 찬양하지 않을 수 없었습니다.

스게와의 일곱 아들들 사건이 수반한 결과는 그것으로 그치지 않았습니다.

> 믿은 사람들이 많이 와서 자복하여 행한 일을 알리며(18절).

이때는, 에베소를 다시 찾은 바울이 에베소에서 복음을 전하고 가르치기 시작한 지 최소한 2년 3개월이 지났을 때였습니다. 따라서 에베소에는, 매일 뛰란노스의 스콜레에 모이는 그리스도인을 제외하고서도 주님을 영접한 사람들이 있었습니다. 그들 가운데 많은 사람들이 바울을 찾아와 자신들의 잘못을 자복하였습니다. 주님을 막연히 믿던 그들이 스게와의 일곱 아들들 사건 덕분에, 살아 계신 주님과 인격적인 관계를 맺게 된 것이었습니다. 그리고 더욱 놀라운 일이 일어났습니다.

> 또 마술을 행하던 많은 사람이 그 책을 모아 가지고 와서 모든 사람 앞에서 불사르니, 그 책값을 계산한즉 은 오만이나 되더라(19절).

본문에 언급된 '마술하는 사람들'은 13절의 '마술하는 유대인들'과는 다릅니다. 13절의 '마술하는 유대인들'이 이미 말씀드린 것처럼 '엑소르키스테스' 즉 무당인 반면, 본문에 언급된 '마술하는 사람들'은 마법사를 일컫습니다. 당시의 마법사들은 눈속임으로 사람들의 호기심을 자극하면서, 자신들이 마치 사람들의 운명을 알고 또 바꾸어 줄 수 있는 것처럼 사람들을 현혹했습니다. 말하자면 일종의 점쟁이 혹은 점성술사이기도 했습니다. 헬라어 원문은 그들을 '쓸데없는 일에 참견하는' 사람을 뜻하는 형용사 '페리에르고스 περίεργος'로 표현했습니다. 그들이 행하는 일은 물론이요, 그들 인생 자체가 아무 쓸모없음을 나타내기 위함입니다. 놀랍게도 그 마법사들이 그동안 애지중지하던 마법 책들을 모아 가지고 와서, 사람들이 보는 앞에서 공개적으로 불살랐습니다. 그 마법 책들은 그들에게는 돈벌이의 원천이었습니다. 그런데도 그들은 미련 없이 그것들을 불살라 버렸습니다. 바울의 사역과 스게와의 일곱 아들들 사건을 통해 삼위일체 하나님의 살아 계심과 능력을 확인한 그들이, 그동안 자신들이 해온 일들이 정말 쓸데없는 짓이었음을 통감하고 하나님을 향해 분명하게 돌아선 것이었습니다.

헬라어 원문에는 '불사르다'는 동사가 미완료형으로 기록되어 있습니다. 마법사들이 가져온 마법 책들이 얼마나 많았던지, 그 모든 책들을 계속하여 태우고 또 태웠다는 말입니다. 사람들이 그 책값을 계산해 보았습니다. 헬라어 동사 '쉼프셉히조συμψηφίζω'는 성경에서 본문에만 등장하는 단어로서, '함께 세다'는 의미입니다. 사람들이 마법사들이 들고 나온, 양피지나 파피루스로 만들어진 마법 책값을 다함께 일일이 더해 본 것이었습니다. 총합계액은 "은 오만" 드라크마나 되었습니다. 당시 은화 1드라크마는 한 사람의 하루분 임금이었습니다. 은화 5만 드라크마라면 한 사람의 5만 일분 임금에 해당합니다. 한 사람이 1년 365일 쉬지 않고 일한다면, 무려 137년을 일해야 모을 수 있는 금액입니다. 에베소의 마법사들이 지닌 마법 책값만 그 정도였으니, 에베소 사람들이 그동안 마법사들에게 현혹당해 쏟아부은 금액을 다 합친다면, 아마도 계산하는 것조차 불가능한 천문학적 금액이었을 것입니다.

에베소 사람들이 마법에 그 많은 돈을 쏟아부었다는 것은, 마법사든 아니면 마법사의 고객이든, 그들이 모두 쓸데없이 허황한 것들에 집착하고 있었음을 의미합니다. 그렇다면 그들이 허황한 마법에 집착하는 동안에 얼마나 많은 것을 잃었겠습니까? 돈만 잃은 것이 아니라, 마법사의 주문이나 부적 그리고 점괘에 집착하느라 그들의 소중한 인생 자체를 잃어버리지 않았겠습니까? 그들의 인생만 잃어버렸겠습니까? 그들이 자신들의 소중한 인생을 잃어버림으로 인해, 그 피해가 고스란히 가족들에게까지 돌아가지 않았겠습니까?

그러나 에베소의 마법사들은 돈벌이의 원천이었던 마법 책들을 들고 나와, 몽땅 불살라 버렸습니다. 그 마법사들을 의지하던 에베소 사람들은 무슨 일이냐며 마법사들을 말리기는커녕, 마법사들과 일심동체가 되어 마법책들의 값을 계산하면서 함께 그 책들을 불살랐습니다. 삼위일체 하나님의 살아 계심과 능력을 확인함으로써, 그동안 자신들의 인생을 앗아가던 마법의 집착에서 비로소 벗어난 것이었습니다. 그들의 인생은 물론이요, 그들과 더불어 그들 가족들의 인생도 함께 회복되는 순간이었습니다.

본문의 '은 오만' 드라크마는, 우리 각자가 지금 집착하고 있는 그 무엇인가의 상징입니다. 하나님을 믿는다면서도, 우리가 여전히 집착하고 있는 우리 각자의 '은 오만' 드라크마는 대체 무엇입니까?

사도행전 7장 17-22절을 살펴볼 때 말씀드린 적이 있습니다만, '집착하면 눈과 귀를 잃는다'는 옛말이 있습니다. 집착은, '어느 것 하나에 마음이 쏠려 계속 거기에만 매달리는 것'을 의미합니다. 가령 제가 무엇엔가 집착하고 있다고 가정해 보십시다. 제가 집착하고 있는 것에 대한 생각이 제 뇌리에서 떠나지 않을 것입니다. 누군가와 대화를 나누어도 상대의 말이 제 귀에 들어오지 않을 것이요, 길을 걸어도 무엇 하나 제대로 보이지도 않을 것입니다. 제 머리와 마음속이 온통 제가 집착하는 것으로 가득 차 있을 것이기 때문입니다. 그래서야 제가 목사직을 제대로 수행할 수 있겠습니까? 확실히 사람이 무엇에든 집착하면 눈과 귀를 잃을 수밖에 없습니다.

우리는 지금 다함께 주일예배를 드리고 있습니다. 그러나 만약 이 순간에 누군가가 머리와 마음속으로 예배 아닌 다른 무엇엔가 집착하고 있다면, 제 설교가 그분의 귀에 제대로 들릴 리가 있겠습니까? 그분이 아무리 눈을 부릅뜨고 강대상을 응시하고 있어도, 이 예배의 영적 분위기가 그분의 눈에 제대로 투영될 수도 없을 것입니다. 무엇엔가 집착하고 있는 그분은 지금 눈과 귀를 잃어버린 상태이기 때문입니다.

중요한 사실은 집착으로 인해 눈과 귀를 잃는다는 것은, 눈과 귀로 일컫어지는 육체의 상실을 의미하지 않는다는 사실입니다. 그것은 무엇엔가 집착하는 동안에 정작 보아야 할 것을 바르게 보지 못하고 들어야 할 것을 제대로 듣지 못함으로써, 결과적으로 자신의 소중한 인생을 송두리째 상실하는 것을 의미합니다. 한 인간이 한순간이라도 인생을 상실하면 그 피해가 자기 자신에게만 돌아가는 것이 아니라, 그로 인해 그의 가족들까지 피해자가 되고 맙니다. 우리는 돈과 권력, 출세와 성공, 술과 도박, 섹스와 마약 등, 물거품 같은 세상의 것에 집착하느라 자기 인생을 망친 것은 말할 것도 없고 가족들에게마저 크나큰 고통을 안겨 준 사람들을 그동안 우리 주위에서, 그리고 텔레비전이나 신문 보도를 통해 너무나도 흔하게 보아 왔고, 지금도 보고 있습니다. 우리가 어떤 경우에도 집착의 노예가 되어서는 안 될 이유가 여기에 있습니다.

　오늘은 가정주일입니다. 가정은 홀로 이룰 수도 없고, 한 사람의 노력으로 바르게 지탱될 수도 없습니다. 가정은, 가정을 이루고 있는 모든 가족들의 상호 협력 속에서만 건강을 유지하고 성숙을 꾀할 수 있습니다. 가족 가운데 한 사람이라도 인생을 상실하면, 그 피해는 반드시 가족들에게까지 미치기 마련입니다. 그런 의미에서 우리는 우리가 집착하고 있는, 다시 말해 우리로 하여금 눈과 귀를 잃게 하고 있는 우리 각자의 '은 오만' 드라크마가 무엇인지 늘 점검해 보아야 합니다. 아무리 사소해 보여도 우리의 생명을 무의미하게 고갈시키고 우리의 심령을 황폐화시키는 것이라면, 바로 그것이 우리가 집착하고 있는 '은 오만' 드라크마입니다. 작은 구멍이 둑을 터트려 삽시간에 온 마을을 삼키듯이, 사소해 보이는 그 집착이 결국엔 자신과 가정을 근본적으로 허물어뜨리고 말 것입니다. 집착은 그 어떤 형태이든 반드시 눈과 귀를 잃게 하고, 인생 자체를 상실하게 하는 탓입니다.

에베소 사람들과 마법사들은 그들이 집착하던 마법으로 인해 그들의 눈과 귀를 잃어버린 어리석은 삶을 살았지만, 삼위일체 하나님 앞에서 자신들의 삶이 아무 쓸모없음을 깨닫는 즉시, 자신들의 인생을 앗아가던 '은 오만' 드라크마의 마법 책들을 미련 없이 다함께 불살라 버릴 정도로 충분히 지혜로운 사람들이었습니다. 오늘 가정주일을 맞아 우리 모두 에베소 사람들과 마법사들처럼, 우리의 눈과 귀를 잃게 하고 있는 우리 각자의 '은 오만' 드라크마를 성령님의 불로 미련 없이 불살라 버리십시다. 우리의 생명을 고갈시키고 심령을 황폐화시키는 무의미하고 무가치한 집착에서 벗어나, 이미 우리 속에 영으로 임해 계시고 벌써부터 당신의 말씀으로 우리를 품고 계시는 주님께, 우리 모두 집중하십시다. 고갈되고 황폐화한 생명도 십자가의 보혈로 소생시켜 주시는 주님과 주님의 말씀에 우리의 눈과 귀를 고정시키십시다. 그리고 잊지 마십시다. 우리가 세상의 헛된 집착에서 벗어나는 것보다 우리의 가족을 더 사랑하는 길은 없습니다.

주님, 나는 그동안 주님을 믿는다면서도 주님의 이름과 말씀을 주문이나 부적처럼, 나 자신을 위해 이용하려고만 했습니다. 그래서 주님의 말씀에 대한 지식은 늘어도, 말씀의 능력 속에서 살지는 못했습니다. 더욱이 허황한 세상의 것에 집착하느라 나의 소중한 눈과 귀를 잃어버렸고, 내 생명을 무의미하게 고갈시켰으며, 천하보다 더 귀한 내 인생 자체를 상실해 왔습니다. 결국 나는 사랑하는 가족들의 마음속에 대못을 박아 온 어리석은 인간이었습니다. 가정주일을 맞이하여 이 모든 잘못을 회개하오니, 주님의 자비로우심으로 용서해 주십시오.

우리 모두 에베소 사람들과 마법사들처럼, 그동안 집착해 오던 우리 각자의 '은 오만' 드라크마를 성령님의 불로 미련 없이 불사르게 해주십시오. 이미 우리 속에 영으로 임해 계시고, 벌써부터 말씀으로 우리를 품고 계시는 주님께 집중하게 해주십시오. 고갈되고 황폐화한 우리의 생명을 십자가의 보혈로 소생시켜 주실 주님과 주님의 말씀에, 우리의 눈과 귀를 고정시키게 해주십시오. 그리하여 세상의 집착으로부터 자유하는 우리의 가정이 주님의 진선미를 삶의 열매로 거두는, 참생명의 텃밭이 되게 해주십시오. 아멘.

# 10. 세력을 얻으니라

사도행전 19장 13-20절

이에 돌아다니며 마술하는 어떤 유대인들이 시험삼아 악귀 들린 자들에게 주 예수의 이름을 불러 말하되 내가 바울이 전파하는 예수를 의지하여 너희에게 명하노라 하더라 유대의 한 제사장 스게와의 일곱 아들도 이 일을 행하더니 악 귀가 대답하여 이르되 내가 예수도 알고 바울도 알거니와 너희는 누구냐 하며 악귀 들린 사람이 그들에게 뛰어올라 눌러 이기니 그들이 상하여 벗은 몸으로 그 집에서 도망하는지라 에베소에 사는 유대인과 헬라인들이 다 이 일을 알고 두려워하며 주 예수의 이름을 높이고 믿은 사람들이 많이 와서 자복하여 행한 일을 알리며 또 마술을 행하던 많은 사람이 그 책을 모아 가지고 와서 모든 사 람 앞에서 불사르니 그 책 값을 계산한즉 은 오만이나 되더라 이와 같이 주의 말씀이 힘이 있어 흥왕하여 **세력을 얻으니라**


고려 말 충신 정몽주의 어머니가 지은 것으로 알려진, 우리가 잘 아는 시 조가 있습니다. 그 시조 가운데 옛말을 현대어로 바꾸어 읽어드리겠습니다.

까마귀 싸우는 곳에 백로야 가지마라

성난 까마귀 흰빛을 시샘하니

맑은 물에 고이 씻은 몸 더럽힐까 하노라


아들이 행여 나라를 어지럽히는 간신 무리와 어울리다 자신을 더럽힐까 염려하는 어머니의 마음이 잘 나타나 있는 내용입니다. 그리고 이것은 지난 수백 년 동안 이 땅을 거쳐간, 대부분의 선비들이 추구한 삶의 방식이기도 했습니다. 세상이 어지러워 세월이 수상하면, 선비들은 현실과 부딪치며 세상을 새롭게 하려 하기보다는, 아예 현실을 떠나 낙향하였습니다. 가난하고 배우지 못한 시골 사람들과 몸을 부대끼며 그들과 삶을 나누기 위해서가 아니라, 대개는 백로와 같은 자신의 고고함을 지키기 위함이었습니다.

2천 년 전 에베소는 육적으로나 영적으로나 타락의 극치를 치닫던 도시였습니다. 로마제국 4대 도시이자 소아시아 반도 최대의 도시였던 에베소는 지정학적으로 교통·상업·무역의 요충지라는 이점 덕분에, 돈과 사치와 향락이 춤추는 도시였습니다. 특히 당시 에베소에는, 주후 263년 고트족에 의해 파괴될 때까지 고대세계 7대 불가사의 중 하나였던 아테미 신전이 그 위용을 자랑하고 있었습니다. 사도행전 18장 19절을 살펴볼 때 말씀드렸던 것처럼 아테미는 오늘날 터키 대륙의 옛 이름인 아나톨리아 사람들이 숭상하던 풍요와 다산의 여신으로서, 아테미 신전은 길이가 130미터에 폭이 67미터였고, 그 신전을 떠받치는 기둥의 숫자만도 127개나 되었습니다. 오늘날 아테네의 아크로폴리스 위에 버티고 있는 옛날 아테나 여신의 신전이었던, 그 유명한 파르테논 신전은 길이 69.54미터에 폭 30.9미터 그리고 46개의 기둥으로 이루어져 있습니다. 따라서 아테미 신전의 길이와 폭이 웅장한 파르테논 신전의 두 배였고, 크기는 네 배에 달했다는 사실을 생각하면, 그 옛날 아테미 신전이 얼마나 거대했었는지 짐작할 수 있습니다. 가히 고대세계의 불가사의였습니다. 그 불가사의한 아테미 신전에는 수천 명의 여사제들이 있었는데, 그들은 합법적으로 매음하는 창녀들이었습니다. 또 아테미 신전에서 일하는 신전 노예들은 헤아리는 것조차 불가능할 정도로 많았습니다. 날이면 날마다 아테미 신전을 참배하려는 사람들이 각지에서 에베소로 몰려들었고, 아테미 신전의 사제들은 그들에게서 각종 명목의 금품을 뜯었습니다. 게다가 아테미 신전 내부는 물론이요, 신전 주위 권역까지 치외법권 지대였습니다. 어떤 범법자든 아테미 신전의 권역 속에 있는 동안에는 체포나 구금을 면할 수 있었기에, 더없이 넓은 아테미 신전 권역은 항상 범법자들로 넘쳐났습니다. 그뿐 아니라 무당들과 마법사들의 천국이기도 했던 에베소는 온갖 미신과 부적이 난무하는 미몽의 도시였습니다.

서두에 언급한 시조의 관점에서 보자면, 당시 에베소는 시커먼 까마귀들이 아귀다툼을 벌이는 까마귀 소굴이나 마찬가지였습니다. 하지만 바울은 그 까마귀들을 멀리 떠나, 외딴 곳에서 자기 홀로 고고한 백로로 살려 하지 않았습니다. 그는 자신과 에베소 사람들 사이에 분명하게 선을 그어, 에베소 사람들로부터 자신을 구별하면서도 에베소를 떠나지 않았습니다. 오히려 바울은 에베소의 한가운데에서, 에베소 사람들과 부대끼며 함께 살았습니다. 그는 대부분의 사람들이 낮잠을 자는 시간을 이용하여, 두 해 동안이나 튀란노스의 스콜레에서 그리스도인들과 함께 주님의 말씀을 공부하였습니다. 그 결과 복음은 에베소를 넘어, 오늘날 터키 대륙의 서부 지역인 아시아 전 지역에까지 스며들게 되었습니다. 바울이 손을 얹으면 병자가 낫고 귀신이 쫓겨나기도 했습니다. 심지어는 사람들이, 바울이 생계를 위해 천막을 제조할 때 사용하던 땀수건과 작업용 앞가리개를 가져다가 병자 위에 얹어도 병이 낫고 귀신이 쫓겨났습니다. 그 장면을 목격한 스게와의 일곱 아들들이 바울을 흉내 내어 귀신을 다루려 하다가 큰 봉변을 당하는 사건도 일어났습니다.

그러나 지난 주일에 확인했듯이, 역설적이게도 그 사건으로 인해 에베소의 더 많은 사람들이 바울이 전하는 주님을 경외하게 되었고, 막연히 주님을 믿던 사람들도 자신들의 잘못을 자복하면서 주님과 인격적인 관계를 맺게 되었습니다. 더 놀라운 일은 사람들을 현혹하던 마법사들이 그동안 애지중지해 오던, 돈벌이의 원천이었던 마법 책들을 들고 나와 모두 공개적으로 불살라 버린 것이었습니다. 사람들이 마법 책값을 일일이 계산하니, 그 총액이 은화 5만 드라크마나 되었습니다. 은화 5만 드라크마라면 한 사람의 5만 일분 임금으로, 한 사람이 137년 동안 하루도 쉬지 않고 계속 일해야 모을 수 있는 거금이었습니다. 그런데도 바울을 만난 마법사들은, 은화 5만 드라크마나 되는 마법 책들을 미련 없이 불살라 버렸습니다.

이처럼 에베소에서는 바울 한 사람으로 인해, 그 누구도 상상치도 못한 혁명적인 일들이 일어났습니다. 까마귀들이 아귀다툼을 벌이는 형국의 에베소에 백로와 같은 바울 한 사람이 들어갔는데, 바울이 검게 물들기는커녕 오히려 까마귀와 흡사하던 수많은 에베소 사람들이 바울 같은 백로가 되어 더불어 함께 살게 된 것이었습니다. 그렇다면 바울은 얼마나 위대한 인물입니까? 가히 영웅이라 불러도 무방하지 않겠습니까? 바울 역시 우리와 똑같은 성정의 인간일진대, 대체 이런 혁명적인 일이 어떻게 그에게 가능할 수 있었겠습니까? 이 질문에 대해 본문 20절이 답해 주고 있습니다.

이와 같이 주의 말씀이 힘이 있어 흥왕하여 세력을 얻으니라.

본문은 우상과 타락과 미신의 도시 에베소에서 일어난 생명의 역사가 바울 개인의 능력에 의한 것이 아니라, 바울이 전한 주님의 말씀이 지닌 힘에 기인한 것이었음을 명확하게 밝혀 주고 있습니다. 우리말 "힘"으로 번역된 헬라어 '크라토스κράτος'는 '권력' 혹은 '군사력'을 의미합니다. 절대주권자의 절대 권력이나 천하무적 군대의 군사력처럼, 주님의 말씀은 이 세상의 그 무엇과도 견줄 수 없는 절대적인 힘을 지니고 있습니다.

본문은 주님의 말씀이 또 "흥왕하"였다고 증언합니다. 헬라어 동사 '아욱사노αὐξάνω'는 '커지다', '증가하다'는 뜻입니다. 인간 역사 속에는 무수한 천하장사와 절대 권력자 그리고 무적의 군대가 있었습니다. 그러나 그들이 지녔던 힘은 한순간의 정점을 지나 반드시 쇠퇴하고, 소멸했습니다. 아무리 막강해 보이는 힘일지라도 잎이 떨어지고 꽃이 시들듯 소멸하고 만다면, 그것은 단지 약간의 시차만 있을 뿐 한순간에 사라지는 물거품과 다를 바 없습니다. 그러나 주님의 말씀의 힘은 소멸로 끝나 버리는 세상의 그 어떤 힘과도 같지 않습니다. 주님의 말씀은, 말씀을 받아들이면 받아들일수록 삼십 배, 육십 배, 백 배로 그 힘이 증폭됩니다. 그 힘의 주체이신 주님께서 다함이 없는, 영원한 하나님이시기 때문입니다.

그래서 본문은, 주의 말씀이 힘이 있어 흥왕하여 "세력을 얻으니라"로 끝나고 있습니다. '세력을 얻으니라'로 번역된 헬라어 동사 '이스퀴오ἰσχύω'는 '이기다'는 의미이기도 합니다. 앞에서 언급했던 것처럼 유대인 무당 스게와의 일곱 아들들이 바울을 흉내 내어, 예수님을 믿지도 않으면서 단지 예수님의 이름을 주문 삼아 귀신을 다루려다 귀신에게 큰 봉변을 당하지 않습니까? 당시의 상황을 지난 주일에 살펴보았던 15-16절이 상세하게 전해 주고 있습니다.

악귀가 대답하여 이르되, 내가 예수도 알고 바울도 알거니와 너희는 누구냐 하며, 악귀 들린 사람이 그들에게 뛰어올라 눌러 이기니, 그들이 상하여 벗은 몸으로 그 집에서 도망하는 지라.

악귀 들린 사람은 한 사람인데 반하여, 스게와의 아들들은 일곱 명이나 되었습니다. 그러나 악귀 들린 한 사람이 마치 사냥감을 낚아채는 표범처럼, 스게와의 일곱 아들들에게 뛰어올라 그들을 간단하게 눌러 이겼습니다. 여기에서 '이기다'는 의미로 사용된 단어가, 방금 말씀드린 '이스퀴오'입니다. 악귀가 스게와의 일곱 아들들보다 힘이 더 강했던 것입니다. 그러나 악귀나 사탄도 주님의 말씀 앞에서는 맥을 추지 못했습니다. 영원하신 주님의 말씀은 이 세상 그 어떤 힘과도 견줄 수 없는 힘을 지녔고, 멈추거나 다함이 없이 흥왕하는 말씀이기에, 주님의 말씀은 이 세상의 그 무엇도 이길 수 있습니다. 바꾸어 말해 주님의 말씀을 이길 수 있는 것은 이 세상에 아무것도 없습니다.

2천 년 전 에베소의 불가사의하던 거대한 아테미 신전은, 오늘날 에베소를 찾아가 보면, 옛터에 남아 있는 것이라고는 단 하나의 흰색 대리석 기둥밖에 없습니다. 그 기둥 한 개를 제외하곤, 아무것도 남아 있지 않습니다. 무소불위였던 아테미 신전의 힘이, 주후 263년 고트족의 침입과 더불어 완전히 소멸해 버리고 만 것입니다. 그러나 그 에베소에서 2천 년 전 바울이 전했던 주님의 말씀은, 시간과 공간을 초월하여 오늘날에도 여전히 살아 역사하고 있습니다. 주님의 말씀의 힘이, 인간을 압도하던 아테미 신전의 힘을 이긴 것입니다. 오늘날 폐허로 변한 에베소의 옛터에서 누구든지, 이 사실을 어렵지 않게 확인할 수 있습니다.

하지만 2천 년 전 본문 당시에는 아테미 신전이 건재하고 있었고, 모든 에베소 사람들은 우상 아테미의 영향력과 지배력 속에서 살았습니다. 그런데도 본문 속 많은 사람들과 마법사들은 바울이 전하는, 눈에 보이지 않는 주님의 말씀이, 그동안 그들이 숭배해 오던, 눈에 보이는 거대한 아테미 신전과 우상 아테미보다 더 힘이 있다는 사실을 깨닫고, 주님을 향하여 미련 없이 돌아섰습니다. 생각하면 할수록 그들은 위대한 그리스도인들이었습니다. 주님을 믿는 것은 주님의 말씀을 믿는 것이요, 주님의 말씀을 믿는 것은 주님의 말씀이 지닌 힘을 믿는 것입니다. 그 힘을 믿지 못하면 누구도 말씀대로 살 수 없습니다. 바울의 위대함도, 어떤 상황 속에서든 주님의 증인으로 살기를 멈추거나 포기한 적이 없었다는 데 있습니다. 그것이 가능할 수 있었던 것은 바울 역시 주님의 말씀의 힘을 믿었기 때문입니다. 그래서 그는 세상에서는 비록 가난하고 볼품없었을망정, 언제 어디서나 주님의 말씀을 힘입어 영원히 이기는 삶을 살았고, 2천 년이 지난 오늘날까지 우리 믿음의 사표로 영원히 살아 있습니다.

하나님께서 에스겔 선지자를 통해 말씀하셨습니다.

> 그러므로 내가 그들을 애굽 땅에서 나와서 광야에 이르게 하고, 사람이 준행하면 그로 말미암아 삶을 얻을 내 율례를 주며 내 규례를 알게 하였고, 또 내가 그들을 거룩하게 하는 여호와인 줄 알게 하려고 내 안식일을 주어 그들과 나 사이에 표징을 삼았노라(겔 20:10-12).

하나님께서 이스라엘 백성을 이집트의 노예살이에서 해방시키시고 당신의 율례와 규례인 말씀을 주신 것은, 인간은 하나님의 말씀을 통해서만 "삶을 얻을" 수 있기 때문이었습니다. 우리말 '삶을 얻다'로 번역된 히브리어 동사

'하야이··ㅠ'는 '생명을 건지다'는 의미입니다. 하나님의 말씀을 힘입어서만, 우리의 생명을 소모시키고 소진시키는 이 세상 속에서 우리의 생명을 매일 건져올릴 수 있습니다.

하나님의 말씀은 세상의 유혹과 어둠을 이기는 빛이십니다. 하나님의 말씀은 세상의 악과 불의를 이기는 선이자 정의이십니다. 하나님의 말씀은 세상의 절망을 이기는 소망이십니다. 하나님의 말씀은 세상의 고난과 역경을 이기는 창조의 능력이십니다. 그래서 시인이 이렇게 노래하지 않았습니까?

> 고난당한 것이 내게 유익이라. 이로 말미암아 내가 주의 율례들을 배우게
> 되었나이다. 주의 입의 법이 내게는 천천 금은보다 좋으니이다
> (시 119:71-72).

천지를 창조하신 하나님의 전능하신 말씀 속에서, 세상의 그 어떤 역경과 고난도 금은보화보다 더 귀한 영적 자산으로 승화됩니다.

나아가 하나님의 말씀은 자신을 이기게 해주는 결정력입니다. 언제나 싸워야 할 최후의 대상은 외부에 있지 않습니다. 바로 자기 자신입니다. 자기 자신과의 싸움에서 이기지 못하면 아담과 하와처럼, 에덴동산에서도 한순간에 몰락할 수밖에 없습니다. 다음은 사도 바울의 고백입니다.

> 이기기를 다투는 자마다 모든 일에 절제하나니, 그들은 썩을 승리자의 관
> 을 얻고자 하되 우리는 썩지 아니할 것을 얻고자 하노라. 그러므로 나는
> 달음질하기를 향방 없는 것같이 아니하고 싸우기를 허공을 치는 것같이
> 아니하며, 내가 내 몸을 쳐 복종하게 함은 내가 남에게 전파한 후에 자신
> 이 도리어 버림을 당할까 두려워함이로다(고전 9:25-27).

운동선수들이 극기훈련을 하듯이, 바울도 자신과의 싸움에서 이기기 위해 자신을 "쳐 복종하게" 했습니다. 이것은 육체적 완력에 의한 자학이 아니라, 하나님의 말씀으로 자신을 담금질하였다는 말입니다. 그렇게 하지 않았던들 바울은, 결코 우리가 아는 바울이 될 수 없었을 것입니다.

무엇보다도 삼위일체 하나님의 말씀은 죽음을 이기는 생명이십니다. 죽음을 깨뜨리고 부활하신 주님께서, 말씀이 육신을 입고 이 땅에 오셨던 로고스였습니다. 그러므로 삼위일체 하나님의 말씀의 힘이 아니고는, 우리의 생명을 소모시키고 소진시키는 이 세상에서 우리의 생명을 건질 다른 방도는 없습니다.

주님께서 지상에서 공생애를 마무리하실 즈음, 베드로와 요한 그리고 야고보를 대동하고 높은 산으로 올라가셨습니다. 산 위에 이르자 주님의 얼굴이 해같이 빛나고, 주님의 옷도 눈부시게 희어졌습니다. 그리고 하늘에서 모세와 엘리야가 내려와 주님과 대화를 나누었습니다. 그 광경이 얼마나 황홀했던지, 베드로가 주님께 청원했습니다.

주여, 우리가 여기 있는 것이 좋사오니, 만일 주께서 원하시면 내가 여기서 초막 셋을 짓되 하나는 주님을 위하여, 하나는 모세를 위하여, 하나는 엘리야를 위하여 하리이다(마 17:4).

베드로는 다시는 세상으로 내려가지 않고, 모세와 엘리야와 함께 주님을 모시고 그 황홀한 산 위에서 계속 살기를 원했습니다. 세상과 격리되어 백로처럼 고고하게 살자는 것이었습니다. 그러나 주님께서는 베드로의 그 청원에는 일언반구도 없이, 세상 속으로 다시 내려오셨습니다. 주님께서 이 땅에 오신 것은 외딴 산속에서 홀로 고고한 백로나 선비로 사시기 위함이 아니라, 까마귀 같은 죄인들과 함께 부대끼며 살면서 그들에게 당신의 생명을 주시기 위함이었습니다. 그래서 주님께서는 까마귀보다도 더 검은 죄인들의 죗값을 대신 치러 주시려고 십자가에 사지가 못박혀, 온몸이 피투성이가 되어 돌아가셨습니다. 하지만 사형 형틀인 십자가의 절망이, 십자가의 고통이, 십자가의 어둠이, 십자가의 죽음이, 결코 주님을 이기지 못했습니다. 주님께서 죽음을 이기시고 영원히 부활하셨기 때문입니다. 그 주님께서 말씀하셨습니다.

> 이것을 너희에게 이르는 것은, 너희로 내 안에서 평안을 누리게 하려 함이라. 세상에서는 너희가 환난을 당하나, 담대하라. 내가 세상을 이기었노라(요 16:33).

우리가 이 세상을 살아가는 동안 어떤 환난과 역경을 당해도, 우리는 주님의 말씀을 힘입어 절대적인 평안을 누리며 담대할 수 있습니다. 죽음을 깨뜨리고 부활하신 주님께서 세상을 이기셨기 때문입니다. 여기에서 '이기다'로 번역된 헬라어 동사 '니카오νικάω'는 오늘 본문의 '이스퀴오'보다 더욱 강력한 의미로 '정복하다'는 뜻입니다. 주님께서 세상을 정복하셨다는 것은 사탄의 유혹을 이기시고, 세상의 어둠을 이기시고, 세상의 절망을 이기시고, 세상의 고통을 이기시고, 세상의 모함을 이기시고, 십자가의 고난을 피하고 싶은 당신 자신을 이기시고, 모든 것을 삼키는 죽음을 온전히 이기고 정복하셨다는 말입니다. 그 주님 안에서, 그 주님의 말씀을 힘입어, 우리 역시 세상과 자신을 이길 수 있습니다.

사랑하는 교우 여러분! 우리의 목표는 세상과 격리된 곳에서 우리 홀로 고고한 선비나 백로로 살아가는 것이 아니라, 까마귀들이 아귀다툼을 벌이는 것과 같은 이 세상에서 사람들과 부대끼며, 그 속에서 주님의 증인으로 살아가는 것임을 잊지 마십시다. 지금 한치 앞이 내다보이지 않는, 칠흑 같은 어둠에 짓눌려 있습니까? 어떤 의미에서든 지금 만신창이로 피투성이가 되어 있습니까? 숨쉬기조차 고통스러운 절망의 나락에 떨어져 있습니까? 도저히 헤어날 수 없는 죽음의 고통 속에 갇혀 있습니까? 믿었던 사람들로부터 억울하게 모함당하고 있습니까?

그러나 우리 모두 주님의 절대적인 평안을 누리면서, 담대하십시다. 주님께서 이미 영으로 우리 안에 임해 계시고, 벌써부터 당신의 말씀으로 우리를 품고 계십니다. 주님의 말씀은 절대적인 힘을 지니시고 있습니다. 주님의 말씀의 힘은 언젠가 소멸하는 안개나 물거품이 아니라, 날로 흥왕하는 영원하신 힘입니다. 죽음을 깨뜨리고 부활하신 주님의 말씀은, 이 세상을 이기고 정복한 말씀이시기 때문입니다. 주님을 믿는 것은, 바로 그 말씀의 힘을 믿는 것입니다. 우리 모두 바울을 본받아 어떤 상황 속에서든 그 말씀을 힘입어 사는, 말씀의 증인들이 되십시다. 지금까지는 우리가 세상과 자신과의 싸움에서 백전백패했다 할지라도, 세상을 이기고 정복하신 주님의 말씀을 힘입어서는 우리 역시 바울처럼, 시간과 공간을 초월하여 백전백승을 거두게 될 것입니다.

우리는 변화산의 베드로처럼 세상과 격리되어, 우리 홀로 선비나 백로같이 고고하게 살려 했습니다. 그러나 이 시간, 황홀한 변화산에서 도리어 아귀다툼의 세상 속으로 내려가신 주님을 뒤좇는 주님의 증인으로 살게끔 우리의 영안을 열어 주셔서 감사합니다.

주님을 믿는 것은 주님의 말씀을 믿는 것이요, 주님의 말씀을 믿는 것은 말씀의 힘을 믿는 것임을 잊지 말게 해주십시오. 비록 우리의 현실이 만신창이라 할지라도, 피투성이의 십자가 죽음을 깨뜨리고 부활하신 주님 안에서 절대적인 평안을 누리며, 담대하게 살아가게 해주십시오. 세상을 이기고 정복하신 주님의 말씀을 힘입어 사탄의 유혹을 이기고, 세상의 어둠을 이기고, 세상의 절망을 이기고, 세상의 고통을 이기고, 세상의 모함을 이기고, 자신과의 싸움에서 이기고, 모든 것을 삼키는 죽음을 이기게 해주십시오. 그리하여 세상으로부터 우리 자신을 구별한 우리로 인해 도리어 세상이 새로워지는 거룩의 역설이, 이 시대 역사 속에서 날마다 일어나게 해주십시오. 아멘.

# 11. 로마도 보아야 하리라

사도행전 19장 21-22절

이 일이 있은 후에 바울이 마게도냐와 아가야를 거쳐 예루살렘에 가기로 작정
하여 이르되 내가 거기 갔다가 후에 **로마도 보아야 하리라** 하고 자기를 돕는 사
람 중에서 디모데와 에라스도 두 사람을 마게도냐로 보내고 자기는 아시아에
얼마 동안 더 있으니라

주님의 말씀은 이 세상 그 무엇과도 견줄 수 없는 절대적인 힘을 지니고
있습니다. 그 힘은 언젠가 소멸하는 안개나 물거품과 같지 않고, 날로 흥왕
하는 영원하신 힘입니다. 죽음을 깨뜨리고 부활하신 주님의 말씀은, 이 세
상을 이기고 정복한 말씀이시기 때문입니다. 주님을 믿는 것은, 바로 그 말
씀의 힘을 믿는 것입니다. 주님을 믿는다면서도 주님의 말씀이 지닌 그 힘
을 믿지 못하면, 이 세상 그 누구도 주님의 증인으로 살아갈 수 없습니다.
주님의 증인으로 산다는 것은 베드로가 착각했던 것처럼, 세상과 격리된 외
딴 변화산 위에서 홀로 백로처럼 고고하게 사는 것이 아니라, 까마귀들이

아귀다툼을 벌이는 것과 같은 세상에서 사람들과 부대끼며 그 속에서 말씀의 증인으로 살아가는 것을 의미합니다. 이것은 세상을 이기고 정복하신 주님의 말씀의 힘을 믿을 때에만 가능한 일입니다. 맘몬과 타락과 향락과 우상과 미신의 도시인 에베소에서 바울은 오직 주님의 말씀을 힘입어 주님의 증인으로 일관하였고, 그 바울을 통해 사람들이 상상치도 못한 생명의 역사들이 일어났습니다.

오늘 본문 21절은 그 이후에 바울에게 있었던 일을 전해 주고 있습니다.

> 이 일이 있은 후에, 바울이 마게도냐와 아가야를 거쳐 예루살렘에 가기로 작정하여 이르되, 내가 거기 갔다가 후에 로마도 보아야 하리라 하고.

지금 에베소에 체류 중인 바울이 향후 자신의 계획을 밝힌 내용입니다. 장기간에 걸친 에베소 사역이 마무리되면, 바울은 먼저 마게도냐와 아가야를 방문하려 했습니다. 오늘날 발칸반도 북부 지역인 마게도냐에는 바울이 2차 전도 여행 중에 세웠던 빌립보 교회와 데살로니가 교회 그리고 베뢰아 교회가 있었고, 발칸반도 남부 지역인 아가야에는 아테네 교회와 고린도 교회가 있었습니다. 3차 전도 여행을 시작하여 3년째 에베소에서 사역하던 바울이, 2차 전도 여행 때 자신으로부터 복음을 영접한 발칸반도 각 지역의 그리스도인들을 다시 찾아가 그들의 믿음을 북돋아 줄 계획을 밝힌 것이었습니다. 그리고 바울은 예루살렘으로 귀환하였다가, 그 이후에 "로마도 보아야 하리라"고 선포하였습니다.

헬라어 원문에는 바울의 이 선포 속에 '반드시 …해야 한다'는 의미, 즉 영어로 'must'를 뜻하는 '데이δεῖ'가 기록되어 있습니다. 그리고 동사의 어미 변화로 주어의 성과 수를 알 수 있는 헬라어에서는 일반적으로 주어가 생략

되지만, 바울의 이 짧은 선포 속에는 1인칭 주어도 명기되어 있습니다. 다른 사람이 아니라, 바울 자신이 로마로 갈 것임을 강조하기 위함이었습니다. 따라서 바울의 이 선포를 보다 원문에 가깝게 번역하면, '내가, 반드시 로마도 보아야만 하리라'가 됩니다. 죽기 전에 로마 관광에 나서겠다는 말이 아니었습니다. 바울이 로마제국의 심장인 수도 로마를, 자신의 남은 생애를 던질 마지막 전도지로 삼았다는 선포였습니다. 이 짧은 선포는 '바울의 위대한 로마 전도 비전 선포'로 일컬어집니다.

교회를 짓밟던 폭도였던 바울은 주님으로부터 일방적인 구원의 은총을 입은 이후, 자기 한 몸의 편안함을 위해 안주할 곳을 구하려 하지 않았습니다. 주님의 부르심을 받은 이후 오늘의 본문에 이르기까지, 바울이 마음만 먹었다면 안주할 곳과 기회는 얼마든지 있었습니다. 하지만 바울의 관심은 자기 일신의 안일이 아니라, 오직 주님의 증인으로 살아가는 소명의 완수였습니다. 그런 바울이었기에 세 차례에 걸친 기나긴 전도 여행을 마친 뒤에, 제국의 심장 로마를 마지막 전도지로 삼아 자신의 남은 생을 던지겠다는 그의 비전 선포에는 깊은 감동과 영적 울림이 있습니다.


적지 않은 그리스도인들이 바울의 '로마 전도 비전 선포'가 바울의 젊은 시절에 이루어진 것으로 알고 있습니다. 그래서 한국 교회에서는, 청년 시절부터 바울처럼 큰 비전을 품으라는 이야기를 심심찮게 들을 수 있습니다. 비전 집회나 비전 기도회도 있습니다. 집회나 기도회를 통해 큰 비전을 얻자는 것입니다. 모두 바울의 '로마 전도 비전 선포'를 그릇 이해한 결과입니다.

주후 64년 7월 18일 로마의 대화재 이후 네로 황제에 의해 참수형을 당한 사도 바울의 연대기를 사도행전을 중심으로 재구성해 보면, 바울은 대략 주후 30년이 지나 주님의 부르심을 받았고, 오늘의 본문에서 로마 전도의 비전을 선포한 것은 주후 54년 혹은 55년의 일이었습니다. 주님의 부르심을 받은 이후 20여 년이 지나서야 바울의 로마 전도 비전이 선포된 셈이었습니다. 주님의 부르심을 받았을 때 바울의 나이가 20대였을 것을 감안하면, 바울이 50대 직전 혹은 50대에 진입하여 로마 전도의 비전을 선포한 것이었습니다. 바울이 로마 전도의 비전을 청년 시절이 아니라, 50세에도 미달하던 당시의 평균 수명으로 따지자면 노년에 이르러서야 선포한 것이었습니다.

한글 성경에는 빠져 있지만, 헬라어 원문에는 본문에 '엔 토 프뉴마티ἐν τῷ πνεύματι'가 기록되어 있습니다. 영어로 번역하면 'in the spirit', 즉 주님의 영이신 성령님 안에서 바울의 선포가 이루어졌습니다. 그 선포의 뿌리가 바울 자신에게 있지 않고, 주님께 있다는 말입니다. 바울은 책상 앞에 앉아서 골몰하다가 로마 전도의 비전을 머리로 생각해 낸 것이 아니었습니다. 심산계곡 외딴 기도원에서 금식기도하다가, 혹은 유명 강사의 특별집회를 통해 로마 전도의 비전을 품게 된 것도 아니었습니다. 바울은 주님의 부르심을 받은 이후 무려 20여 년 동안, 영으로 자신에게 임해 계시는 주님 안에서 매일 주어진 삶에 정직하고도 성실하게 최선을 다한 결과로, 주님에 의해 로마 전도의 비전을 선포하기에 이르렀습니다. 다시 말해 바울의 로마 전도 비전은 바울의 개인적인 비전이 아니라, 주님께서 바울을 통해 궁극적으로 이루시려는 주님의 비전이었습니다.

주님을 대적하던 청년 바울은 다메섹 도상에서 주님의 부르심을 받자마자 즉시, 누구보다 앞장서서 주님을 위해 뭔가 하려 했지만 주님께서 허락하시지 않았습니다. 오히려 젊은 바울로 하여금 할 일 없는 실패자처럼, 13년 동안이나 고향 다소에서 칩거하게 하셨습니다. 젊은 바울에게 그 고통스러운 13년은, 주님의 손에 의해 새롭게 빚어지고 가다듬어지는 은혜의 기간이었습니다. 그 기간이 끝나자 주님께서는 바나바를 통해 바울을 안디옥 교회 목회자로 불러 내셨습니다. 바나바와 함께 공동목회를 하게 하신 것이었습니다. 교회 목회자로 살아간다는 것은 바울의 인생에는 전혀 없던 계획이었습니다. 안디옥 교회 목회를 시작한 지 1년이 지나자, 주님께서는 이번에는 바울과 바나바를 복음 전도자로 불러내셨습니다. 지중해 세계를 누비고 다니는 1차 전도 여행을 시작하게 하신 것이었습니다. 그 또한 바울의 인생 계획에 없던 일이었습니다. 지중해 세계 각지에 흩어져 있던 유대교인들의 핍박을 교통신호 삼아, 바울의 전도 여정을 결정하고 이끄셨던 분도 주님이셨습니다. 2차 전도 여행을 다시 시작할 즈음 의견 불일치로 바나바와 결별한 바울은 주님의 교통신호에 따라, 구브로섬으로 향했던 1차 여행과는 달리 오늘날의 터키 대륙으로 올라갔습니다. 그리고 주님의 이끄심 속에서 에게해를 건너 생각지도 못한 유럽 대륙으로 건너가, 빌립보, 데살로니가, 베뢰아, 아테네를 거쳐 고린도까지 진출하였습니다. 고린도는 지정학적으로 이오니아해 너머의 로마를 넘보기에 더없이 좋은 항구였습니다. 고린도에서 1년 6개월이나 머물렀던 바울의 가슴속에는 분명히 로마가 깊이 각인되었을 것입니다. 로마서 1장 13절에 의하면, 바울은 개인적으로 로마행을 생각한 적이 있었지만 주님의 이끄심이 없었기에 그의 생각이 실행되지는 못했습니다. 그리고 2차 전도 여행을 끝내고 3차 전도 여행을 시작하여 에베소를 다시 찾은 바울은, 오늘의 본문에 이르러서야 로마 전도의 위대한 비전을 선포하였습니다. 주님의 부르심을 받은 바울이 그 비전을 선포하기까지는, 무려 20여 년을 필요로 했습니다. 그때까지 바울이 한 일은, 어떤 상황이 주어지든, 주님 안에서 매 순간 최선을 다하여 정직하고도 성실하게 주어진 삶을 살아가는 것이었습니다.

그리스도인의 인생은, 인생이라는 모자이크 판에 매일 삶이라는 색종이를 붙여 나가는 것과 같다는 말씀을 드린 적이 있습니다. 우리는 우리 각자의 인생 모자이크판에 삶의 색종이로 붙여 가는 모자이크가 어떤 글자를 이룰는지 당장은 알 수 없습니다. 그러나 부유하든 가난하든, 건강하든 병들었든, 성공했든 실패했든 상관없이, 매일 자신의 인생 모자이크판에 주어진 삶의 색종이를 최선을 다해 정직하고도 성실하게 붙여 나가다 보면, 어느 날엔가 그 모자이크판을 통해 주님께서 보여 주시는 주님의 비전을 또렷이 읽을 수 있게 됩니다. 바울은 주님께서 자신을 통해 궁극적으로 이루시려는 주님의 비전을 깨닫는 데 20여 년이 걸렸고, 주님의 그 비전을 위해 자신의 남은 생을 송두리째 던졌습니다. 만약 청년 바울이 다메섹에서 주님의 부르심을 받자마자 로마 전도의 비전을 내세우며 로마제국의 수도 로마로 향했더라면, 그가 성공한 종교 사업가가 되었을는지는 몰라도, 주님 안에서 로마제국을 새롭게 하는 주님의 사도가 되지는 못했을 것입니다. 그때의 비전은 주님과는 무관한, 바울의 개인적인 망상이거나 야망에 지나지 않았을 것이기 때문입니다.

주님에 의한 바울의 로마 전도 비전은 바울의 예상이나 계획대로 전개되지 않았습니다. 바울은 오늘의 본문에서, 마게도냐와 아가야를 거쳐 예루살렘을 방문한 이후에 반드시 로마로 가야만 할 것이라고 선포하였습니다. 이를테면 지금까지 그렇게 해왔던 것처럼, 그리고 이 이후에 마게도냐와 아가야와 예루살렘을 방문할 때에도 그랬던 것처럼, 바울은 로마도 응당 자유인의 몸으로 찾아가게 될 것으로 생각하였습니다. 로마 방문의 시기와 방법을 자기 임의로 결정할 수 있을 것으로 여겼다는 말입니다. 하지만 자유인으로 예루살렘을 찾아갔던 바울은 유대교인들의 집단 반발로 뜻하지 않게 로마군에 체포되었고, 로마 총독이 있는 가이사랴로 옮겨져 2년 동안이나 옥에 갇혀 있어야 했습니다. 그리고 자유인이 아니라, 죄수의 신분으로 로마에 압송되었습니다. 그것도 오늘 본문의 로마 전도 비전 선포 이후 3년 이나 지나서였습니다.

바울의 예상이 어긋난 것은 또 있었습니다. 로마서 15장 28절을 보면 로마 전도의 비전을 선포한 바울의 계획에는 서바나, 즉 오늘날의 스페인까지 포함되어 있었습니다. 바울이 로마제국의 수도인 로마를 중심으로 하여, 유럽 대륙의 끝자락인 스페인까지 자신의 마지막 전도 대상지로 삼은 것이었습니다. 그러나 바울은 로마에서 참수형을 당함으로써, 그의 스페인 방문 계획은 무산되고 말았습니다.

이처럼 바울의 예상과 주님의 방법은 완전히 달랐습니다. 그렇지만 로마 전도의 비전을 주신 분이 주님인 이상, 바울은 주님의 방법에 저항하지 않았습니다. 늘 그랬던 것처럼, 주님의 이끄심에 자신을 철저하게 맡기고, 자신의 인생 모자이크판에 매일 삶의 색종이를 최선을 다하여 정직하고도 성실하게 붙여 나갔습니다. 그 결과 로마 전도와 관련한 바울의 예상과 계획은 빗나갔지만, 바울을 통해 로마제국을 새롭게 하시려는 주님의 비전은 오묘하게 성취되었습니다.

유대교인들이 못박아 죽인 예수님께서 부활하신 그리스도이심을 증언하는 바울에 대한 유대교인들의 적개심은 날이 갈수록 고조되었습니다. 급기야 예루살렘에 바울을 죽이려는 암살단이 구성될 정도였습니다. 사도행전 23장 12-13절의 증언에 따르면, 40여 명으로 구성된 암살단은 바울을 죽이기 전에는 먹지도 않고 마시지도 않겠다고 맹세할 정도로 바울 죽이기에 혈안이 되어 있었습니다. 자유인으로 예루살렘을 방문했던 바울이 만약 자유인의 몸으로, 자기 임의로 로마를 방문하려 했다면, 바울은 로마는 고사하고 예루살렘을 벗어나기도 전에 그 무시무시한 암살단의 칼에 맞아 죽고 말았을 것입니다. 그러나 바울이 로마군에 체포당함으로써 오히려 그의 생명이 유대교인 암살단으로부터 지켜졌고, 죄수의 신분으로 로마에 압송됨으로써 결과적으로 그는 로마군의 호위 속에서 머리카락 하나 상하지 않고 로마에 당도할 수 있었습니다. 인간은 상상치도 못할 주님의 역설적인 섭리였습니다.

로마 전도의 비전을 선포한 바울의 계획에 스페인까지 포함되었던 것은, 스페인은 당시의 사람들이 생각하던 땅끝이기 때문이었습니다. 바울은 마지막 전도 대상지를 로마를 중심으로 하여 스페인까지 포함시킴으로써, 땅끝까지 이르러 당신의 증인이 되라는 주님의 지상 최후의 명령을 완수할 수 있다고 여긴 것이었습니다. 그러나 주님께서는 바울의 발걸음을 로마에서 멈추게 하심으로써, 당신이 말씀하신 땅끝의 의미에 관련하여 두 가지 사실을 일깨워 주셨습니다. 첫째는, 이미 말씀드린 적이 있듯이 땅끝은 지리적이거나 공간으로 가장 먼 곳이 아니라, 어느 곳이든 우리가 두 발 딛고 서 있는 곳이 곧 땅끝이라는 사실입니다. 2천 년 사람들은 지구가 평면으로 펼쳐져 있다고 여겨, 유럽 대륙의 끝자락인 스페인을 땅끝으로 간주했습니다. 그러나 삼위일체 하나님께서 창조하신 지구는 둥글기에, 누구든 한 방향으로 계속 나가면 지구를 한 바퀴 돌아 자신이 서 있는 곳으로 되돌아오게 됩니다. 지금 자신이 서 있는 곳이 바로 1차적인 땅끝인 것입니다. 둘째는, 가장 부유하고 가장 화려한 대도시가 실은 가장 어두운 영적 땅끝이라는 사실입니다. 당시 로마제국의 수도 로마는 제국 내에서 가장 크고 가장 부유하고 가장 화려한 도시였습니다. 로마제국의 부와 권력이 그곳에 집중되어 있었습니다. 그러나 주님 보시기에는 그 로마가 세상에서 가장 어두운 영적 땅끝이었습니다. 그래서 주님께서는 바울로 하여금 그 땅끝에서 멈추게 하셨고, 바울을 통해 로마를 새롭게 하시려는 주님의 비전은 주님의 방식으로, 주님의 때에 성취되었습니다.

안타깝게도 오래전부터 한국 교회에서는 비전이라는 말이 너무나도 오용되고, 또 남용되고 있습니다. 제가 《비전의 사람》에서 언급했습니다만, 그리스도인의 비전은 흔히 오해하듯 망상을 의미하지 않습니다. 그리스도인의 비전은 자신의 인생 모자이크판에 매일 삶의 색종이를 최선을 다해 붙여 가는 정직성과 성실성을 기반으로 하기에, 시간과 공간을 초월하여 언젠가는 주님 안에서 반드시 가시적인 열매로 드러나게 됩니다. 하지만 매일 주어진 삶에 대한 정직성과 성실성을 도외시하는 망상은 모래 위에 짓는 집과 같아서, 망상에 빠진 사람의 인생은 아무리 그럴듯해 보여도 필경 무너지고 맙니다.

그리스도인의 비전은 또 야망을 뜻하지도 않습니다. 야망은 그것을 실현하기 위한 구체적인 행동을 수반한다는 면에서 뜬구름 잡으려는 망상과는 구별됩니다. 그리고 야망이 미래지향적이라는 관점에서 비전과 동일해 보일 수도 있습니다. 그러나 삶의 정직성과 성실성을 기반으로 하는 그리스도인의 비전은 성취될수록 모두의 유익으로 나타나지만, 욕망의 산물로 거짓에 터 잡는 야망은 이루어질수록 자신과 타인을 해칠 뿐입니다. 우리가 어떤 경우에도 신앙의 미명하에 망상이나 야망에 빠져서는 안 될 이유가 여기에 있습니다.

하루를 더 살아갈수록 우리 자신에게서 기인한 비전은 부질없음을 절감하지 않습니까? 우리 자신에게서 기인한 비전은 우리가 비전이라고 착각하고 있을 뿐, 실은 망상이나 야망에 지나지 않기 때문입니다. 그러므로 중요한 것은 우리의 비전이 아니라, 삼위일체 하나님께서 우리 각자를 통해 인간의 역사 속에서 궁극적으로 이루기 원하시는 하나님의 비전입니다. 인간의 망상이나 야망과는 달리 모든 사람을 살리는 하나님의 비전은, 그 비전에 자신을 맡기는 사람의 삶의 정직성과 성실성을 통해 인간의 역사 속에서 반드시 구현됩니다. 우리 각자를 통해 이루시려는 하나님의 그 궁극적인 비전을 알기 원한다면, 우리는 삼위일체 하나님, 그분을 우리 자신의 비전으로 삼아야 합니다. 하나님을 자신의 비전으로 삼은 사람만 어떤 상황 속에서든, 매일 자신의 인생 모자이크판에 최선을 다해 삶의 색종이를 정직하고도 성실하게 붙여 갈 수 있습니다.

주님께서는 십자가의 처참한 죽음마저 감수하심으로, 당신을 통해 인간을 구원하시려는 성부 하나님의 비전을 이루셨습니다. 바울은 이 세상의 부귀영화가 아니라, 바로 그 주님을 자신의 비전으로 삼았습니다. 그리고 주님께서 이끄시는 대로 매일 자신의 인생 모자이크판에 최선을 다해 삶의 색종이를 정직하고도 성실하게 붙여 나갔습니다. 그 결과 바울은 주님의 부르심을 받은 지 20여 년 만에 자신의 인생 모자이크판에 또렷이 드러난 '로마'라는 주님의 비전을 보았고, 주님의 그 비전에 자신의 남은 생을 송두리째 던짐으로 로마제국을 복음화시키시려는 주님의 비전은 성취되었습니다.

그 주님께서 우리 안에 이미 영으로 임해 계시고, 벌써부터 당신의 말씀으로 우리를 품고 계십니다. 우리 각자를 통해 이 시대와 인류의 역사 속에 이루시기 원하는 당신의 궁극적인 비전이 있기 때문입니다. 우리 모두 바울처럼, 오직 주님만을 우리의 비전으로 삼으십시다. 인생의 햇빛이 들었다고 교만하거나 나태해지지 말고, 인생의 폭풍을 맞았다며 좌절하거나 포기하지도 말고, 늦었거나 빠르다고 속단하여 서두르거나 지체함도 없이, 매일 최선을 다해 우리 인생 모자이크판에 삶의 색종이를 정직하고도 성실하게 붙여 나가십시다. 언젠가 우리는 우리의 인생 모자이크판에서 우리 각자를 통해 궁극적으로 이루시려는 주님의 비전을 또렷이 보게 될 것입니다. 그날이 오늘이거나 내일일 수도 있고, 20년 후일 수도 있고, 우리의 죽음 직전일 수도 있습니다. 그때 주님의 그 비전을 위해 우리의 온 생애를, 남은 생애를, 비록 남은 날이 단 하루뿐이라 해도, 주님께 온전히 던지십시다. 주님 안에서는 천년이 하루 같고 하루가 천년 같기에, 우리 각자의 삶을 통한 주님의 비전은 시간과 공간을 초월하여 인류의 역사 속에 반드시 이루어질 것입니다.

주님. 지금까지 나는 비전으로 포장한 망상과 야망에 사로잡혀 사느라, 주님께서 내게 맡겨 주신 귀한 생명을 허비해 왔습니다. 이 시간 나의 어리석음을 회개하오니, 용서해 주십시오. 이제부터 바울처럼 세상의 부귀영화가 아니라, 이미 영으로 내 안에 임해 계시고 벌써부터 당신의 말씀으로 나를 품고 계시는, 오직 십자가의 주님만을 나의 비전으로 삼기를 소망합니다. 지금 내게 주어진 삶의 현장이 메마르고 고달파도, 내 삶의 현장이 나의 예상이나 계획과는 다르게 전개되어도, 바로 그 현장이 주님의 궁극적인 비전이 나를 통해 이루어져 가는 과정임을 굳게 믿습니다. 그 삶의 현장을 주신 주님 안에서, 주님의 말씀을 힘입어, 나의 인생 모자이크판에 매일 최선을 다해 삶의 색종이를 정직하고도 성실하게 붙여 가게 해주십시오. 그리고 주님의 때에 나의 인생 모자이크판에서 나를 통해 궁극적으로 이루시려는 주님의 비전을 또렷이 보게 하시고, 그 비전에 나의 온 삶을 던지게 해주십시오. 비록 바울이 로마에서 참수형을 당했지만 그의 순교를 통해 대로마제국이 새로워졌듯, 우리가 세상에서는 실패자처럼 보여도 우리를 통한 주님의 비전은 시간과 공간을 초월하여 인류의 역사 속에 반드시 성취됨을 잊지 말게 해주십시오. 그리하여 잠시 이 땅을 거쳐 가는 우리의 인생이 무의미한 스침이 아니라, 주님의 영원한 흔적으로 새겨지게 해주십시오. 아멘.

# 12. 이 도로 말미암아

사도행전 19장 21-27절

이 일이 있은 후에 바울이 마게도냐와 아가야를 거쳐 예루살렘에 가기로 작정하여 이르되 내가 거기 갔다가 후에 로마도 보아야 하리라 하고 자기를 돕는 사람 중에서 디모데와 에라스도 두 사람을 마게도냐로 보내고 자기는 아시아에 얼마 동안 더 있으니라 그때쯤 되어 **이 도로 말미암아** 적지 않은 소동이 있었으니 즉 데메드리오라 하는 어떤 은장색이 은으로 아데미의 신상 모형을 만들어 직공들에게 적지 않은 벌이를 하게 하더니 그가 그 직공들과 그러한 영업하는 자들을 모아 이르되 여러분도 알거니와 우리의 풍족한 생활이 이 생업에 있는데 이 바울이 에베소뿐 아니라 거의 전 아시아를 통하여 수많은 사람을 권유하여 말하되 사람의 손으로 만든 것들은 신이 아니라 하니 이는 그대들도 보고 들은 것이라 우리의 이 영업이 천하여질 위험이 있을 뿐 아니라 큰 여신 아데미의 신전도 무시 당하게 되고 온 아시아와 천하가 위하는 그의 위엄도 떨어질까 하노라 하더라

지난 5월 21일부터 24일까지 캐나다 밴쿠버교회협의회가 주최한 목회자

세미나와 연합집회에 다녀왔습니다. 연합집회 장소인 밴쿠버 순복음교회 예배당 복도에서 저와 마주친 여성도님이 제게, 한 가지 질문을 해도 좋은지 물었습니다. 그러시라고 했더니, 그분이 눈을 반짝이면서 물었습니다. 왜 제 앞머리만 새카맣냐는 것이었습니다. 집회 기간 중에 저와 만난 목사님들과 성도님들 가운데에도 동일한 질문을 던진 분들이 적지 않았습니다. 제가 밴쿠버에서 집회를 인도하던 5월 넷째 주일에, 우리 교회 집사님 한 분은 제 아이에게 제 아들이 맞는지 신원을 확인한 다음, 새카만 제 앞머리의 정체가 무엇인지 물었다고 합니다. 그동안 우리 교회 여러 교우님들께서 새카만 제 앞머리가 부분 염색인지, 아니면 부분 가발 부착인지, 제게 물으셨습니다. 하지만 대부분의 교우님들은 여전히 제 앞머리에 대해 속으로만 궁금해하고 계십니다. 오늘도 제 앞머리 색깔에 대한 궁금증 때문에 제가 전하고자 하는 메시지를 놓치는 분이 계실 것 같아, 먼저 제 앞머리에 대해 해명해 드리려 합니다.

저는 가르마를 평생 오른쪽에 타왔습니다. 재작년 6월에 암수술 후 호르몬치료를 받으면서부터, 이상하게도 제 오른쪽 가르마 부근에서만 머리카락이 빠지기 시작했습니다. 재작년 연말부터 작년 초에 이르기까지 방사선치료를 끝낸 이후에는 오른쪽 가르마 부근의 탈모 현상이 더 심해져서, 머릿속이 들여다보일 정도가 되었습니다. 어쩔 수 없이 가르마를 오른쪽에서 왼쪽으로 옮겼더니, 이렇게 속에 있던 검은 머리카락이 드러나 두드러져 보이게 되었습니다. 많은 분들이 오해하시는 것처럼 제 앞머리는 부분 염색을 했거나 부분 가발을 부착한 것이 아니라, 100퍼센트 자연산입니다. 이 시간 이후로는, 더 이상 제 앞머리 때문에 제가 전하고자 하는 메시지를 부분적으로라도 놓치는 분이 계시지 않기를 바랍니다.

인생은, 인생이란 모자이크판에 날마다 삶이란 색종이를 붙여 나가는 것과도 같다고 했습니다. 우리가 매일 붙여 나가는 삶의 색종이가 인생 모자이크판에서 어떤 글씨를 이룰 것인지 당장은 알 수 없습니다. 그러나 우리가 매일 최선을 다해 우리의 인생 모자이크판에 삶의 색종이를 정직하고도 성실하게 붙여 나가다 보면, 언젠가 주님께서 우리 자신을 통해 궁극적으로 이루기 원하시는 주님의 비전을 또렷하게 확인할 수 있습니다.

지난 시간에 본문 21절을 통해 확인했듯이 사도 바울은 3차 전도 여행 중 에베소에서, 주님께서 자신을 통해 이루시려는 주님의 궁극적인 비전이 제국의 수도 로마에 있음을 자신의 인생 모자이크판에서 또렷이 읽었습니다. 그것은 교회를 짓밟던 바울이 다메섹에서 주님의 부르심을 받은 직후의 일이 아니었습니다. 그때로부터 무려 20여 년이 경과한 이후의 일이었습니다. 그 기나긴 세월 동안 바울이 한 일은 매일 주님의 인도하심을 따라, 자신의 인생 모자이크판에 삶의 색종이를 최선을 다해 정직하고도 성실하게 붙여 나가는 것이었습니다. 그것은 바울이 자신의 망상이나 야망이 아니라 자신을 구원해 주신, 오직 십자가의 주님만을 자신의 비전으로 삼았기에 가능했던 일이었습니다. 그리고 본문 이후부터 사도행전이 끝나기까지 사도행전은 하나의 큰 관점 속에서 전개되고 있습니다. 즉 바울이 로마 전도라는 주님의 비전을 자신의 여생을 통해 어떻게 이루어 갔는가, 다시 말해 주님께서 당신의 사랑하는 사도 바울을 통해 당신의 비전을 인간의 역사 속에서 어떻게 구현해 가셨는가 하는 관점입니다.

본문 22절을 보시겠습니다.

자기를 돕는 사람 중에서 디모데와 에라스도 두 사람을 마게도냐로 보내고, 자기는 아시아에 얼마 동안 더 있으니라.

본문 21절에 의하면, 바울은 예루살렘을 거쳐 자신의 마지막 전도 대상지인 로마에 이르기 전에 먼저 마게도냐와 아가야를 재방문할 작정이었습니다. 그래서 바울은 "자기를 돕는 사람 중에서 디모데와 에라스도 두 사람을" 먼저 마게도냐로 보냈습니다. 2차 전도 여행 중에 바울이 세웠던 빌립보 교회, 데살로니가 교회, 베뢰아 교회가 있는 마게도냐 지방에 디모데와 에라스도 두 사람을 선발대로 먼저 보낸 것이었습니다. 디모데는 바울의 2차 전도 여행 중 사도행전 16장 3절에서 바울과 합류한 이래, 계속 바울을 도와온 바울의 영적 아들이었습니다. 에라스도는 사도행전에서 본문에 처음 등장하는 인물입니다. 바울이 기록한 로마서 16장 23절과 디모데후서 4장 20절에도 에라스도의 이름이 등장합니다. 만약 그 에라스도와 본문의 에라스도가 동일인이라면, 고린도의 재무관이었던 그는 2차 전도 여행 중 고린도를 방문한 바울로부터 복음을 영접한 사람이었습니다. 그리고 3차 전도 여행을 시작한 바울이 에베소에서 장기 체류하자 바울을 돕기 위해 에베소를 찾아와 바울과 합류하였다가, 바울의 선발대로 다시 마게도냐로 이동한 것이었습니다.

　에베소에서 바울을 도운 사람 가운데, 우리가 잘 알고 있는 브리스길라와 아굴라 부부를 빼놓을 수 없습니다. 바울은 에베소에서 고린도의 그리스도인들에게 써 보낸 편지인 고린도전서 16장 19절에서 에베소 교회를, "아굴라와 브리스가와 그 집에 있는 교회"라고 묘사하였습니다. 브리스가는 애칭인 브리스길라의 본명으로, 브리스길라와 아굴라 부부의 집이 곧 에베소 교회였습니다. 바울과 에베소의 그리스도인들은 대부분의 사람들이 더위를 피해 시에스타—낮잠을 즐기는 시간에 비어 있는 튀란노스의 스콜레에서 말씀을 공부하고, 그 이외의 시간은 브리스길라와 아굴라 부부의 집을 예배 장소로 사용하였던 것입니다. 그들 부부는 그 정도로 헌신된 부부였습니다.

바울은 이 이후에, 자신이 작정했던 대로 마게도냐를 거쳐 아가야 땅인 고린도를 다시 방문하였습니다. 그리고 그곳에서 로마의 교인들에게 써 보낸 편지인 로마서에는 다음과 같은 내용이 기술되어 있습니다.

> 너희는 그리스도 예수 안에서 나의 동역자들인 브리스가와 아굴라에게 문안하라(롬 16:3).

에베소에서 바울을 돕던 브리스길라와 아굴라 부부가, 바울이 아가야의 고린도에서 로마서를 써 보낼 때에는 이미 로마에 가 있었습니다. 앞으로 로마를 방문할 예정인 바울의 선발대로 그들이 미리 로마로 옮겨 간 것이었습니다. 한때 그들의 삶의 터전이기도 했던 로마에서 바울을 영접하기 위함이었습니다.

이처럼 바울 곁에는 언제나 신실한 동역자들이 있었습니다. 사도행전을 읽을수록, 지중해 세계를 쉬지 않고 누비고 다닌 바울이 더욱 대단하게 여겨지는 것은 비단 저만의 느낌은 아닐 것입니다. 그러나 바울은 홀로, 우리가 아는 바울이 되었던 것은 아닙니다. 그는 신실한 동역자들의 도움 속에서 위대한 사도 바울이 될 수 있었습니다. 바울은 고린도전서 15장 10절을 통해 "내가 나 된 것은 하나님의 은혜로 된 것"이라고 고백했습니다. 그가 고백한 '하나님의 은혜' 속에는, 하나님께서 그에게 붙여 주신 신실한 동역자들도 포함되어 있었습니다. 바울은 자신을 도와줄 사람들을 찾거나 구하기 위해 동분서주한 적이 없었습니다. 그는 죄와 사망과 어둠의 구렁텅이 속에서 하루하루 죽어가는 사람들을 주님 안에서 살리기 위해 자신의 삶을 던졌을 뿐입니다. 그때 주님께서 바울이 가는 곳마다 그를 도울 신실한 동역자들을 주님의 방법으로 그에게 붙여 주셨습니다.

무슨 일을 하든, 사람의 도움부터 구하려 하지 마십시오. 사람의 도움에 우선순위를 두는 일은, 아무리 명분이 그럴 듯해도 주님의 뜻과는 무관한 경우가 더 많습니다. 무슨 일이든, 그 일이 사람을 살리기 위한 일이 되게 하십시오. 일이나 재물이 아니라, 주님 안에서 항상 사람이 목적이 되어야 한다는 말입니다. 그때 주님께서 주님의 방법으로, 우리가 상상치도 못한 신실한 동역자들을 우리 곁에 붙여 주실 것입니다.

22절을 다시 보면, 디모데와 에라스도를 먼저 마게도냐에 선발대로 보낸 바울은 "아시아에 얼마 동안 더 있"었습니다. '아시아'는 에베소가 속해 있는, 오늘날 터키 대륙의 서부 지역을 일컫는 명칭이라 했습니다. 본문이 언급한 '얼마 동안'이 어느 정도의 기간을 뜻하는지 가늠해 볼 수 있는 근거가 있습니다. 사도행전 19장 8절에 의하면 에베소를 다시 찾은 바울은 '석 달 동안' 회당에서 복음을 전했습니다. 그 이후에는 '두 해 동안' 튀란노스의 스콜레에서 하나님의 말씀을 가르쳤음을 10절이 전해 주고 있습니다. 그리고 사도행전 20장 31절은 바울이 에베소에서 체류한 기간이 총 '삼 년'이었음을 밝혀 주고 있습니다. 그러므로 바울은 디모데와 에라스도를 마게도냐로 먼저 보내고도 며칠 정도가 아니라, 여러 달 동안 에베소에 더 체류하였음을 알 수 있습니다. 에베소와 아시아의 각 지역에 좀더 복음을 전하기 위함이었을 것입니다.

> 그때쯤 되어 이 도로 말미암아 적지 않은 소동이 있었으니(23절).

그 즈음에 에베소에 "적지 않은 소동"이 일어났습니다. 바울이 전한 도道, 즉 복음 때문이었습니다. 본문 이후의 내용이 그 까닭을 상세하게 증언해 주고 있습니다.

> 즉 데메드리오라 하는 어떤 은장색이 은으로 아데미의 신상 모형을 만들
> 어 직공들에게 적지 않은 벌이를 하게 하더니(24절).

에베소에는 고대세계의 불가사의로 불리는 아데미 신전이 있었다고 했습
니다. 어느 도시든 신전이 있는 곳은 다 그랬지만 고대세계 최대 규모의 아
데미 신전이 있는 에베소에는, 유방이 스물네 개 달려 다산과 풍요를 상징
하는 아데미 여신상과 신전의 모형을 은으로 만들어 파는 은 세공장이들
이 특히 많았습니다. 에베소인 각 가정은 말할 것도 없고, 원근각처에서 아
데미 신전을 찾아오는 참배객들도 신전이나 신상 모형을 사서 자기 집에 모
셨으니, 에베소에서 신전과 신상 모형 제작은 엄청난 규모의 산업이었습니
다. 수많은 은 세공장이들이 저마다 직공들과 영업사원들을 거느리고 있었
으므로, 그 수를 다 합치면 그 산업에 직접 종사하는 사람의 숫자만도 상
당하였을 것입니다. 또 아데미 신전에는 여사제만 3천 명이 있었고, 신전 노
예의 수는 헤아리는 것조차 불가능할 정도로 많았다고 하지 않았습니까?
거기에 아데미 신전의 참배객들을 상대로 각종 기념품과 식음료를 판매하
는 상인들, 그들에게 숙소를 제공하는 업주들 및 그들의 가족들을 모두 포
함하면, 당시 25만 명이었던 에베소 시민 대부분이 직접적이든 간접적이든
경제적으로 아데미 신전과 관련되어 있었다고 해도 과언이 아니었을 것입
니다. 그 에베소에 데메드리오라는 은 세공장이가 있었습니다. 그는 은으로
신상 모형을 제작 판매하면서 자신의 직공들과 함께 적잖은 돈벌이를 하던
사람이었습니다.

그가 그 직공들과 그러한 영업하는 자들을 모아 이르되, 여러분도 알거니와 우리의 풍족한 생활이 이 생업에 있는데, 이 바울이 에베소뿐 아니라 거의 전 아시아를 통하여 수많은 사람을 권유하여 말하되, 사람의 손으로 만든 것들은 신이 아니라 하니, 이는 그대들도 보고 들은 것이라. 우리의 이 영업이 천하여질 위험이 있을 뿐 아니라, 큰 여신 아데미의 신전도 무시당하게 되고, 온 아시아와 천하가 위하는 그의 위엄도 떨어질까 하노라 하더라(25–27절).

데메드리오는 신전과 신상 모형 제작으로 밥 먹고 사는 사람들을 불러 모았습니다. 그리고 그들을 충동질하면서, 그는 "이"라는 지시대명사를 세 번 사용하였습니다. 자신들의 풍요로운 삶이 자신들의 "이 생업"으로 보장되는데, "이 바울"이 자신들의 생업을 훼방하여, 자신들의 "이 영업"이 천하여질 위험이 있다는 것입니다. 데메드리오가 자신의 동업자들 앞에서 자신들의 '생업'과 '영업'에 '이'라는 지시대명사를 붙인 것은, 그것의 중요성을 강조하기 위함이었습니다. 반면에 '바울' 앞에 지시대명사 '이'를 붙인 것은, 자신들의 중요한 생업과 영업을 훼방하는 바울이 얼마나 나쁜 사람인지를 동업자들에게 각인시키기 위함이었습니다. 그 뉘앙스를 정확하게 옮기자면 '이 녀석 바울', 혹은 '이놈 바울'이란 뜻입니다. 우리는 바울을 '이 녀석' 혹은 '이놈'이라고 부른 데메드리오의 언급을 통해 바울이 에베소 사람들에게 선포한 메시지의 핵심 내용을 알 수 있습니다. '사람의 손으로 만든 것들은 신이 아니라'는 것이었습니다. 다음 시간에 좀더 구체적으로 살펴보겠습니다만, 웅장한 아데미 신전 속의 아데미 여신상이 비록 거대하고 다산과 풍요를 상징하는 스물네 개의 유방을 달고 있어도, 그것은 신이기는커녕 생명도 없는 금속이나 돌덩이에 불과하다는 것이었습니다. 데메드리오는 동업자들에게 "이는 그대들도 보고 들은 것이라"고 말했습니다. 바울은 그 선포를 아무도 모르게 비밀리에 개인적으로 하지 않았습니다. 아데미 여신상과 신전 모형 제작 산업에 종사하는 사람들이 보고 듣는 데서 공개적으로 선포한 것이었습니다. 데메드리오는 그 사실을 동업자들에게 상기시키면서, 바울을 그대로 내버려 두면 자신들의 "이 영업이 천하여질 위험이 있"다고 동업자들을 충동질하였습니다. 자신들의 사업이 위기를 맞게 될 것이라는 충동질이었습니다.

> 그들이 이 말을 듣고 분노가 가득하여 외쳐 이르되, 크다 에베소 사람의
> 아데미여 하니(28절).

데메드리오의 충동질에 신상과 신전 모형 제작 산업 종사자들은 간단하게 선동당했습니다. 그들은 바울에 대해 가득 품은 분노와 정비례하여 아데미의 이름을 열렬하게 연호하였습니다. 그리고 29절은 "온 시내가 요란하"였다고 증언합니다. 대부분의 에베소 사람들이 신상과 신전 모형 제작 산업 종사자들 편에 가세하여 소동을 일으켰다는 말입니다. 앞에서 말씀드린 것처럼 대부분의 에베소 사람들이 직접적이든 간접적이든, 경제적으로 아데미 신전의 영향 아래 있었기 때문입니다.

그 소동의 전개 과정과 결말에 대해서는 앞으로 계속하여 살펴보겠습니다. 오늘 주목하고자 하는 것은 본문 23절의 증언입니다.

> 그때쯤 되어 이 도로 말미암아 적지 않은 소동이 있었으니.

본문은 바울이 에베소 사람들에게 전한 그리스도의 복음을, '길'을 의미하는 "도"라고 표현하고 있습니다. 사도행전을 기록한 누가는 본문을 포함하여 사도행전에서 여덟 번이나 복음을 '도'로 표현하였습니다. 그리스도인이 된다는 것은 주님께서 말씀을 통해 태초부터 보여 주신 도, 육신을 입고 이 땅에 오시어 친히 걸어가셨던 십자가의 도, 바로 그 도를 좇는 것입니다. 그것은 인간의 찬사와 박수갈채로 이어진 도가 아닙니다. 오히려 예기치 않은 소동을 각오하지 않고서는 나아갈 수 없는 도입니다. 우리말 '소동', '소요'로 번역되는 헬라어 '타라코스τάραχος'는, 통 속에 든 물을 막대기로 휘젓는 모양을 나타내는 단어입니다. 주님께서 인간을 구원하기 위해 이 땅에 오시자, 막대기로 통 속의 물을 휘젓는 것과 같은 큰 '타라코스'가 일어났습니다. 빛이요 생명이며 진리이신 주님에 대한 어둠과 죽음과 거짓의 반발이었습니다. 그러나 어둠과 죽음과 거짓이 주님을 십자가에 못박아 죽일 정도로 엄청난 '타라코스'를 일으켰지만, 어둠과 죽음과 거짓은 결코 주님을 이기지 못했습니다. 빛이요 생명이요 진리이신 주님께서 십자가를 통해 어둠과 죽음과 거짓의 권세를 영원히 깨뜨리셨기 때문입니다.

바울은 바보가 아니었습니다. 아데미 신전이 절대적인 영향을 미치는 에베소에서, 사람의 손으로 만들어진 아데미 여신상은 금속이나 돌덩이에 불과하다고 공개적으로 선포하는 것은, 아데미 여신과 신전으로 밥 먹고 사는 사람들에 대한 선전 포고를 의미함을 바울은 잘 알고 있었습니다. 그것은 촛불이 바람 앞에 자신을 내던지듯, 자기 생명을 위협하는 '타라코스'를 무모하게 자초하는 도임을, 바울은 지금까지의 경험으로 모르지 않았습니다. 그렇지만 바울은 그 '타라코스'의 도를 피하지 않았습니다. 그 도는, 당신 자신을 십자가의 제물 삼으시기까지 인간을 살리기 위해 주님께서 걸으셨던 생명의 도요, 살아 계신 삼위일체 하나님을 세상 사람들에게 보여 주는 진리의 도요, 우상의 어둠에 눈먼 에베소 사람들의 눈을 밝혀 줄 빛의 도였기 때문입니다. 만약 바울이 우상의 도시 에베소에서 자신의 안일을 위해 그 '타라코스'의 도를 피했더라면, 튀란노스의 스콜레에서 하나님의 말씀을 공부하고 은 오만 드라크마의 마법 책을 불태웠던 사람들도 바울이 에베소를 떠난 뒤에는, 자신들도 모르게 사람에 의해 만들어진 아데미 신전의 영향력에 다시 흡입당하고 말았을 것입니다. 하지만 바울이 생명의 위험을 감수하면서까지 그 '타라코스'의 도를 피하지 않음으로써, 에베소의 그리스도인들은 바울이 떠난 뒤에도 우상의 영향력에 흡입당함이 없이 계속 주님의 몸된 교회로 존속할 수 있었습니다.

우리가 사람들 사이에서 일으키는 거의 대부분의 '타라코스'는 탐욕이라는 우상숭배에 기인하고 있습니다. 탐욕이라는 우상숭배 앞에서는 남녀노소를 막론하고 눈이 멀며, 피를 나눈 형제마저 철천지 원수로 돌변하는 '타라코스'가 일어납니다. 그런 '타라코스'는 반드시 피해야 합니다. 그것은 우리가 주님의 도를 좇고 있지 않음을 스스로 입증하는 것입니다. 그러나 주님을 믿는다면서도 여태껏 단 한 번도 '타라코스'를 겪지 않았다면, 그것 역시 주님의 도를 좇고 있지 않다는 반증임을 잊어서는 안 됩니다. 주님의 도를 좇는 사람은 반드시, 먼저 내적인 '타라코스'를 겪게 됩니다. 자신이 추구해 오던 세상의 성공이 성공이 아니며 세상의 실패가 실패가 아니라는, 막대기로 물을 휘젓는 것처럼 모든 가치가 전도되는 '타라코스'입니다. 이 내적 '타라코스'를 통해 우리는 탐욕이라는 우상의 노예 상태에서 벗어나, 빛이요 생명이요 진리이신 주님의 도를 좇을 수 있습니다. 그리고 그 도 위에서 우리는 크고 작은 외적 '타라코스'와 맞닥뜨리게 됩니다. 우리가 좇는 주님의 빛과 생명과 진리에 대한 세상의 어둠과 죽음과 거짓의 반발입니다.

그러나 탐욕이라는 우상숭배로 인한 '타라코스'와 주님의 도를 좇기 위한 '타라코스' 사이에는, 근접조차 불가능한 근본적인 차이가 있습니다. 전자는 사람을 죽이지만, 후자는 반대로 사람을 살립니다. 바울이 실천하고 전했던 '도로 말미암아' 에베소에서 야기된 '타라코스'를 통해 바울이 얻은 금전적인 이득이나 이권은 전무全無했습니다. 오히려 바울이 자신의 생명을 걸면서까지 주님의 도를 좇아 '사람의 손으로 만든 것들은 신이 아니라'고 공개적으로 선포한 것은, 아데미 신전의 노예로 죽어가는 에베소 사람들을 살리기 위함이었습니다. 본문 이전에도 그랬지만 본문 이후에도 바울은, 로마에서 참수형을 당하기까지 주님의 도를 좇기 위해 맞닥뜨려야 할 '타라코스'를 단 한 번도 피한 적이 없었습니다. 주님께서 그 바울을 통해 2천 년이 지난 오늘날까지 시간과 공간을 초월하여 수많은 사람을 살리셨고, 또 살리고 계신 것은 조금도 놀랄 일이 아닙니다.

주님을 믿는 것은 주님께서 걸어가신 도를 좇는 것이요, 그것은 결단코 좋은 게 좋다는 식으로 살아가는 것이 아닙니다. 주님의 도를 좇는 것은 탐욕이라는 우상을 숭배하던 우리가 내적으로 가치 전도의 '타라코스'를 통과하는 것이요, 세상의 어둠과 죽음 그리고 거짓의 노예로 죽어가는 사람들을 살리기 위한 외적 '타라코스'를 피하지 않는 것입니다.

십자가를 통해 우리 앞에 영원한 구원의 도를 열어 주신 주님께서 영으로 이미 우리 안에 임해 계시고, 벌써부터 당신의 말씀으로 우리를 품고 계십니다. 우리 모두 그 주님을 힘입어 주님의 도를 좇으며, 탐욕의 우상을 타파하기 위한 내적 '타라코스'와, 사람을 살리기 위한 외적 '타라코스'를 두려워하지 마십시다. 우리가 사람의 도움을 구하러 다니지 않아도 주님께서 우리가 상상치도 못한 신실한 동역자들을 우리 곁에 붙여 주실 것이요, 세상의 어둠과 죽음과 거짓의 격한 '타라코스'가 우리의 삶을 휘저을지라도 주님께서 우리를 통해 수많은 사람을 살려 내실 것입니다. 우리가 좇는 주님의 도는, 세상의 어둠과 죽음과 거짓을 완전무결하게 깨뜨리신 영원한 빛과 생명과 진리의 도이기 때문입니다.


성자 하나님이신 주님께서는 우리를 살리시기 위해 인간의 몸을 입고 이 땅에 오시는 '타라코스'를 마다치 않으셨고, 인간의 손에 못박혀 돌아가시는 십자가의 '타라코스'도 피하지 않으셨습니다. 주님의 그 은혜로 우리는 세상의 어둠과 죽음과 거짓의 노예살이로부터 구원받은 그리스도인이 되었습니다. 주님의 빛과 생명과 진리의 도를 좇는 그리스도인답게 탐욕이라는 우상을 타파하는 내적 '타라코스'와, 사람을 살리기 위한 외적 '타라코스'를 피하지 않게 해주십시오. 공부를 하는 것도, 돈을 버는 것도, 정의를 추구하는 것도, 모두 사람을 살리기 위함이게 해주십시오. 그리하여 주님께서 우리에게 붙여 주시는 동역자들과 더불어 초지일관 주님의 도를 좇게 하시고, 우리의 일생을 통하여 수많은 사람이 살아나게 해주십시오. 세상의 어둠과 죽음과 거짓의 '타라코스'가 심하면 심할수록, 주님의 도를 좇는 우리를 통해 영원하신 주님의 빛과 생명과 진리가 더욱 찬란하게 드러나게 해주십시오.
온 나라를 발칵 뒤집어놓은 '메르스' 퇴치를 위해 밤낮으로 헌신하는 의료진이 지치지 않도록 그들을 격려해 주시고, 당국자들에게는 위기를 관리할 수 있는 지혜와 분별력을 주시고, 우리 국민은 모두 '메르스'의 '타라코스'를 계기로 좀더 성숙한 선진 사회를 이루어 가게 해주십시오. 아멘.

# 13. 우리의 풍족한 생활이 I

사도행전 19장 23-27절

그때쯤 되어 이 도로 말미암아 적지 않은 소동이 있었으니 즉 데메드리오라 하는 어떤 은장색이 은으로 아데미의 신상 모형을 만들어 직공들에게 적지 않은 벌이를 하게 하더니 그가 그 직공들과 그러한 영업하는 자들을 모아 이르되 여러분도 알거니와 **우리의 풍족한 생활이** 이 생업에 있는데 이 바울이 에베소뿐 아니라 거의 전 아시아를 통하여 수많은 사람을 권유하여 말하되 사람의 손으로 만든 것들은 신이 아니라 하니 이는 그대들도 보고 들은 것이라 우리의 이 영업이 천하여질 위험이 있을 뿐 아니라 큰 여신 아데미의 신전도 무시 당하게 되고 온 아시아와 천하가 위하는 그의 위엄도 떨어질까 하노라 하더라

지지난 주말에 일부 교우님들 사이에서 '메르스'와 관련하여 문자가 돌았다고 합니다. 우리 교회 목회자 중 한 분이 병원에 심방 다녀온 이후 이상 징후를 보이고 있다는데, 만약 그분이 메르스에 감염되었다면 한 사무실을 사용하는 목회자들도 다 감염 가능성이 있으므로, 주일예배에 참석하지 않

는 것이 좋겠다는 내용이었습니다.

또 지난 주초에는, 한 교우님이 카카오톡으로 받은 내용을 보여 주었습니다. 이미 보신 분도 많겠지만, 그 내용이 다음과 같았습니다.

> 할아버지 한 분이 대구 파티마병원에 고열로 방문했는데, 중동에서 오신 분이어서 난리가 났음. 격리시키고 감염내과를 비롯하여 모든 병원이 발칵 뒤집어짐! 그런데 알고 보니 대구시 수성구 중동이었고, 담당 인턴 박살났다고 함. 중동 가신 적이 있냐고 물었는데, 중동에서 오래 살았다고 해서 난리가 났데요.

이 글의 첫머리에는 '대구에서 파티마병원에서 일어난 실화'라고 적혀 있었습니다. 하지만 이 이후 동일한 내용에 부산 해운대구 중동의 할아버지가 등장하는 이야기가 SNS에 퍼진 것을 보면, 모두 누군가가 꾸며 낸 것이 분명합니다.

우리 교회 일부 교우님들 사이에서 어느 목회자에게 메르스 이상 징후가 나타난 것 같다는 문자가 돌고, 대구 수성구 중동 할아버지의 메르스 소동이 실화인 것처럼 SNS에 나도는 것은, 대부분의 국민들이 지금 메르스에 대한 공포심을 지니고 있다는 반증입니다. 우리 교회 9교구를 담당하고 있는 이동규 목사님이 2주 전인 6월 2일 화요일에, 메르스 발병과는 무관한 한양대학병원에 입원 중인 교우님을 심방하였습니다. 그 이후 경미한 감기 몸살기가 있었습니다. 마침 메르스로 인해 민감한 시기여서 교우님들께 부담을 드리지 않기 위해, 이 목사님은 지난 주일예배에 공개적인 참석을 피하였습니다. 그리고 경미했던 이 목사님의 감기몸살기는 벌써 깨끗하게 가셨습니다.

우리 교회는 1원 단위까지 모든 재정마저 투명하게 공개하지 않습니까? 만약 우리 교회 목회자 가운데 메르스 증세와 같은 이상 징후를 보이는 분이 나타난다면 필요한 조치를 취함은 물론이요, 교우님들의 안전을 위해 메일이나 문자를 통해 교회 명의로 교우님들께 즉각 공식적으로 알려드리겠습니다. 혹 앞으로 목회자의 메르스 감염과 관련하여 서두에 언급한 것과 같은 사적인 문자나 메일을 받으시면 무시하거나, 교회에 직접 확인해 주시기 바랍니다.

한국보건의료연구원의 통계에 의하면, 지난 2005년부터 2008년까지 4년 동안 계절 독감으로 사망한 사람의 수는 연 평균 2,369명이었습니다. 매일 여섯 명에서 일곱 명이 독감으로 죽은 것입니다. 예전에는 결핵은 가난한 사람만 걸리는 것으로 알고 있었지만, 요즘은 빈부에 상관없이 결핵에 감염되고 있습니다. 서울의대 내과학교실 허대석 교수는 지난 6월 8일자로 발행된 〈메디컬타임즈〉에 기고한 칼럼에서, 결핵과 관련하여 다음과 같은 내용을 밝혔습니다.

> 2013년 36,089명의 환자가 진단되었고, 1년간 2,466명이 사망하였다. 결핵은 공기 감염으로 전파되는 대표적인 전염병으로, 매일 100명이 결핵에 새로 감염되고 6~7명이 사망하고 있다. 전염성이 있는 결핵균 보균자가 전국에 흩어져 살면서 이동하고 있으나 대부분의 국민들은 그런 사실을 모르고 생활하고 있다.

통계청 발표에 따르면, 2013년 1년 동안 폐렴으로 인한 사망자는 10,800명이었습니다. 매일 평균 30명씩 폐렴으로 사망하고 있는 셈입니다. 이처럼 매일 6~7명이 독감으로 죽고, 또 다른 6~7명은 매일 결핵으로 죽고, 30명은 매일 폐렴으로 죽고 있지만, 독감이나 결핵 그리고 폐렴이 무서워 할 일을 하지 못하는 사람은 없습니다. 또 국토교통부는 작년 한 해 동안 교통사고로 사망한 사람의 수가 4,762명이라고 발표했습니다. 하루에 13명씩 교통사고로 사망한 것입니다. 교통사고로 매일 부상당한 사람의 수는 사망자의 몇 배에 달할 것입니다. 하지만 자동차 사고에 대한 공포심으로 차를 타지 않거나 운전하지 않겠다는 사람도 없습니다.

지난 5월 11일 국내에서 첫 메르스 감염자가 발생했습니다. 중동 바레인에서 귀국한 67세의 남성에게서 메르스 증세가 처음으로 발현한 것입니다. 그 이후 한 달이 넘은 오늘까지 메르스로 인한 사망자는 15명이고, 그분들의 공통점은 평소 지병을 지닌 고령이었다는 점입니다. 한 생명 한 생명이 천하보다 귀하기에, 한 달여 동안에 발생한 15명의 사망자는 적은 수일 수는 없습니다. 그렇지만 매일 독감과 결핵, 폐렴과 교통사고로 인한 사망자의 수를 생각해 본다면, 우리 국민이 지금처럼 메르스의 공포에 사로잡혀 있을 까닭은 없습니다.

메르스를 예방하는 것과, 메르스 때문에 공포의 노예가 되는 것은 전혀 다른 차원의 이야기입니다. 국내에서 처음으로 메르스 환자가 발생하다 보니, 당사자와 병원 그리고 당국이 초기에 안일하게 대응하다 판을 키워 버리고 말았습니다. 그러나 지금은 초동대응 실패를 거울 삼아 많은 분들이 메르스 퇴치를 위해 밤낮으로 최선을 다하고 있고, 또 그 과정을 통해 우리 모두 메르스에 대해 중요한 사실을 확인했습니다. 지금까지 메르스는 의료 시설 내에서 환자와 접촉한 사람에게 감염되었고, 병원 밖에서 공기를 통해서는 감염되지 않았다는 것입니다. 혹 공기를 통해 감염된다 해도, 그것은 의료 시설 내에 국한된 이야기라는 것입니다. 손을 잘 씻고 입과 코를 손수건이나 옷소매로 가리고 기침하는 등 예방 수칙만 잘 지키면, 메르스는 두려움의 대상이 아니라는 것입니다.

그러므로 이제 우리가 해야 할 일은 메르스에 대한 막연한 공포심에서 벗어나, 정상적인 일상생활을 되찾는 것입니다. 매일 독감으로 6~7명, 결핵으로 6~7명, 폐렴으로 30명, 교통사고로 13명이 죽어가는 것은 전혀 개의치 않고 일상생활을 영위하면서도, 한 달여 동안 15명의 사망자를 낸 메르스에 대한 공포로 우리의 삶이 위축당한다면, 그것은 논리적으로도 맞지 않습니다. 특히 그리스도인들은 세상 사람들과는 다른 사고방식으로 살아가는 사람들입니다. 그리스도인들이 세상 사람들의 막연한 공포와 불안에 편승한다면, 그리스도인들과 세상 사람들 사이에 무슨 차이가 있을 수 있겠습니까? 그리스도인들은 오히려 세상 사람들의 공포와 불안을 제거하는 선봉장이 되어야 합니다. 앞으로 메르스 사태가 어떻게 전개되든, 이 땅의 그리스도인들이 지금부터 예방 수칙을 철저하게 준수하면서 오히려 소명 받은 일상생활에 더욱 충실해진다면, 이 땅의 교회를 통해 우리 국민 역시 메르스의 공포와 불안으로부터 출애굽하게 될 것입니다.


10년 전 캐나다의 토론토에서 만난 유치원 교사로부터 들은 이야기입니다. 그곳의 아이들에게 자연을 그리게 하면, 거의 대부분의 그림 속에 산이 없다고 했습니다. 토론토에는 산이 없습니다. 토론토뿐만이 아닙니다. 토론토가 주도州都인 온타리오 주는 동서와 남북의 길이가 각각 1천 킬로미터에, 면적은 남한의 아홉 배나 됩니다. 하지만 그 광활한 온타리오 주 전역에, 우리가 산이라고 부르는 산은 어디에도 없습니다. 태어난 이래 단 한 번도 산을 본 적이 없는 토론토의 아이들이 산을 그리지 못하는 것은 너무나도 당연한 일입니다.

사람들이 예술가들을 존경하는 것은 그들이 지닌 창작력과 독창력 때문입니다. 그러나 아무리 독창력이 뛰어난 화가라도, 모델 없이는 인물화를 그리지 못합니다. 근심하는 얼굴, 희열에 찬 표정, 우수에 젖은 눈망울, 행복에 겨운 미소, 공포에 질린 눈빛 등을, 화가는 머릿속 상상만으로는 그려 내지 못합니다. 화가는 자기 앞에 있는 모델을 통해 인식한 것만, 다시 말해 자기 인식의 범위 내에서만 표현해 낼 수 있습니다. 그런 의미에서 우리가 흔히 말하는 화가의 창작력 혹은 독창력은 남다른 표현력일 뿐, 없음에서 있음을 가능하게 하는 창조력은 아님을 알게 됩니다.

이 세상에 존재하는 모든 신상들은, 그것이 어떤 형태나 크기 그리고 재질이든 상관없이, 모두 사람의 손에 의해 만들어진 것들입니다. 신상에 눈이 달린 것은, 신상을 만든 사람이 눈을 지니고 있기 때문입니다. 자신이 세상을 보는 눈을 지니고 있듯이, 자신이 만든 신상의 눈이 자신을 봐주기를 소망하고 또 믿는 것입니다. 신상 제작자는 동일한 이유로 신상에 귀와 입 그리고 손과 발도 붙여 넣습니다. 그러나 아무리 뛰어난 예술가가 제작한 신상이라 해도 금속이나 돌덩이로 만들어진 신상의 눈과 귀는, 신상 제작자의 바람과는 달리 세상을 보거나 들을 수 없습니다. 신상 제작자의 창작력과 독창력이 독보적이라 할지라도, 인간에게는 금속이나 돌덩이로 하여금 세상을 보고 듣게 할 창조력이 없기 때문입니다. 피조물에 불과한 인간이, 인간의 생사화복을 주관하는, 볼 수도 있고 들을 수도 있는, 살아 있는 신을 만든다는 것 자체가 어불성설이지 않습니까?

다음은 시편 94편 9-10절의 내용입니다.

백성 중의 어리석은 자들아, 너희는 생각하라. 무지한 자들아, 너희가 언제나 지혜로울까. 귀를 지으신 이가 듣지 아니하시랴, 눈을 만드신 이가 보지 아니하시랴.

하나님께서 태초에 천지를 창조하실 때, 이 세상은 혼돈하고 공허하였습니다(창 1:2). 하나님께서 모델로 삼으실 만한 것이 아무것도 없었다는 말입니다. 그런데도 하나님께서는 진흙으로 인간을 빚어 만드시며, 볼 수 있는 눈과 들을 수 있는 귀를 인간에게 붙여 주셨습니다. 하나님께서 보실 수 있고 들으실 수 있는 까닭이었습니다. 그리고 진흙으로 빚어진 인간 역시 하나님께서 붙여 주신 눈으로 세상을 볼 수 있고, 귀로 들을 수 있습니다. 하나님께서는 모델 없이도 인간을 위대한 작품으로 빚을 수 있는 창작력과 독창력을 지니고 계실 뿐 아니라, 진흙으로 빚어진 인간이 눈으로 볼 수도 있고 귀로 들을 수도 있도록, 그 진흙 속에 생명을 부여하는 창조력도 지니셨기 때문입니다. 이것이 하나님과 신상 제작자, 그리고 하나님에 의해 창조된 인간과 신상 제작자에 의해 만들어진 신상 사이의 근본적인 차이입니다.

에베소는 고대세계의 불가사의로 불리던 아데미 신전이 절대적인 영향력을 행사하는 우상의 도시였습니다. 아데미 여신은 그리스의 신화에 등장하는 아르테미스를 일컫습니다. 그리스 신화 속에서 태양의 신 아폴론의 쌍둥이 누이로 '달의 신'과 '수렵의 신'으로 일컬어지던 아데미는 로마 신화에서는 '다이아나'로 불립니다. 그리고 소아시아 반도에서는 동양적인 풍요와 다산의 상징이 되었습니다. 그 아데미 여신상을 모신 에베소의 신전이 고대세계 최대 규모였던 만큼 당시 에베소에는, 은으로 아데미 신상과 신전 모형을 제작하여 판매하는 은 세공장이들이 특히 많았습니다. 그 많은 은 세공장이들이 저마다 직공들과 영업사원들을 거느리고 있었으므로, 신상과 신전 모형 제작 산업에 종사하는 사람들은 상당수에 달했을 것입니다.

본문 26절을 보시겠습니다.

이 바울이 에베소뿐 아니라 거의 전 아시아를 통하여 수많은 사람을 권유하여 말하되, 사람의 손으로 만든 것들은 신이 아니라 하니, 이는 그대들도 보고 들은 것이라.

그 에베소에서 바울은 에베소 사람들에게는 말할 것도 없고, 아시아 전 지역에 퍼져 있는 사람들을 권유하여 선포하였습니다. '사람의 손으로 만든 것들은 신이 아니라'는 것이었습니다. 아데미 여신상이 아무리 웅장하고 풍요와 다산을 상징하는 스물네 개의 유방을 달고 있어도, 사람의 손에 의해 만들어진 그 여신상의 눈은, 자기에게 제물을 바치는 사람의 얼굴조차 알아보지 못했습니다. 그 여신상 앞에서 흐느끼는 사람들의 간구를 듣지도 못했습니다. 스물네 개의 유방이 달려 있긴 하지만, 그 가운데 어느 유방 하나도 갓난아이에게 젖 한 방울 줄 수도 없었습니다. 그러므로 사람의 손으로 만들어진 아데미 여신상은 결단코 신일 수 없다는 것이었습니다.

이 구절의 헬라어 원문에서는, 한글 성경에 번역이 빠져 있는 단어를 발견할 수 있습니다. 바울이 수많은 사람을 "권유"하였다는 단어 뒤에 우리말로 '옮기다', '이동시키다'는 의미의 '메디스테미μεθίστημι'가 기록되어 있습니다. 바울이 '사람의 손으로 만든 것들은 신이 아니라'고 사람들에게 권유하고 선포한 것으로 그친 것이 아니라, 그들로 하여금 실제로 이동하게 하였습니다. 금속이나 돌덩이에 불과한 아데미 여신상, 즉 우상을 섬기던 자리에서 살아 계신 삼위일체 하나님을 믿는 자리로 그들의 중심이 옮겨가게 한 것이었습니다. 바울의 선포로 한두 사람의 마음만 움직였다면, 바울에게는 아무 일도 일어나지 않았을 것입니다. 그러나 에베소와 아시아에 사는 많은 유대인들과 헬라인들, 심지어는 마법사들마저 은 오만 드라크마나 되는 마법 책들을 불사르면서까지, 바울이 전한 주님을 향해 180도 돌아섰습니다.

그것은 아데미 신전으로 밥 먹고 사는 사람들에게는 절대로 용납할 수 없는 일이었습니다. 지난 시간에 살펴본 것처럼 데메드리오라는 은 세공장이가 자신의 동업자들을 불러 모았습니다.

> 우리의 이 영업이 천하여질 위험이 있을 뿐 아니라, 큰 여신 아데미의 신전도 무시당하게 되고, 온 아시아와 천하가 위하는 그의 위엄도 떨어질까 하노라 하더라(27절).

본 구절의 하반절에 의하면, 데메드리오는 '사람의 손으로 만들어진 것들은 신이 아니라'는 바울 때문에, '아데미의 신전도 무시당하게 되고' '그의 위엄'도 실추될 것이라고 동업자들을 충동질했습니다. 이 부분만 떼어놓고 보면, 데메드리오가 진심으로 아데미 여신을 위하고 염려하는 것처럼 보입니다. 그러나 그것은 단지 명분이었을 뿐, 데메드리오의 본심은 상반절에 나타나 있습니다. 그의 본심은, 바울 때문에 자신들의 '이 영업이 천하여질 위험'이 있다는 것이었습니다. 이 말의 구체적인 의미가 무엇인지는 본문 25절을 통해 확인할 수 있습니다.

> 그가 그 직공들과 그러한 영업하는 자들을 모아 이르되, 여러분도 알거니와 우리의 풍족한 생활이 이 생업에 있는데.

데메드리오가 말한 '이 영업이 천하여질 위험'은, 그동안 아데미 신상과 신전 모형 제작 판매로 자신들이 누려오던 '풍족한 생활'이 위협당할 위험이 있다는 것이었습니다. 그것이 데메드리오의 본심이었습니다. 그래서 그는 아데미 여신의 명예나 위엄보다, '풍족한 생활'을 보장해 주던 자신들의 '영업이 천하여질 위험'을 먼저 언급하였습니다.

> 그들이 이 말을 듣고 분노가 가득하여 외쳐 이르되, 크다 에베소 사람의
> 아데미여 하니(28절).

데메드리오의 충동질에 간단하게 선동당한 그의 동업자들은, 바울에 대한 분노에 정비례하여 아데미를 열렬하게 연호하였습니다. 왜 그들이 바울에게 분노하였고, 또 아데미를 연호했겠습니까? 데메드리오에게 선동당한 그들 역시 바울로 인해 자신들의 '풍족한 생활'이 위협당할 위험이 있다고 여겼기 때문입니다. 아데미에 대한 그들의 열렬한 연호는, 실은 자신들이 누려온 '풍족한 생활'을 고수하기 위한 결의의 함성이었습니다. 그들에게 아데미 여신은 자신들의 '풍족한 생활'을 보장해 주는 수단에 지나지 않았습니다.

우리말 '풍족한 생활'로 번역된 헬라어 '유포리아εὐπορία'는 '부'와 '번영'을 뜻하는 단어입니다. 데메드리오와 그에게 선동당한 동업자들은 아데미 여신을 빙자하여 '풍족한 생활'이라는 우상, 바꾸어 말해 '부'와 '번영'이라는 우상을 섬기는 우상숭배자들이었습니다. 그들은 자신들의 우상을 수호하기 위해, 진리를 전하는 바울에게 위해를 가하려 했습니다. 자신들의 공동묘지 이후를 결코 책임져 줄 수 없는 '풍족한 생활'—'부'와 '번영'을 위해, 자신들을 영원히 살려 주실 주님을 외면한 것이었습니다. 그 결과 그들이 '풍족한 생활'—'부'와 '번영'의 명분으로 삼았던 아데미 신전이 철저하게 무너져 흔적도 없이 사라졌듯이, '풍족한 생활'—'부'와 '번영'이라는 우상을 섬기던 그들 또한 2천 년 전 에베소의 흙먼지로 허망하게 사라져 버리고 말았습니다. 그들이 삶의 목적으로 섬기던 '풍족한 생활'—'부'와 '번영'이라는 우상에게는, 그들의 코끝에 호흡이 멎는 순간 그들의 처지를 살펴줄 눈도, 그

들의 마지막 절규를 들어줄 귀도, 숨이 넘어가는 그들을 품어 줄 생명의 품도 없었기 때문입니다.

오늘날 인간의 삶에서 돈이 절대적인 위치를 차지하면서 '풍족한 생활'—'부'와 '번영'이 인간 삶의 목적이 되었습니다. 주님을 믿는 그리스도인들마저 겉으로는 주님의 영광과 뜻을 명분으로 내세우지만, 실제로는 '풍족한 생활'—'부'와 '번영'을 삶의 목적으로 삼고 있습니다. 그러나 '풍족한 생활'—'부'와 '번영'은 모두 눈에 보이는 것입니다. 눈에 보이는 것을 삶의 목적으로 삼는 것은 그것이 무엇이든 우상숭배에 불과할 뿐입니다. 눈에 보이는 것은 그것이 아무리 크고 아름다우며 또 독창적으로 보인다 해도, 아데미 여신상처럼 인간을 보고 들을 수 있는 눈과 귀가 없고, 어그러진 인간의 삶을 해체하여 새롭게 빚어 줄 생명의 창조력도 지니고 있지 못하기 때문입니다. 그래서 보이는 것, 크고 많고 아름다운 것을 삶의 목적으로 삼으면 삼을수록 오히려 눈과 귀가 봉쇄당한 인간의 마음은 더욱 자만에 빠져, 결국엔 하나님 앞에서 자멸하고 맙니다. 주님께서는 하나님을 믿는다는 유대인들마저 우상으로 섬기던 '풍족한 생활', 다시 말해 자만과 자멸로 끝나는 삶의 목적으로서의 '부'와 '번영'을 "넓은 문"으로 표현하셨습니다.

> 좁은 문으로 들어가라. 멸망으로 인도하는 문은 크고 그 길이 넓어 그리로 들어가는 자가 많고, 생명으로 인도하는 문은 좁고 길이 협착하여 찾는 자가 적음이라(마 7:13-14).

주님께서는 또, 자만에 빠져 눈에 보이는 '넓은 문'을 지향하는 인간이 어떻게 자멸할 것인지 설명해 주셨습니다. 누가복음 13장 24절에서 "좁은 문으로 들어가기를 힘쓰라"고 다시 명령하신 주님께서 28절을 통해 이렇게 말씀하셨습니다.

> 너희가 아브라함과 이삭과 야곱과 모든 선지자는 하나님 나라에 있고, 오직 너희는 밖에 쫓겨난 것을 볼 때에, 거기서 슬피 울며 이를 갈리라 (눅 13:28).

세상에서 눈에 보이는 '풍족한 생활'―'부'와 '번영'의 '넓은 문'을 향해 자만과 자멸의 길을 치닫다가, 마지막 날 눈에 보이지 않던 하나님의 나라에서 쫓겨난 것이 얼마나 후회스러우면, 슬피 울며 통곡하는 것도 모자라 이까지 갈겠습니까?

우리를 보고, 듣고, 또 영원한 생명의 길로 바르게 인도해 주실 분은, 세상의 보이는 것이 아니라, 피조물인 우리의 유한한 눈으로는 볼 수 없는 무한하신 삼위일체 하나님뿐이십니다. 그분은 우리에게 눈을 주고 보게 하셨기에, 보이지 않는 하나님 나라의 '좁은 문'을 지향하는 우리의 일거수일투족을 다 보고 계십니다. 그분은 우리에게 귀를 주고 듣게 하셨기에, 우리의 입술로 말하지 않은 우리 마음속의 생각까지 낱낱이 듣고 계십니다. 그분은 창작력이나 독창력이 아니라 생명의 창조력을 지니셨기에, 죄와 죽음의 올무에 걸린 우리를 십자가의 보혈로 영원히 살려 내시고, 새로운 피조물로 새롭게 빚어 주십니다.

그분이 이미 영으로 우리 안에 임해 계시고, 벌써부터 당신의 말씀으로 우리를 품고 계십니다. 그 삼위일체 하나님을 믿는 사람은 하나님을 명분 삼아 눈에 보이는 '풍족한 생활'―'부'와 '번영' 자체를 삶의 목적으로 삼는 어리석음을 범하지 않습니다. 그 '넓은 문'은 자만과 자멸의 지름길임을 알기 때문입니다. 자신을 보고, 듣고, 또 영원히 살리시는 삼위일체 하나님을 믿는 사람은 보이지 않는 하나님 나라의 '좁은 문'을 지향하면서, 언제나 지족知足—자신의 현재 형편이 족한 줄 알아, 자족自足—창조주이신 하나님 안에서 스스로 족해하는 삶을 살아갑니다.

우리 앞에는 항상 두 문이 열려 있습니다. 한 문은 눈에 보이는 '풍족한 생활'—'부'와 '번영'을 우상으로 섬기는 자만과 자멸의 '넓은 문'이요, 또 한 문은 보이지 않는 하나님의 나라를 목적 삼는 지족과 자족의 '좁은 문'입니다. 일평생 어느 문을 지향하든 그것은 우리 각자의 자유입니다. 오직 지혜로운 사람만 마지막 그날, 어두운데 쫓겨나 슬피 울며 이를 갈지 않을 것입니다.

바울은 보이지 않는 것을 믿고 추구했기에, 인간을 압도하는 거대한 아데미 여신상과 신전의 실체가, 실은 모래성 같은 허상에 지나지 않음을 꿰뚫어 보았습니다. 에베소의 은 세공장이들은 아데미 여신을 명분 삼아 눈에 보이는 '풍족한 생활'—'부'와 '번영'의 우상을 섬기느라, 바울이 자신들의 면전에서 전한, 보이지 않는 영원한 하나님의 나라를 영원히 상실하고 말았습니다. 그들의 모습 속에서 우리 자신의 어리석은 실상을 깨닫게 해주셔서 감사합니다.

겉으로는 하나님의 영광과 뜻을 명분으로 내세우면서도, 실제로는 눈에 보이는 '풍족한 생활'—'부'와 '번영'의 '넓은 문'만을 지향해 온 우리의 어리석음을 용서해 주십시오. 눈에 보이는 '넓은 문'의 결국은 자만과 자멸로 끝날 뿐임을 잊지 말게 해주십시오. 우상과는 달리, 주님께서는 우리를 보고 계시고, 듣고 계시고, 우리 안에 임해 계시고, 우리를 품고 계시는 창조주이심을, 늘 생각하며 살게 해주십시오. 그 주님을 힘입어, 눈에 보이지 않는 하나님의 나라를 향한 '좁은 문'을 지향하며, 주님 안에서, 주님과 더불어, 주님 때문에, 날마다 지족과 자족의 삶을 살게 해주십시오. 우리 가운데 단 한 명도 그날, 어두운데 쫓겨나 슬피 울며 이를 가는 사람이 없게 해주십시오.

메르스 퇴치를 위해 수고하고 애쓰는 모든 분들에게 이 한 주간에도 필요한 지혜와 분별력과 힘과 용기를 주시고, 온 국민은 메르스의 공포와 불안에서 벗어나 각자의 소명인 일상생활에 더욱 충실할 수 있게 해주십시오. 아멘.

# 14. 우리의 풍족한 생활이 II

사도행전 19장 23-27절

그때쯤 되어 이 도로 말미암아 적지 않은 소동이 있었으니 즉 데메드리오라 하
는 어떤 은장색이 은으로 아데미의 신상 모형을 만들어 직공들에게 적지 않은
벌이를 하게 하더니 그가 그 직공들과 그러한 영업하는 자들을 모아 이르되 여
러분도 알거니와 **우리의 풍족한 생활이** 이 생업에 있는데 이 바울이 에베소뿐
아니라 거의 전 아시아를 통하여 수많은 사람을 권유하여 말하되 사람의 손으
로 만든 것들은 신이 아니라 하니 이는 그대들도 보고 들은 것이라 우리의 이 영
업이 천하여질 위험이 있을 뿐 아니라 큰 여신 아데미의 신전도 무시당하게 되
고 온 아시아와 천하가 위하는 그의 위엄도 떨어질까 하노라 하더라

옛날 사람들은, 신도 사람처럼 반드시 눈에 보이는 형체를 지녔다고 믿었
습니다. 형체를 지니지 않은 신은 존재할 수 없었습니다. 그래서 사람들은,
신은 이런 형체를 지녔거나 지녀야 한다는 머리와 마음속의 생각, 상상, 바
람을 좇아, 손으로 신상을 빚어 만들었습니다. 이를테면 이 땅에 출현한 모

든 신상들의 출처는 인간의 머리와 마음, 그리고 손이었습니다. 인간의 손에 의해 금속이나 돌덩이로 만들어진 신상이 아무리 거대하고 예술적인 작품성을 지니고 있어도, 그것이 자기 출처인 인간의 생사화복을 주관할 수 없음은 너무나도 자명한 이치입니다.

여호와 하나님께서 정녕 천지를 창조하신 유일신이시라면, 그 하나님의 선민인 이스라엘 백성은 이 세상의 모든 금은보화를 총동원하여, 세상에서 가장 거대하고 아름다운 하나님의 신상을 만들어 경배함이 마땅했습니다. 하지만 이스라엘 백성은 그렇게 하지 않았습니다. 하나님께서 모세를 통해 이스라엘 백성에게 다음과 같이 명령하셨기 때문입니다.

> 여호와께서 모세에게 이르시되, 너는 이스라엘 자손에게 이같이 이르라. 내가 하늘로부터 너희에게 말하는 것을 너희 스스로 보았으니, 너희는 나를 비겨서 은으로나 금으로나 너희를 위하여 신상을 만들지 말고
> (출 20:22-23).

출애굽한 이스라엘 백성이 시내산 아래 진을 치고 있을 때였습니다. 하나님께서 모세를 산 위로 불러 올리시고, 친히 십계명을 내려 주셨습니다. 그때 하나님의 말씀은 들렸지만, 하나님의 형체를 본 사람은 아무도 없었음을 신명기 4장 15절이 증언하고 있습니다. 만약 하나님께서 인간의 눈에 보이는 형체를 지니셨다면, 인간에 의해 만들어진 신상처럼, 하나님 역시 당신의 형체 속에 갇혀 계시는 분이 됩니다. 시간과 공간을 초월하신 하나님께서는 인간의 눈으로 인식할 수 있는, 제한적인 형체를 지니고 계시지 않습니다. 무한하신 하나님께서는 영으로 존재하십니다. 하나님께서 시간과 공간을 초월하여 어디에든 무소부재하시고, 우리 각자와 항상 개별적으로 동

행해 주실 수 있는 까닭이 여기에 있습니다. 그래서 하나님께서는 이스라엘 백성에게, 금은보화로 당신의 신상을 만들지 못하도록 명령하셨습니다. 형체가 없는 하나님을 눈에 보이는 신상으로 빚어 내는 것은, 무한하신 하나님을 지극히 유한한 신상 속에 가두는 미련한 짓이요, 신상 속에 갇혀 버리는 하나님이라면 성경을 통해 당신을 계시하신 여호와 하나님이실 수 없기 때문이었습니다.

신도 사람처럼 형체를 지녔다고 믿는 인간이었기에, 인간의 발상으로 형체가 없는 신을 생각해 낸다는 것은 상상조차 불가능한 일이었습니다. 시간과 공간을 초월하는 여호와 하나님의 출처가, 하나님의 피조물로, 시간과 공간의 지배 속에 있는 인간일 수 없었다는 말입니다. 그래서 모세가 하나님께 누구시냐고 여쭈었을 때, 하나님께서는 출애굽기 3장 14절을 통해 "나는 스스로 있는 자"라고 대답하셨습니다. 인간의 머리나 마음으로는 도저히 상상도 할 수 없는, 시간과 공간을 초월하는 영이신 하나님께서는, 본래부터 그렇게 존재하는 '자존자'셨습니다. 하나님 당신 자신이 당신의 출처이신 것이었습니다. 그래서 시간과 공간을 초월한 영이신 여호와 하나님만 참하나님, 살아 계신 유일한 하나님이실 수 있습니다.

바울은 그 하나님을 믿는 크리스천이었습니다. 그 하나님을 믿는 바울의 관점에서 볼 때, 고대세계 불가사의로 불리던 아데미 신전 속의 아데미 여신상이 아무리 거대하고 스물네 개의 유방을 달고 있어도, 사람의 머리와 마음과 손이 출처인 그것은 단순한 금속이나 돌덩이에 불과할 뿐이었습니다. 바울은 에베소 사람들에게 '사람의 손으로 만들어진 것들은 신이 아니라'고 공개적으로 선포하였습니다. 아데미 신전이 절대적인 영향을 미치는 에베소였지만, 바울의 선포에 수많은 사람들의 마음이 움직였습니다. 심지어는 마법사들마저 은 오만 드라크마나 되는 마법 책들을 불사르면서까지, 바울이 전한 주님을 향해 180도 돌아섰습니다. 그것은 아데미 신전으로 밥 먹고 사는 사람들에게는 절대로 용납할 수 없는 일이었습니다.

> 즉 데메드리오라 하는 어떤 은장색이 은으로 아데미의 신상 모형을 만들어 직공들에게 적지 않은 벌이를 하게 하더니, 그가 그 직공들과 그러한 영업하는 자들을 모아 이르되, 여러분도 알거니와 우리의 풍족한 생활이 이 생업에 있는데(24-25절).

데메드리오라는 은장색이 자신의 동업자들을 불러 모았습니다. 지난 시간에 말씀드렸던 것처럼, 당시 에베소의 은 세공장이들은 은으로 아데미 여신상과 신전 모형을 만들어 팔아 '풍족한 생활', 다시 말해 '부'와 '번영'을 누리고 있었습니다. 데메드리오는 자신의 동업자들을 다음과 같이 충동질하였습니다.

> 이 바울이 에베소뿐 아니라 거의 전 아시아를 통하여 수많은 사람을 권유하여 말하되, 사람의 손으로 만든 것들은 신이 아니라 하니, 이는 그대들도 보고 들은 것이라. 우리의 이 영업이 천하여질 위험이 있을 뿐 아니라, 큰 여신 아데미의 신전도 무시당하게 되고, 온 아시아와 천하가 위하는 그의 위엄도 떨어질까 하노라 하더라(26-27절).

데메드리오가 겉으로는 아데미 여신의 명예와 위엄을 위하는 것 같지만, 그의 본심은 자신들의 '영업이 천하여질 위험'을 걱정을 하는 것이었습니다. 바울이 전하는 하나님의 도에 의하면, 우상을 만드는 것은 하나님 앞에서 범죄 행위였습니다. 바울의 주장대로라면, 아데미 여신상과 신전의 모형을 제작 판매하는 자신들은 하나님 앞에서 죄인이요, 죄인인 자신들의 직업은 결과적으로 천하여질 수밖에 없었습니다.

그러나 데메드리오의 본심은 그렇듯 영적인 데 있지 않았습니다. 자신들의 '영업이 천하여질 위험'이 있다는 데메드리오의 본심은 다른 데 있었습니다. 그의 본심은 지난 시간에 확인했듯이, '사람의 손으로 만든 것들은 신이 아니라'는 바울 때문에 에베소와 아시아의 수많은 사람들이 아데미 신전에서 돌아서는 것을 그대로 방치할 경우, 자신들이 그동안 아데미 여신과 신전 모형 제작 판매로 누려오던 '풍족한 생활'—'부'와 '번영'이 위협받을 위험이 있다는 것이었습니다. 데메드리오는 아데미 여신상과 신전 모형 제작 판매로 밥 먹고 살면서도, 정작 자기 삶의 우선순위를 아데미 여신에게 두지는 않았습니다. 그는 아데미 여신을 빙자하여 '풍족한 생활'이라는 우상, '부'와 '번영'이라는 우상을 섬기는 우상숭배자에 지나지 않았습니다.

> 그들이 이 말을 듣고 분노가 가득하여 외쳐 이르되, 크다 에베소 사람의 아데미여 하니(28절).

데메드리오의 충동질에 간단하게 선동당한 그의 동업자들은, 바울에 대한 분노에 사로잡혀 아데미를 열렬하게 연호하였습니다. 그들이 바울에게 분노하고 아데미를 연호한 이유도 데메드리오와 다르지 않았습니다. 데메드리오에게 선동당한 그들 역시 바울로 인해 자신들이 누려온 '풍족한 생활', '부'와 '번영'이 위협당할 위험이 있다고 여겼기 때문이었습니다. 아데미에 대한 그들의 열렬한 연호는, 실은 자신들이 누려온 '풍족한 생활'—'부'와 '번영'을 고수하기 위한 결의의 함성이었습니다. 그들도 아데미 여신보다는, 아데미 여신을 수단 삼아 자신들의 '풍족한 생활'—'부'와 '번영'을 목적으로 삼은 우상숭배자들이었습니다. 그들은 자신들의 '풍족한 생활'—'부'와 '번영'이라는 우상을 고수하기 위해, 바울이 전한 영원한 생명과 구원의 주님을 외면한 어리석기 짝이 없는 인간들이었습니다. 그러나 이것은 그들에게만 국한된 이야기가 아닙니다.

하나님께서는 형체를 지니시지 않은, 눈에 보이지 않는, 시간과 공간을 초월하는 영이십니다. 그 하나님을 믿는다는 사람들이 하나님을 명분 삼아 형체를 지닌 '풍족한 생활'—'부'와 '번영' 그 자체를 삶의 목적으로 삼는다면, 그들 또한 본문의 데메드리오와 그의 동업자들처럼 어리석은 우상숭배자에 불과할 뿐임을, 우리는 지난 시간에 깊이 생각해 보았습니다.

바로 여기에서 중요한 질문이 제기됩니다. 크리스천이 자신의 파이를 키우려는 것은 크리스천으로서 바람직하지 못한 일인가 하는 질문입니다. 만약 하나님을 명분 삼아 눈에 보이는 자신의 '풍족한 생활'—'부'와 '번영'을 삶의 목적으로 삼은 명목상의 크리스천이라면, 그의 파이가 커지면 커질수록 그것은, 결과적으로 하나님 앞에서 자신의 자멸을 재촉하는 독과 해악이 될 것입니다. 반면에 눈에 보이지 않는 삼위일체 하나님을 자기 삶의 목적으로 삼고 살아가는 참된 크리스천이라면, 그의 파이가 커지는 것은 도리어 함께 기뻐할 일입니다. 그의 파이가 커질수록, 그 혜택은 더 많은 사람에게 돌아갈 것이기 때문입니다.

우리는 사도행전 15장 36-41절을 상고할 때, 예수님께서 마태복음 20장을 통해 일깨워 주신 '하나님의 나라'에 대해 고찰해 본 적이 있었습니다. 삼위일체 하나님을 자기 삶의 목적으로 삼은 크리스천은, 자신의 기득권이나 특권 그리고 자신의 수고에 대한 인센티브를 요구하는 자본주의자가 아니라고 했습니다. 자본주의 논리로 이 땅에 하나님의 나라를 일구는 것이 과연 가능합니까? 오늘날 신자유주의 경제체제하에서 온 세계가 진통을 앓고 있듯이, 자본주의 논리로는 빈익빈부익부의 양극화 현상이 더욱 심화될 뿐입니다. 크리스천은, 적당하게 일하고 다 함께 평등하게 나누어 갖자는 공산주의자도 아닙니다. 이미 지난 역사 속에서 증명되었듯이, 인간의 근면성과 성실성을 말살시키는 공산주의는 결국엔 사회 붕괴를 초래할 따름입니다. 크리스천은, 누구보다도 열심히 일한 후에 당연히 누릴 수 있는 자신의 권리와 몫을 누군가를 위해 자발적으로, 기꺼이 포기할 줄 아는 사람입니다. 그런 사람을 통해 하나님의 나라가 일구어집니다. 그런 사람을 통해 하나님의 사랑이 결실될 뿐 아니라, 하나님의 정의가 구현되고, 사회의 공정성과 공익이 확립되기 때문입니다.

오늘날 이 땅에 많은 교회와 크리스천들이 있어도, 우리 사회 여러 분야에 걸쳐, 하나님의 사랑과 공의가 교직되는 하나님의 나라가 일구어지거나 확장되고 있지는 않습니다. 하나님을 믿는 대부분의 크리스천들이 겉으로는 보이지 않는 하나님을 명분으로 내세우면서도, 실제로는 눈에 보이는 '풍족한 생활'―'부'와 '번영'을 삶의 목적으로 삼고 있기 때문입니다.

그러나 한번 곰곰이 생각해 보십시다. '풍족한 생활'―'부'와 '번영'을 삶의 목적으로 삼은 크리스천들이 아무리 많다 한들, 그런 사람들이 사회정의와 공정성과 공익을 구현할 수 있겠습니까? 그런 크리스천들은 세상 사람들처럼 무슨 일을 행하든, 자신들이 우상으로 섬기는 '풍족한 생활'―'부'와 '번영'의 확장을 위해 수단과 방법을 가리지 않지 않겠습니까? 그들의 파이가 커지면 커질수록, 자신들의 '풍족한 생활'―'부'와 '번영'을 극대화시키기 위한 그들의 갑질은 더욱 심해지지 않겠습니까? 그런 사람들에게 지족과 자족, 그리고 감사와 참된 행복이 가능할 수 있겠습니까? 결국 자신들이 목적으로 삼은 '풍족한 생활'—'부'와 '번영'을 누리면 누릴수록 눈에 보이지 않는 하나님과는 더욱 무관해지고, 오히려 하나님 나라의 큰 장애물이 되지 않겠습니까?

예전에는 시골에서, 집안에 면서기가 한 명 있으면 사돈팔촌까지 먹고 산다는 말이 있었습니다. 요즘과는 달리 예전에는 공무원들의 봉급이 박봉이었습니다. 시골 면서기라면 말할 나위도 없었을 것입니다. 그런데도 사돈팔촌까지 먹여 살리는 면서기라면, 그는 탐관오리임이 분명합니다. 그런 탐관오리는 척결의 대상입니다. 하지만 그 이야기 속에는, 오늘날을 살아가는 우리가 배워야 할 교훈이 있습니다. 예전에는 부패한 탐관오리도 친척에서 사돈에 이르기까지 '우리'를 생각했다는 것입니다. 그러나 '풍족한 생활'—'부'와 '번영'이 삶의 목적이 된 오늘날에는 '우리'는 실종되고, '나'와 '내 자식'밖에 없습니다. 그리고 그 자식 역시 자기 자식의 '풍족한 생활'—'부'와 '번영'을 위해 올인합니다. 그러다 보니 사돈에 팔촌은 고사하고, 자기 형제와의 관계마저 단절되고 맙니다. 그런 사람들이 모인 사회에 과연 하나님의 사랑과 정의, 공익과 공정성이 확립될 수 있겠습니까?

최근에 만난 한 기업인이, 대학교 졸업생 중에 10만 명이 '삼성그룹'에 응시하는 우리의 현실을 한탄했습니다. 전 세계에서 유례를 찾아볼 수 없는 현상이라고 했습니다. 통계청 자료를 확인해 보니 작년에 전문대학, 국립대학, 공립대학, 사립대학을 총망라하여 대학을 졸업한 내국인의 숫자는 484,968명이었습니다. 그리고 언론 보도에 따르면, 삼성그룹 대졸 신입사원 공개채용 응시자가 2013년 하반기에 처음으로 10만 명을 넘어섰고, 2014년에는 상반기와 하반기를 합쳐 연간 응시자가 20만 명에 달했습니다. 지난 4월에 치러진 올해 상반기 공개채용에도 응시자가 10만 명에 육박했다고 합니다. 같은 날에 치러진 현대자동차그룹 공개채용에 응시한 대학 졸업자의 숫자가 1

만 명이었으니, 상반기 삼성그룹 응시자 10만 명이 얼마나 엄청난 숫자인지 알 수 있습니다. 상반기 추세로 보아 하반기까지 합치면, 올해에도 삼성그룹 응시자는 연간 20만 명에 이를 것으로 추산할 수 있습니다. 단순히 수치상으로만 따지자면, 해마다 대학 졸업자 2.4명 가운데 1명이 삼성그룹에 응시하고 있는 셈입니다. 세계 어느 나라에서도 유례를 찾아보기 힘든 기현상입니다.

세상에 똑같은 사람은 없습니다. 쌍둥이도 어딘가는 다르기 마련입니다. 사람마다 외모뿐 아니라 생각, 판단, 취향, 습성, 관심, 능력도 다 같지 않고, 하고 싶은 일도 모두 같을 리가 만무합니다. 또 취업난이라고 하지만 그래도 해마다 신입사원을 채용하는 기업은, 중소기업을 포함하여 적지 않습니다. 그런데도 왜, 대한민국 대학 졸업 청년 가운데 2.4명당 1명은 매해 삼성그룹에 입사하려 하겠습니까? 물론 다 그렇지는 않으리라고 생각하지만, 만약 그것이 대한민국 최대 기업인 삼성그룹 입사를 통해 '풍족한 생활'—'부'와 '번영'을 추구하려는 세태를 반영하는 것이라면, 심히 우려하지 않을 수 없습니다.

청년을 '푸를 청靑'을 사용하여 '청년'이라 부르는 이유가 무엇이겠습니까? 청년 시절이 몸도, 마음도, 정신도, 가장 싱싱할 때이기 때문입니다. 사랑을 실천하는 사랑의 헌신과 봉사정신도, 불의를 척결하는 정의감도, 공익을 확립하는 공정성도, 세상을 혁신하는 도전의식도, 그때가 가장 왕성합니다. 그런데도 우리 사회의 청년 엘리트들이 그저 안일하게 자신의 '풍족한 생활'—'부'와 '번영'만을 추구하려 한다면, 과연 우리 사회의 미래가 새로워질 수 있겠습니까? 그런 청년들이 크리스천이라 한들, 누구보다 열심히 일하면서도 당연히 누릴 수 있는 자신들의 기득권과 몫을 누군가를 위해 자발적으로 포기할 줄 아는, 하나님께서 원하시는 하나님 나라의 경작자들이 될 수 있겠습니까? 더욱이 이 나라에 위기가 닥쳤을 때, 그들이 과연 자신들을 던져 이 나라를 지킬 수 있겠습니까?

　선조 25년인 1592년 4월 13일에 일본의 침략으로 임진왜란이 일어났습니다. 부산과 동래를 함락시킨 왜군이 파죽지세로 북상하자, 선조는 임진왜란 발발 17일째인 4월 30일에 도성 한양을 버리고 개성으로 피신하였습니다. 나흘 후인 5월 4일에 선조는 다시 평양 피신을 앞두고 어영대장御營大將 윤두수에게, "적병의 숫자가 얼마나 되는가? 절반은 우리나라 사람이라는데 사실인가?"라고 물은 것으로 《선조실록》이 전하고 있습니다. 이덕일 한가람역사문화소장은 '이덕일의 칼날 위의 역사'라는 제목의 연재 글에서 《선조실록》의 이 내용을 인용하며, 임진왜란 당시 수많은 조선 백성들이 왜군에 가담했는데, 그 이유는 일방적인 '병역세' 때문이었다고 밝히고 있습니다. 가난한 백성은 매년 삼베나 무명 두 필씩의 군포軍布를 병역세로 납부해야 했습니다. 한 집에 남자가 두 명이면 해마다 군포 네 필, 세 명이라면 매년 여섯 필을 납부해야만 했습니다. 가난한 백성에게 그것은 과중한 부담이었습니다. 하지만 양반들은 병역세를 한 푼도 납부하지 않았습니다. 부유한 양반들은 가난한 백성보다 더 많은 병역세를 납부함이 마땅할 터였지만, 오히려 양반들에게는 병역세가 완전히 면제되었습니다. 당시 청년 엘리트들을 포함한 양반들이 자신들만의 '풍족한 생활'―'부'와 '번영'을 꾀하느라, 민초의 고초에는 아랑곳하지도 않았던 것입니다. 그런 상황에서 왜군이 침입하자 도탄에 빠진 백성 가운데 많은 사람들이, 혹 세상이 뒤집히면 곤궁한 형편이 나아질까 하고, 무기를 들고 왜군 편에 가담했다는 것입니다. 자신들만의 '풍족한 생활'―'부'와 '번영'을 꾀했던 조정과 양반들이 자초한 민심이 반이요, 화였습니다.

나흘 후인 6월 25일은 북한의 기습 남침으로 한반도에서 비극적인 6.25 전쟁이 발발한 지 65주년 되는 날입니다. 3년에 걸친 6.25전쟁 기간 동안 전 국토는 폐허로 변했고, 인명 피해는 민간인을 포함하여 450만 명이나 되었습니다. 당시 남북한을 합쳐 인구는 3천만 명이었고, 그때까지만 해도 각 가정은 대가족으로 구성되어 있었습니다. 6.25전쟁이 일어났던 1950년에 저희 집만 해도, 함께 기거하던 외부인을 제외하고 부모님과 형제의 숫자만도 9명이나 되었습니다. 그러나 당시 한 가정이 평균 여섯 식구로만 구성되어 있었다고 쳐도, 450만 명의 인명 피해는 거의 각 가정당 한 명씩 전쟁으로 죽거나 다쳤음을 의미합니다. 3년 만에 전쟁은 멈추었지만, 남북을 가로막은 휴전선으로 인하여 무려 1천만 명의 이산가족이 발생했습니다. 세계 전쟁사에서 가장 참혹했던 동족 간의 전쟁이었습니다. 다시는 겪지 말아야 할, 그리고 다시는 일어나서도 안 될 비극적인 전쟁이었습니다. 그러나 우리 사회 각 분야의 지도층들이, 국민의 공복인 공직자들이, 최고 학부를 나온 청년 엘리트들이, 하나님을 믿는다는 크리스천들이, 자신들의 '풍족한 생활'―'부'와 '번영'만을 삶의 목적으로 삼는다면, 423년 전 임진왜란의 비극과, 65년 전 6.25전쟁의 참극이 이 땅에서 되풀이되지 않는다고 누가 장담할 수 있겠습니까?

크리스천은, 자신의 '풍족한 생활'―'부'와 '번영'을 지키고 확장시키려는 보수주의자가 아닙니다. 크리스천은, 이웃과 나누되 자신의 것이 아니라 다른 사람의 '부'와 '번영'으로 나누자는 진보주의자도 아닙니다. 크리스천은 본문의 바울처럼, 누구보다 열심히 일하면서도 당연히 누릴 수 있는 자신의 권리와 몫을 누군가를 위해 자발적으로 기꺼이 포기할 줄 아는 사람입니다. 크리스천은, 자신을 구원해 주시기 위해 하나님의 권리를 자발적으로 포기하고 십자가의 보혈로 영원한 생명을 나누어 주셨던 주님을 주인으로 모시고,

그분의 도를 좇아 살아가는 사람이기 때문입니다.

삼위일체 하나님께서 눈에 보이는 형체를 지닌 분이라면, 그분은 매일 특정 공간 속에서 특정인 한 사람과만 동행할 수 있을 것입니다. 그러나 하나님께서는 시간과 공간을 초월하여 '스스로 계시는 영'이시기에, 우리가 아무리 많아도 우리 한 사람 한 사람의 마음속에 개별적으로 임해 계시고, 벌써부터 당신의 말씀으로 우리를 품고 계십니다. 그 하나님을 의지하여, 우리가 누구보다 열심히 일하면서도 우리의 기득권과 몫을 누군가를 위해 자발적으로 포기할 줄 아는 참된 크리스천으로 살아간다면, 어찌 우리를 통해 보이지 않는 하나님의 나라가 이 땅에 가시적인 사랑의 열매로 일구어지지 않겠습니까? 어찌 우리를 통해 우리 사회의 정의와 공정성과 공익이 확립되지 않겠습니까? 그러므로 크리스천인 우리가 '풍족한 생활'—'부'와 '번영'이라는 우상에서 벗어나, 눈에 보이지 않는 하나님의 가시적인 손과 발로 살아가는 것보다 더 확실한 안보, 통일의 지름길은 없습니다.

크리스천은 자신의 '풍족한 생활'—'부'와 '번영'을 지키고 확장하려는 보수주의자가 아니요, 이웃과 나누되 다른 사람의 '부'와 '번영'으로 나누려는 진보주의자도 아님을 다시 확인시켜 주셔서 감사합니다. 주님께서는 우리를 구원하시기 위해 하나님의 권리를 자발적으로 포기하시고, 십자가의 보혈로 우리에게 영원한 생명을 나누어 주셨습니다. 그리고 영으로 우리 한 사람 한 사람 안에 이미 임해 계시고, 벌써부터 당신의 말씀으로 우리 모두를 품고 계심을 잊지 말게 해주십시오. 그 주님을 힘입어 우리 모두 누구보다 열심히 일하면서도, 우리의 기득권과 몫을 누군가를 위하여 자발적으로 기꺼이 포기할 줄 아는 주님의 제자로 살아가게 해주십시오. 우리가 우리의 파이를 키우려 한다면 우리 자신의 '풍족한 생활'—'부'와 '번영'이 목적이어서가 아니라, 한 사람이라도 더 많은 사람에게 하나님의 나라가 스며들게 하기 위함이게 해주십시오. 그와 같은 우리의 삶을 통해 보이지 않는 하나님의 사랑이 가시적인 열매로 결실되게 하시고, 이 땅의 정의와 공정성 그리고 공익이 확립되게 해주십시오. 남녀노소를 막론하고 보이지 않는 하나님의 가시적인 손과 발로 살아가는 우리의 삶 자체가 분단된 조국을 지키는 가장 확실한 안보요, 한반도 통일을 위한 지름길이 되게 해주십시오.

메르스 퇴치를 위해 불철주야 수고하고 애쓰는 분들을 이 한 주간에도 주님의 능력으로 붙들어 주시고, 메르스로 인해 다른 질환의 치료가 소홀해지지 않도록 의료진들에게 필요한 은혜를 베풀어 주십시오. 그리고 이 시간에도 나라를 지키기 위해 헌신하고 있는 이 땅의 모든 군인들에게 주님의 권능을 더하여 주십시오. 아멘.

# 15. 가이오와 아리스다고를 붙들어

사도행전 19장 23-29절

그때쯤 되어 이 도로 말미암아 적지 않은 소동이 있었으니 즉 데메드리오라 하는 어떤 은장색이 은으로 아데미의 신상 모형을 만들어 직공들에게 적지 않은 벌이를 하게 하더니 그가 그 직공들과 그러한 영업하는 자들을 모아 이르되 여러분도 알거니와 우리의 풍족한 생활이 이 생업에 있는데 이 바울이 에베소뿐 아니라 거의 전 아시아를 통하여 수많은 사람을 권유하여 말하되 사람의 손으로 만든 것들은 신이 아니라 하니 이는 그대들도 보고 들은 것이라 우리의 이 영업이 천하여질 위험이 있을 뿐 아니라 큰 여신 아데미의 신전도 무시 당하게 되고 온 아시아와 천하가 위하는 그의 위엄도 떨어질까 하노라 하더라 그들이 이 말을 듣고 분노가 가득하여 외쳐 이르되 크다 에베소 사람의 아데미여 하니 온 시내가 요란하여 바울과 같이 다니는 마게도냐 사람 **가이오와 아리스다고를 붙들어** 일제히 연극장으로 달려 들어가는지라

주전 586년 예루살렘을 멸망시킨 바빌로니아 제국의 느부갓네살 왕이 처음으로 예루살렘을 침공한 것은, 그보다 19년 전인 주전 605년이었습니다.

느부갓네살은 예루살렘성전의 기물을 약탈하고, 당시 유다왕국의 왕이었던 여호야김과 귀족들을 포로로 끌고 갔습니다. 역사적으로 '제1차 바빌론 유수幽囚 사건'이었습니다. 그때 바빌론에 포로로 끌려간 사람 가운데 다니엘도 있었습니다. 다니엘은 그 이후 바빌로니아 제국을 무너뜨린 페르시아 제국의 고레스 왕에 이르기까지 약 70년 동안, 바빌로니아 제국과 페르시아 제국의 고위 관리를 지냈습니다. 구약성경 다니엘서 6장은, 페르시아 제국 고레스 왕으로부터 바빌론 지역의 통치를 위임받았던 다리오 왕 치하에서 일어난 일을 전해 주고 있습니다.

다리오 왕은 세 명의 총리를 두었는데, 다니엘도 그들 중의 한 명이었습니다. 하나님을 섬기는 다니엘이 모든 일을 의롭고 공평무사하게 처리하자, 다리오 왕은 다니엘에게 자기 나라를 다스리는 전권을 부여하였습니다. 그러자 나머지 두 명의 총리를 포함한 고관들은, 더 이상 공직을 이용하여 사익을 누릴 수 없게 되었습니다. 불의한 그들이 의로운 다니엘을 가만히 내버려 둘 리가 없었습니다. 그들은 다니엘을 끌어내릴 방도를 강구하였지만, 다니엘에게는 현실적으로 조그마한 빈틈도 없었습니다. 마침내 그들이 찾은 묘수는, 다니엘에게 신앙적으로 올가미를 씌우는 것이었습니다. 다니엘이 하루 세 번씩 하나님께 기도하는 것을 확인한 그들은, 다리오 왕으로 하여금 한 법령을 반포하게 하는 데 앞장섰습니다. 앞으로 삼십 일 동안, 지상의 신인 다리오 왕 이외의 대상에게 기도하는 사람은 사자 굴에 던져 넣는다는 무시무시한 법령이었습니다. 불의한 신하들의 속셈을 알지 못한 다리오 왕은 그들의 진언을 받아들여, 그 무시무시한 법령을 자신의 이름으로 반포하였습니다.

다니엘은 그 법령이 자신을 제거하기 위함임을 잘 알면서도 평소에 하던 대로, 하루에 세 번씩 예루살렘을 향한 창문을 열어 놓고 무릎 꿇어 하나님께 기도했습니다. 불의한 신하들은 즉각 다리오 왕을 찾아갔습니다. 눈엣 가시인 다니엘을 합법적으로 제거할 명분을 확보한 것이었습니다. 다니엘서 6장 12-13절이 당시의 상황을 밝혀 주고 있습니다.

> 이에 그들이 나아가서 왕의 금령에 관하여 왕께 아뢰되, 왕이여, 왕이 이 미 금령에 왕의 도장을 찍어서, 이제부터 삼십 일 동안에는, 누구든지 왕 외의 어떤 신에게나 사람에게 구하면 사자 굴에 던져 넣기로 하지 아니하 였나니까 하니, 왕이 대답하여 이르되, 이 일이 확실하니, 메대와 바사의 고치지 못하는 규례니라 하는지라. 그들이 왕 앞에서 말하여 이르되, 왕 이여, 사로잡혀 온 유다 자손 중에 다니엘이, 왕과 왕의 도장이 찍힌 금 령을 존중하지 아니하고 하루 세 번씩 기도하나이다 하니.

얼마나 그럴 듯한 명분입니까? 불의한 신하들은 다니엘을, 왕의 법령뿐 아 니라, 아예 왕의 존재 자체를 무시한 불충한 역적인 양 참소하였습니다. 이 말을 뒤집으면, 자신들은 왕의 법령을 존중하고 왕에게 충성을 다하는 충신 이라는 뜻이었습니다. 그러나 사실은, 오히려 정반대였습니다. 그들은 겉으 로는 왕과 나라를 위하는 것 같은 명분을 내세웠지만, 실은 왕의 권력을 이 용하여 자신들의 '풍족한 생활'—'부'와 '번영'을 삶의 목적으로 삼은 불의한 간신들이었습니다. 반면에 의로운 다니엘은, 순결하고 정직한 심령으로 왕 과 백성을 섬기는 충신이었습니다. 그가 하나님께 기도했던 것은 다리오 왕 에게 역심을 품고 있어서가 아니라, 천지를 창조하신 여호와 하나님을 경외 하는 신앙인이었기 때문입니다. 다리오 왕도 그 다니엘을 얼마나 총애하고 신뢰하였으면, 자기 나라를 다스리는 전권을 다니엘에게 부여했겠습니까? 하지만 다리오 왕은 어쩔 도리가 없었습니다. 다니엘을 참소하는 자들이 내

세운 명분이 완벽했기 때문입니다. 다리오 왕 자신이 조서에 어인을 찍어 반포한 금령, 즉 자기 이외의 대상에 대한 기도를 엄히 금한 법령을 자기 손으로 허물어뜨릴 수는 없었던 것입니다.

만약 다니엘이 정말 나쁜 역적이었다면, 불의한 신하들이 다니엘을 제거할 명분을 따로 찾거나 내세울 필요도 없었을 것입니다. '다니엘이 이런 역모를 꾸몄습니다' 하고, 왕에게 팩트를 사실대로 아뢰는 것만으로도 충분하였을 것입니다. 그런데도 그들이 다니엘을 제거하기 위해 아무것도 모르는 다리오 왕으로 하여금 새로운 법령을 공포하게 하고, 그 법령을 왕도 어떻게 하지 못할 명분으로 삼았다는 것은, 자신들의 행위가 거짓 위에 기반을 두고 있음을 스스로 입증하는 것이었습니다.


에베소는 고대세계 불가사의로 불리는 아데미 신전이 절대적인 영향력을 행사하던 우상의 도시였습니다. 그러나 아데미 신전이 아무리 거대하고, 또 그 속의 아데미 여신상이 다산과 풍요를 상징하는 유방을 스물네 개나 달고 있어도, 살아 계신 삼위일체 하나님을 경외하는 바울이 보기에는, 그것은 단순한 금속이나 돌덩이의 집합체에 지나지 않았습니다. 바울은 마음속으로 그렇게 생각하기만 한 것이 아니었습니다. 바울은 '사람의 손으로 만든 것들은 신이 아니'라고 공개적으로 선포하였습니다. 바울의 그 선포에 많은 사람들이 주님을 향해 돌아섰습니다. 심지어는 마법사들도 은 오만 드라크마나 되는 마법 책을 불태우면서까지 주님을 영접하였습니다. 그것은 인간의 구원을 생각하는 사람들에게는 함께 기뻐할 일이었지만, 아데미 신전으로 밥 먹고 살아가는 사람들에게는 절대로 용납할 수 없는 일이었습니다.

지난 두 시간에 걸쳐 살펴본 것처럼, 데메드리오를 비롯한 에베소의 은 세공장이들은 아데미 여신상과 신전의 모형을 은으로 만들어 팔아 '풍족한 생활'—'부'와 '번영'을 누리고 있었습니다. 그러나 '사람의 손으로 만든 것들은 신이 아니라'는 바울의 선포에 에베소인들이 아데미 여신에게 등을 돌리는 사태를 내버려 둘 경우, 그동안 자신들이 누려오던 '풍족한 생활'—'부'와 '번 영'이 위협받을 것이 뻔했습니다. 데메드리오는 자신의 동업자들을 불러 모 아 다음과 같이 충동질하였습니다.

> 그가 그 직공들과 그러한 영업하는 자들을 모아 이르되, 여러분도 알거 니와 우리의 풍족한 생활이 이 생업에 있는데, 이 바울이 에베소뿐 아니 라 거의 전 아시아를 통하여 수많은 사람을 권유하여 말하되, 사람의 손 으로 만든 것들은 신이 아니라 하니, 이는 그대들도 보고 들은 것이라. 우리의 이 영업이 천하여질 위험이 있을 뿐 아니라, 큰 여신 아데미의 신 전도 무시당하게 되고, 온 아시아와 천하가 위하는 그의 위엄도 떨어질 까 하노라 하더라(25-27절).

데메드리오의 본심은 동업자들을 충동질하여, 자신들의 '풍족한 생활'— '부'와 '번영'을 위협하는 바울을 제거하는 것이었습니다. 그렇지만 그는 교묘 하게도 아데미의 신전이 무시당하고, 아데미 여신의 위엄이 추락할 위험을 부각시켰습니다. 당시 소아시아 반도에서 절대적인 영향력을 행사하던 아데 미 여신과 신전을 명분으로 내세운 것이었습니다. 다리오 왕 치하에서 불의 한 신하들이 자신들의 '풍족한 생활'—'부'와 '번영'을 위협하는 다니엘을 제 거하기 위해, 절대 권력을 지닌 다리오 왕과 그가 반포한 법령을 명분으로 내세운 것과 똑같았습니다. 에베소에서 아데미 여신과 신전은, 은 세공장이 들의 '풍족한 생활'—'부'와 '번영'을 지켜 줄 완벽한 명분이었습니다.

그들이 이 말을 듣고 분노가 가득하여 외쳐 이르되, 크다 에베소 사람의
아데미여 하니(28절).

데메드리오의 동업자들은 데메드리오의 충동질에 간단하게 선동당했습니
다. 그들의 분노는, 자신들의 '풍족한 생활'—'부'와 '번영'을 위협하는 바울을
향한 분노였습니다. 그리고 그들이 아데미 여신의 이름을 외친 것은, 아데미
여신과 신전을 명분으로 내건 데메드리오의 의도에 동의했기 때문이었습니
다. 우리말 '외쳐'로 번역된 헬라어 동사 '크라조κράζω'가 원문에는 미완료형
으로 기록되어 있습니다. 그들이 아데미 여신의 이름을 한 번 외치고 그친
것이 아니라, 계속하여 연호했다는 말입니다.

만약 바울이 에베소에서 살인이나 강도 혹은 성폭행처럼 흉악 범죄를 지
질렀다면, 은 세공장이인 데메드리오가 나설 리도 없었겠지만, 설령 나섰다
고 해도 바울이 저지른 흉악한 범죄 사실만으로 바울을 고발하였을 것입니
다. 데메드리오와 그의 동업자들이 바울을 제거하기 위해 절대적인 영향력
을 지닌 아데미 여신과 신전을 명분으로 앞세웠다는 것은, 그들의 행위 역시
물거품처럼 허망하게 사라져 버릴 '풍족한 생활'—'부'와 '번영'을 우상으로 섬
기는 거짓에 기반을 두고 있음을 스스로 입증하는 것에 지나지 않았습니다.

'명분'이란 단어는 두 가지 의미를 내포하고 있습니다. 첫 번째 의미는 '사
람이 도덕적으로 마땅히 지켜야 할 도리와 본분'입니다. 긍정적인 의미입니
다. 명분의 두 번째 의미는 '겉으로 내세우는 이유나 구실'로, 부정적인 의미
로 사용되는 경우가 더 많습니다. '겉으로' 내세우는 이유나 구실은 거의 대
부분, 속마음과는 동떨어진 거짓이나 허구에 기반을 두고 있기 때문입니다.
이 시간에 제가 언급하는 '명분'은 모두 두 번째 의미의 명분입니다.

사람은 진실과 멀어질수록 겉으로 내세우는 명분에 더욱 집착하게 되고, 거짓에 가까워질수록 명분은 더 거창하고 구체적이게 됩니다. 예를 들어, 정치적 야욕이나 이해득실 그리고 당리당략에 밝은 정치인들일수록 언제나 거창하게 국민의 뜻을 앞세웁니다. 그러나 저는 지금까지 살아오면서 여야를 막론하고 정치인들이 주장하는 '국민' 속에, 정작 국민인 저 자신이 포함되어 있다고 느껴 본 적은 거의 없습니다. 정치인들이 내세우는 '국민의 뜻'은, 대부분의 경우에 그들의 실제 언행과는 거리가 먼 명분에 지나지 않기 때문입니다.

문제는, 진리 혹은 진실에서 벗어나 거짓이나 허구에 기반을 둔 명분을 내세우는 사람은, 자신의 명분을 지키기 위해 자기도 모르게 폭력을 수반하게 된다는 것입니다. 그것이 거짓의 속성입니다. 거짓은 폭력에 의해서만 지탱됩니다. 다리오 왕 치하의 불의한 신하들은 자신들이 누리는 '풍족한 생활'—'부'와 '번영'에 장애가 되는 다니엘을 으뜸 총리직에서 낙마시키는 것으로 족해지지 않았습니다. 그들은 다리오 왕과 왕이 반포한 법령을 명분 삼아 다니엘을 사자 굴에 던져 넣었습니다. 왕의 절대 권력을 빌어, 왕의 법령을 구실 삼아, 사자의 힘을 이용하여, 그들이 다니엘에게 죽음의 폭력을 휘두른 것이었습니다. 만약 하나님께서 사자의 입을 봉해 주시지 않았더라면, 다니엘은 그들의 폭력으로부터 결코 살아남지 못했을 것입니다. 본문의 데메드리오와 그의 동업자들 또한 마찬가지였습니다.

> 온 시내가 요란하여, 바울과 같이 다니는 마게도냐 사람 가이오와 아리스다고를 붙들어, 일제히 연극장으로 달려 들어가는지라(29절).

바울을 제거하기 위해 아데미 여신과 신전을 명분으로 내건 데메드리오와 그의 동업자들로 인해 에베소에는 일대 소동이 일어났습니다. 그들은 바울을 잡기 위해 거리로 뛰쳐나갔다가, 바울의 동역자인 가이오와 아리스다고를 만나자 불문곡직하고 그들을 "붙들어" 야외극장으로 "달려 들어"갔습니다. 우리말 '붙들어'로 번역된 헬라어 동사 '쉬나르파조$\sigma\nu\nu\alpha\rho\pi\acute{\alpha}\zeta\omega$'는 완력으로 낚아채는 형국을 묘사하는 단어입니다. 그리고 '달려 들어가는지라'로 번역된 헬라어 동사 '호르마오$\acute{o}\rho\mu\acute{\alpha}\omega$'는, 앞뒤 재지 않고 돌진하는 동작을 의미합니다. 바울의 동역자인 가이오와 아리스다고를 완력으로 낚아챈 그들은 두 사람을 끌고 야외극장으로 돌진해 갔습니다. 일종의 인민재판을 벌이기 위함이었습니다. 그 자체가 이미 가이오과 아리스다고에 대한 집단 린치였습니다. 아데미 여신과 신전을 명분으로 내걸었던 데메드리오와 그의 동업자 무리 역시, 그 정도로 폭력적이었습니다.

말끝마다 거창하게 '국민의 뜻'을 명분으로 내세우는 정치인들도 언어폭력과 막말을 일삼는 경우가 비일비재합니다. 정치인들의 언어폭력과 막말은 우리의 정치를 저급하게 만드는 가장 큰 원인 중의 하나입니다. 그들의 언어폭력과 막말로 인해, 우리 국민의 말과 심성마저 거칠어지고 말았습니다. 우리나라 정치사에서 군사정권이 종식된 이후에 여당과 야당 간의 정권교체가 있었습니다. 문민정부 수립 이후 여당도, 야당도, 모두 집권 경험이 있다는 말입니다. 그러나 각 정권마다 자신들이 내건 명분에 어긋나는 개인이나 집단에 대해서는 때로는 검찰권 남용으로, 때로는 사법권에 대한 간섭으로, 때로는 언론탄압으로, 때로는 세무사찰로, 여러 형태의 정치적인 폭력을 가해 왔습니다. 여기에서 자유로운 정권은 없습니다.

이처럼 명분 그 자체가 목적이 되어 버린 명분은 이미 허구이기에, 그 허구의 명분을 지키기 위해서는 누구에게든지 물리적인 힘, 폭력을 동원하는 길 이외에는 다른 방도가 있을 수 없습니다. 이것은 2600년 전 다리오 왕 치하의 신하들, 본문 속에 등장한 2천 년 전 에베소의 은 세공장이들, 그리고 우리나라 대부분의 정치인들에게만 국한된 이야기가 아닙니다. 실은 우리 모두에게 해당되는 이야기입니다.

이따금씩 언론에 다루어지던 '데이트 폭력'이 요즘 갑자기 사회문제로 대두되었습니다. 기성세대에게는 '데이트 폭력'이라는 용어가 생소하게 들릴 수 있습니다. '한국 여성의 전화 성폭력 상담소' 이화영 소장은 '데이트 폭력'을, '호감을 갖고 만나거나 사귀는 관계, 또는 과거에 만났던 적이 있는 관계에서 신체적·정서적·성적·경제적으로 발생하는 폭력', 그리고 '직·간접적인 폭력을 통해 상대의 행동을 감시하거나 통제하려는 행위'라고 정의하였습니다. 한마디로 쉽게 표현하면 '데이트 폭력'은 혼전의 데이트 상대에게 가하는 모든 형태의 폭력을 의미합니다. 어떻게 데이트하는 청춘 남녀 간에 폭력이 일어날 수 있겠습니까? 그러나 우리 주위에서, 우리 친구들에게, 우리 형제자매들에게, 우리 자식들에게, 이런 일이 실제로 일어나고 있습니다.

근래 '데이트 폭력'이 갑자기 사회문제로 대두된 것은 한 청년논객 때문이었습니다. 평소 여성을 존중하는 페미니스트를 자처하던 그 청년논객과 4년 동안 연애했던 여성이, '그 어떤 여성도 데이트 폭력에 희생당하지 않기를 간절히 소망'하는 마음으로, 자신이 청년논객에게 당한 '데이트 폭력'의 진상을 공개적으로 고백한 것이었습니다. 그 여성의 고백을 따르자면, 그녀의 연인이었던 청년논객이 그동안 주장해 온 사회 진보와 여성 존중은 자신의 폭력성을 위장하는 허울 좋은 명분에 불과할 뿐이었습니다. 그 이후 또 다른 청년논객과 사귀었던 여성도 자신이 겪은 '데이트 폭력'의 아픔을 밝혔고, 한 언론은 '데이트 폭력'을 경험한 여성 9명의 사례를 구체적으로 보도하기도 했습니다. 그 내용은 너무나도 참담해서, 이 시간에 인용하는 것조차 불가능합니다.

'데이트 폭력'의 심각성은, 연인 간의 폭력이 사랑을 명분 삼아 일상화된다는 데 있습니다. 사랑의 명분 아래 가해자도, 피해자도, 폭력을 일상사로 받아들이는 것입니다. 그러나 폭력은, 아무리 사랑의 명분을 그럴 듯하게 내세워도, 결코 사랑이 아닙니다. 연인 간의 '데이트 폭력'이든, 가족 사이에서 일어나는 '가정 폭력'이든, 개인 간에 일어나는 모든 형태의 폭력은, 다리오 왕과 왕의 법령을 명분 삼아 다니엘을 사자 굴에 던져 넣은 불의한 신하들의 폭력, 아데미 여신과 신전을 명분으로 내걸고 바울의 조력자인 가이오와 아리스다고에게 집단 린치를 가한 에베소의 은 세공장이들의 폭력과 조금도 다르지 않습니다. 참과 동떨어진 거짓은 언제나 명분을 필요로 하고, 거짓에 기반을 둔 명분을 지키기 위해서는 어떤 형태이든 반드시 폭력을 수반한다는 의미에서, 모든 형태의 폭력은 본질적으로 동일합니다.

진리는 명분을 필요로 하지 않습니다. 진리는 속과 겉이 다른 거짓과는 달리, 속과 겉이 일치하는 참이기 때문입니다. 진리가 어떤 경우에도 폭력을 수반하지 않는 까닭도, 어떤 형태의 폭력이든 폭력을 단호하게 배격하는 이유도, 바로 여기에 있습니다. 지금까지 사도행전을 함께 공부해 오면서, 바울이 어떤 상황 속에서든 자기 명분에 집착하는 경우를 보신 적이 있습니까? 가는 곳마다 온갖 폭력에 시달린 바울이었지만 자신이 당한 폭력을 사랑의 명분으로 정당화시켜 주거나, 혹은 바울 자신이 어떤 형태든 직접 폭력을 행사하는 것을 보신 적도 없지 않습니까? 그 이유는 간단합니다. 바울은 진리이신 주님을 좇는 그리스도인이었기 때문입니다. 만약 우리가 지금 우리 자신의 명분에 집착하고 있다면 그것은 우리의 삶이 진리 위에 세워져 있지 않음을 스스로 입증하는 것이요, 그 허구의 명분을 지키기 위해 우리는 누구에겐가 우리 자신이 폭력이라고 자각지도 못하는 폭력을 행사하고 있음을 잊어서는 안 됩니다.

우리를 구원하기 위해 이 땅에 오신 주님께서는 명분을 필요로 하시지 않았습니다. 주님께서는 우리를 위한 십자가의 제물로 돌아가셨다가 죽음을 깨뜨리고 부활하심으로, 당신이 영원한 진리이심을, 명분이 아닌 당신의 삶으로 직접 보여 주셨습니다. 그 주님께서 이미 우리 안에 영으로 임해 계시고, 벌써부터 당신의 말씀으로 우리를 품고 계십니다. 우리 모두 그 주님을 의지하여 우리 자신의 명분이 아니라 주님의 진리를, 진리이신 주님의 말씀을 좇아 살아가십시다. 그때 우리는 우리의 거짓된 삶을 위장하기 위한 허울 좋은 명분에서 벗어나, 모든 형태의 거짓과 폭력을 단호히 배격하는, 이 시대의 다니엘과 바울로 살아갈 수 있습니다.


다리오 왕과 왕의 법령을 명분 삼아 다니엘을 죽음의 사자 굴에 던져 넣은 불의한 신하들의 모습 속에서, 허울 좋은 명분으로 우리의 거짓된 삶을 위장하며 살아가는 우리의 허상을 보게 해주셔서 감사합니다. 자신들의 '풍족한 생활'—'부'와 '번영'을 고수하려 가이오와 아리스다고에게 집단 린치를 가한 에베소의 은 세공장이들을 통해, 우리 자신의 명분을 지키기 위해 여러 형태의 폭력마저 서슴지 않는 우리의 실상을 일깨워 주셔서 감사합니다. 내가 거짓에 가까워질수록 명분에 집착하게 되고, 나의 명분을 지키기 위해서는 반드시 폭력을 수반하게 됨을 깨닫게 해주신 것도 감사합니다.

아무리 사랑의 명분으로 그럴 듯하게 포장해도 폭력은 결단코 사랑이 아니며, 사랑은 상대의 폭력을 정당화시켜 주는 것도 아님을, 늘 기억하며 살게 해주십시오. 우리 안에 이미 영으로 임해 계시고, 벌써부터 당신의 말씀으로 우리를 품고 계시는 주님의 진리 안에서, 그동안 얽매어 있던 우리 자신의 명분에서 자유하게 해주십시오. 진리는 어떤 경우에도 명분을 필요로 하지 않음을 잊지 말게 해주십시오. 우리 모두 진리이신 주님의 말씀을 삶의 목적으로 삼아, 모든 형태의 거짓과 폭력을 단호히 배격하는, 이 시대를 위한 다니엘과 바울이 되게 해주십시오. 아멘.

# 16. 태반이나 알지 못하더라 I

사도행전 19장 23-32절

그때쯤 되어 이 도로 말미암아 적지 않은 소동이 있었으니 즉 데메드리오라 하는 어떤 은장색이 은으로 아데미의 신상 모형을 만들어 직공들에게 적지 않은 벌이를 하게 하더니 그가 그 직공들과 그러한 영업하는 자들을 모아 이르되 여러분도 알거니와 우리의 풍족한 생활이 이 생업에 있는데 이 바울이 에베소뿐 아니라 거의 전 아시아를 통하여 수많은 사람을 권유하여 말하되 사람의 손으로 만든 것들은 신이 아니라 하니 이는 그대들도 보고 들은 것이라 우리의 이 영업이 천하여질 위험이 있을 뿐 아니라 큰 여신 아데미의 신전도 무시 당하게 되고 온 아시아와 천하가 위하는 그의 위엄도 떨어질까 하노라 하더라 그들이 이 말을 듣고 분노가 가득하여 외쳐 이르되 크다 에베소 사람의 아데미여 하니 온 시내가 요란하여 바울과 같이 다니는 마게도냐 사람 가이오와 아리스다고를 붙들어 일제히 연극장으로 달려 들어가는지라 바울이 백성 가운데로 들어가고자 하나 제자들이 말리고 또 아시아 관리 중에 바울의 친구된 어떤 이들이 그에게 통지하여 연극장에 들어가지 말라 권하더라 사람들이 외쳐 어떤 이는 이런 말을, 어떤 이는 저런 말을 하니 모인 무리가 분란하여 **태반이나** 어찌하여 모였는지 **알지 못하더라**

10년의 세월이 흘렀습니다. 지금은 100주년기념재단으로 명칭이 바뀐 100주년기념사업협의회가 10년 전 우리 교회를 창립할 당시의 집행부는 강원용 이사장님, 정진경 부이사장님, 최창근 부이사장님, 강병훈 상임이사님, 김경래 사무총장님으로 구성되어 있었습니다. 그러나 그 다섯 분 가운데 이미 세 분이 하나님의 부르심을 받으셨고, 현재는 올해로 83세이신 강병훈 현 이사장님과 88세이신 김경래 상임이사님 두 분만 생존해 계십니다. 그런 의미에서 10년의 세월은 짧지 않은 기간이었습니다.

지난 10년이 따사로운 봄볕과 감미로운 미풍으로만 엮어졌던 것은 아닙니다. 때로는 칠흑 같은 어둠의 터널을 지나기도 했고, 때로는 견디기 힘든 폭풍과 살을 에는 한파와 맞닥뜨리기도 했습니다. 하지만 그 모든 과정과 고비마다 한결같이 우리의 주님 되어 주시고, 부족한 우리를 통해 이 시대의 역사 속에 당신의 섭리를 이루어 오신 주님을 높이 찬양합니다. 그리고 그 어둠과 폭풍과 한파 속에서도 자신의 몸을 내던져, 주님께서 우리에게 맡겨 주신 소명지─양화진외국인선교사묘원과 용인순교자기념관을 굳게 지켜 오신 교우님들께 진심으로 감사드립니다. 특히 2013년 5월부터 금년 3월까지 제가 전립선암 수술, 방사선치료와 호르몬치료를 받느라 근 2년 동안 담임목사직을 제대로 수행하지 못하였음에도, 교우님들께서 변함없이 계셔야 할 자리에 계셔 주신 것도 감사드립니다.

이제 다시 10년이 지나 창립 20주년이 되면, 저 자신을 포함하여 많은 분들이 이 자리에 없을 것입니다. 그러나 풀이 마르고 꽃이 시들듯, 사람은 가도, 주님께서는 언제나 100주년기념교회의 주인으로 계실 것입니다.

진리는 명분을 필요로 하지 않습니다. 사람은 진리 혹은 진실과 멀어질수록 겉으로 내세우는 명분에 더욱 집착하게 되고, 거짓에 가까워질수록 명분은 더 거창하고 구체적이게 됩니다. 그리고 거짓이나 허구에 기반을 둔 명분을 내세우는 사람은, 자신의 명분을 지키기 위해 자기도 모르게 어떤 형태든 폭력을 수반하게 됩니다. 그것이 거짓의 속성입니다. 거짓은 '사실이 아닌 것을 사실처럼 꾸미는 것'입니다. 없는 것을 있는 것처럼, 사실이 아닌 것을 사실인 것처럼 우기기 위해서는 언어적이든, 물리적이든, 경제적이든, 정치적이든, 성적이든, 폭력이 동원되지 않을 수 없습니다.

바울은 에베소에서 '사람의 손으로 만든 것들은 신이 아니라'고 선포하였습니다. 고대세계 불가사의로 불리던 아데미 여신의 신전이 절대적인 영향력을 행사하던 에베소에서 그런 말을 하는 것은, 자신의 목숨을 거는 일이었습니다. 그렇지만 바울은 거리낌 없이, 계속하여 공개적으로 그렇게 선포하였습니다. 그 결과 에베소뿐 아니라 오늘날 터키 대륙의 서부 지역인 아시아에서도 많은 사람들이, 바울이 전한 주님을 향해 돌아섰습니다. 그것은 은으로 아데미 여신상과 신전의 모형을 만들어 팔아 '풍족한 생활'—'부'와 '번영'을 누리던 에베소의 은 세공장이들에게는 결코 용납할 수 없는 일이었습니다. 그들에게 바울은, 자신들의 고객을 앗아가는 흉악범에 지나지 않았습니다.

데메드리오라는 은 세공장이가 자신의 동업자들을 불러 모으고 그들을 충동질하였습니다. 그의 본심은, 그동안 누려 온 '풍족한 생활'—'부'와 '번영'을 고수하는 것이었습니다. 하지만 그가 겉으로 내세운 명분은, 아데미 여신의 위엄과 신전의 명예를 지키는 것이었습니다. 데메드리오에게 간단하게 선동당한 에베소의 은 세공장이들은 분노에 차, 아데미 여신의 이름을 연호하였습니다. 그리고 계속 아데미 여신의 이름을 외치면서 바울을 잡기 위해 몰려갔다가, 바울 대신 바울의 동역자인 마게도냐 사람 가이오와 아리스다고를 발견했습니다. 그들은 완력으로 그 두 사람을 낚아채어 야외극장으로 끌고 갔습니다. 일종의 인민재판을 벌이기 위함이었습니다. 그 자체가 이미 두 사람에 대한 집단 린치였습니다. 그들의 거짓된 명분이 수반한 필연적인 폭력이었습니다. 자신들의 거짓된 명분을 지키기 위해 군중에서 폭도로 돌변한 것이었습니다. 이것이 지난 주일까지 세 주에 걸쳐 우리가 함께 살펴본 내용입니다. 그리고 본문 30절이 다음과 같이 증언하고 있습니다.

바울이 백성 가운데로 들어가고자 하나 제자들이 말리고.

가이오와 아리스다고가 폭도들에게 붙잡혀 야외극장으로 끌려갔다는 소식이 바울에게 전해졌습니다. 자기 때문에 동역자들이 끌려갔다는데, 가만히 있을 바울이 아니었습니다. 바울은 즉각 폭도들이 가이오와 아리스다고를 끌고간 야외극장으로 들어가려 하였습니다. 그러나 에베소의 제자들이 바울을 말렸습니다. 바울이 폭도들 속으로 뛰어들려는 것을 제자들이 알면서도 가만히 내버려 둘 수는 없었습니다. 우리말 "말리고"로 번역된 헬라어 동사가 원문에 미완료형으로 '우크 에이온οὐκ εἴων'이라 기록되어 있습니다. 야외극장의 폭도들 속으로 뛰어들려는 바울과 바울을 말리는 제자들 사이에, 밀고 당기는 승강이가 계속되었다는 말입니다.

또 아시아 관리 중에 바울의 친구 된 어떤 이들이 그에게 통지하여 연극장에 들어가지 말라 권하더라(31절).

우리말 "아시아 관리"라고 번역된 '아시아르케스Ἀσιάρχης'는 '아시아의 대제사장'이란 의미입니다. 로마제국은 통치 지역마다 황제의 신전을 세우고, 현지의 유력자를 신전을 관장하는 제관祭官으로 삼았습니다. 황제의 신전을 관장하는 만큼 제관은 상당한 고위직 관리였습니다. '아시아르케스'는 에베소와, 에베소가 속한 아시아 지역을 총괄하는 제관이었습니다. 그 제관들 가운데 바울과 친구로 지내는 제관들도 바울에게, 야외극장의 폭도들 속으로 들어가지 말라는 전갈을 보내왔습니다. 결국 바울은 자신의 뜻을 접었습니다. 그리고 앞으로 살펴보겠습니다만 은 세공장이들로 인해 촉발되었던 에베소의 소요 사태는, 소요 현장인 야외극장에 출동한 에베소의 서기장에 의해 진정되었습니다. 이를 종합하면, 바울이 가이오와 아리스다고를 완력으로 끌고간 폭도들 속으로 뛰어들려던 자신의 뜻을 접은 이유를 짐작할 수 있습니다. 바울과 친구로 지내던 제관들이 단순히 바울을 말렸기 때문이 아니라 그들이 바울에게, 에베소의 서기장이 소요 사태를 진정시키기 위해 출동할 예정이니 성급하게 폭도들 속으로 뛰어들지 말라고 일러 주었기 때문일 것입니다.

본문 32절은 그 시각에, 야외극장 내부에서 벌어진 일을 밝혀 주고 있습니다.

> 사람들이 외쳐 어떤 이는 이런 말을, 어떤 이는 저런 말을 하니, 모인 무리가 분란하여 태반이나 어찌하여 모였는지 알지 못하더라.

우리는 이 본문을, "온 시내가 요란하"였다는 29절의 증언과 연결하여 당시의 상황을 좀더 깊이, 그리고 입체적으로 생각해 볼 필요가 있습니다. 2천 년 전 에베소의 중심부에는 아카디안 대로가 가로지르고 있었습니다. 폭 11미터에 대리석으로 포장된 그 도로는 항구에서부터 아데미 신전을 거쳐 야외극장까지 연결된 중심도로로, 도로 양편에는 에베소 최고의 상점들이 이어져 있었습니다. '상가'를 뜻하는 '아케이드'는 바로 이 도로 이름에서 유래했다고 합니다. 오늘날 에베소에는 아카디안 대로의 일부가 옛 모습대로 잘 발굴되어 있습니다. 에베소의 어느 장소에선가 데메드리오에게 선동당한 은 세공장이들은 분노에 차 아데미의 이름을 연호하였습니다. 그리고 그들은 계속 아데미의 이름을 외치면서 바울을 붙잡기 위해 아카디안 대로로 쏟아져 나왔습니다. 그 대로는 상가가 밀집한 에베소의 중심 대로인데다, 원근 각처에서 아데미 신전을 찾는 참배객들이 반드시 거쳐야 했기에 언제나 인파로 북적였습니다. 그 인파 속에서 바울의 동역자인 가이오와 아리스다고를 발견한 은 세공장이들은, 그 두 사람을 완력으로 낚아채어 아카디안 대로를 따라 야외극장으로 끌고 갔습니다. 에베소의 중심부인 아카디안 대로에서 난리가 난 것이었습니다. 29절이 '온 시내가 요란하'였다고 증언한 까닭이 여기에 있습니다. 예전이나 지금이나 인간에게 폭력은 늘 흥미로운 볼거리입니다. 아카디안 대로를 가득 메운 인파 역시, 아데미를 연호하며 가이오와 아리스다고를 완력으로 끌고가는 은 세공장이 무리를 따라 야외극장으로 간 것이었습니다.

오늘날 원형 그대로 발굴되어 있는 에베소의 야외극장은 2만4천 명을 수용할 수 있는 대규모의 극장입니다. 옛날 로마제국이 세운 도시의 인구는, 야외극장 수용 인원의 10배에서 11배였다고 합니다. 그래서 수용 인원 2만4천 명 규모의 야외극장을 갖춘 에베소의 인구도 25만 명이었습니다. 에베소에는 사람들이 모일 수 있는 야외집회 장소가 여러 곳 있었습니다. 그런데도 가이오와 아리스다고를 완력으로 낚아챈 그들이 그 두 사람을 하필 대규모의 야외극장으로 끌고 간 것은, 아카디안 대로에서부터 그들을 따라간 인파가 그 정도로 엄청나게 많았음을 의미합니다. 야외극장에 몰려든 에베소의 인파는 군중심리에 빠져 함께 함성을 질러댔습니다. 그 함성 소리는 에베소의 하늘을 찌렁찌렁 울렸을 것이고, 그 함성 소리에 더 많은 인파가 야외극장으로 몰려들었을 것이며, 결과적으로 그들이 외치는 함성 소리는 시간이 지날수록 더 커졌을 것입니다. 그러나 그들이 소리쳐 외치는 내용은 저마다 달랐습니다. 그 까닭을 본문 32절은 "태반이나 어찌하여 모였는지 알지 못하"기 때문이라고 밝히고 있습니다. 우리말 '태반'으로 번역된 헬라어는 '많은 수'를 의미하는 '폴뤼스πλείους'입니다.

얼마나 기가 막힌 일입니까? 2만4천 석 규모의 야외극장에 큰 인파가 몰려들었습니다. 그들은 저마다 소리를 질러대었고, 그들의 함성은 에베소의 하늘을 찌렁찌렁 울렸습니다. 그러나 대부분의 사람들은 자신들이 왜 그곳에 몰려와 있는지, 자신들이 소리소리 지르는 까닭이 무엇인지, 그 영문을 알지 못했습니다. 머리는 달려 있지만, 자기 언행의 의미와 까닭을 생각하거나 깨닫지도 못하는 무지한 인간 군상이었습니다. 그 일이 일어난 곳이 바로 야외극장이었습니다. 로마제국의 야외극장에서는 연극이 공연되었습니다. 그래서 29절은 그 야외극장을 '데아트론θέατρον'―'연극장'으로 표현하였습니다.

흔히 인생을 연극에 비유하지 않습니까? 인생에는 시작과 끝, 등장과 퇴장, 개막과 폐막이 있고, 막이 올라 있는 동안에만 인생 무대에서 자신의 역할을 다할 수 있다는 의미에서 인생은 확실히 연극과 흡사합니다. 그러고 보면, 에베소의 연극장에 자기 발로 찾아가 자기 입으로 소리를 질러대면서도 그 이유를 알지는 못한 본문의 군중은, 열심히 사는 것 같으면서도 자신이 왜 인생 무대에 서 있는지, 인생 무대의 참된 의미가 무엇인지, 인생 무대의 종착역이 어디인지도 알지 못하고 살아가는, 미련한 인간들의 표상이었습니다. 저는 10여 년 전, 에베소의 연극장을 4년에 걸쳐 두 번 찾아가 보았습니다. 그리고 두 번 모두, 그곳에서 소리를 질러대면서도 왜 거기에서 그렇게 해야 하는지, 까닭을 알지 못했던 본문 속 미련한 군중의 모습이 제 눈에 선하게 보였습니다.

그러나 바울은 달랐습니다. 바울이 에베소에서 곤욕을 치른 것은 아데미 여신과 신전이 절대적인 영향력을 행사하는 그곳에서 '사람의 손으로 만든 것들은 신이 아니라'고, 다시 말해 십자가의 예수 그리스도만 참하나님이시요 구원자이심을 공개적으로 선포했기 때문입니다. 바울이 1차 전도 여행을 시작한 이래 2차 전도 여행을 거쳐 3차 전도 여행 중 에베소에 이르기까지, 가는 곳마다 화를 입은 것도 동일한 이유로 인함이었습니다. 바울이 예수님의 증인으로 살아가기를 멈추기만 하면, 그 즉각 피할 수 있는 화였습니다. 그러나 바울은 화를 당할망정, 예수님의 증인이기를 포기하지 않았습니다. 구원자이신 예수님의 말씀 안에만, 죽어도 사는, 영원한 생명이 있음을 분명하게 알고 있었기 때문입니다.

바울 스스로, 혹은 바울 자신의 능력으로 그 진리를 터득했습니까? 아니었습니다. 바울은 본래 예수님을 부정하고 교회를 짓밟던 예수님의 대적이었습니다. 그 바울이 다메섹의 그리스도인들마저 체포하여 예루살렘으로 연행해 오기 위해 다메섹으로 향하다가, 예수님의 빛에 사로잡혀 꼬꾸라지고 말았습니다. 바울은 자신을 꼬꾸라뜨린 분이 예수님이심을 전혀 알지 못했습니다. "네가 어찌하여 나를 박해하느냐?"는 음성이 들렸지만, 그것이 예수님의 말씀이라고는 상상치도 못했습니다. 바울은 "주여 누구시니이까?" 하고 여쭈었고, "나는 네가 박해하는 예수라"는 예수님의 말씀을 듣고서야, 바울은 자신을 사로잡은 분이 예수님이심을 알았습니다(행 9:4-5).

즉 바울은 자신을 먼저 찾아오신 예수님의 말씀으로 예수님을 만났고, 예수님의 말씀 앞에서 죽어 마땅한 죄인인 자신을 깨달았고, 예수님의 말씀을 통해 예수님만 길이요 진리요 생명이심을 알았습니다. 그래서 바울은 예수님의 그 말씀에 자신을 던졌고, 그 말씀의 증인으로 살기 위해 당하는 화를 두려워하지 않았으며, 그 말씀을 지키기 위해 참수형마저 피하지 않았습니다. 그는 자신이 왜 인생 무대에 서 있는지, 인생 무대에서 자신에게 주어진 역할이 무엇인지, 인생 무대의 막이 내릴 때 자신이 어떻게 될 것인지, 그 모든 것을 예수님의 말씀을 통해 분명하게 알고 있었습니다. 그는 자신의 인생 무대를 송두리째, 예수님의 말씀을 드러내고 지키는 말씀의 현장으로 삼았습니다. 그렇기에 그는 가난하고 지병에 시달리는 병약한 몸으로 참수형을 당해 죽었지만, 이 땅의 교회는 그가 전한 예수님의 말씀으로 견고하게 세워졌고, 그 자신은 2천 년의 시간과 공간을 초월하여 우리 가운데 영원한 사도로 우뚝 서 있습니다.

이것이 오늘 창립 10주년을 맞는 우리에게 주님께서 본문을 통해 주시는 메시지입니다. 우리는 어느 쪽입니까? 우리 각자는 자기 인생 무대 위에서 분주하게 살아가면서도, 왜 그 인생 무대에서 그렇게 살고 있는지 까닭도 알지 못하는 본문 속 미련한 군중입니까? 아니면 비록 화를 당할망정, 인생 무대의 참된 의미와 목적을 분명하게 알아, 자신의 인생 무대를 말씀을 지키고 증언하는 말씀의 현장으로 승화시키는 사도 바울 쪽입니까?

우리 교회를 창립한 100주년기념재단으로부터 우리가 부여받은 소명은, 한국 개신교의 양대 성지인 양화진외국인선교사묘원과 용인순교자기념관을 관리 보존하고, 한국 교회 선교 200주년을 향한 비전을 함양하는 것입니다. 다시 말해 신앙 선조의 믿음을 이어받아 한국 교회의 미래를 위한 길을 닦는 것입니다. 100년도 더 전에, 세상에서 가장 덜 알려진 조선 땅에 말씀의 증인이 되기 위해 왔다가, 각종 질병이나 사고로 순직한 선교사들이 이

곳 양화진외국선교사묘원에 묻혀 있습니다. 그리고 일제강점기와 한국전쟁 중에 말씀을 지키려다 순교한 순교자들을 기리는 곳이 용인순교자기념관입니다. 우리에게 그분들의 신앙을 이어받는 것은, 그분들을 본받아 말씀의 증인으로 말씀을 지키며 살아가는 것입니다.

우리가 무엇으로 한국 교회 미래를 향한 길을 닦을 수 있겠습니까? 어떤 길을 닦아야 한국 교회 미래가 견고해질 수 있겠습니까? 두말할 것도 없이 주님의 말씀으로, 말씀의 증인이 되어, 말씀을 지키는 말씀의 길을 닦는 것입니다. 오늘날 한국 교회에 온갖 프로그램과 구호가 넘치는데도 정작 본문 속 에베소의 미련한 군중처럼 교회가 어디로 가고 있는지, 어디로 가야 하는지조차 알지 못하고 있는 것은, 주님의 말씀을 '풍족한 생활'—'부'와 '번영'을 위한 수단으로 삼느라 말씀이 실종되어 버렸기 때문입니다. 그리스도인 스스로 말씀을 허물어뜨리는 것은 자신과 교회의 미래를 동시에 허물어뜨리는 것입니다. 그리스도인의 삶은 말씀에 기인한 삶이요, 교회는 곧 말씀의 집이기 때문입니다.

지난 6월 26일 미국연방대법원이 5대 4의 판결로 미국 전역의 동성 결혼을 합법화하였습니다. 5명의 대법관이 2억5천만 명의 미국 국민 가운데 동성 결혼에 동의하지 않는 사람들의 의견을 모두 제압해 버린 셈입니다. 엿새 전 우리나라에서도 동성 부부의 법적 권리를 인정해 달라는 첫 소송의 심리가 서울서부지법에서 시작되었습니다. 그에 따라 머지않아 우리나라의 대법원이나 헌법재판소에서도 동성 결혼 합법화 여부를 다루게 될 것이고, 그 판결이 어떻게 날 것인지 누구도 섣불리 예단할 수 없습니다. 미국에서는 오래전부터 영화나 드라마 그리고 동성애를 자연스럽게 다루어 왔고, 자신이 동성애자임을 당당하게 밝힌 저명인사도 많았습니다. 따라서 이번 미국연방대법원의 동성 결혼 합법화 판결은, 동성애에 우호적인 미국의 여론을 대법원이 수용했다고 표현하는 것이 더 타당할 것입니다. 만약 20~30년 전이었다면, 동성 결혼에 대한 미국연방대법원의 판결은 이번과는 다르게 나왔을 것입니다. 어느 나라보다 여론에 민감한 미국에서 여론에 따라 세속 법정의 대법관 5명이 동성 결혼을 합법화한 것은 이성적으로 얼마든지 있을 수 있는 일입니다. 그러나 교회가 그 판결과 여론을 하나님의 말씀보다 더 절대화하는 것은 전혀 다른 이야기입니다.

1993년에 입적하신 성철 스님은 여전히, 현대 불교의 가장 위대한 선사로 추앙받고 있습니다. 성철 스님께서 생전에 조계종 종정으로 계실 때의 이야기입니다. 불교는 '살생하지 말라'는 부처님의 명령에 따라 공식적으로 육식을 금하지 않습니까? 그러나 당시 조계종 스님들이, 불교 신자와 스님 가운데 상당수가 육식을 하고 있는 현실을 고려하여 차라리 공식적으로 허용할 것을 성철 스님께 제안했습니다. 그 스님들은 불교 신자들이 얼마든지 육식을 할 수 있게끔, '살생하지 말라'는 부처님의 명령을 현대적으로 새롭게 해석할 학문적인 방안도 갖고 있었습니다. 그러나 성철 스님께서는 단 한마디로 그들의 제안을 일축하셨습니다. '고기를 먹으면 집이 무너진다'는 것이었습니다. 스님께서 말씀하신 '집'은 불자佛子의 삶과 불교 자체를 의미했습니다. '살생하지 말라'는 부처님의 명령을 새롭게 해석하여 육식을 허용하면, 그 한 계명만 무너지는 것이 아니라는 것입니다. 불자가 한 계명이라도 임의로 무너뜨리면, 자기 편의에 따라 나머지 계명도 차례로 무너뜨려 불자로서의 바른 삶이 무너지고, 결과적으로 불교는 불필요해진다는 것이었습니다. 성철 스님께서 '고기를 먹으면 집이 무너진다'며 육식을 허용하지 않으셨던 것은, 불교라는 거대한 종교적 시스템을 지키기 위함이 아니라, 부처님의 계명을 따라 살아야 할 불자 한 사람 한 사람의 삶을 먼저 지켜 주기 위함이었습니다. 역설적이게도 각종 추문으로 신뢰도가 땅바닥까지 추락했던 당시 한국 불교는, '살생하지 말라'는 계명의 재해석을 금한 그 성철 스님에 의해 신뢰를 회복하였습니다. 부처님의 가르침을 온몸으로 실천했던, 가장 준다웠던 성철 스님에 의해 불교의 집이 지켜진 것이었습니다.

1989년 덴마크를 필두로 동성 결혼을 합법화하고 그 판결을 교회가 수용한 열여섯 나라의 공통점은, 그 나라의 신학교와 교회가 이미 무너져 형해만 남았거나, 지금 무너져 내리고 있는 중이라는 것입니다. 하나님의 말씀 가운데 한 말씀이라도 인간의 입맛에 따라 요리하면, 그리스도인의 삶이라는 집이, 믿음이라는 집이, 교회라는 집이, 무너져 내릴 수밖에 없습니다.

그리스도인인 우리가 사랑하며 더불어 살아야 할 이웃 속에는 우리와 종교, 이념, 문화, 삶의 방식이 다른 사람도 당연히 포함되어 있습니다. 동성애자도 포함되어 있다는 말입니다. 종교가 다르다고 불교 신자거나 불신자인 이웃을 사랑하지 못해서는 안 되듯이, 우리는 사회 변화 속에서 동성 커플들과도 차별 없이 더불어 살아야 합니다. 말씀의 증인이었던 바울도 오늘의 본문 속에서, 황제의 신전을 책임지는 제관들과도 친구로 지내지 않았습니까? 또 우리는 동성 커플들, 동성 결혼을 합법화한 열여섯 나라 대법관들, 그리고 동성애에 우호적인 분들의 이성과 지성도 존중해야 합니다. 그러나 우리는 우리의 지성과 이성이 하나님의 말씀으로 받아들인 성경 말씀을, 아니 주님께서 먼저 우리를 찾아오셔서 우리의 지성과 이성 속에 새겨 주신 하나님의 말씀을 더 존중하는 그리스도인임을 결코 잊어서는 안 됩니다.

당신의 형상을 따라 남자와 여자를 창조하신 하나님의 결혼에 대한 첫 번째 명령은 창세기 2장 24절에 명기되어 있습니다.

이러므로 남자가 부모를 떠나 그의 아내와 합하여 둘이 한 몸을 이룰지로다.

결혼에 관한 하나님의 이 첫 번째 명령에서 "남자"를 뜻하는 히브리어 '이쉬אישׁ'와 "아내"로 번역된 '이솨אִשָּׁה'는 각각 '남자'와 '여자'를 뜻할 뿐, 어떤 경우에도 '남자'와 '남자' 혹은 '여자'와 '여자'로 해석될 수 없습니다. 예수님께서도 하나님의 이 첫 번째 명령을 인용하여, 결혼을 남자와 여자 간의 결혼으로 정의하셨습니다(마 19:4-6). 그러므로 우리는 급변하는 사회 속에서 이웃과 더불어 살면서도 사회 변화에 휩쓸리지 않고, 결혼은 남자와 여자―이성 간의 결혼이라는 하나님의 말씀을, 하나님께서 명령하신 결혼의 원칙을, 하나님의 창조의 법칙을, 굳게 지켜 나갈 것입니다. 우리 입맛대로 하나님의 말씀을 요리하면, 집이 무너질 것이기 때문입니다.

시내 광야에서 여론에 몰린 아론은 금송아지를 만들고, 그 금송아지가 여호와 하나님이라고 해석했습니다. 그리고 아론을 포함하여 출애굽 1세대는, 모두 광야에서 인생의 집이 함께 무너지고 말았습니다. 그들에게는 미래가 없었습니다. 그러나 온갖 비난과 모함 속에서도 오직 하나님의 말씀을 따랐던 모세에 의해, 길 없는 광야에서, 언약의 땅―가나안으로 향하는 길이 열렸습니다. 모세에 의해 이스라엘 백성 개개인의 삶과 믿음이라는 집이 지켜졌음은 물론이요, 이스라엘 민족에게 새로운 미래라는 집이 주어진 것이었습니다.

사랑하는 교우 여러분!

오늘 창립 10주년을 맞아, 부족한 우리를 믿으시고 우리에게 거룩한 소명을 맡겨 주신 주님께서 이미 영으로 우리 안에 임해 계시고, 벌써부터 당신의 말씀으로 우리를 품고 계심을 감사하십시다. 그 주님의 은혜 속에서 양화진에 묻혀 있는 선교사들의 신앙을 이어받아, 어떤 경우에도 바울처럼 말씀의 순전한 증인으로 살아갈 것을 새롭게 결단하십시다. 용인순교자기념관에 이름이 새겨져 있는 순교자들의 신앙을 계승하여, 이 세상의 그 어떤 비난이나 모함 속에서도 모세처럼 순교의 정신으로 말씀을 지켜 가기를 다시 한 번 다짐하십시다. 어떤 경우에도 금송아지를 여호와 하나님이라고 해석한 아론과, 그 해석을 즐거워하다가 광야에서 인생의 집이 함께 무너져 버린 출애굽 1세대가 되지 마십시오. 그래야만 우리는 한국 교회의 미래를 위한 길, 예수님께서 당신의 삶을 통해 보여 주신 말씀과 십자가의 도를 닦을 수 있습니다.

바로 그것이 그리스도인으로서 우리 개개인의 삶과 믿음이라는 집, 교회라는 집, 우리 국민과 사회라는 집, 온 인류와 세계를 위한 새로운 미래라는 집을 견고하게 세우는 길입니다. 왠지 아십니까? 이 세상은, 인생 무대 위에서 온갖 언행을 다하면서도 자신이 왜 거기에서 그렇게 하고 있는지 영문을 알지 못하는 군중으로 가득 찬, 거대한 에베소의 연극장이기 때문입니다.


주님, 주님께서 허락하신 창립 10주년을 맞이하여 모세와 바울을 생각합니다. 그들이 화를 입고 비난받은 것은, 말씀을 지키는 말씀의 증인으로 살았기 때문입니다. 그러나 그들이 그와 같은 삶을 피하지 않았기에, 그들이 지킨 말씀에 의해 이스라엘 민족이라는 집이 살았고, 로마제국이라는 집이 살았고, 지상의 교회라는 집이 살았고, 시간과 공간을 초월하여 우리 개개인의 삶과 믿음이라는 집이 세워졌습니다.

이제 창립 10주년을 맞이하여 우리 모두 양화진에 묻힌 선교사들의 신앙, 용인순교자기념관에 새겨진 순교자들의 신앙을 이어받아, 이 시대의 모세와 바울이 되기 위해 다시 한 번 우리의 허리띠를 동입니다. 이미 우리 안에 임해 계시는 주님을 의지하여, 주님의 말씀을 지키는 말씀의 증인으로 살아갈 수 있도록 은혜를 베풀어 주십시오. 인생 무대 위에서 온갖 언행을 다하면서도, 자신이 왜 그 무대에서 그렇게 하고 있는지 영문을 알지 못하는 군중으로 가득 찬, 세상이라는 이 거대한 연극장에서, 100주년기념교회가 영원한 생명과 진리의 길을 제시하는 말씀의 길닦이가 되게 해주십시오. 100주년기념교회로 인해 우리 개개인의 삶과 믿음이라는 집이, 한국 교회라는 집이, 우리 국민과 사회라는 집이, 온 인류와 세계를 위한 새로운 미래라는 집이, 주님 안에서 날로 견고하게 세워져 가게 해주십시오. 지금 머리 숙이고 있는 우리가 이곳에 더 이상 없을 그때에도, 100주년기념교회의 변함없는 주인이실 예수님의 이름으로 기도드립니다. 아멘.

# 17. 태반이나 알지 못하더라 II

사도행전 19장 28-32절

그들이 이 말을 듣고 분노가 가득하여 외쳐 이르되 크다 에베소 사람의 아데미
여 하니 온 시내가 요란하여 바울과 같이 다니는 마게도냐 사람 가이오와 아리
스다고를 붙들어 일제히 연극장으로 달려 들어가는지라 바울이 백성 가운데로
들어가고자 하나 제자들이 말리고 또 아시아 관리 중에 바울의 친구된 어떤 이
들이 그에게 통지하여 연극장에 들어가지 말라 권하더라 사람들이 외쳐 어떤
이는 이런 말을, 어떤 이는 저런 말을 하니 모인 무리가 분란하여 **태반이나** 어
찌하여 모였는지 **알지 못하더라**

은 세공장이 데메드리오에게 선동당한 그의 동업자들은, 자신들의 '풍족
한 생활'—'부'와 '번영'을 위협하는 바울에 대한 적개심에 불타올랐습니다.
삽시간에 폭도로 변한 그들은 아데미 여신의 이름을 소리쳐 외치면서, 바울
을 붙잡기 위해 아카디안 대로로 쏟아져 나왔습니다. 아카디안 대로는 에
베소 항구에서부터 아데미 신전을 거쳐 야외 연극장으로 이어지는 에베소

의 중심 도로로. 대로 양쪽에는 에베소 최고의 상점들이 이어져 있었습니다. 또 원근각처에서 아데미 신전을 찾는 참배객들과 야외극장 방문객들이 반드시 거쳐야 하는 도로이기도 했습니다. 그래서 아카디안 대로는 언제나 큰 인파로 붐볐습니다. 아데미 여신의 이름을 소리쳐 외치면서 그 인파 속으로 뛰어든 에베소의 은 세공장이들은, 바울의 동역자인 가이오와 아리스다고를 발견했습니다. 그들은 불문곡직하고 가이오와 아리스다고를 완력으로 붙잡아, 계속하여 아데미 여신의 이름을 외치며, 아카디안 대로의 인파를 뚫고 그 두 사람을 야외 연극장으로 끌고 갔습니다. 에베소의 중심부인 아카디안 대로에서 난리가 난 것이었습니다. 그 난리통에, 아카디안 대로를 메우고 있던 인파도 덩달아 은 세공장이 무리의 뒤를 좇아 연극장 안으로 들어갔습니다.

바울은 가이오와 아리스다고가 폭도들에게 붙잡혀 야외 연극장으로 끌려갔다는 소식을 접하자마자, 즉각 연극장의 폭도들 속으로 뛰어들려 했습니다. 그러나 지난 주에 살펴본 것처럼 바울은, 평소 친구로 지내던 제관들로부터 소요 사태를 진정시키기 위해 에베소의 서기장이 출동할 예정이라는 전갈을 받고 자신의 뜻을 접었습니다. 본문 32절을 보시겠습니다.

사람들이 외쳐 어떤 이는 이런 말을, 어떤 이는 저런 말을 하니, 모인 무리가 분란하여 태반이나 어찌하여 모였는지 알지 못하더라.

연극장으로 몰려 들어간 에베소의 군중은 저마다 뭔가 소리를 질러댔고, 결국 그들은 "분란"하고 말았습니다. 우리말 '분란하여'로 번역된 헬라어 동사 '씅케오συγχέω'는 통 속의 물을 쏟아부었을 때, 물이 땅에 부딪쳐 사방으로 튀거나 흩어지는 것과 같은 혼란스러운 광경을 묘사하는 단어입니다. 엄청난 군중이 야외 연극장으로 밀려들어 저마다 소리를 질러 댔는데도 의견이 통일되거나, 뭔가 일치된 해답은 나오지 않았습니다. 오히려 시간이 지나갈수록, 땅에 부딪힌 물이 사방으로 튀거나 흩어져 버리듯이, 연극장의 군중은 점점 더 큰 혼란에 빠지고 말았습니다. 그들 가운데 "태반이나 어찌하여 모였는지 알지 못"했기 때문이었습니다. 우리말 '태반'으로 번역된 헬라어는 '많은 수'를 의미하는 '폴뤼스'라고 했습니다. 연극장에 몰려든 군중은 자기 발로 연극장으로 들어가, 자기 입으로 소리를 질러대면서도, 자신들이 왜 그곳에 있는지, 자신들이 왜 소리소리 지르고 있는지, 도무지 그 까닭을 알지 못했습니다. 우리는 이렇게 미련한 군중의 모습을 오늘의 본문에서 처음 접하는 것은 아닙니다.

이집트에서 400년 동안 노예살이하던 이스라엘 백성은 자신들의 능력이나 힘으로 해방을 쟁취한 것이 아니었습니다. 이집트 파라오의 자비심으로 혹독한 노예살이에서 풀려난 것도 아니었습니다. 마지막 순간까지 이스라엘 백성을 노예로 묶어두려 했던 파라오의 압제로부터 그들을 해방시켜 주신 분은 하나님이셨습니다. 오직 하나님의 은혜가, 그들에게 노예살이로부터의 자유를 주신 것이었습니다. 출애굽한 이스라엘 백성이 향하여야 할 목적지는 단 한 곳, 언약의 땅—가나안이었습니다. 그 언약의 땅에서 하나님과 언약의 관계에 있을 때에만, 이 세상의 모든 억압과 굴레에서 벗어나 하나님께서 은혜로 주신 참자유를 계속 누릴 수 있기 때문이었습니다.

출애굽한 이스라엘 백성이 가데스 바네아에 이르렀을 때였습니다. 가데스 바네아는 언약의 땅으로 들어가는 관문이었습니다. 가데스 바네아를 넘어서기만 하면 하나님께서 주신 언약의 땅에서, 하나님의 언약에 따라, 인간다운 인간으로 살아갈 자유를 만끽할 판이었습니다. 모세는 먼저 열두 명의 정탐꾼들로 하여금 가나안의 지형과 정세를 살펴오게 하였습니다. 최소 200만에서 최대 300만 명으로 추산되는 이스라엘 백성을 이끌고 가나안으로 입성하기 위해서는, 어느 길을 통해 어디에 정착할 것인지 미리 살펴 둘 필요가 있었던 것입니다. 40일 만에 돌아온 열두 정탐꾼들의 보고 내용은 일치하지 않았습니다. 열 명의 정탐꾼들은, 가나안 원주민들이 얼마나 장대한지 그들 앞에서 자신들은 스스로 메뚜기 같았다며, 가나안으로 들어가서는 안 된다는 식으로 선동적인 보고를 하였습니다. 나머지 두 정탐꾼인 여호수아와 갈렙만, 가나안 원주민이 아무리 거인처럼 장대해도 하나님께서 함께하시는 한, 그들은 가벼운 먹이에 지나지 않으므로 조금도 두려워할 필요가 없다고 역설하였습니다.

서로 상이한 보고 내용을 접한 이스라엘 백성의 반응은 민수기 14장 1-4절이 전해 주고 있습니다.

> 온 회중이 소리를 높여 부르짖으며 백성이 밤새도록 통곡하였더라. 이스라엘 자손이 다 모세와 아론을 원망하며 온 회중이 그들에게 이르되, 우리가 애굽 땅에서 죽었거나 이 광야에서 죽었으면 좋았을 것을, 어찌하여 여호와가 우리를 그 땅으로 인도하여 칼에 쓰러지게 하려 하는가. 우리 처자가 사로잡히리라. 애굽으로 돌아가는 것이 낫지 아니하랴. 이에 서로 말하되 우리가 한 지휘관을 세우고 애굽으로 돌아가자 하매.

이스라엘 백성은 하나님의 언약이 아니라 다수결의 원칙에 따라, 가나안 땅으로 들어가면 안 된다는 열 정탐꾼들의 선동적인 보고를 무조건적으로 받아들여 밤새도록 통곡하였습니다. 그들이 가데스 바네아에 이른 것은, 이집트의 노예살이에서 해방시켜 주신 하나님께서 그들을 언약의 땅에 친히 입성시켜 주시기 위함이었습니다. 그러나 그들은 이집트로 "돌아가자"고 외쳤습니다. 그들이 이집트로 돌아가면, 대체 무엇이 그들을 기다리고 있겠습니까? 하나님께서 주신 소중한 자유를 반납해야만 하는, 혹독한 노예살이의 억압과 굴레일 뿐이었습니다. 그런데도 그들은 이집트로 '돌아가자'고 외치며, 가나안 진군을 주장하는 여호수아와 갈렙을 돌로 쳐 죽이려 했습니다. 그들 역시 자신들이 왜 가데스 바네아에 서 있는지, 왜 가나안에 입성해야 하는지, 그 까닭을 알지도, 알려 하지도 않은, 미련한 군중일 따름이었습니다. 결국 그들은 진리 안에서 이 세상의 모든 억압과 굴레에서 벗어나 참다운 자유인으로 살 수 있는 언약의 땅—가나안을, 바로 눈앞에 두고서도, 영영 상실하고 말았습니다.

예수님을 심문한 빌라도 총독은, 예수님께 십자가 사형을 언도할 죄과가 없다는 사실을 확인했습니다. 그러나 빌라도 총독은 의로운 재판관이 아니라, 노회한 정치인이었습니다. 그는 유대인들의 구심점인 대제사장들과 장로들이 고발한 예수님께 자신이 직접 무죄를 선고하기보다는, 자신의 관저 앞에 운집한 예루살렘 군중에게 판결을 떠넘겨 버렸습니다. 유월절이면 백성의 청원을 받아들여 죄수 한 명을 사면시키는 전례를 들어, 강도 바라바와 예수님 중에 누구를 풀어 주기 원하는지 예루살렘 군중에게 물은 것이었습니다. 예수님을 고발한 대제사장들과 장로들의 선동을 받은 군중은 불의한 강도 바라바를 풀어 주고, 의로우신 예수님을 십자가에 못박아 죽이라고 소리쳐 외쳤습니다.

그들은 예루살렘 양문 곁 베데스다 연못가에서 38년 된 환자를 치유해 주신 예수님의 이적과, 날 때부터 앞을 보지 못하는 맹인으로 하여금 실로암 못에서 눈을 씻게 하심으로 세상을 볼 수 있게 해주신 예수님의 능력을 직접 목격했을 뿐 아니라, 예수님께서 예루살렘 인근 마을 베다니에서 죽은 나사로를 무덤에서 살려내신 소문을 듣고 열광하기도 했던 사람들이었습니다. 그런데도 그들은 대제사장들과 장로들의 선동에 빠져 불의한 강도는 살려 주고, 의로우신 예수님은 못박아 죽이라고 소리를 질렀습니다. 그들 역시 자신들이 왜 그곳에서 그렇게 소리를 지르고 있는지 그 까닭도, 자신들이 못박아 죽이라고 외치는 예수님이 누구신지도 알지 못하는, 미련한 군중이었습니다. 영문도 모르고 성자 하나님을 죽이는 데 앞장선, 역사상 가장 어리석은 군중이었습니다.

　3400년 전 언약의 땅을 눈앞에 두고서도 이집트로 돌아가자고 소리치며 통곡한 이스라엘 백성, 그리고 2천 년 전 불의한 강도는 풀어 주고 의로우신 예수님은 십자가에 못박아 죽이라고 소리친 예루살렘의 군중과, 야외 연극장에서 소리를 질러 대면서도 그 영문을 알지 못했던 본문 속 에베소의 군중 사이에는 1400년의 시차가 있었습니다. 또 가데스 바네아, 예루살렘, 에베소라는 공간의 차이도 있었습니다. 각각 다른 그 세 공간에 운집했던 군중도 분명 다른 사람들이었습니다. 그러나 시간적·공간적·인적 차이에도 불구하고 그 군중들은, 자기 존재와 언행의 의미와 까닭도 알지 못했다는 관점에서 모두 본질적으로 동일한 군중이었습니다.

　그 군중 속에 지식이 탁월한 사람이 왜 없었겠습니까? 남다른 경력을 지닌 엘리트가 왜 없었겠습니까? 누구보다 계수에 밝고 사업 수완이 뛰어난 사람도 있었을 것이요, 타의 추종을 불허하는 지도력과 예술적 창작력을 지닌 사람도 분명히 있었을 것입니다. 그렇지만 그들은 모두 한데 어우러져, 자기 존재와 언행의 의미와 까닭도 알지 못하는 미련한 군중이 되고 말았습니다. 대체 그 이유가 무엇이겠습니까? 본문 32절을 다시 보시겠습니다.

사람들이 외쳐 어떤 이는 이런 말을, 어떤 이는 저런 말을 하니, 모인 무리가 분란하여 태반이나 어찌하여 모였는지 알지 못하더라.

우리말 '알다'로 번역된 헬라어 동사 '에이도ϵἶδα'의 1차적인 의미는 '보다'입니다. 에베소의 연극장에 모여 소리를 질러 댄 군중은 자신들이 왜 그곳에 모여 그렇게 하고 있는지 '보지' 못한 것이었습니다. 자신들이 왜 그곳에서 그렇게 하고 있는지 알지 못한 것은, 알고 모름의 지식적인 문제가 아니라, 보고 못 봄의 시각적인 문제였다는 말입니다.

인간을 창조하신 하나님께서는 인간에게 단 하나의 외눈만 주신 것이 아닙니다. 하나님께서는 인간에게 두 개의 눈들을 주셨습니다. 하나님께서 창조하신 이 세상은 단면적인 평면이 아닙니다. 멀고 가까운 원근, 들어가고 튀어나온 요철, 높고 낮은 고저, 크고 작은 대소가 입체적으로 얽혀 있습니다. 하나님께서 우리에게 주신 하루는 낮과 밤으로 구분되고, 시간은 어제와 오늘과 내일—즉 과거와 현재와 미래로 나누어집니다. 또 가시적인 현실 세계가 있는가 하면, 그 너머의 비가시적인 영원한 세상도 있습니다.

그러므로 단 하나의 외눈만으로는 속에 감추어진 본질은 고사하고, 겉으로 드러난 눈앞의 현상조차 제대로 볼 수 없습니다. 이것이 하나님께서 우리에게 두 눈들을 주신 까닭입니다. 우리는 분명히 두 눈들을 갖고 있습니다. 그렇지만 우리말은 '내게는 눈이 있다'고 언제나 '눈'을 단수형으로만 표현하기에, 우리는 두 눈들의 의미와 가치를 거의 생각해 보려 하지도 않습니다. 그러나 히브리어로 기록된 구약성경과 헬라어로 기록된 신약성경에는, 인간의 '눈'이 복수형인 '눈들'이라고 기록되어 있습니다. 하나님께서 인간에게 한 눈이 아니라, 두 눈들을 주셨기 때문입니다.

하나님의 은혜로 이집트의 노예살이에서 해방되어 언약의 땅인 가나안의 관문에 이른 이스라엘 백성이 열 정탐꾼들의 선동에 빠져 이집트로 돌아가려 했던 것은, 현실에 사로잡힌 하나의 눈만 지녔을 뿐, 하나님께서 약속하신 언약의 땅과 그 언약의 땅으로 자신들을 인도하시는 하나님을 바라보는 또 하나의 눈을 상실하고 있었기 때문입니다. 겉으로는 두 눈들을 지니고 있었지만, 실은 외눈박이들에 지나지 않았습니다. 예수님의 이적을 목격하고서도 대제사장들과 장로들에게 선동당해 성자 하나님이신 예수님을 십자가에 못박아 죽이라고 소리친 예루살렘의 군중도, 가이오와 아리스다고를 완력으로 끌고가는 불의한 은 세공장이들을 따라 야외 연극장으로 몰려가 소리소리 지르면서도 영문을 알지는 못했던 에베소의 군중도, 모두 하나님과 진실을 보려 하지 않는 외눈박이들이었음은 매한가지였습니다. 이것이 바로 오늘의 본문을 통해 주님께서 우리에게 주시는 영적 메시지입니다.

칠흑 같은 어둠 속에서도 시시각각 다가오는 새벽빛을 바라보는 또 하나의 눈을, 얼어붙은 동토에서도 대지를 뚫고 움틀 새싹을 쳐다보는 또 하나의 눈을, 상대방의 웃음 속에 가려진 슬픈 눈물을 읽는 또 하나의 눈을, 정의의 구호 속에 감추어진 거짓을 분별하는 또 하나의 눈을, 군중의 함성 속에 파묻힌 진실을 헤아리는 또 하나의 눈을, 없음 속에서 있음을 보고 보이는 있음 너머의 보이지 않는 영원을 직시하는 또 하나의 눈을, 땅에서 하늘을 보고 하늘에서 땅을 꿰뚫어보는 또 하나의 눈을, 어떤 상황 속에서든 이미 영으로 우리 안에 임해 계시고 벌써부터 당신의 말씀으로 우리를 품고 계시는 삼위일체 하나님과 시선을 마주치는 또 하나의 눈을 지니지 않으면, 다시 말해 하나님께서 우리에게 주신 두 눈들로 살지 않으면, 우리는 자기 존재와 자기 인생마저 상실한 채, 누군가의 선동에 좌지우지당하는 미련한 군중으로 전락할 수밖에 없습니다. 미련한 군중은 선동의 억압과 굴레에 갇혀, 자기 자신의 인생을 살아가는 깨어 있는 자유인이 될 수 없습니다.

우리 각자는 어떻습니까? 하나님께서 주신 두 눈들로 우리를 스쳐가는 1초 1초를 진리 안에서 건져올리며, 하나님께서 원하시는 자신의 인생을 살고 있는 깨어 있는 자유인입니까? 아니면 두 눈들을 뜨고서도 외눈박이가 되어, 세상의 선동에 휩쓸려 남 따라 사느라, 자기 존재와 자기 인생마저 상실한 미련한 군중입니까?

지난 월요일부터 사흘 동안, 우리 교회 창립 10주년 기념집회의 강사로 우리의 심령 속에 깊은 은혜를 새겨 주었던 김영봉 목사님은, 오늘날 현대인은 하루 6천 건의 광고에 노출되어 살고 있다고 했습니다. 그러고 보면 텔레비전, 신문, SNS, 도로, 지하철, 버스, 전신주 등, 온 천지가 광고로 차고 넘치고 있습니다. 예전에는 광고가 신제품을 알리는 홍보 수단이었지만, 이제는 광고가 홍보 차원을 넘어 세상 사람들을 선동하고 있습니다. 그리고 그 선동은, 각자 자신의 인생을 살아야 할 인간의 자유를 억압하는 굴레가 되고 있습니다.

선진국에서는 엄격하게 금하고 있는 공중파 텔레비전의 술 광고가 우리나라에서는 여자 연예인들을 앞세워, 마치 술을 마셔야 멋져 보이고 행복해지는 것처럼 선동하고 있습니다. 과연 그렇습니까? 술을 마셔야 멋지고 행복해집니까? 얼마나 많은 사람들의 인생이, 그 가족들의 인생이, 술 때문에 파탄 났고 지금도 나고 있는지 모릅니다. 술이 술을 먹고, 술이 사람을 잡아먹는, 그릇되어도 한참 그릇된 우리 사회의 음주문화를 뿌리 뽑으려는 의지를 그리스도인부터 실천해 가지 않으면, 오늘 이 땅의 젊은이들 가운데 많은 젊은이들의 인생이 내일, 술 때문에 망가질 것입니다. 그런 의미에서 공중파 텔레비전의 술 광고는 간접 살인이라고 해도 지나친 말은 아닐 것입니다.

우리나라처럼 대부업체 광고가 많은 나라는 세계 어디에도 없습니다. 법으로 보장된 우리나라 대부업체의 연 최고 이자율은 39퍼센트였다가 작년에 인하되어 지금은 34.9퍼센트입니다. 10만 원을 빌리면 매년 34,900원을 이자로 물어야 합니다. 어느 상인에게도 10만 원으로 1년 동안 장사하여, 모든 경비를 제하고 34,900원의 순수익을 남기는 것은 쉬운 일이 아닙니다. 34.9퍼센트의 이자도 여전히 고리대금인 셈입니다. 그런데도 대부업체들은 이제는 주부들과 청년들에게마저 마치 공돈을 줄 것처럼, 이른 아침부터 늦은 밤까지 대출을 받으라고 선동하고 있습니다. 특히 금융소비자연맹의 통계에 의하면, 2014년 6월 말 기준으로 우리나라 대부업체 시장의 42.2퍼센트를 일본 자본이 점령했습니다. 2012년 12월 말에는 일본 자본 점유율이 35.6퍼센트였는데, 불과 1년 반 만에 거의 7퍼센트나 시장 점유율이 높아진 것입니다. 올해 상반기 통계가 나오면, 일본 자본의 대부업체 시장 점유율은 42.2퍼센트보다 훨씬 더 높아져 있을 것입니다. 일본 자본이 우리 주부와 청년을 망라하여 온 국민에게 고리대금을 쓰라고 매일 시도때도 없이 선동하고 있는 것입니다. 국회에서 대부업체의 이자율을 더 인하하고 텔레비전 광고를 제한하기로 한 것은, 늦었지만 다행한 일입니다.

유럽에서는 신혼부부가 30년 된 아파트에서 신혼살림을 시작하는 것이 꿈입니다. 수십 년에서 100년 200년 된 아파트가 대부분인 그곳에서 30년 된 아파트는 새 아파트이기 때문입니다. 그러나 우리나라 건설 회사들은 멀쩡한 아파트를 부수고 재건축을 해서라도 더 값비싼 신축 아파트에서 살라고 선동합니다. 정부도 경기부양을 명분으로 아파트 재건축을 부추기고 있습니다. 현행법 시행령에 의하면 재건축 가능 아파트는 준공 이후 30년이 경과한 아파트입니다. 예전에는 20년 이상이면 재건축이 가능했지만 그 이후 서울시 조례에 따라 40년으로 늘어났다가, 올해 다시 재건축 활성화를 위해 30년으로 시행령이 개정되었습니다. 안전상 위험 요소가 없어도, 단지 더 값비싼 신축 아파트에서 살기 위해 멀쩡한 아파트를 준공 30년 만에 깨부수는 나라가 우리나라 말고 또 있을까 싶습니다. 그러나 우리 국민의 행복지수는 해가 갈수록 추락하고 있기만 합니다.

이상 언급한 세 가지 사례는, 매일 우리를 선동하고 있는 6천 건의 광고에 비하면 0.05퍼센트에 불과할 뿐입니다. 얼마 전 지방에 살고 있는, 저보다 연상의 지인과 통화를 하면서, 부인도 잘 지내고 있는지 물었습니다. 그분의 대답이 다소 충격적이었습니다. 아내가 텔레비전 홈쇼핑으로 어찌나 충동구매를 하는지, 집에 테이프도 뜯지 않은 박스들이 쌓여 있다고 했습니다. 칠십 년을 살고서도 텔레비전 홈쇼핑의 선동에 그렇게 맥없이 무너져서야, 과연 앞으로 자기 인생을 후회 없이 바르게 마무리 지을 수 있겠습니까? 인생에서 마지막 마무리보다 더 중요한 것은 없는데도 말입니다. 또 이 세상에는 광고의 선동만 있는 것이 아닙니다. 우리 사회의 정치적인 선동도 이미 도를 넘어선지 오래지 않습니까? 우리가 하나님께서 주신 두 눈들로 살지 않으면, 두 눈들을 지니고서도 외눈박이로 살면, 이 세상의 무차별적인 선동의 억압과 굴레 속에서 결코 우리 자신을, 우리 자신의 인생을, 제대로 지키는 자유인으로 살 수 없습니다. 자기 존재와 인생의 이유도, 의미도 알지 못하는, 성경 속 미련한 군중으로 그 삶이 허망하게 소멸할 수밖에 없습니다.

다음은 다윗의 고백입니다.

> 여호와의 교훈은 정직하여 마음을 기쁘게 하고, 여호와의 계명은 순결하여 눈을 밝게 하시도다(시 19:8).

우리말로 단수형 "눈"이라고 번역된 단어가 히브리어 원전에는 복수형인 '에나임(עֵינָיִם)', '눈들'로 기록되어 있습니다. 다윗은 하나님의 말씀만이 자신의 눈들을 밝게 하심을 알았습니다. 육체적인 시력을 밝게 해준다는 말이 아닙니다. 하나님의 말씀을 통해서만 외눈박이가 아니라, 하나님께서 주신 두 눈들로 살아갈 수 있다는 의미였습니다. 그래서 다윗은 주위의 만류에도 아랑곳하지 않고 단신으로 거인 골리앗과 맞서, 단 한 개의 돌을 물매로 던져 그를 제압하였습니다. 한 눈으로는 거인 골리앗을 거대한 표적으로 직시하면서, 또 한 눈으로는 만군의 여호와 하나님을 바라보는 두 눈들을 지닌 덕분이었습니다.

　다윗의 시대라고 왜 세상의 선동이 없었겠습니까? 유사 이래 죄성을 지닌 인간 세상에는 항상 형태만 다를 뿐 인간을 충동질하는 선동의 억압과 굴레가 늘 있어 왔습니다. 그러나 다윗은 하나님의 말씀 안에서 두 눈들을 지니고 살았기에 세상의 선동에 휩쓸린 군중이 아니라, 사망의 음침한 골짜기 속에서도 하나님께서 원하시는 자기 인생을 구현한 자유인이었고, 그 결과 그의 족보를 통해 성자 하나님이신 예수님께서 이 땅에 오셨습니다. 하나님의 말씀을 힘입어 두 눈들을 지니고, 이 세상 온갖 선동의 억압과 굴레에서 벗어난 자유인으로 살아가는 것은, 그렇듯 중요합니다.

　잠시 저 자신의 이야기를 드리는 것을 양해해 주시기 바랍니다. 제 눈은 오래전부터 녹내장과 안구건조증 그리고 초점의 자동 조절 기능 약화에 시달려 왔습니다. 방사선치료와 호르몬치료를 받은 이후에는, 갑자기 백내장 증세도 겹쳤습니다. 다촛점 렌즈의 안경을 착용해도 초점이 자동으로 조절되지 않아 평소에 멀리 보는 안경, 컴퓨터 작업용 안경, 설교용 안경, 독서용 안경, 이렇게 네 개의 안경을 사용하면서, 매일 세 종류의 안약을 점안하고 또 두 알의 약을 복용하고 있습니다. 그러나 어느 안경을 착용해도 이 강단에서 교우님들의 얼굴과 설교 원고를 명확하게 볼 수 없는 것은 벌써 오래전부터이고, 이제는 컴퓨터 화면을 조금만 계속하여 들여다보아도 글자가 제대로 보이지 않아 설교 준비 시간은 점점 더 길어지고 있습니다. 그리고 누군가와 마주 대할 때에도 눈의 초점이 정확하게 맞지 않아 애를 먹고 있습니다. 이제 날이 갈수록 제 눈의 기능은 더 약화될 것입니다. 그러나 제 소망은 제 육적 시력이 지금보다 쇠퇴할지라도, 영적 시력만은 상실하지 않는 것입니다. 오히려 육적 시력의 저하와 반비례하여 영적 시력은 날마다 더욱 향상되는 것입니다. 하나님께서 주신 두 눈들을 지니고, 한 눈으로는 현실을 직시하면서, 또 한 눈은 하나님께 고정시키고 살아가는 것입니다. 그래야 온갖 선동의 억압과 굴레에 갇혀 자신을 상실한 군중이 아니라, 하나님께서 제게 원하시는 저 자신의 삶을 사는, 깨어 있는 자유인으로 제 인생을 마무리 지을 수 있을 것이기 때문입니다.

사랑하는 교우 여러분!

삼위일체 하나님께서는 이미 우리 안에 영으로 임해 계시고, 벌써부터 당신의 말씀으로 우리를 품고 계십니다. 그 하나님의 말씀만 우리의 눈들을 밝게 해줍니다. 그 하나님의 말씀 속에서만 우리는 두 눈들을 지닌 외눈박이가 아니라, 설령 육적 시력을 완전히 상실해도 영적인 두 눈들을 지닌 영적 개안자로 살아갈 수 있습니다. 우리 모두 빛이신 하나님의 말씀 속에서 영적 시력을 회복하고, 날마다 영적 시력을 강화해 가는, 두 눈들의 사람이 되십시다. 그래야 우리 각자는 하나님께서 원하시는 자신의 인생을 살며, 온갖 선동과 절망과 불안의 억압과 굴레에 갇혀 있는 이 세상의 군중을 구해 내는, 깨어 있는 자유인이 될 수 있습니다.


주님께서 두 눈들을 주셨건만, 나는 그동안 어리석게도 외눈박이로 살아왔습니다. 그래서 내 존재와 인생의 이유와 의미도 알지 못한 채, 온갖 선동의 억압과 굴레에 갇힌 미련한 군중이 되어, 하나님께서 내게 맡겨 주신 소중한 삶을 어이없이 헛날려 왔습니다. 그럼에도 주님께서 이미 영으로 내 속에 임해 계시고, 벌써부터 당신의 말씀으로 나를 품고 계심을, 이 시간에 또다시 확인시켜 주셔서 감사합니다.

우리 모두 주님의 말씀 안에서 영적 시력을 회복하게 해주십시오. 우리의 육적 시력은 쇠퇴해도, 우리의 영적 시력은 주님의 말씀을 힘입어, 날로 더욱 빛나게 해주십시오. 하나님께서 우리에게 주신 대로 두 눈들을 지니고, 한 눈으로는 현실을 직시하면서, 또 한 눈은 주님께 고정하며 살게 해주십시오. 그리하여 우리의 코끝에서 호흡이 멎는 순간까지 하나님께서 원하시는 우리 자신의 인생을 살면서, 온갖 선동과 절망과 불안의 억압과 굴레에 갇혀 있는 군중을 구해 내는, 깨어 있는 자유인이 되게 해주십시오. 아멘.

# 18. 모임을 흩어지게 하니라

사도행전 19장 33-41절

유대인들이 무리 가운데서 알렉산더를 권하여 앞으로 밀어내니 알렉산더가 손
짓하며 백성에게 변명하려 하나 그들은 그가 유대인인 줄 알고 다 한 소리로 외
쳐 이르되 크다 에베소 사람의 아데미여 하기를 두 시간이나 하더니 서기장이
무리를 진정시키고 이르되 에베소 사람들아 에베소 시가 큰 아데미와 제우스
에게서 내려온 우상의 신전지기가 된 줄을 누가 알지 못하겠느냐 이 일이 그렇
지 않다 할 수 없으니 너희가 가만히 있어서 무엇이든지 경솔히 아니하여야 하
리라 신전의 물건을 도둑질하지도 아니하였고 우리 여신을 비방하지도 아니한
이 사람들을 너희가 붙잡아 왔으니 만일 데메드리오와 그와 함께 있는 직공들
이 누구에게 고발할 것이 있으면 재판 날도 있고 총독들도 있으니 피차 고소할
것이요 만일 그 외에 무엇을 원하면 정식으로 민회에서 결정할지라 오늘 아무
까닭도 없는 이 일에 우리가 소요 사건으로 책망 받을 위험이 있고 우리는 이
불법 집회에 관하여 보고할 자료가 없다 하고 이에 그 **모임을 흩어지게 하니라**

데메드리오의 충동질에 선동당하여 폭도로 돌변한 은 세공장이들은, 인

파로 붐비는 에베소의 중심부 아카디안 대로에서 바울의 동역자인 가이오와 아리스다고를 붙잡았습니다. 그리고 그들은 아데미 여신의 이름을 소리쳐 연호하면서, 아카디안 대로의 인파를 헤치고 가이오와 아리스다고를 야외 연극장으로 끌고갔습니다. 에베소의 중심 대로에서 대소란이 일어난 것이었습니다. 아카디안 대로를 가득 메우고 있던 인파는 마치 약속이라도 한 듯, 가이오와 아리스다고를 끌고가는 은 세공장이 무리를 뒤따라, 줄지어 야외 연극장 안으로 몰려 들어갔습니다. 거대한 군중을 이룬 그들은 야외 연극장에서 저마다 소리를 질러 댔지만, 그들 가운데 대부분은 자신들이 왜 그곳에서 그렇게 소리 지르고 있는지 영문을 알지 못했습니다. 그리고 시간이 경과하자 묘한 양상이 벌어졌습니다.

> 유대인들이 무리 가운데서 알렉산더를 권하여 앞으로 밀어내니, 알렉산더가 손짓하며 백성에게 변명하려 하나, 그들은 그가 유대인인 줄 알고 다 한 소리로 외쳐 이르되, 크다 에베소 사람의 아데미여 하기를 두 시간이나 하더니(33-34절).

바울의 2차 전도 여행 중 빌립보 사역에 대한 증언인 사도행전 16장 20절을 살펴볼 때 말씀드렸듯이, 당시 로마제국의 시민들은 유대인들을 꺼려 하였습니다. 주후 50년경에 제국의 수도 로마에서 대규모의 폭동을 일으켰다가 황제 클라우디오스에 의해 수도에서 추방당한 수치스러운 전력은 차치하더라도, 유대인들은 평소 이방인들을 짐승처럼 간주할 뿐 아니라, 특히 어느 민족보다도 재물을 밝혔기 때문입니다. 에베소의 시민들도 유대인들을 꺼려 하기는 매한가지였습니다.

그 유대인들 가운데, 본문 속에서 야외 연극장으로 몰려간 유대인들도 있었습니다. 그들은 은 세공업자들이거나 혹은 은 세공업자들에게 은과 구리를 판매하는 상인들로, 데메드리오가 불러 모은 동업자들 속에 포함된 유대인들이었습니다. 또 바울의 동역자인 가이오와 아리스다고를 야외 연극장으로 끌고가는 데 합세한 유대인들이기도 했습니다. 이를테면 그 유대인들은, 에베소의 야외 연극장에 거대한 군중이 몰려들게 한 대소란의 원인 제공자들인 셈이었습니다.

　그러나 야외 연극장에 모인 군중 가운데 대부분이, 왜 자신들이 그곳에 모여 소리치는지 영문을 알지 못한다는 사실에 위기감을 느꼈습니다. 그 유대인들이 합세하여 붙잡아 야외 연극장으로 끌고온 가이오와 아리스다고도 유대인이었습니다. 그들이 바울의 동역자인 가이오와 아리스다고를 끌고오는 데에 합세한 것은 그 두 사람이 유대인이었기 때문이 아니라, 자신들의 '풍족한 생활'—'부'와 '번영'을 위협하는 크리스천이었기 때문입니다. 하지만 영문도 알지 못하고 야외 연극장에 운집한 군중의 입장에서는, 은 세공장이들에게 끌려온 가이오와 아리스다고의 의복과 외모는, 한눈에 보기에도 자신들이 꺼려 하는 유대인이었습니다. 따라서 가이오와 아리스다고를 끌어오는 데 합세한 유대인들은, 크리스천과 유대인을 구별하지 못하는 에베소의 군중에 의해 자칫 유대인인 자신들에게도 화가 미칠 수 있다는 위기감을 감지하였습니다. 목전의 이득을 위해 떳떳하지 못하게 살면, 이렇게 늘 불안의 덫에 갇혀 살게 됩니다.

　유대인들은 동료인 알렉산더로 하여금 군중에게 자초지종을 밝혀, 군중의 소요가 유대인인 자신들에 대한 적개심으로 이어지지 않게 하려 했습니다. 본문의 알렉산더는, 바울이 디모데후서 4장 14절에서 자신을 괴롭힌 인물로 지목한 '구리 세공업자 알렉산더'와 동일인으로 추정됩니다. 유대인들이 알렉산더를 억지로 떠밀면서까지 군중 앞에서 해명하게 한 것은, 거대한 군중이 모인 야외 연극장에서 유대인들 스스로 감지한 위기감이 그만큼 컸고, 또 알렉산더가 꽤 알려진 달변가였음을 짐작게 해줍니다. 그러나 야외 연극장의 군중은 알렉산더의 의복과 외모를 통해 그가 유대인임을 알아보고는, 아무도 그의 말을 들으려 하지 않았습니다. 오히려 그때부터 군중은 한마음이 되어 아데미 여신의 이름을 한 목소리로 외치기 시작했습니다. 그와 같은 상태가 무려 두 시간 동안이나 이어졌습니다. 그 상황이 어떻게 전개될지 알 수 없었습니다.

바로 그때 에베소의 서기장이 야외 연극장에 나타났습니다.

> 서기장이 무리를 진정시키고 이르되, 에베소 사람들아, 에베소 시가 큰 아데미와 제우스에게서 내려온 우상의 신전지기가 된 줄을 누가 알지 못하겠느냐? 이 일이 그렇지 않다 할 수 없으니, 너희가 가만히 있어서 무엇이든지 경솔히 아니하여야 하리라(35-36절).

우리말 "서기장"으로 번역된 헬라어 '그람마튜스γραμματεύς'는 총독을 보좌하여 법령을 입안하고, 각종 기금을 관리하며, 대소 집회를 관장하는 '행정관'을 의미합니다. 그 행정관이 소요 사태가 일어난 야외 연극장을 홀로 찾아갔을 리가 없습니다. 많은 무장 군인들이 그를 호위하였을 것임은 두말할 나위도 없습니다. 그래서 행정관은 본문 40절에서 자신을 "우리"라고 1인칭 복수형으로 표현하였습니다. 행정관과 호위병의 출현을 목격한 야외 연극장의 군중은 일단 잠잠해졌습니다. 에베소 사람들은 하늘에서 떨어진 운석을, 제우스신이 하늘에서 내려준 신이라며 아데미 신전에 모셔 두고 아데미 여신과 함께 섬겼습니다. 그래서 에베소 사람들은, 에베소가 고대세계의 불가사의인 아데미 신전의 신전지기라는 사실에 대해 큰 자부심을 지니고 있었습니다. 노련한 행정관은 먼저 에베소 사람들의 그 자부심을 추켜세워 주었습니다. 그리고 야외 연극장에서 무려 두 시간이나 아데미 여신을 소리친 군중에게 경거망동하지 말고, 신전지기의 자부심에 걸맞게 행동할 것을 주문하였습니다.

> 신전의 물건을 도둑질하지도 아니하였고, 우리 여신을 비방하지도 아니한 이 사람들을 너희가 붙잡아 왔으니, 만일 데메드리오와 그와 함께 있는 직공들이 누구에게 고발할 것이 있으면 재판 날도 있고 총독들도 있으니 피차 고소할 것이요, 만일 그 외에 무엇을 원하면 정식으로 민회에서 결정할지라. 오늘 아무 까닭도 없는 이 일에 우리가 소요 사건으로 책망 받을 위험이 있고, 우리는 이 불법 집회에 관하여 보고할 자료가 없다 하고(37-40절).

야외 연극장에 몰려든 군중 대부분은 자신들이 왜 그곳에서 그렇게 소리 지르고 있는지 영문을 몰랐지만, 행정관은 그 소요 사태의 전말을 이미 적확하게 파악하고 있었습니다. 가이오와 아리스다고는 아데미 신전의 기물을 도둑질한 절도범이 아니었습니다. '사람의 손으로 만든 것들은 신이 아니라'고 공개적으로 선포한 사람도 바울이었지, 가이오와 아리스다고가 아니었습니다. 가이오와 아리스다고는 바울의 동역자였을 뿐이었습니다. 그런데도 가이오와 아리스다고를 마치 중죄인인 것처럼 붙잡아 야외 연극장으로 끌고온 은 세공장이들의 잘못을 행정관은 정확하게 지적하였습니다. 행정관은 데메드리오와 그의 동업자들에게, 만약 누군가를 고소할 일이 있다면 정해진 재판 날에 총독에게 고소하고, 더 이상의 것을 원한다면 정식으로

"민회"에 요청하라고 했습니다. '민회'는 로마제국의 도시 내에서 일어나는 모든 문제에 대해 행정적이거나 사법적으로 논의하는 '시의회'를 일컫습니다. 그리고 행정관은 '아무 까닭 없는 소요 사건'을 내버려 둘 경우 여러 사람이 다칠 수 있음을 경고하면서, "이 불법 집회에 관하여" 총독에게 "보고할 자료가 없다"고 최종적으로 선언하였습니다. 은 세공장이들로 인해 촉발된 야외 연극장의 소요 사태가 '불법 집회'라고 판정내린 것이었습니다.

> 이에 그 모임을 흩어지게 하니라(41절).

마침내 행정관은 야외 연극장에 모인 '그 모임', 즉 군중을 해산시켰습니다. 영문도 알지 못한 채 야외 연극장으로 몰려가 소리치던 군중은, 행정관의 설명을 듣고 뿔뿔이 흩어졌습니다. 자신들이 참여한 그 모임이 불법 집회라는 사실을 안 이상, 더 이상 그 자리에 있어서는 안 될 일이었습니다. 조금 전까지 소리소리 지르던 그들은, 마치 아무 일도 없었다는 듯, 각각 제 갈 길로 갔습니다. 일상의 삶으로 되돌아간 것이었습니다.

오늘 본문 속에는 우리가 주목해야 할 단어가 있습니다. 한글 성경으로는 구별이 되지 않지만 본문 39절의 헬라어 원문을 보면, "만일 그 외에 무엇을 원하면 정식으로 민회에서 결정할지라"는 행정관의 말 가운데 '민회'가 '엑클레시아'로 기록되어 있습니다. 앞에서 언급한 것처럼 당시의 '민회'는 매달 정기적으로 열리던 '시의회'로서, 도시 내에서 일어나는 모든 문제에 대해 행정적이거나 사법적으로 논의하는 '엑클레시아'였습니다. 다시 말해 제반 문제에 대한 행정적 혹은 사법적 시시비비를 가리는 '엑클레시아'였습니다.
또 본문 41절의 헬라어 원문에도 '엑클레시아'가 기록되어 있습니다. "이에 그 모임을 흩어지게 하느니라"는 증언 중 '그 모임' 역시 원문에 '엑클레시아'로 표기되어 있습니다. 그 '엑클레시아'는 가이오와 아리스다고를 야외 연극장으로 끌고간 은 세공장이들과, 그들을 좇아가 야외 연극장에서 소리를 질러 대면서도 자신들이 왜 그곳에서 그렇게 하고 있는지 영문을 알지 못했던 에베소의 미련한 군중을 모두 포함한 '엑클레시아'였습니다.

그리고 오늘 본문 속에는 비록 문자적으로는 드러나 있지 않고 또 숫자도 단 두 명에 불과하지만, 방금 언급한 두 '엑클레시아'와는 구별된 또 하나의 '엑클레시아'가 있습니다. 그 '엑클레시아'는 야외 연극장으로 끌려가 수모를 당했던, 바울의 동역자인 가이오와 아리스다고의 '엑클레시아'입니다. 본문을 겉으로 드러난 내용으로만 따지자면, 가이오와 아리스다고의 '엑클레시아'는 야외 연극장에 모인 군중 전체를 가리키는 41절의 '엑클레시아' 속에 포함되어 있습니다. 그러나 가이오와 아리스다고의 '엑클레시아'는 본질적으로 41절의 '엑클레시아'와는 전혀 달랐습니다.

'엑클레시아'는 '…밖으로'를 뜻하는 전치사 '에크'와 '부르다'는 의미의 동사 '칼레오'에서 유래된 단어로, 본래 '부름 받은 사람들의 모임'을 뜻합니다. 그 본뜻의 관점으로, 앞에서 언급한 세 '엑클레시아'에 대해 생각해 보기로 하겠습니다.

첫 번째는 39절에 '민회'로 번역되어 있는 '엑클레시아'입니다. 고대 그리스의 도시국가를 본받아 로마제국의 도시에서도 정기적으로 열린 '엑클레시아'는, 시시비비를 가리기 위해 부름 받은 사람들의 모임이었습니다. 그들이 부름 받은 사람들이기는 했지만, 그들을 불러 낸 주체도 사람들이었습니다. 어떤 문제나 사건의 시시비비를 가리는 것은 퍽 귀한 일입니다. 그러나 사람들의 요청으로 다른 사람들의 시시비비를 가려 준다고 상대방의 삶이 거듭나는 것은 아닙니다. 게다가 다른 사람들의 시시비비를 가려 주는 것과, 자기 자신의 시시비비를 바르게 따지는 것도 완전히 별개의 사안입니다. 다른 사람들의 시시비비를 가려 주는 행위가 자기 자신의 삶을 바르게 구축하는 것을 뜻하지 않는다는 것입니다. 그래서 고대 그리스의 도시국가와 로마제국의 도시에서 매달마다 수차례에 걸쳐 '엑클레시아'가 정기적으로 열려 시시비비를 가렸지만, '엑클레시아'를 구성한 사람들도, '엑클레시아'가 열린 도시들도, 그 '엑클레시아'를 통해 거룩해질 수는 없었습니다.

두 번째는 41절에 '그 모임'으로 번역되어 있는 '엑클레시아'입니다. 그 '엑클레시아'는 데메드리오의 선동에 부름 받은 에베소의 은 세공장이들과, 폭도로 돌변한 그 은 세공장이들의 소동에 영문도 알지 못하고 부름 받은 미련한 군중의 집합체였습니다. 그들은 야외 연극장에 나타난 행정관의 출동에, 아무 일도 없었다는 듯 뿔뿔이 흩어져 자신들의 일상생활로 돌아갔습니다. 하지만 그 이후에도 그들의 삶은 여전했을 것입니다. 조그마한 선동에도 흥분하고, 대수롭지 않은 소란에도 영문도 모르고 부름 받는 미련한 '엑클레시아'로, 이리저리 까닭 없이 몰려다니느라 그들은 자신들의 소중한 인생을 허망하게 헛날려 버리고 말았을 것입니다. 그런 '엑클레시아'는 아무리 규모가 커도 세상의 어둠과 혼란을 가중시킬 뿐, 세상을 맑히고 밝히는 소금과 빛이 될 수는 없습니다.

마지막 '엑클레시아'는, 41절의 '엑클레시아' 속에 감추어져 있는 가이오와 아리스다고의 '엑클레시아'입니다. 비록 그들은 단 두 명에 불과했지만, 그들이 단수가 아닌 복수라는 의미에서 그들 역시 '부름 받은 사람들의 모임'이었습니다. 중요한 것은 첫 번째와 두 번째 '엑클레시아'와는 달리, 바울의 동역자였던 그들을 불러 내신 주체는 사람이 아니라, 주님이셨다는 사실입니다. 즉 그들이 바로 '교회'였습니다. 잘 아시는 바와 같이 우리말 '교회'로 번역된 헬라어가 오늘의 본문에서 각각 '민회'와 '그 모임'으로 번역된 '엑클레시아'입니다. '교회'는 주님으로부터 부름 받은 사람들의 모임, 즉 주님을 주인으로 모신 사람들의 모임입니다. 가이오와 아리스다고의 그 작은 '엑클레시아'도 야외 연극장에서 흩어지는 미련한 군중과 함께 자신들의 일상생활로 되돌아갔습니다. 그러나 그들 일상의 주인은 그들 자신이 아니라, 그들을 불러 주신 주님이셨습니다. 그들은 사도 바울 그리고 에베소의 크리스천들과 함께 에베소의 '엑클레시아', 에베소의 '교회'를 이루고 있었습니다. 바로 그 '엑클레시아'에 의해, 칠흑 같은 어둠의 에베소에 영원한 생명과 진리의 빛이 비추어졌습니다.

우리는 이 시대의 역사 속에서 100주년기념교회로 주님의 부르심을 받은 사람들의 모임을 구성하고 있습니다. 우리 자신이 곧 100주년기념교회, '엑클레시아'인 것입니다. 그러나 우리 자신의 참된 '엑클레시아' 됨의 여부는 이 예배당 안이 아니라, 이 예배당에서 흩어진 이후 우리 일상의 삶을 통해 드러나게 됩니다. 우리가 오늘 이 예배당에서 예배를 드리고 일상의 삶으로 흩어진 다음, 월요일부터 토요일까지 다른 사람들의 시시비비를 가리는 일에만 부름 받는다면, 우리의 '엑클레시아'는 39절의 '민회'에 지나지 않을 것입니다. 그 경우, 우리가 다른 사람들의 시시비비를 가리면 가릴수록 우리로 인해 우리 사회의 대립과 갈등의 골은 더욱 깊게 패일 것이요, 결과적으로 우리 자신도, 우리를 통해 우리 사회도, 새로워질 수 없을 것입니다.

오늘 우리가 이 예배당에서 예배를 드린 다음 일상의 삶으로 흩어져, 일주일 내내 세상의 온갖 충동질과 선동에 불려 다닌다면, 우리의 '엑클레시아'는 41절의 미련한 군중의 '모임'에 불과할 것입니다. 하루 종일 쉴 틈 없이 뛰어다니면서도, 인생의 참된 의미도 가치도 목적도 알지 못한 채 단지 세상의 온갖 충동질과 선동에 끌려다닌다면, 그런 '엑클레시아'가 자신과 타인의 삶을 동시에 갉아먹는 미련한 군중의 '모임'을 어떻게 탈피할 수 있겠습니까? 그러나 우리가 오늘 이 예배당에서 예배를 드리고 우리 일상의 삶으로 흩어져, 월요일부터 토요일까지 우리를 불러 내신 주님을 주인으로 모시고 살아간다면, 우리는 사도 바울과 함께 에베소의 '교회'를 이루었던 가이오와 아리스다고처럼, 이 시대를 새롭게 하는 진정한 '엑클레시아'가 될 것입니다.

우리가 주님을 주인으로 모신 참된 '엑클레시아'로 살 수 있는 것은, 절대로 우리 자신의 의나 자격으로 인함이 아닙니다. 우리는 우리 자신을 너무나도 잘 알고 있지 않습니까? 흉측한 죄악으로 온통 물들어 있는 우리의 복장腹臟은 의롭기는커녕 석탄보다 더 검기만 하고, 조그만 유혹에도 쉽게 망가지는 우리에게는 거룩하신 삼위일체 하나님을 주인으로 모실 자격조차 없는, 우리 자신을 말입니다. 그럼에도 우리가 삼위일체 하나님을 감히 우리의 주인으로 모시고, 그분의 몸 된 '엑클레시아'로 살아갈 수 있는 것은, 하나님께서 예수 그리스도의 십자가 보혈로 우리의 추악한 죄를 깨끗하게 씻어 주시고, 당신의 자녀로 우리를 먼저 불러내어 주셨기 때문입니다. 하나님께서는 이미 2600년 전에 이사야 선지자를 통해 말씀하셨습니다.

> 여호와께서 말씀하시되, 오라 우리가 서로 변론하자. 너희의 죄가 주홍 같을지라도 눈과 같이 희어질 것이요, 진홍같이 붉을지라도 양털같이 희게 되리라(사 1:18).

우리말 "변론하자"로 번역된 히브리어 '야카흐ﬨ;'는 '따져보자'는 의미입니다. "죄의 삯은 사망"(롬 6:23)일진대, 거룩하신 하나님께서 인간의 죄를 따지신다면, 대체 하나님 앞에서 어느 인간인들 살아남을 수 있겠습니까? 그러나 인간의 죗값을 대신 치르시기 위해 십자가의 제물로 돌아가신 예수님께서 당신의 피로, 우리의 그 어떤 진한 죄도 눈처럼, 양털처럼, 깨끗하게 씻어 주셨습니다. 그래서 사도 바울도 다음과 같이 선포하였습니다.

> 그러므로 이제 그리스도 예수 안에 있는 자에게는 결코 정죄함이 없나니, 이는 그리스도 예수 안에 있는 생명의 성령의 법이 죄와 사망의 법에서 너를 해방하였음이니라(롬 8:1-2).

우리가 과거에 어떤 인간이었든, 주님께서는 결코 우리를 정죄하시지 않습니다. 주님께서 우리를 불러내신 것은, 우리의 시시비비를 따져 우리를 벌하시고 죄책감의 올무에 가두시기 위함이 아니라, 예수님의 십자가 보혈로 우리를 죽음과 죄와 죄책감의 올무에서 해방시켜 주시기 위함입니다. 주님께서 우리를 매주일 예배당으로 부르시어 당신을 예배하게 하는 것도 우리를 예배당 안에 묶어 두시기 위함이 아니라, 예배를 통해 우리에게 영적 에너지를 채워 주시고 우리로 하여금 일주일 동안 이 세상 곳곳으로 흩어져 당신의 '엑클레시아'로 살게 하시기 위함입니다. 그래서 우리는 주님의 그 은혜를 힘입어, 주님의 십자가 공로로, 주님의 십자가 보혈 속에서, 우리 일상의 삶을 이 어둔 세상에서 진리와 생명의 빛을 발하는 참된 100주년기념교회로 엮어 갈 수 있습니다.

우리를 불러 내시고, 우리의 죄를 깨끗하게 씻어 주시고, 우리를 모든 정죄로부터 해방시켜 주신 주님께서 이미 영으로 우리의 심령 속에 임해 계시고, 벌써부터 당신의 말씀으로 우리를 품어 주고 계십니다. 우리 모두 주님의 그 부르심의 은혜에 응답하여, 다른 사람들의 시시비비를 가리는 일에만 몰두하던 '민회'의 삶과, 영문도 알지 못하고 세상의 온갖 선동에 좌지우지 당하던 미련한 군중의 '모임'에 마침표를 찍고, 예수 그리스도를 우리의 주인으로 모시고 살아가는 참된 '엑클레시아'가 되십시다. 주일마다 예배당에 나와 우리를 불러 주신 주님의 은혜와 능력으로 채움 받고 세상으로 흩어져, 우리 일상의 삶 속에서 100주년기념교회로 살아가십니다. 우리가 비록 보잘것없는 존재라 할지라도, 우리를 불러 주신 주님께서 당신의 '엑클레시아'인 우리를 통해, 우리가 상상치도 못한 당신의 섭리를 이 시대의 역사 속에 펼치실 것입니다.

나는 그동안 사람들의 부름에만 민감했습니다. 그래서 나의 삶은, 다른 사람들의 시시비비만을 가리는 '민회'와, 온갖 선동에 좌지우지당하는 미련한 군중의 '모임'에 불과하였습니다. 나는 그동안 예배당 안에서만 교인으로 살아왔습니다. 그래서 내 일상의 삶은, '엑클레시아'와는 동떨어져 있었습니다. 그렇지만 오늘 주님의 말씀을 통해 주님께서 이미 나를 불러 주셨고, 십자가의 보혈로 나의 죄를 깨끗하게 씻어 주셨고, 죽음과 죄와 죄책감의 올무에서 나를 해방시켜 주셨음을, 다시 각인시켜 주셔서 감사합니다.

주님의 그 은혜를 힘입어, 이제부터 일상의 삶 속에서 참된 '엑클레시아'로 살아가게 해주십시오. 주일마다 예배당을 찾아 예배드리는 것은 그 자체가 목적이어서가 아니라, 예배를 통해 주님의 은혜와 능력으로 채움 받고, 흩어져, 세상에서 '엑클레시아'로 살아가기 위함임을 잊지 말게 해주십시오. 그리하여 우리 한 사람 한 사람을 100주년기념교회로 불러 주신 주님의 섭리가, 이 시대의 역사 속에 다 이루어지게 해주십시오. 아멘.

# 사도행전 20장

믿음은

앎이 아니라

삶이기 때문입니다.

# 19. 작별하고 떠나

사도행전 20장 1절
소요가 그치매 바울은 제자들을 불러 권한 후에 **작별하고 떠나** 마게도냐로 가
니라

지난 주일에 살펴본 것처럼, 에베소의 야외 연극장에서 일어난 대소요 사
태는 현장에 출동한 에베소의 행정관에 의해 진정되었습니다. 그리고 사도
행전 19장 41절은 이렇게 막을 내렸습니다.

이에 그 모임을 흩어지게 하니라.

야외 연극장에 모여든 '그 모임'은 스스로 흩어진 것이 아니었습니다. 무장
군인들을 대동하고 야외 연극장에 나타난 에베소의 행정관이 그 모임을 흩
어지게 하였습니다. 만약 에베소의 행정관이 무장 군인들과 함께 출동하지

않았다면, 그 모임은 그 시각에 흩어지지 않았을 것입니다.

그렇다면 어떤 일이 벌어졌겠습니까? 은 세공장이들에게 끌려간 바울의 동역자 가이오와 아리스다고는 어떤 형태로든 위해를 당하고 말았을 것입니다. 그리고 그것만으로 끝났겠습니까? 폭력은, 폭력의 속성상 반드시 또 다른 폭력을 수반합니다. 은 세공장이들이 야외 연극장에서 가이오와 아리스다고에게 위해를 가했다면, 그들은 그것으로 만족하지 않고 내친 김에 바울에게까지 위해를 입히기 위해 또다시 아카디안 대로로 쏟아져 나왔을 것이고, 결국 바울은 끔찍한 수모를 당해야만 했을 것입니다.

그러나 무장 군인들을 대동한 에베소의 행정관이 야외 연극장의 그 소요 사태를 불법집회라고 선언함으로써 가이오와 아리스다고를 끌어갔던 은 세공장이들도, 영문도 알지 못하고 야외 연극장으로 몰려가 소리치던 군중도, 모두 흩어질 수밖에 없었습니다. 그리고 결과적으로 가이오와 아리스다고도, 바울도, 그 어떤 위해도 당하지 않고 무사할 수 있었습니다.

그래서 우리는 본문을 통해 눈에 보이는 에베소 행정관의 배후에서 역사하신, 보이지 않는 하나님을 똑똑히 뵐 수 있습니다. 겉으로만 보면, 야외 연극장의 '그 모임'을 흩어지게 한 사람은 에베소의 행정관이었습니다. 그러나 그 행정관을 통해 '그 모임'을 흩어지도록 섭리하신 분은 실은, 주님이셨습니다. 당신의 손과 발인 바울과 가이오 그리고 아리스다고를 지켜 주시기 위함이었습니다.

야외 연극장에서 뿔뿔이 흩어지는 군중은 자신들을 흩어지게 한 에베소의 행정관밖에 볼 수 없었습니다. 지지난 시간의 표현을 빌리자면, 그들은 모두 두 눈들을 지닌 외눈박이들에 지나지 않았습니다. 그러나 바울과 가이오 그리고 아리스다고는, 한 눈으로는 자신들을 위협하던 야외 연극장의 군중을 흩어지게 한 행정관을 보면서, 또 한 눈으로는 그 행정관의 배후에서 자신들을 위해 역사하시는 주님께 시선을 고정시킨, 두 눈들의 사람들이었습니다. 그래서 그들은 온 중심을 다해 늘 주님께 충성할 수 있었습니다.

그 주님께서 바로 우리의 주님이심을 알고 계십니까? 지난 일주일 동안 우리가 주님을 의식하지 못할 때에도 주님께서는 우리와 동행하시며 우리 안에서, 앞에서, 뒤에서, 옆에서, 우리를 위해 치밀하게 역사해 주셨기에, 오늘도 우리가 이렇게 주님 앞에 나아와 예배드리고 있습니다. 그러므로 우리도 한 눈으로는 세상의 보이는 것을 꿰뚫어보면서, 또 한 눈으로는 세상의 보이는 것 너머 보이지 않는 주님께 시선을 고정시킨 두 눈들의 사람으로 살아간다면, 우리 역시 바울처럼 주님께 충성하지 않을 수 없습니다.

오늘부터 우리가 함께 살펴볼 사도행전 20장은 1절에서 다음과 같이 막이 오르고 있습니다.

소요가 그치매, 바울은 제자들을 불러 권한 후에 작별하고 떠나 마게도냐로 가니라.

은 세공장이 데메드리오의 선동으로 촉발된 에베소의 소요 사태가 그치자, 바울은 에베소를 중심으로 한 아시아 지역에서의 사역을 매듭지었습니다. 아데미 여신과 신전이 아무리 절대적인 영향력을 행사하는 에베소라 해도, 크리스천인 가이오와 아리스다고를 위협하던 소요 사태를 에베소의 행정관이 불법집회라고 판정한 이상, 바울은 안심하고 다음 행선지로 향할 수 있었습니다.

바울은 먼저 제자들, 그러니까 에베소의 크리스천들을 "불러 권"하였습니다. 우리말 '권하다'로 번역된 헬라어 동사 '파라칼레오παρακαλέω'는 '위로하다, '격려하다'는 의미를 지니고 있습니다. 바울은 자신이 떠난 뒤에도 에베소의 크리스천들이 흔들림 없이 주님을 좇아 살게끔, 그들의 믿음을 북돋아 주었습니다. 그리고 바울은 그들과 "작별하고" 에베소를 "떠나", 2차 전도 여행 중에 자신이 세웠던 빌립보 교회, 데살로니가 교회, 베뢰아 교회가 있는 마게도냐로 건너갔습니다. 고린도후서 2장 12절에 의하면, 이때 바울은 드로아에서 에게해를 건너 마게도냐로 갔습니다. 2차 전도 여행 때와 똑같은 여정이었습니다.

오늘 우리가 본문에서 주목하고자 하는 것은, '작별하고 떠나'라는 표현입니다. 우리말 '작별하다'로 번역된 헬라어 동사 '아스파조마이ἀσπάζομαι'는 '포옹하다'는 의미이기도 합니다. 바울은 3년 동안 깊이 정든 에베소의 크리스천들과 일일이 포옹하여 작별하고, 그들을 떠났습니다. 그 이후 바울은 마게도냐와 고린도가 있는 아가야를 방문한 다음, 예루살렘으로 돌아가는 길에 에베소의 장로들만 밀레도로 불러 유훈의 말을 남겼을 뿐, 사도행전이 끝나기까지 다시는 에베소를 재방문하지 못했습니다. 오늘 본문에서 바울과 에베소 크리스천들의 작별이 사도행전 속에서 마지막 이별이 된 셈이었습니다.

바울이 로마에서 폭군 네로 황제에 의해 참수형을 당할 때의 나이가 대략 50대 후반이었던 것으로 추정되고 있습니다. 따라서 바울이 에베소에서 머문 3년은, 그의 생애에서 약 20분의 1에 해당하는 기간입니다. 한 사람의 생애에서 20분의 1에 해당하는 기간은 짧다면 짧고, 길다면 긴 기간입니다. 어떤 사람의 생애에서 3년은 이미 기억에서조차 지워져 버린 잃어버린 3년일 수도 있고, 어떤 사람에게 3년은 세월이 흘러갈수록 더욱 또렷하게 되살아나는 3년일 수도 있습니다. 바울의 에베소 체류 3년은, 이 세상 그 누구도 지울 수 없는, 영원과 접속된 3년이었습니다.

바울은 그 3년 동안 에베소를 중심으로 하여, 오늘날 터키 대륙의 서부 지역인 아시아의 사람들에게만 복음을 전한 것은 아니었습니다. 바울은 우상과 타락의 도시인 에베소에서, 고린도 교인들에게 고린도전서를 써 보내기도 하였습니다. 총 16장에 이르는 장문의 편지였습니다. 그 편지가 신약성경의 일부가 되었습니다. 하나님의 말씀이 된 것입니다. 그리고 에베소에서의 바울의 언행도 하나님의 말씀인 사도행전에 기록되었습니다. 에베소에서 바울의 말과 행동 그리고 글이 모두 하나님의 말씀이 된 것입니다.

이처럼 바울의 에베소 체류 3년은 그 누구도 지울 수 없는 영원으로 승화되어, 2천 년이 지난 오늘날을 사는 우리에게까지 진한 감동을 안겨 주고 있습니다. 그렇다면 2천 년 전, 3년 동안이나 바울과 직접 함께 살았던 에베소의 크리스천들은 바울의 삶을 통해 얼마나 큰 영향을 받았겠습니까? 3년 만에 바울과 작별하고 바울을 떠나보낼 때, 그들의 마음이 얼마나 허전했겠습니까? 가슴이 온통 뻥 뚫린 것 같지 않았겠습니까?

바울의 삶이 에베소에서의 3년 동안만 그랬던 것은 아닙니다. 주님의 부르심을 받은 이후 바울의 전 생애가 그와 같았습니다. 그가 로마에서 참수형을 당해 죽을 때까지 어느 곳에서든, 누구에게든, 그는 깊은 영향을 미쳤습니다. 그의 말과 행동 그리고 글은 2천 년의 시간과 공간을 초월하여, 21세기를 살아가는 우리까지 새롭게 변화시키고 있습니다. 지중해 세계를 석권한 로마제국 내에서 바울은 보잘것없는 존재에 지나지 않았지만, 그를 통해 역사하신 삼위일체 하나님께서 시간과 공간을 초월하신 창조주시기에 가능한 일입니다.


우리가 육체를 지니고 있는 한, 우리는 결코 천년만년 살 수 없습니다. 인간의 생로병사는 누구도 거역할 수 없는 자연법칙입니다. 천하장사라 할지라도 세월의 흐름과 함께 육체는 반드시 쇠하고, 언젠가 코끝의 숨은 멎기 마련입니다. 어떻습니까? 우리 각자의 인생에서 지난 3년은 어떤 의미를 지니고 있습니까? 우리가 태어난 이래 몇 년을 살아왔든, 우리의 지난 인생 전체는 무슨 의미였습니까? 우리의 지난 생애에서 단지 20분의 1의 기간만이 아니라, 상당 기간이 이미 기억에서조차 지워져 버린, 무의미한 시간으로 사라져 버린 것은 아닙니까? 그러나 우리의 생애가 아무리 하찮게 보여도, 우리가 매사에 주님의 말씀을 좇아 주어진 자신의 삶에 충실하게 살아왔다면, 우리의 기억에서 지워져 버린 시간마저 주님의 영원 속에서 시간과 공간을 초월하여 반드시 절대적인 의미로 승화될 것입니다.

지난 달 '새가족환영회' 때의 일입니다. 한 여성 새 교우님이, "저는 지금까지 밥하고 빨래한 것 외에는 아무것도 한 것이 없는 가정주부입니다" 하고 당신을 소개하였습니다. '새가족환영회'가 끝나고 참석자들과 인사를 나눌 때, 저는 그 여성 교우님께 제 엄지손가락을 치켜 올리면서, "주부가 밥하고 빨래하는 것이 가장 큰 일입니다" 하고 말씀드렸습니다. 그저 그분 듣기 좋으라고 공연히 해본 빈말이 아니었습니다. 우리가 믿는 성경 말씀이 그렇게 가르쳐 주고 있습니다.

성경은 총 66권으로 구성되어 있습니다. 그 66권 가운데 사람의 이름이 제목으로 붙은 책이 41권이나 됩니다. 그러나 그중에서 39권이 남성의 이름이고, 여성은 단 두 명입니다. 룻과 에스더입니다. 룻과 에스더는 아주 대조적인 인물입니다. 유대 여인이었던 에스더는 주전 485년부터 464년까지 만 21년 동안, 오늘날의 인도 인더스 강 서쪽에서부터 아프리카 이디오피아에 이르기까지 광대한 영토를 통치했던 페르시아 제국 크세르크세스 왕의 왕후였습니다. 이를테면 에스더는 그 광대한 페르시아 제국의 여인들 가운데 가장 지체 높은 여인이었습니다.

그러나 에스더는 페르시아 제국의 왕후 자리를 자기 일신만의 부귀영화를 누리는 수단으로 삼지 않았습니다. 전 유대 민족을 학살하여 말살하려는 하만의 흉계를 알고, 에스더는 "죽으면 죽으리라"(에 4:16) 결단하고 크세르크세스 왕에게 직접 청원하여 전 유대 민족을 살렸습니다. 페르시아 제국 왕후의 부귀영화뿐 아니라 자신의 목숨을 걸고, 전멸의 위기에 봉착한 자기 민족 모두를 직접 살려 낸 것이었습니다. 에스더는 미모만 출중한 여성이 아니라, 신앙의 여걸이었습니다. 그녀의 그 모든 행적이 하나님의 말씀인 성경에 기록되고, 그 책에 그녀의 이름이 제목으로 붙은 것은 조금도 이상한 일이 아닙니다.

하지만 에스더에 비한다면 룻은 너무나도 보잘것없는 여인이었습니다. 에스더보다 500년 앞서 살았던 룻은, 유대인들이 짐승처럼 취급하는 이방인, 모압 여인이었습니다. 설상가상으로 룻은 젊은 나이에 남편을 잃은 청상과부였습니다. 유대인들에게 과부는 가장 연약한 인간의 상징이었습니다. 페르시아 제국의 왕후 에스더가 이 세상 모든 여인 가운데 가장 신분이 높은 여인이었다면, 가난한 이방 여인에 청상과부였던 룻은 이 세상에서 가장 하찮은 여인인 셈이었습니다. 그렇다고 룻이 에스더처럼, 자기 민족을 위기에서 구해 낸 민족의 영웅이었던 것도 아니었습니다. 룻의 일평생을 통해 룻이 행한 두드러진 일이라고는 아무것도 없습니다.

룻이 한 일이라고는, 하나님을 경외하는 믿음으로 역시 과부였던 시어머니 나오미를 지성으로 모신 것과, 그 며느리의 효심에 감복한 시어머니 나오미의 중재로 보아스라는 유대인에게 개가하여 아들을 낳아 키운 것밖에 없습니다. 룻은 그야말로 '밥하고 빨래한 것 외에는 아무것도 한 것이 없는 가정주부'였을 뿐입니다. 가장 보잘것없는 이방 여인에, 가장 평범한 가정주부였던 룻이었지만, 그 여인의 이름이 페르시아 제국의 왕후였던 에스더와 함께, 구약성경의 책 제목으로 기록된 단 두 여인 가운데 한 명이 되었습니다.

어떻게 이런 일이 가능할 수 있겠습니까? 우리는 구약성경 룻기의 마지막 장에서 그 해답을 찾아볼 수 있습니다.

> 나오미가 아기를 받아 품에 품고 그의 양육자가 되니, 그의 이웃 여인들이 그에게 이름을 지어 주며 나오미에게 아들이 태어났다 하여 그의 이름을 오벳이라 하였는데, 그는 다윗의 아버지인 이새의 아버지였더라 (룻 4:16-17).

우리는 오래전에 이 말씀을 묵상한 적이 있었습니다. 개가한 룻은, 남편 보아스와의 사이에서 태어난 아들을 시어머니인 나오미의 품에 안겨 주었습니다. 이웃 여인들이 나오미에게 축하하며 룻의 아들에게 오벳이란 이름을 지어 주었습니다. 지금 보아스와 룻 사이에서 태어난 것은 핏덩이 오벳뿐입니다. 그런데도 성경은 그 핏덩이가 "다윗의 아버지인 이새의 아버지"라고 소개하고 있습니다. 지금 막 태어난 핏덩이 오벳이, 미래에 태어날 다윗의 할아버지라는 것입니다. 대체 무슨 의미이겠습니까? 룻에게서 겨우 핏덩이 오벳이 태어났을 뿐인데, 그 핏덩이가 다윗의 할아버지가 될 것을, 다시 말해 그 핏덩이를 낳은 룻이 다윗의 증조할머니가 될 것을 성경이 동시에 보여 주고 있는 이유가 무엇이겠습니까?

룻의 증손자였던 다윗은 사울 왕의 탐욕으로 온 이스라엘이 절망의 나락에 떨어졌던 암울한 시절에, 이스라엘의 역사를 반석 위에 새롭게 올려놓은 믿음의 위인이었습니다. 그러므로 성경이 핏덩이 오벳을 낳은 룻과 그 핏덩이를 통해 이스라엘을 새롭게 할 다윗이 태어날 것을 동시에 보여 주는 것은, 보잘것없는 이방 여인 룻은 밥하고 빨래하는 것 외에 아무것도 한 것이 없는 평범한 가정주부였지만, 바로 그 룻에 의해 이스라엘 역사의 미래가 지금 새로워지고 있음을 우리에게 일깨워 주기 위함입니다. 이 사실이 얼마나 중요한지, 룻기는 마지막 장 마지막 단락에서 다시 다음과 같이 끝을 맺고 있습니다.

> 베레스의 계보는 이러하니라. 베레스는 헤스론을 낳고, 헤스론은 람을 낳았고, 람은 암미나답을 낳았고, 암미나답은 나손을 낳았고, 나손은 살몬을 낳았고, 살몬은 보아스를 낳았고, 보아스는 오벳을 낳았고, 오벳은 이새를 낳았고, 이새는 다윗을 낳았더라(룻 4:18-22).

룻의 남편 보아스, 아들 오벳, 그리고 증손자 다윗의 족보입니다. 놀라운 것은 바로 이 족보가 마태복음 1장에서 예수님의 족보로 이어지고 있다는 사실입니다. 바로 이 족보를 통해 이 땅에 오신 예수님에 의해 인류의 역사가 새로워졌습니다. 이것이 룻기의 결론입니다. 3천 년 베들레헴의 여인들은 두 눈들을 지니고서도 룻이 낳은 핏덩이 오벳밖에 보지 못한 외눈박이들이었습니다. 그러나 하나님께서는 룻기를 통해 우리에게 당신께서 주신 두 눈들로, 한 눈으로는 룻이 낳은 핏덩이 오벳을 보면서, 또 한 눈으로는 지극히 평범했던 룻에 의해 이스라엘뿐 아니라 인류의 역사에 새로운 지평이 열리고 있음을 동시에 볼 것을 요구하고 계십니다.

우리가 하나님께서 우리에게 주신 두 눈들로 성경을 보면, 세상에서 가장 존귀한 여인으로 목숨을 걸고 자기 민족을 구했던 페르시아 제국의 왕후 에스더나, 보잘것없는 이방 여인으로 그저 밥하고 빨래하는 것 외에는 아무것도 한 것이 없는 지극히 평범한 가정주부였던 룻이나, 하나님을 중심으로 모시고 살아가는 한, 하나님께서는 그들을 똑같이 평가하신다는 사실을 알게 됩니다. 세상 사람들 보기에는 하늘과 땅만큼 차이가 나는, 전혀 상반된 인생을 살았던 그 두 여인의 이름이 동일하게, 하나님의 말씀인 성경의 책 제목이 될 수 있었던 이유가 바로 여기에 있습니다.

하나님께서 주신 두 눈들로, 한 눈으로는 우리 각자의 현재 모습을 정시正視하면서, 또 한 눈으로는 언젠가 사랑하는 사람들과 작별하고 이 세상을 떠나는 우리의 모습을 바라보십시다. 현재 자신의 모습과 상황이 어떠하든, 언젠가 이 세상을 작별할 때 바울처럼, 자신과 관계를 맺었던 사람들의 심령 속에 또렷한 영적 획을 그어 주고 떠나기를 원하십니까? 지금부터 자신의 말과 행동과 글이, 주님 안에서 영원한 의미로 승화되어 가기를 원하십니까?

그렇다면 에스더처럼 지금 존귀한 자리에 있더라도, 결코 교만에 빠지지 마십시오. 에스더를 본받아 자신이 지닌 모든 것을, 하나님의 뜻을 좇아 민족과 인류를 살리는 도구로 사용하십시오. 반대로 룻처럼 밥하고 빨래한 것 외에는 아무것도 내세울 것이 없더라도, 열등감에 사로잡히거나 자신을 과소평가하지 마십시오. 하나님께서 맡겨 주신 그 귀한 소명의 자리를, 하나님을 경외하는 믿음으로 최선을 다해 지키십시오. 그리고 우리 모두 진리를 지키려다 모함받고 불이익을 당해도, 바울처럼 포기하거나 절망하지 말고 걸어야 할 길을 함께 꿋꿋하게 걸어가십시다.

룻이 이 세상과 작별하고 떠난 지 3천 년이 지났어도, 에스더가 이 세상을 작별하고 떠난 지 2500년이 되었어도, 사도 바울이 참수형을 당해 이 세상을 작별하고 떠난 지 2천 년이 경과했어도, 그들이 살아낸 세월과 삶이 영원으로 승화되어 여전히 이 세상을 새롭게 하고 있는 것처럼, 우리가 주님의 말씀을 좇아 주어진 우리의 삶에 믿음으로 최선을 다하는 한, 우리가 언젠가 이 세상을 작별하고 떠난 뒤에도, 우리로 인해 역사의 지평은 반드시 새로워질 것입니다. 이미 영으로 우리 안에 임해 계시고, 벌써부터 당신의 말씀으로 우리를 품으시고, 매순간마다 우리를 통해 역사하시는 주님께서 시간과 공간을 초월하신 창조주시기 때문입니다.


주님! 오늘 아침부터 지금 이 시간까지, 오늘도 수많은 사람들이 세상과 작별하고 이 세상을 영영 떠나갔습니다. 그들 가운데 어떤 이들은 세상을 떠났으면서도 두고두고 살아 있는 사람들에게 악영향을 미칠 것이요. 어떤 이들은 세월이 흘러갈수록 더 많은 사람들의 삶을 새롭게 해줄 것입니다.

우리 모두 주님 안에서 한 눈으로는 우리에게 주어진 삶을 정시하면서, 또 한 눈으로는 이 세상을 작별하고 떠날 그날을 바라보며 살아가게 해주십시오. 에스더처럼 존귀한 자리에 있어도 교만하지 않으며, 룻과 같이 겉으로 드러낼 것 없는 삶을 살아도 자탄하지 않으며, 바울처럼 모함받아도 가야 할 길을 포기하지 않게 해주십시오. 이미 우리의 기억에서 사라져 버린 시간도 영원 속에서 절대적인 의미로 되살아나게 하시고, 우리가 떠난 뒤에도 우리로 인해 새로워질 역사의 미래에 대한 소망을 잃지 않게 해주십시오. 그리하여 언젠가 우리가 사람들과 작별하고 이 세상을 떠나는 순간, 일말의 후회도 없이, 영원하신 주님의 품에 기쁨으로 안기게 해주십시오. 아멘.

# 20. 마게도냐와 헬라에

사도행전 20장 1-6절

소요가 그치매 바울은 제자들을 불러 권한 후에 작별하고 떠나 **마게도냐**로 가니라 그 지방으로 다녀가며 여러 말로 제자들에게 권하고 **헬라에** 이르러 거기 석 달 동안 있다가 배 타고 수리아로 가고자 할 그때에 유대인들이 자기를 해하려고 공모하므로 마게도냐를 거쳐 돌아가기로 작정하니 아시아까지 함께 가는 자는 베뢰아 사람 부로의 아들 소바더와 데살로니가 사람 아리스다고와 세군도와 더베 사람 가이오와 및 디모데와 아시아 사람 두기고와 드로비모라 그들은 먼저 가서 드로아에서 우리를 기다리더라 우리는 무교절 후에 빌립보에서 배로 떠나 닷새 만에 드로아에 있는 그들에게 가서 이레를 머무니라

지난 7월 말, 모 재벌그룹의 창업주이자 총괄회장이 자신의 아들인 회장을 구두로 해임하자, 아들은 이사회를 통해 아버지를 정식으로 해임하여, 엄청난 사회적 물의와 파장을 일으켰습니다. 창업주의 두 아들들 사이에서 시작된 재산 다툼이 부자지간의 이전투구로 확대된 것이었습니다. 한동안

연일 쏟아진 그 집안 싸움의 뉴스 보도를 접하면서 많은 사람들은, '돈이 피보다 훨씬 더 진하다'는 비극적인 사실을 재확인하였습니다.

그동안 여러 가지 이유로 부모를 내친 자식들에 관한 보도가 적지 않았고, 그런 사람들은 대개 패륜아로 취급되었습니다. 자식이 부모를 내치는 것은 어떤 경우에도 용납될 수 없습니다. 그러나 아버지로부터 재벌그룹을 물려받은 아들이 그 그룹의 창업주인 아버지를 해임하여 온 세상을 떠들썩하게 했지만, 아들에게 해임당한 아버지를 동정하는 사람도 흔치 않고, 아버지를 해임한 아들을 비난하는 사람도 많지 않습니다. 거기에는 복합적인 이유가 얽혀 있겠지만, 창업주 아버지의 나이와 건강이 중요한 변수로 작용했던 것으로 알려지고 있습니다. 창업주 아버지는 올해 94세의 고령입니다. 94세라면 아무리 총기가 있어도, 거대 그룹을 운영하기엔 역부족인 나이입니다. 하지만 그분은 94세의 연로한 나이와 온전치 않은 건강 상태에도 현직 총괄회장의 자리를 고수하다가, 온 천하에 공개적으로 집안 망신을 당하고 말았습니다. 벌써 떠났어야 할 자리를 계속 지키려다 불행하게도, 어떤 세제로도 결코 지우지 못할 수치스러운 화를 자초했습니다. 그래서 그분은, 만 70세의 나이에 깨끗하게 현직 회장의 자리를 떠났던 또 다른 재벌 총수와 비교되고 있습니다.

지혜는 들어갈 때와 나갈 때, 앉을 때와 일어설 때, 그리고 지킬 때와 떠날 때를 바르게 분별하는 것입니다. 일어서야 할 때 주저앉고, 떠나야 할 때 머뭇거리며 지키려는 것보다 더 자신을 초라하게 만드는 어리석음은 없습니다. 이런 관점에서 바울은 확실히 지혜로운 사람이었습니다.

지난 시간에 살펴본 것처럼 은 세공장이 데메드리오의 선동으로 촉발되었던 에베소의 소요 사태가 일단락되자, 바울은 에베소의 그리스도인들을 불러 그들의 믿음을 새롭게 북돋아 준 뒤, 그들과 작별하고 에베소를 떠났습니다. 3년에 걸친 에베소에서의 전도 사역을 깨끗하게 매듭지은 것이었습니다. 바울은 어느 곳을 찾아가든 그곳에 있는 동안에는 최선을 다하여 사역하되, 떠날 때가 되면 주저 없이 떠났습니다. 어느 곳에서든 단 한 번도 자신의 수고를 내세우며, 자기 기득권을 누리기 위해 머뭇거리거나 주저앉으려 한 적이 없었습니다. 자신의 모든 권리를 내려놓고, 떠날 때는 언제나 빈손으로 미련 없이 떠났습니다. 바울을 시기하거나 금전적 이득을 위해 바울을 모함하는 사람들을 제외하고, 바울이 가는 곳마다 사람들이 그를 존경한 이유가 거기에 있었습니다.

바울이 본문에서 에베소를 떠날 때, 그의 나이는 50세 전후였던 것으로 추정됩니다. 그리고 로마에서 참수형을 당해 생을 마감할 때는 대략 50대 후반이었습니다. 이를테면 바울이 에베소의 사역을 매듭짓고 떠난 것은 그의 인생 말년의 일이었습니다. 더욱이 평균 수명이 40세에도 못 미치던 당시의 50대는 오늘날의 70~80대, 혹은 80~90대에 해당하는 노령인 셈이었습니다.

하지만 바울이 인생 말년에 에베소 사역을 마무리하고 에베소를 떠난 것이, 그의 인생에서 사람에 대한 섬김의 종결을 뜻하는 것은 아니었습니다. 바울의 인생을 돌아보건대 한 지역에서의 떠남은 사람 섬김의 종결이 아니라, 언제나 또 다른 곳의 사람을 섬기기 위한 새로운 발걸음을 의미했습니다. 그가 다메섹 도상에서 주님의 부르심을 받은 이후 로마에서 참수형을 당해 죽을 때까지, 공간이 바뀌고 세월이 흘러 나이가 들어도, 사람을 섬기는 그의 삶 자체는 어떤 경우에도 달라진 적이 없었습니다. 만약 그가 인생의 어느 시점에 사람 섬김의 삶을 종결하고, 주위 사람들에게 섬김 받기를 요구했더라면, 그는 2천 년의 시간과 공간을 초월하여 전 세계 모든 그리스도인들로부터 추앙받는, 성경을 통해 우리가 알고 있는 사도 바울이 될 수는 없었을 것입니다.

10년 전만 해도 한국 교회에는, 나이 많은 교인들을 위해 '경로대학'이 대세를 이루고 있었습니다. 65세 이상 교인들의 모임을 '경로대학'이라 부르면서 문자 그대로 '경로敬老', 즉 '노인 공경'에 치중하였습니다. 교회가 각종 프로그램으로 노인들을 지성으로 모시고 즐겁게 해드리면, 참여한 노인들은 그 섬김을 당연한 권리로 받아들이고 누리는 것이었습니다. 그러나 그것은 교회가, 나이 많은 교인들의 인생이 그야말로 노인으로 끝나 버리게끔 방치하는 것과 같습니다. 나이 들면 주위 사람들로부터 섬김을 받기만 해야 한다는 것은 유교의 산물일 뿐, 주님께서 우리에게 가르쳐 주신 십자가와 성경의 정신은 아닙니다.

우리 교회는 창립 1년 반 만인 2007년 초, 연세 드신 교우님들을 위하여 '시니어스쿨'을 신설하였습니다. '경로대학'과 '시니어스쿨' 사이에는, 단지 한국어와 영어의 차이만 있는 것이 아닙니다. '경로대학'의 '로老'가 아무런 노력을 기울이지 않아도 세월이 흐르기만 하면 저절로 '노인'이 되는 'the old'를 가리킨다면, 'senior'는 '웃어른'을 뜻합니다. '노인'과 '어른'의 분기점은, 지난 연합수련회에서도 말씀드린 것처럼 '섬김'입니다. 나이가 들었다고 섬김을 받으려고만 하면, 나이가 들수록 자기만 아는 이기적인 노인이 될 따름입니다. 반면에 아무리 나이가 들어도 어떤 형태로든 다른 사람을 배려하고 섬긴다면, 그 사람은 세월이 흘러갈수록 점점 더 큰 어른이 될 것입니다.

그래서 우리 교회는 '시니어스쿨'을 신설하면서 '시니어스쿨'의 목표를 '섬기는 시니어'로 설정하고, 2007년 2월 둘째 주일 주보에 다음과 같은 안내문을 게재하였습니다.

섬김을 받는 자에서 섬기는 자가 되기 원하는 시니어들을 위한 '시니어스쿨'이 3월 첫째 주일 지난 목요일부터 매주 개설됩니다. 65세 이상 되는 시니어들은 누구든지 참여하실 수 있습니다.

주님을 본받아 살아가는 그리스도인으로서 섬김을 받기만 하는 노인이 아니라, 마지막 순간까지 사람을 섬기는 시니어, 즉 어른으로 생을 마감하자는 취지였습니다. 주님께서 우리에게 명령하시지 않았습니까?

너희 중에 누구든지 크고자 하는 자는 너희를 섬기는 자가 되고, 너희 중에 누구든지 으뜸이 되고자 하는 자는 모든 사람의 종이 되어야 하리라. 인자가 온 것은 섬김을 받으려 함이 아니라 도리어 섬기려 하고, 자기 목숨을 많은 사람의 대속물로 주려 함이니라(막 10:43하-45).

주님께서 우리의 죗값을 대신 치러 주시려 당신 자신을 십자가의 제물로 내어놓으시기까지 우리를 섬겨 주셨기에, 오늘 우리가 구원받은 그리스도인으로 이 자리에 앉아 있습니다. 그 주님을 주인으로 모시고 산다면서도 나이가 많다는 이유만으로 언제나 섬김을 받으려 한다면, 그 사람은 단지 공자의 제자일 뿐, 사람을 섬기기 위해 이 땅에 오셨던 주님의 제자일 수는 없습니다. 어린 시절부터 100주년기념교회 교회학교에서 신앙교육을 받고, 사람을 섬기는 그리스도인으로 살다가, 나이 들어서도 '섬기는 시니어'로 자신의 일생을 마무리 짓는다면, 그 얼마나 감동적인 인생이겠습니까?

'섬기는 시니어'는 절로 되지 않습니다. 젊어서부터 섬김의 삶을 사는 사람이 나이 들어서도, 지금 당장 섬김의 삶을 실행하기 시작하는 사람이 내일도, 계속 사람을 섬기는 어른으로 자신의 생을 마감할 수 있습니다. 바울은 청년 시절 다메섹에서 주님의 부르심을 받은 이후부터 주님 안에서, 주님께서 사랑하시는 사람들을 섬기는 삶으로 일관하였습니다. 그래서 그는 참수형을 당해 죽는 순간까지 참된 어른, '섬기는 시니어'로 살았고, 결과적으로 우리가 존경하는 사도 바울이 되었습니다.

모두에 말씀드린 재벌그룹의 창업주가 94세가 되어서도 현직에 집착하는 노인이 아니라, 오래전 현직을 떠나 어떤 형태로든 사람을 섬기는 시니어로 살아왔다면, 그분은 지금 우리 사회의 큰 어른으로 뭇사람의 존경을 받고 있을 것입니다.

사노라면 하던 일을 종결할 때도 있고, 현직에서 은퇴할 때도 있습니다. 그러나 그리스도인의 사람 섬김에는 은퇴도, 종결도 없습니다. 그리스도인의 사람 섬김은, 자신의 코끝에서 호흡이 멎는 마지막 순간까지 지속됩니다. 사지가 움직이는 한, 아니 사지가 움직이지 않아도 사람을 볼 수는 있다면, 그리스도인은 눈빛만으로도 사람을 섬기며 사랑할 수 있습니다. '섬기는 시니어'로 자신의 생을 마감하는 사람이라면, 누구든 주님 안에서 이 시대를 위한 사도 바울이 될 수 있습니다. 사람을 섬기러 이 땅에 오셨던 주님께서, 바로 그런 사람을 당신의 손과 발로 사용하시기 때문임은 두말할 나위도 없습니다.

본문 1절을 보시겠습니다.

소요가 그치매 바울은 제자들을 불러 권한 후에 작별하고 떠나 마게도냐로 가니라.

에베소를 떠난 바울이 그다음 사람 섬김의 행선지로 삼은 지역은 마게도냐였습니다. 지난 시간에 말씀드린 것처럼 고린도후서 2장 12–13절에 의하면, 이때 에베소를 떠난 바울은 먼저 드로아로 갔습니다. 드로아는 마게도냐로 향하는 배를 타기 위한 항구인 동시에, 바울이 그의 동역자 디도를 만나기로 약속한 곳이기도 했습니다. 바울은 에베소를 떠나기 전, 자신이 2차 전도 여행 중에 세웠던 고린도 교회에 거짓 선지자들이 판을 치고 있다는 소식을 들었습니다. 바울은 고린도 교인들에게 눈물로 편지를 써서(고후 2:4), 내용이 전해지지 않은 그 편지를 디도 편에 고린도 교인들에게 보냈습니다. 그리고 디도와 드로아에서 다시 만나기로 하였습니다. 그러나 바울이 드로아에 당도하였지만, 디도는 그때까지 고린도에서 돌아오지 않았습니다. 전화와 정기 교통편이 없던 시절이라, 디도가 언제 도착할는지 알 수 없었습니다. 바울은 고린도에서 되돌아오는 디도를 마게도냐 어디에선가 조우하기를 바라면서, 드로아에서 배를 타고 홀로 에게해를 건너 마게도냐로 향했습니다.

그것은 2차 전도 여행 때와 똑같은 여정이었습니다. 바울은 2차 전도 여행 중에 처음으로 유럽 대륙의 마게도냐를 찾아갈 때에도 드로아에서 배를 탔습니다. 그리고 약 6년이 지나 바울은 3차 전도 여행 중 본문에서, 2차 전도 여행 때와 동일한 여정으로 드로아에서 배를 타고 마게도냐로 향했습니다. 그러나 바울의 심정은 처음과는 사뭇 달랐을 것입니다.

바울이 2차 전도 여행 중, 마게도냐를 처음으로 찾아간 것은 자신의 의지가 아니었습니다. 사도행전 16장에서 확인했듯이, 2차 전도 여행을 시작한 바울은 자신의 동역자인 실라와 디모데와 함께, 본래 오늘날 터키 대륙의 서부 지역인 아시아에서 복음을 전하려 했지만 성령님께서 막으셨습니다. 바울 일행은 북쪽 무시아로 올라가 동쪽 비두니아로 진출하려 했으나, 그 또한 성령님께서 가로막으셨습니다. 바울 일행은 어쩔 수 없이 무시아의 서쪽에 위치한 드로아로 갔고, 그날 밤 바울은 도움을 요청하는 마게도냐 사람의 환상을 보았습니다. 그 환상을 마게도냐로 향한 주님의 부르심으로 받아들인 바울은 실라와 디모데, 그리고 드로아에서 합류한 누가와 함께, 난생처음으로 유럽 대륙의 마게도냐로 향하는 배를 탔습니다. 만약 성령님의 인도하심이 없었다면, 아시아 대륙 출신인 바울은 언감생심 유럽 대륙까지 진출할 생각은 상상치도 못했을 것입니다. 비록 세 명의 동역자들이 곁에 있다 해도 처음으로 유럽 대륙의 마게도냐를 향해 에게해를 건너는 바울의 심정은, 미지의 세계를 찾아가느라 한 치 앞도 예측할 수 없는 탐험가의 심정과도 같았을 것입니다.

그러나 3차 전도 여행 중, 본문에서 다시 마게도냐를 찾아 에게해를 건너는 바울의 심정이 6년 전과 동일할 수는 없었습니다. 6년 전, 2차 전도 여행 때 처음으로 마게도냐를 방문한 바울에게 좋은 일만 있었던 것은 아니었습니다. 빌립보에서는 귀신 들린 불쌍한 여인을 귀신의 손아귀에서 구해 준 탓에, 바울은 억울하게도 심한 매질을 당하고, 감옥에 갇혀 두 발이 차꼬에 채워지는 곤욕을 당해야만 했습니다. 데살로니가에서는 바울을 시기한 유대인들이 시장의 불량배들을 동원하여 바울을 해치려 하여, 바울로부터 복음을 영접한 믿음의 형제들이 한밤중에 바울 일행을 베뢰아로 피신시켰습니다. 그러나 바울이 베뢰아에 있다는 소식을 접한 데살로니가의 유대인들이 그곳까지 찾아와 바울을 해치려 했기에, 바울은 바닷가로 나가 아테네로 향하는 배에 승선하여서야 마게도냐 지역의 위험에서 벗어날 수 있었습니다.

이처럼 난생 처음 찾아간 마게도냐는 바울에게 온갖 위험과 시련과 악조건의 땅이었습니다. 하지만 그 마게도냐를 본문에서 6년 만에 다시 찾아가는 바울의 심정은 기대와 희망으로 설렜을 것입니다. 자신으로부터 복음을 영접한 그리스도인들, 다시 말해 자신이 사랑하고 섬겨야 할 믿음의 형제자매들을 6년 만에 다시 만난다는 설렘이었습니다.

본문 2절 상반절은, 마게도냐를 다시 찾은 바울의 활동상을 다음과 같이 전해 주고 있습니다.

그 지방으로 다녀가며 여러 말로 제자들에게 권하고.

마게도냐에 도착한 바울은 빌립보, 데살로니가, 베뢰아를 차례로 순방하면서, 믿음의 형제자매들을 다시 만나 그들의 믿음을 새롭게 북돋아 주었습니다. 그렇다고 바울의 상황이 처음 방문 때보다 나아졌던 것은 아니었습니다. 바울은 고린도후서 7장 5절을 통해 당시의 상황을 이렇게 밝혀 주고 있습니다.

우리가 마게도냐에 이르렀을 때에도 우리 육체가 편치 못하였고, 사방으로 환난을 당하여 밖으로는 다툼이요 안으로는 두려움이었노라.

바울이 6년 만에 마게도냐를 다시 찾았을 때에도, 그곳은 여전히 환난과 두려움의 땅이었습니다. 그를 해치려는 무리의 도전이 마게도냐 도처에 도사리고 있었습니다. 그러나 그 어떤 도전도 주님 안에서 사람을 섬기려는 바울의 사랑을 꺾지는 못했습니다. 바울은 지속적인 마게도냐의 환난과 악조건 속에서도, 계속 믿음의 형제자매들을 찾아다니며 그들의 믿음을 북돋아 주었습니다. 그리고 고린도후서 7장 6절에 의하면, 바울은 그가 바랐던 대로 고린도에서 되돌아오는 디도와 마게도냐에서 재회했습니다. 디도로부터 고린도 교인들의 소식을 전해들은 바울은, 마게도니야에서 고린도후서로 알려진 편지를 고린도 교인들에게 다시 써 보냈습니다. 바울의 몸은 마게도냐에 있었지만 그의 사랑과 섬김은 공간을 뛰어넘어, 발칸반도 남쪽에 위치한 아가야 땅의 고린도 교인들에게까지 미치고 있었습니다. 그뿐이 아니었습니다.

그 지방으로 다녀가며 여러 말로 제자들에게 권하고, 헬라에 이르러 거기 석 달 동안 있다가(2-3절 상).

바울은 드디어 마게도냐를 떠나 헬라에도 이르렀습니다. 헬라는 아가야 땅의 고린도를 일컫습니다. 마게도냐에서 고린도의 형제자매들에게 고린도후서를 써 보낸 것도 모자라, 바울이 고린도까지 다시 직접 찾아간 것이었습니다. 그리고 그곳에서 석 달 동안 "있"었습니다. 한글 성경에, 바울이 고린도에서 "석 달 동안 있다가"로 번역되어 있어, 언뜻 바울이 고린도에서 아무것도 하지 않고 그냥 그곳에 머물러 있기만 한 것으로 보이기도 합니다. 그러나 헬라어 동사 '포이에오ποιέω'는 한글 성경의 표현처럼 '있다'가 아니라, '행하다'의 의미입니다. 바울이 고린도에서 체류하는 석 달 동안에도, 그곳에 있는 형제자매들의 믿음을 북돋아 주면서 그들을 섬겼다는 말입니다. 석 달에 걸친 바울의 섬김은 그것으로 그치지 않았습니다.

로마서 16장 23절은, 바울의 서신서 가운데 최고의 걸작으로 꼽히는 로마서도 이때 고린도에서 기록되었음을 밝혀 주고 있습니다. 우리는 사도행전 19장 21절을 통해 바울이, 자신의 인생 모자이크판 위에서 자기 생의 최후를 던져야 할 곳이 제국의 수도 로마임을 읽었음을 확인한 적이 있습니다. 바울은 고린도에서, 미래에 섬기게 될 로마의 그리스도인들을 위해서도 그 짧은 기간 동안에 로마서를 써 보낸 것이었습니다. 우리가 이미 알고 있는 것처럼 고린도에도 바울을 배척하는 유대교인들이 있었을 뿐 아니라, 당시 고린도는 로마제국 내에서 성적으로 가장 타락한 도시였습니다. 얼마나 성적 타락이 심했던지 당시 헬라문화권 속에서 '고린도 사람처럼 행동하다'는 말은 '음행하다'는 의미로, '고린도화되다'는 말은 '성적으로 문란하다'는 뜻으로, '고린도 사람'은 '포주'나 '기둥서방' 그리고 '고린도 아가씨'는 '매춘부'의 의미로 사용될 정도였습니다. 그 타락의 도시 고린도에서 바울은 복음의 진수이자 정수인 로마서를 기록하였습니다. 고린도의 극심한 성적 타락도, 유대교인들의 배척도, 주님 안에서 시간과 공간을 초월하여 사람을 섬기는 바울의 사랑에는 아무런 영향도 미치지 못했습니다.

이처럼 바울은 다메섹에서 주님의 부르심을 받은 이후, 사람을 섬기기 위해 이 땅에 오신 주님을 본받아 사람을 섬기는 청년이었고, 사람을 섬기는 중년으로 살았으며, 사람을 섬기는 시니어로 생을 마감했습니다. 사람을 섬기기 위해 이 땅에 오셨던 주님께서, 그 바울을 통해 세상을 새롭게 하신 것은 사필귀정이었습니다.

세월은 멈추는 법이 없습니다. 그 세월의 흐름 속에서 어제의 어린이가 오늘의 청년이 되고, 오늘의 중년이 내일의 시니어로 변해 갑니다. 그러나 그와 같은 우리의 변화에 상관없이 주님께서 우리 안에 이미 영으로 임해 계시고, 벌써부터 당신의 사랑과 말씀으로 우리를 품고 계신다는 사실은 영원히 변하지 않습니다. 십자가의 제물이 되기까지 우리를 섬겨 주신 그 주님의 사랑을 의지하여, 교회학교 어린이에서부터 시니어스쿨의 시니어에 이르기까지, 우리 모두 호흡이 있는 동안 사람을 사랑하는 어린이, 사람을 존중하는 청소년, 사람을 위하는 청년, 사람을 받드는 중년, 사람을 섬기는 시니어로 살아가십시다. 세월이 흘러갈수록 우리는 바울처럼 주님 안에서 진정한 믿음의 어른이 되어 갈 것이요, 우리의 나이가 많아질수록 우리로 인해 더 많은 사람들이 주님 안에서 행복해할 것입니다. 이 세상의 그 어떤 도전이나 악조건도, 심지어는 세월의 흐름도, 주님을 힘입어 사람을 섬기려는 우리의 사랑을 꺾을 수는 없습니다.

죄와 죽음의 구렁텅이에서 우리를 살리기 위해 당신 자신을 십자가의 제물로 내어 놓기까지 우리를 섬겨 주신 주님. 오늘도 영으로 우리 안에 임해 계시고, 당신의 말씀과 사랑으로 우리를 품어 주셔서 감사합니다. 우리 모두 주님을 본받아, 주님의 사랑을 힘입어, 주님의 말씀을 좇아, 일평생 사람을 섬기는 주님의 제자로 살아가게 해주십시오. 일어서야 할 때와 떠나야 할 때를 바르게 분별하게 하시되, 사람 섬김의 삶에는 우리에게 호흡이 있는 한, 은퇴나 종결이 없음을 잊지 말게 해주십시오. 사람을 섬기는 그리스도인으로 살다가, 섬기는 시니어로 생을 마감하는 우리의 일생이, 이 시대를 위한 고린도후서와 로마서가 되게 해주십시오. 세월이 흘러갈수록 자기만 아는 노인이 아니라, 사람을 섬기는 어른으로 살아갈 우리로 인해, 각박한 우리 사회가 넉넉하고 너그러운 사랑의 한마당이 되게 해주십시오. 아멘.

# 21. 공모하므로

사도행전 20장 1-6절

소요가 그치매 바울은 제자들을 불러 권한 후에 작별하고 떠나 마게도냐로 가
니라 그 지방으로 다녀가며 여러 말로 제자들에게 권하고 헬라에 이르러 거기
석 달 동안 있다가 배 타고 수리아로 가고자 할 그때에 유대인들이 자기를 해하
려고 **공모하므로** 마게도냐를 거쳐 돌아가기로 작정하니 아시아까지 함께 가는
자는 베뢰아 사람 부로의 아들 소바더와 데살로니가 사람 아리스다고와 세군도
와 더베 사람 가이오와 및 디모데와 아시아 사람 두기고와 드로비모라 그들은
먼저 가서 드로아에서 우리를 기다리더라 우리는 무교절 후에 빌립보에서 배로
떠나 닷새 만에 드로아에 있는 그들에게 가서 이레를 머무니라

바울은 다메섹 도상에서 주님의 부르심을 받은 이후부터 주님 안에서 사
람을 섬기는 청년이었고, 사람을 섬기는 그리스도인으로 살았으며, 사람을
섬기는 시니어로 자신의 생을 마감하였습니다. 우리는 지난 시간에 그 바
울이, 에베소를 떠나 마게도냐와 고린도에서 어떻게 사람을 섬겼는지 숙고

해 보았습니다.

오늘의 본문 3절은, 마게도냐를 거쳐 고린도에서 석 달 동안 체류한 바울이 고린도를 떠날 때의 정황을 증언해 주고 있습니다.

> 거기 석 달 동안 있다가, 배 타고 수리아로 가고자 할 그때에, 유대인들이 자기를 해하려고 공모하므로 마게도냐를 거쳐 돌아가기로 작정하니.

바울은 2차 전도 여행 때와 마찬가지로 3차 전도 여행 역시 고린도에서 마무리하고, 자신의 목회 본거지인 수리아의 안디옥으로 일단 귀환하려 하였습니다. 수리아의 안디옥은 오늘날 터키 대륙 남동쪽 지중해 연안에 위치하고 있습니다. 따라서 유럽 대륙 발칸반도 남쪽에 자리 잡은 고린도에서 아시아 대륙의 수리아 안디옥에 이르는 가장 빠르고 편한 길은, 고린도의 외항인 겐그레아에서 배를 타고 지중해를 건너가는 것이었습니다. 물론 바울 역시 그렇게 하려고 했습니다. 하지만 바울이 배를 타려는 것을 인지한 고린도의 유대인들이 바울을 "해하려고 공모하"였습니다. 약 6년 전 바울이 2차 전도 여행 중 처음으로 고린도를 방문했을 때 고린도의 유대인들이, 복음을 전하지 못하도록 바울을 회당에서 축출했을 뿐 아니라, 일제히 법정으로 끌고가 갈리오 총독에게 고발하기까지 하지 않았습니까? 그 유대인들이, 6년 만에 고린도를 다시 찾은 바울을 '해하려고 공모'한 것이었습니다.

본문 6절에 의하면, 본문의 시기는 무교절 직전이었습니다. 무교절은 이스라엘 백성이 이집트의 노예살이에서 해방된 유월절을 기념하기 위해, 유월절 다음 날부터 7일 동안 누룩을 넣지 않은 빵을 먹는 기간을 일컫습니다. 출애굽에 뿌리를 두고 있는 유월절과 무교절은 날짜와 기원 그리고 의미가 모두 동일하였으므로, 세월이 흐르자 두 명칭에 대한 차이가 없어져, 누가

복음 22장 1절은 유월절과 무교절을 동일시하여 '유월절이라 하는 무교절'이라 부르고 있습니다. 유월절은 출애굽을 기념하는 유대 민족 최고의 명절이었으므로, 유월절이면 지중해 세계에 흩어져 사는 많은 디아스포라 유대인들도 성전이 있는 예루살렘을 찾았습니다. 고린도에 있는 유대인들 가운데에도 유월절을 맞아 배를 타고 예루살렘을 방문하려는 유대인들이 있었습니다. 그 유대인들이 바울도 배를 타려는 것을 알고는, 지중해를 건너가는 배 위에서 바울을 '해하려고 공모'한 것이었습니다. 바울을 해치기에 배보다 더 적합한 곳은 없었습니다. 배에서는 바울을, 쥐도 새도 모르게 바다에 수장시켜 버릴 수도 있었습니다.

바울은 어쩔 수 없이 빠르고 편한 선박 편을 포기하고, 육로를 따라 마게도냐로 다시 올라갔습니다. 그곳에서 에게해를 건너 터키 대륙의 서쪽 항구인 드로아로 되돌아가, 거기에서 수리아의 안디옥으로 향하기 위함이었습니다. 바울은 그렇게, 불편하고도 먼 길로 돌아가야만 했습니다.


여기에서 중요한 질문이 제기됩니다. 고린도의 유대인들은 배에서 바울을 해칠 계획이라고 공개적으로 선포하지 않았습니다. 그들은 바울을 '해하려고 공모하'였습니다. 헬라어 명사 '에피불레ἐπιβουλή'는 '음모'를 의미합니다. 음모를 공개적으로, 특히 음모의 대상에게 노출되게끔 꾸미는 사람은 없습니다. '음모陰謀'는 '그늘 음陰'과 '꾀 모謀'로 이루어진 문자 그대로, 아무도 모르게 은밀하게 꾸미는 흉계입니다.

고린도의 유대인들 역시 지중해를 건너는 배 위에서 쥐도 새도 모르게 바울을 해치기로, 아무도 모르게 음모를 꾸몄습니다. 그런데 그들의 은밀한 음모가 놀랍게도 바울에게 노출되었습니다. 바울은 요소마다 정보원을 심어 둔 베테랑 첩보원이 아니었습니다. 그런데도 유대인들의 음모가 어떤 경로를 통해 바울에게 알려졌는지에 대해서는 본문은 전혀 언급하지 않습니다. 본문은 단지 유대인들의 음모가 바울에게 알려졌다는 사실 자체만 증언하고 있습니다. 유대인들의 음모가 누구에 의해, 어떤 경로를 통해 바울에게 알려졌든, 그 배후에서 섭리하신 분이 주님이셨기 때문입니다. 주님께서 당신의 사랑하는 종인 바울을 지키고 보호하시기 위해, 유대인들의 음모를 당신의 방법으로 바울에게 알려 주신 것이었습니다. 이런 일이 본문에서 처음 일어났던 것은 아닙니다.

교회를 짓밟는 폭도였던 바울이, 다메섹의 그리스도인들마저 체포하여 연행하기 위해 다메섹으로 가다가 주님의 부르심을 받았습니다. 자신이 그동안 부정해 오던 예수님께서 살아 계신 그리스도, 성자 하나님이심을 확인한 것이었습니다. 바울은 그리스도인들을 붙잡으러 간 다메섹에서 도리어 예수 그리스도의 복음을 전하기 시작했습니다. 그것은 다메섹의 그리스도인들에게는 더없이 반가운 일이었지만, 다메섹의 유대인들 입장에서 보자면 바울은 유대교를 배교한 배신자에 지나지 않았고, 배교자는 오직 제거의 대상일 뿐이었습니다. 당시의 상황을 사도행전 9장 23절이 밝혀 주고 있습니다.

여러 날이 지나매 유대인들이 사울 죽이기를 공모하더니.

사울은 바울의 옛 이름입니다. 다메섹의 유대인들은 배교자인 바울을 죽이기로 공모하였습니다. 바울을 죽여 버리기로 아무도 모르게 음모를 꾸민 것이었습니다. 그러나 사도행전 9장 24절 상반절은 이렇게 증언합니다.

그 계교가 사울에게 알려지니라.

우리말 "계교"로 번역된 헬라어가 오늘 본문에 사용된 '에피불레'입니다. 바울을 죽이려는 다메섹 유대인들의 은밀한 음모도 바울에게 알려졌습니다. 그들의 음모를 어떤 사람이, 어떻게 바울에게 알려 주었는지에 대해서도 성경은 침묵하고 있습니다. 그때에도 주님께서 바울을 지켜 주시려, 당신의 방법으로 그들의 음모를 바울에게 알려 주셨기 때문입니다.

> 그들이 그를 죽이려고 밤낮으로 성문까지 지키거늘, 그의 제자들이 밤에 사울을 광주리에 담아 성벽에 달아내리더라(행 9:24하-25).

다메섹의 유대인들은 바울의 행방이 묘연하자, 바울이 다메섹성을 빠져 나가지 못하도록 밤낮으로 성문을 지켰습니다. 고린도후서 11장 32절에 의하면, 이때 다메섹의 유대인들은 다메섹의 성문을 지키기 위해 고위 관리까지 동원하였습니다. 바울은 마치 독 안에 갇힌 쥐와 같았습니다. 그러나 바울로부터 복음을 영접한 다메섹의 그리스도인들이 한밤중에 바울을 광주리에 담아 성 위에서 달아 내려서, 바울은 자신을 죽이려는 다메섹 유대인들의 손아귀에서 벗어날 수 있었습니다. 그 또한 주님의 섭리였음은 두말할 나위가 없습니다.

이처럼 바울을 해치고 죽이려는 유대인들의 은밀한 음모는, 주님 안에 있는 바울에게는 전혀 음모일 수 없었습니다. 그래서 지중해를 횡단하는 배 위에서 바울을 해치려는 고린도 유대인들의 음모도 바울에게 고스란히 알려졌고, 바울은 선박을 이용하려던 애초의 계획을 변경하여 고린도에서 육로를 따라 마게도냐를 거쳐 돌아가는 길을 선택하였습니다.

그래도 또 다른 질문이 제기됩니다. 발칸반도 남쪽의 고린도에서 북동쪽에 위치한 에게해를 건너 터키 대륙의 서쪽 항구 드로아로 되돌아가기 위해서는 마게도냐의 네압볼리에서 배를 타야 하는데, 고린도에서부터 네압볼리까지의 거리가 약 600킬로미터에 달했습니다. 그 먼 거리를, 평균 수명이 40세도 미치지 않던 당시에, 이미 50세 전후의 나이에 접어든 바울이 지병을 지닌 병약한 몸으로 걸어간다는 것은 여간 힘든 일이 아니었습니다. 고린도에서 배를 타고 빠르고도 편하게 지중해를 건너가는 것과는 비교 자체가 불가능한, 험난하기 짝이 없는 여정이었습니다. 배 위에서 바울을 해치려는 고린도 유대인들의 음모를 주님께서 바울에게 알려 주셨다고 해도, 바울로 하여금 너무나도 혹독한 대가를 치르게 하시는 것처럼 보입니다. 주님께서 고린도의 유대인들이 바울을 해치려는 음모를 아예 처음부터 꾸미지도 못하게 해주셨더라면 얼마나 좋았겠습니까? 그들이 음모를 꾸몄더라도 바울과 같은 배를 타지 못하도록 주님께서 막아 주셨다면, 노쇠하고 병약한 바울은 선박을 이용하여 편하고도 빠르게 수리아 안디옥으로 귀환하지 않았겠습니까?

그러나 삼위일체 하나님의 섭리를 그렇듯 1차원적이고도 표피적으로 재단하려 해서는 안 됩니다. 그렇게 해서는 전능하시고 무한하신 삼위일체 하나님에 대한 올바른 믿음을 견지할 수 없습니다.


아시아까지 함께 가는 자는 베뢰아 사람 부로의 아들 소바더와, 데살로니가 사람 아리스다고와 세군도와, 더베 사람 가이오와 및 디모데와, 아시아 사람 두기고와 드로비모라(4절).


바울은 흉년을 당한 예루살렘 교인들을 위해 마게도냐와 아가야 각 지역의 교인들로 하여금 구제헌금을 하게 했습니다. 본문의 명단은, 2차 전도 여행부터 바울과 동행한 디모데를 제외하고는, 예루살렘 교회에 구제헌금을 전달할 각 지역 교회 대표들의 명단인 것으로 추정되고 있습니다.

> 그들은 먼저 가서 드로아에서 우리를 기다리더라. 우리는 무교절 후에 빌립보에서 배로 떠나 닷새 만에 드로아에 있는 그들에게 가서 이레를 머무니라(5-6절).

구제헌금을 전달할 각 지역 교회 대표들은 먼저 에게해 너머 드로아로 가서 바울 일행을 기다렸습니다. 그리고 바울 일행은 빌립보에서 무교절을 지낸 뒤에 드로아로 가서 그들과 합류하였습니다.

여기에 우리가 반드시 주목해야 할 단어가 있습니다. 바울 일행을 가리키는 인칭대명사가 "우리"로 바뀌었다는 사실입니다. '우리'라는 인칭대명사는, 그 속에 말하는 화자인 자기 자신이 포함되어 있을 때에만 사용할 수 있습니다. 우리가 잘 아는 것처럼, 사도행전을 기록한 사람은 의사 누가입니다. 의사 누가가 본문을 기록하면서 5절에서 "우리를", 그리고 6절에서 "우리는"이라는 표현을 사용한 것은, 그 속에 자신도 포함되어 있다는 말이었습니다. 바울이 전도 여행을 시작한 이래 바울 일행이 사도행전에서 '우리'라고 표기된 최초의 사례는, 사도행전 16장을 살펴볼 때 확인했듯이 사도행전 16장 10절에 등장합니다.

> 바울이 그 환상을 보았을 때 우리가 곧 마게도냐로 떠나기를 힘쓰니, 이는 하나님이 저 사람들에게 복음을 전하라고 우리를 부르신 줄로 인정함이러라.

지난 시간에 말씀드린 것처럼 바울은 2차 전도 여행 중, 드로아에 도착한 날 밤에 도움을 요청하는 마게도냐 사람의 환상을 보았습니다. 그 환상을 마게도냐로 향한 주님의 부르심으로 받아들인 바울은, 자신의 일행과 함께 난생 처음으로 유럽 대륙의 마게도냐로 진출했습니다. 그때부터 바울 일행을 가리키는 인칭대명사가 '우리'로 표기되기 시작했습니다. 드로아에서 바울과 합류한 의사 누가가 사도행전을 기록하면서, 자신을 포함하여 바울과 실라 그리고 디모데를 '우리'라고 표기하기 시작한 것입니다.

하지만 유럽 대륙의 마게도냐로 건너간 바울 일행이 첫 방문지인 빌립보를 떠나면서 '우리'라는 인칭대명사는 사라집니다. 바울이 누가로 하여금 빌립보에 계속 머물면서, 유럽 대륙에서 복음을 처음 영접한 빌립보의 그리스도인들을 지속적으로 보살펴 주게 했기 때문입니다. 그리고 오늘 본문 5절에서부터 바울 일행을 가리키는 인칭대명사가 다시 '우리'로 표기되고 있는 것은, 마게도냐로 우회하는 바울을 재차 만난 누가도 빌립보 사역을 접고 바울과 또다시 동행하기 시작한 까닭이었습니다. 그리고 본문 이후 사도행전이 끝나기까지 바울 일행은 계속해서 '우리'로 표기되고 있습니다. 사도행전을 기록한 의사 누가가, 바울이 로마에서 참수형을 당해 죽는 마지막 순간까지 바울 곁을 떠나지 않고 계속 지킨 것이었습니다.


만약 바울이 고린도에서 아무 일 없이 선박으로 지중해를 건넜더라면, 누가는 바울의 생애에서 가장 중요한 그의 마지막 시기를 바울과 함께하지 못했을 것입니다. 본문 3절의 증언처럼, 바울은 3차 전도 여행을 매듭짓고 일단 자신의 목회 본거지인 수리아의 안디옥으로 귀환하려 했습니다. 그러나 바울은 먼저 들린 예루살렘에서 그를 죽이려는 유대인들의 난동과 고발로 투옥되었고, 가이사랴의 감옥으로 이송되어 2년이나 갇혀 있다 죄수의 신분으로 로마에 압송되어, 수리아의 안디옥 재방문은 끝내 이루어지지 않았습니다.

그러므로 바울이 고린도에서 선박을 이용하여 팔레스타인으로 직행했더라면, 유럽 대륙 마게도냐의 빌립보에 있던 누가가 바울을 당장 다시 만날 기회를 갖기는 현실적으로 어려웠을 것이요, 그가 사도행전의 후반부를 기록하는 데에도 많은 제약이 뒤따랐을 것입니다. 그러나 바울이 고린도에서 배를 타지 않고 육로를 따라 마게도냐로 올라가야만 했기에, 빌립보에서 바울과 재회한 누가는 바울과 다시 동행하면서, 바울이 그의 인생 마지막 시기를 주님 안에서 어떻게 마무리하는지 세세히 살펴볼 수 있었습니다.

누가는 밀레도에서, 바울이 에베소의 장로들을 불러 그들에게 이 땅에서 마지막으로 남기는 고별 설교를 직접 들었습니다. 누가는, 바울이 예루살렘에서 투옥될 것이라는 아가보의 예언을 들은 가이사랴의 그리스도인들이 바울의 예루살렘행을 눈물로 만류했을 때, 바울이 무엇이라 말하며 박해가 기다리는 예루살렘으로 의연하게 향했는지도 직접 목격했습니다. 누가는, 바울이 자신을 죽이려는 예루살렘의 유대인들에게 행한 설교도, 가이사랴의 감옥에 투옥되었던 바울이 벨릭스 총독 앞에서 행한 설교도, 벨릭스 총독의 후임자인 베스도 총독과 분봉왕 아그립바 앞에서 행한 설교도, 전문을 빠짐없이 직접 들었습니다. 누가는, 바울이 죄수의 신분으로 로마에 압송될 때에도 바울과 동행하여 지중해를 건너면서, 유라굴로 태풍으로 배에 승선한 사람들이 모두 죽게 되었을 때, 그 죽음의 광풍 속에서 바울이 어떻게 처신했는지, 그리고 선장도 아닌 바울이 승객과 승무원을 합쳐 배에 타고 있던 276명 전원을 어떻게 구해 내었는지, 모두 직접 목격하였습니다.

그리고 그 모든 사실을 본문 5절부터 사도행전 28장 마지막 장까지 생생하게 기록하였습니다. 사도행전 전체의 3분의 1이 넘는 방대한 분량입니다.

그 덕분에 우리는 바울이 얼마나 위대한 사도였는지, 그가 자신의 생을 주님 안에서 어떻게 '섬기는 시니어'로 매듭지었는지, 그리고 그리스도인으로서 우리 믿음의 자세와 깊이는 어떠해야 하는지, 구체적으로 알 수 있게 되었습니다.

대체 이런 일이 어떻게 가능할 수 있었습니까? 바울이 이렇게 되기를 기도하기라도 했습니까? 아니면 사도행전을 기록한 누가의 의지로 이렇게 되었습니까? 고린도의 유대인들이, 선박을 이용하여 수리아로 돌아가려는 바울을 배 위에서 해치기로 음모를 꾸몄기 때문입니다. 그 유대인들의 음모로부터 바울을 지켜 주시기 위해, 주님께서 바울로 하여금 선박을 이용하는 대신에 육로를 따라 마게도냐를 거치는 먼 길로 돌아가게 하셨습니다. 당시의 평균 수명으로 이미 인생 말년에 접어든 노쇠하고 병약한 바울이, 600킬로미터의 먼 거리를 매일 밤마다 노숙하면서 걸어가는 것은 마치 형극의 길과 같았을 것입니다.

그러나 그 형극의 길은 주님께서 바울과 누가를 재회케 하심으로, 당신의 말씀인 사도행전 속에 사도 바울의 가장 중요한 마지막 삶을, 누가를 통해 생생하고도 영원토록 기록되게 하시려는 주님의 신비로운 섭리였습니다. 노쇠한 바울이 병약한 몸으로 고린도에서부터 누가가 있는 마게도냐의 빌립보까지 걸어가야만 했던 그 형극의 길이야말로, 주님께서 바울을 위해 예비하신 최상의 길, 신묘막측한 영원한 은혜의 길이었습니다. 그리고 그 영원한 은혜의 길은, 역설적이게도 고린도 유대인들의 음모로부터 시작되었습니다. 주님의 섭리는 생각하면 할수록, 언제나 우리의 상상을 초월합니다.

바울은 데살로니가전서 5장 18절을 통해 우리에게 "범사에 감사하라"고 권면합니다. 어떤 상황을 맞든 감사하라는 것입니다. 우리를 해치려는 누군가의 모함으로 우리가 빠르고 편한 길을 접고 형극의 길을 걸어가야 하더라도, 바로 그 길이 주님께서 우리를 위해 섭리하신 최상의 길, 신묘막측한 은혜의 길이기 때문입니다. 또 바울은 신약성경에 수록된 그의 서신서에서 우리말 '평안', '평강', '평화', '화평'으로 번역된 헬라어 '에이레네εἰρήνη'를 무려 마흔두 번이나 사용하였습니다. 다메섹 도상에서 주님의 부르심을 받은 이후 바울의 일생은, 한마디로 고난의 연속이었습니다. 그런데도 그가 그의 편지에서 주님의 평강을 마흔두 번이나 언급한 것은, 그의 마음속엔 언제나 주님께서 주시는 '에이레네', 이 세상 그 무엇에 의해서도 깨어지지 않는 절대적인 평강이 충만하였음을 의미합니다. 형극의 길도 신묘막측한 은혜의 길로 승화시켜 주시는 주님께서 자기 속에 임해 계시고, 또 자신을 품고 계심을 온전히 믿은 결과였습니다.

사랑하는 교우 여러분!

그 주님께서 이미 우리 속에 영으로 임해 계시고, 벌써부터 당신의 말씀으로 우리를 품고 계심을 아십니까? 그분이 계시기에 우리는 누군가의 음모로 편안한 길을 빼앗기고 형극의 길을 걸어도 두렵지 않고, 죽음의 광풍 속에서도 세상이 결코 흔들 수 없는 주님의 절대적인 평강을 누릴 수 있습니다. 혹 지금 형극의 길을 눈물로 걷고 계십니까? 그렇다면 주님께 도리어 감사하십시다. 위로부터 주님께서 내려 주시는 절대적인 평강을 누리며, 그 길을 주님과 함께 꿋꿋하게 걸어가십시다. 그 형극의 길은, 신묘막측한 은혜의 길로 이어지는, 최상의 지름길입니다.


주님께서 영으로 내 안에 임해 계시고, 말씀으로 나를 품고 계시니, 범사가 감사합니다. 내가 지금 눈물로 걷는 형극의 길이, 천지를 창조하신 주님께서 나를 위해 섭리하고 예비하신 최상의 길임을 알게 하시니, 이제부터 내가 걸어가야 할 길을 두려워하지 않겠습니다. 위로부터 주님의 절대적인 평강, 주님의 평안, 주님의 화평, 주님의 평화로 나를 채워 주시니, 이 세상의 그 무엇에도 흔들림 없이 살아가겠습니다. 세월이 흘러갈수록 우리의 삶이, 주님 안에서 은혜의 사도행전으로 농익어 가게 해주십시오. 이 모든 말씀, 예수님의 이름으로 기도드립니다. 아멘.

# 22. 생명이 그에게 있다 I

사도행전 20장 7–12절

그 주간의 첫날에 우리가 떡을 떼려 하여 모였더니 바울이 이튿날 떠나고자 하여 그들에게 강론할새 말을 밤중까지 계속하매 우리가 모인 윗다락에 등불을 많이 켰는데 유두고라 하는 청년이 창에 걸터 앉아 있다가 깊이 졸더니 바울이 강론하기를 더 오래 하매 졸음을 이기지 못하여 삼 층에서 떨어지거늘 일으켜보니 죽었는지라 바울이 내려가서 그 위에 엎드려 그 몸을 안고 말하되 떠들지 말라 **생명이 그에게 있다** 하고 올라가 떡을 떼어 먹고 오랫동안 곧 날이 새기까지 이야기하고 떠나니라 사람들이 살아난 청년을 데리고 가서 적지 않게 위로를 받았더라

우리가 3주에 걸쳐 숙고했던 사도행전 20장 첫 단락은 6절에서 끝났습니다.

우리는 무교절 후에 빌립보에서 배로 떠나 닷새 만에 드로아에 있는 그들

에게 가서 이레를 머무니라.

지난 시간에 살펴보았던 것처럼, 무교절이 끝나자 바울과 누가도 빌립보의 외항인 네압볼리에서 배를 타고 드로아로 건너가, 흉년을 당한 예루살렘 교인들에게 구제헌금을 전달할 각 지역 교회 대표들과 다시 합류하였습니다. 그리고 바울은 드로아에서 7일 동안 머물렀습니다.

본문에서 주목할 것은, 바울 일행이 "배로 떠나 닷새 만에 드로아에" 도착하였다는 증언입니다. 네압볼리에서 배를 탄 바울 일행이 에게해를 건너 드로아에 도착하기까지 닷새가 걸렸다는 것입니다. 그러나 본래 그 거리는 이틀 뱃길이었습니다. 사도행전 16장 11절에 의하면 바울 일행이 2차 전도 여행 중 처음으로 마게도냐를 찾아갈 때에도, 드로아에서 선박을 이용하여 에게해를 건너 네압볼리에 도착하는 데 이틀밖에 걸리지 않았습니다. 하지만 바울 일행이 본문에서 드로아로 되돌아갈 때에는, 이틀 뱃길의 에게해를 건너는 데 무려 닷새나 소요되었습니다. 그것은 바다 위에서 심한 풍랑을 만났음을 의미합니다. 당시 사람들은 이틀 뱃길이 닷새 걸렸다고만 말해도, 그것이 심한 풍랑을 만났다는 말임을 서로 알아들었습니다. 자동 동력 장치를 갖추지 못한 당시의 배들이 풍랑에 휩쓸려 전복하거나, 며칠씩 표류하는 것은 다반사로 있는 일이었습니다. 그래서 사도행전을 기록한 누가도 본문에서, 에게해를 건너는 데 닷새나 걸렸다는 사실 이외의 별다른 설명을 덧붙일 필요가 없었습니다.

바울이 탄 배가 이틀 뱃길의 에게해를 닷새 걸려 건넜다는 것은, 그 배가 통제력을 상실하고 사흘 동안 풍랑에 휩쓸리며 표류했다는 말입니다. 그로 인해 승객들이 겪은 고생은 이만저만이 아니었을 것입니다. 특히 당시 평균 수명으로 이미 인생 말년에 접어든 바울의 고생은 누구보다 심했을 것입니다. 그 여파로, 바울은 자신의 목회 본거지인 수리아 안디옥으로 귀환 중이었으면서도 드로아에서 7일 동안이나 머물렀습니다. 2~3차 전도 여행 중 배를 타기 위해 거치기만 했을 뿐 제대로 전도하지 못한 드로아에서 복음을 전하면서, 사흘 동안 에게해의 풍랑에 시달린 심신도 추스르기 위함이었을 것입니다. 그리고 드로아에서 예기치 않은 생명의 역사가 일어났습니다. 바울이 에게해에서 사흘 동안 심한 풍랑으로 겪어야만 했던 고생은, 무의미하거나 헛된 고생이 아니었던 것입니다.

드로아에서 일어난 생명의 역사를 전해 주는 오늘의 단락은 이렇게 시작되고 있습니다.

> 그 주간의 첫날에 우리가 떡을 떼려 하여 모였더니(7절 상).

"그 주간의 첫날"은 안식일 후 첫째 날, 즉 오늘날의 주일에 해당합니다. "떡을 떼려 하여 모였"다는 것은 사도행전 2장 42절의 표현처럼, 초대교회의 성찬과 애찬을 겸한 예배를 의미했습니다. 이미 이때부터 그리스도인들의 정기 예배는 유대교인의 안식일인 토요일이 아니라, 주님께서 부활하신 주일에 드려지고 있었습니다.

> 바울이 이튿날 떠나고자 하여 그들에게 강론할새, 말을 밤중까지 계속하매(7절 하).

바울이 드로아를 떠나기로 작정한 전날, 그러니까 바울이 드로아에 머문 7일간의 마지막 날이 주일이었습니다. 바울은 7일 동안 자신으로부터 복음을 영접한 드로아의 형제자매들과 함께 주일예배를 드렸습니다. 당시 복음을 영접한 그리스도인 가운데에는 노예나 일꾼과 같은 하층민이 많았습니다. 그들에게는 1년 내내 쉬는 날이 없었으므로, 바울은 그들을 위해, 그들의 하루 일과가 끝난 저녁 시간에 함께 모여 주일예배를 드렸습니다. 바울은 이튿날 드로아를 떠날 계획이었으므로, 그 예배는 드로아의 형제자매들과 이 땅에서 드리는 마지막 예배인 셈이었습니다. 그러다 보니 바울의 강론은 한밤중까지 계속 이어졌습니다.

우리말 "말"로 번역된 헬라어 명사는 '주님의 말씀'을 뜻하는 '로고스'이고, "밤중"이라 번역된 헬라어 명사 '메소뉙티온μεσονύκτιον'은 '자정'을 의미합니다. 바울의 말씀 강론이 밤 12시까지 계속된 것이었습니다. 그렇다고 바울 혼자 일방적으로 설교한 것은 아니었습니다. 우리말 '강론하다'로 번역된 헬라어 동사 '디알레고마이διαλέγομαι'는 '토의하다', '토론하다'는 뜻을 지니고 있습니다. 복음을 처음 영접한 드로아의 형제자매들이, 이튿날 떠나는 영적 스승 바울에게 얼마나 묻고 싶은 것이 많았겠습니까? 드로아의 형제자매들과 마지막 예배를 드리는 바울의 마음속에, 그들에게 남겨 주고픈 주님의 말씀이 얼마나 많았겠습니까? 그래서 바울의 설교, 그리고 형제자매들과의 질의 응답은 자연스레 자정까지 이어졌습니다.


우리가 모인 윗다락에 등불을 많이 켰는데(8절).


바울과 드로아의 형제자매들이 함께 주일예배를 드린 곳은 어느 가정집의 "윗다락"이었습니다. 헬라어 '휘페로온ὑπερῷον'은 가옥의 최상층부를 일컫습니다. 당시 가옥의 구조로 3층 혹은 다락방이었습니다. 본래 더운 공기는 위로 올라가지 않습니까? 게다가 지붕 밑의 다락방에 믿음의 형제자매들이 옹기종기 모여 앉아 드리는 예배가, 평소보다 많은 등불을 켜놓은 상태에서 자정까지 이어졌습니다. 그러므로 그 다락방의 열기가 얼마나 고조되어 있었는지는 충분히 짐작할 수 있습니다.

> 유두고라 하는 청년이 창에 걸터앉아 있다가 깊이 졸더니, 바울이 강론하기를 더 오래하매 졸음을 이기지 못하여 삼 층에서 떨어지거늘, 일으켜 보니 죽었는지라(9절).

그 다락방에 모인 사람 중에 유두고라는 이름의 청년도 있었습니다. 당시 유두고는 흔한 노예의 이름이었으므로, 본문의 유두고도 노예였던 것으로 추정할 수 있습니다. 유두고는 다락방의 창문에 걸터앉아 있었습니다. 그는 하루의 노동에 시달린 심신의 피로가 극에 달해, 졸지 않으려 신선한 공기가 흡입되는 창문에 걸터앉았습니다. 그러나 피로에 지친 유두고는 엄습하는 졸음을 이길 수 없었습니다. 더욱이 바울의 설교 그리고 형제자매들과의 질의응답이 자정까지 이어지자, 깊은 잠에 빠진 유두고의 몸이 풀리면서, 유두고는 그만 3층 다락방 창문에서 땅바닥으로 떨어지고 말았습니다. 사람들이 급히 뛰어 내려가 일으켜 보았지만, 이미 유두고는 죽어 있었습니다. 헬라어 형용사 '네크로스νεκρός'는 '시체'를 뜻하는 '네퀴스νέχυς'에서 유래되었습니다. 땅바닥으로 떨어진 유두고가 벌써 시체로 변해 있었던 것입니다.

> 바울이 내려가서 그 위에 엎드려 그 몸을 안고 말하되, 떠들지 말라 생명이 그에게 있다 하고(10절).

바울도 유두고가 떨어진 곳으로 뛰어 내려갔습니다. 바울은 죽은 유두고의 시체 위에 엎드려 시체를 끌어안았습니다. 그리고 갑작스러운 유두고의 죽음에 소리치며 통곡하는 사람들을 향해 단호하게 선포했습니다. "떠들지 말라. 생명이 그에게 있다."

바울의 이 말을 두고 3층 다락방에서 떨어진 유두고가 죽은 것이 아니라, 죽은 것처럼 보였을 뿐, 여전히 생명이 붙어 있었다고 주장하는 학자들도 있습니다. 그러나 9절에서 유두고가 죽었다고 단정하여 기록한 사람은, 마태복음과 요한복음을 기록한 마태와 요한처럼 세리나 어부 출신이 아니었습니다. 누가복음과 사도행전을 기록한 누가는 의사였습니다. 그리고 누가는, 유두고가 3층에서 떨어져 죽는 바로 그 현장에 있었습니다. 유두고가 3층 창문에 걸터앉아 졸다가 땅바닥으로 떨어지자, 현장에 있던 의사 누가가 유두고의 상태를 확인하고, 그의 심장이 이미 멎어 시체가 되었다고 사망 선고를 내린 것이었습니다.

그러므로 바울이 '생명이 그에게 있다'고 선포한 '생명'은, 이미 끊어져 버린 유두고의 육체의 생명이 아니었습니다. 바울은, 하루의 노동에 시달려 피곤에 지친 몸으로 창문에 걸터앉아 졸음과 싸우면서까지 주님의 말씀을 들으려다 죽은 노예 유두고에게, 주님께서 당신의 생명을 부어 새롭게 살려 주시려는 것을 알았습니다. 바울이 언급한 '생명'은, 유두고의 육체적 죽음 너머에서 임하는 주님의 생명이었던 것입니다. 그래서 바울은 소리치며 통곡하는 사람들에게 '떠들지 말라. 생명이 그에게 있다'고 선포했고, 유두고는 정말 다시 살아났습니다. 바울이 유두고를 살린 것이 아니라, 주님의 생명이 바울을 통해 유두고에게 임한 것이었습니다.

올라가 떡을 떼어먹고 오랫동안, 곧 날이 새기까지 이야기하고 떠나니라

(11절).

드로아의 형제자매들은 주님께서 새롭게 살리신 유두고와 함께 다시 3층 다락방으로 올라가, 밤을 꼬박 새우며 주님의 은혜를 나누었습니다. 그리고 날이 밝자 바울 일행은 계획대로 드로아를 떠났습니다.

사람들이 살아난 청년을 데리고 가서 적지 않게 위로를 받았더라(12절).

바울 일행이 떠난 뒤에도 드로아의 사람들은, 주님께서 살리신 유두고를 통해 주님의 큰 위로와 격려를 입었습니다. 사람들이 유두고를 보는 것은 곧 주님의 생명, 그 생명의 능력을 확인하는 것이었습니다. 그렇지 않습니까? 삶에 지치고 고달픈 사람들이 유두고를 만날 때마다, 그 유두고를 살리신 주님의 생명이 어찌 그들의 마음속에서 역사하지 않았겠습니까?

바울은 일행과 함께 드로아에서 7일 동안 체류하였습니다. 그리고 3층에서 떨어져 죽은 유두고를 주님께서 다시 살리신 그 생명의 역사는 마지막 날, 즉 주일 밤에 일어났습니다. 바울이 드로아에서 7일이 아니라 6일 혹은 5일만 머물렀다면, 바울과 함께 자정까지 계속되었던 그 주일 밤 예배는 없었을 것이요, 유두고가 떨어져 죽는 일도, 죽은 유두고를 주님께서 다시 살리시는 일도 없었을 것입니다. 그 모든 일이 드로아에서 일어난 것은 바울이 드로아에서 7일 동안 머문 까닭이요, 수리아 안디옥으로 귀환 중인 바울이 드로아에서 7일이나 머문 것은, 이틀 뱃길인 에게해를 닷새 걸려 횡단하며 사흘이나 풍랑에 시달린 까닭이었습니다. 그러므로 바울이 사흘 동안 에게해의 풍랑으로 겪은 고생은 헛된 고생이 아니었습니다. 그 고생으로 바울이 드로아에서 7일이나 머문 덕분에 주일 밤 예배에서 죽은 유두고를 주님께서 살리시는 생명의 역사가 일어났고, 바울이 드로아를 떠난 뒤에도 드로아 사람들은 유두고를 볼 때마다 주님의 큰 위로와 격려를 입게 되었습니다.

결과적으로 바울이 에게해에서 풍랑에 휩싸였던 그 뱃길은 고생길이 아니라, 상상치 못한 생명의 열매를 드로아에서 거두게 해주시기 위한, 더없이 신비로운 생명의 길이었습니다. 바울이 비록 육체적으로는 소멸을 앞둔 인생 말년에 접어들었을망정, 그는 결코 슬픈 존재가 아니었습니다. 주님 안에서 사람을 살리는 생명의 통로로 쓰임 받는 바울, 그에게는 이미 육체의 생명을 뛰어넘어 영원한 생명이 흘러넘치고 있었습니다. 그래서 그의 고생으로 누군가가 주님 안에서 구원 얻는 생명의 드라마는 그가 죽을 때까지 지속되었고, 그의 육체가 소멸된 뒤에도 그가 남긴 서신서들을 통해 오늘날 우리의 삶 속에서까지 이어지고 있습니다.

요즘은 인천공항에서 직항 비행기를 타면 미국 서부까지는 11시간, 미국 동부는 14시간, 유럽은 12시간이면 도착합니다. 그 시간도 지긋지긋해서, 비행기에서 내린 뒤에도 한동안 온몸이 쑤십니다. 그러나 직항이 없던 시절에는 훨씬 더 많은 시간이 걸렸습니다. 제가 난생 처음으로 외국 여행을 시작한 것은 43년 전인 1972년이었습니다. 당시 미국 서부에 가는 데는 김포공항을 출발하여 일본 하네다공항과 하와이 호놀루루공항을 거쳐 약 20시간이 걸렸고, 미국 동부까지는 김포공항을 출발한 뒤 만 하루 이상 걸렸습니다. 유럽으로 가려 해도 일본 하네다공항을 거쳐 미국 알래스카공항을 경유해야 했으므로, 족히 20시간 이상을 필요로 했습니다. 오늘날과 같은 직항 시대에 그때를 되돌아보면, 어떻게 그토록 장시간 비행기를 타고 다녔는지 생각만 해도 끔찍합니다. 그러나 비행기가 없던 시절에 비한다면 그마저도 대단한 호사였습니다.

양화진에 안장되어 있는 로제타 셔우드 홀 선교사는, 1890년부터 1933년까지 43년 동안 조선 땅에서 의료선교사로 헌신했습니다. 로제타는 우리나라 최초의 여성 전문병원인 보구여관保求女館, 평양기홀병원, 평양여성치료소였던 광혜여원廣惠女院, 동대문부인병원의 설립과 활동에 주도적인 역할을 하면서, 평생 조선 여성을 사랑한 미국 여인이었습니다. 그러나 미국 동부에 살던 로제타가 요즘처럼 14시간 만에, 혹은 40여 년 전처럼 하루 걸려 조선 땅에 도착한 것은 아니었습니다.

1890년 8월 21일, 로제타가 25세의 나이로 부모와 작별하고 고향인 뉴욕주 리버티를 떠나 뉴욕에서 기차로 샌프란시스코에 도착한 다음, 그곳에서 배를 타고 호놀루루, 요코하마, 부산, 제물포를 거쳐 오늘날의 서울인 한양에 도착한 것은 그해 10월 14일이었습니다. 고향집을 떠난 지 만 54일 만이었습니다. 기항지에서 몸을 추스르는 기간을 포함하여 54일이라면, 끔찍이도 긴 여행입니다. 뉴욕에서 샌프란시스코까지 5천 킬로미터의 기차 여행이 수월하기만 했겠습니까? 샌프란시스코에서 제물포에 이르기까지 1만 여 킬로미터가 넘는 태평양이 잠잠하기만 했겠습니까? 좁은 선실은 또 얼마나 불편했겠습니까? 말씀드린 적이 있습니다만, 저는 2011년 안식월 동안에 8박 9일간의 크루즈 여행을 해본 적이 있습니다. 순전히 관광 목적의 선박 여행이었는데도, 창문도 없는 좁은 선실에 아흐레 동안 갇혀 있는 것은 여간 힘든 일이 아니었습니다. 하지만 그 고생을, 125년 전 미국 동부에서 54일 걸려 태평양을 건넌 로제타의 여행 고생과 어찌 비교할 수 있겠습니까?

만 54일 만에 서울에 도착한 로제타는 자신이 일할 여성전문병원 보구여관에 여장을 풀었습니다. 그리고 단 하루도 쉬지 않고, 바로 그다음 날부터 조선 여성들을 치료하기 시작했습니다. 2년 후 로제타는 서울에서 캐나다 의료선교사 윌리엄 제임스 홀과 결혼하여 아들 셔우드를 얻었습니다. 그러나 결혼 2년 만에 남편은 발진디푸스로 순직하여, 이곳 양화진에 묻혔습니다. 로제타의 나이 29세 때의 일이었고, 그때 로제타는 임신 7개월 중이었습니다. 남편이 순직한 이듬해 유복녀 딸 에디스가 태어났지만, 그 딸 역시 세 살 때 이질로 사망하여, 이곳 양화진 아버지 곁에 묻혔습니다.

젊디젊은 나이에 사랑하는 남편과 어린 딸을 이국땅에서 잃었지만, 로제타의 조선 여성 사랑에는 멈춤이 없었습니다. 로제타는 1933년 68세로 선교사직에서 은퇴할 때까지 조선 여성을 위해 자신의 평생을 아낌없이 바쳤습니다. 의사로서 단지 조선 여성의 육체적 질병만을 치료해 주기 위함이 아니었습니다. 주님의 부르심을 입은 소명인으로서, 주님께서 가난과 무지에 시달리는 조선 여성에게 부어 주시려는 참생명의 통로가 되기 위함이었습니다. 로제타 자신이 그 생명 속에 있었기에, 사랑하는 남편과 어린 딸의 죽음도 그 생명의 힘으로 극복할 수 있었습니다. 그 로제타로 인해 본문의 유두고처럼, 영원한 생명의 구원을 입은 조선 여성이 얼마나 많았겠습니까?

로제타 선교사의 후손들이 로제타의 일기와 유품들을 우리 교회가 설립한 양화진문화원에 기증하였습니다. 그래서 지난 목요일인 9월 17일, 로제타 탄생 150주년과 내한 125주년을 맞아 로제타 선교사의 후손들을 초청한 가운데, 오전에는 선교기념관에서 《로제타 홀 일기》 제1권 출판기념식이 열렸고, 오후에는 양화진홀에서 '로제타 홀 일기' 공개특별전 개막식이 있었습니다. 그것은 주님의 특별하신 섭리였습니다. 주님께서는 조선 여성들에게 주님의 생명을 부어 주기 위해 자신의 전 생애를 바쳤던 로제타를 잊지 않으시고, 그녀의 삶을 역사의 조명 아래로 이끌어 내시어, 그녀가 사랑했던 조선 땅에서 그녀의 삶이 영원히 기려지도록 섭리하셨습니다. 로제타는 하나님 나라에서만 살아 있는 것이 아닙니다. 로제타의 육체는 소멸되었지만, 그녀의 믿음과 정신은 이곳 양화진에도 영원히 살아 있습니다.

그러므로 로제타 홀 선교사가 조선에 도착하기까지 54일 걸린 여행길도 무의미하고 헛된 고생길이 아니었습니다. 그 고생의 여행길 역시 이 세상 그 무엇과도 견줄 수 없는, 신비로운 생명의 길이었습니다. 29세의 젊은 나이에 사랑하는 남편을 잃고, 유복녀로 낳은 딸마저 3년 만에 잃은 그녀의 인생도, 결코 슬픈 인생이 아니었습니다. 그녀 또한 본문의 사도 바울처럼 시간과 공간을 초월하여 하나님의 나라에서도, 이 땅에서도, 영원히 살아 있는 생명의 증인입니다.

생로병사의 굴레 속에서 살아가는 인간의 삶은, 그 자체를 목적으로 삼으면 고생과 슬픔의 연속일 뿐입니다. 아무리 지닌 것이 많아도, 하늘을 찌를 듯이 직책이 높아도, 결국엔 흙으로 소멸되는 탓입니다. 흙으로 소멸되기 위해 수고하고 땀 흘리는 것보다 더 심한 헛고생이 있겠습니까? 이름 없는 작은 돌멩이도 의구한데, 만물의 영장이란 인간이 단지 소멸하기 위해 애쓰며 살아간다면, 그보다 더 슬픈 존재가 있겠습니까? 그래서 우리는 생명, 허무하게 소멸해 버릴 육체의 생명을 뛰어넘어, 주님 안에 있는 참생명을 위해 살아야 합니다. 우리의 고생과 슬픔이 주님의 생명 안에서는 전혀 신비로운 생명의 역사로 승화됩니다. 주님의 생명 안에서는 우리 모두 바울과 로제타가 될 수 있습니다. 우리의 생명으로는 소멸의 한계를 넘어설 수 없지만, 주님의 생명은, 죽음을 깨뜨리고 부활하신 영원한 생명이시요, 천지를 창조하신 능력이시기 때문입니다.


주님 없이는, 내가 산해진미를 먹어도 소멸을 향한 헛고생일 따름이요, 내가 아무리 지닌 것이 많다 한들 흔적도 없이 사라져 버릴 슬픈 존재일 뿐임을, 이 시간에 주님의 말씀을 통해 통감하면서 주님 앞에 머리를 조아립니다. 내가 주님을 알기도 전에, 주님께서 이미 생명으로 내 속에 임해 계시고, 벌써부터 생명의 말씀으로 나를 품고 계셔서 고맙습니다. 내 육체의 생명이 멎은 이후에도, 주님의 생명은 나를 떠나시지 않을 것임을 잊지 않겠습니다.

우리 모두 오직 그 생명 안에서, 그 생명을 위해 살아가게 해주십시오. 이 땅에서 우리의 수고와 고생이, 누군가를 위한 생명의 역사로 이어지게 해주십시오. 우리를 통해 이 땅의 유두고들이 살아나게 해주시고, 그로 인해 많은 사람들이 주님의 위로와 격려 속에서 살아가게 해주십시오. 우리가 더 이상 소멸을 향한 슬픈 존재가 아니라, 하나님의 나라에서도 살고 이 땅에서도 사는 바울과 로제타가 되게 해주십시오. 아멘.

# 23. 생명이 그에게 있다 II

사도행전 20장 7-12절

그 주간의 첫날에 우리가 떡을 떼려 하여 모였더니 바울이 이튿날 떠나고자 하여 그들에게 강론할새 말을 밤중까지 계속하매 우리가 모인 윗다락에 등불을 많이 켰는데 유두고라 하는 청년이 창에 걸터 앉아 있다가 깊이 졸더니 바울이 강론하기를 더 오래 하매 졸음을 이기지 못하여 삼 층에서 떨어지거늘 일으켜보니 죽었는지라 바울이 내려가서 그 위에 엎드려 그 몸을 안고 말하되 떠들지 말라 **생명이 그에게 있다** 하고 올라가 떡을 떼어 먹고 오랫동안 곧 날이 새기까지 이야기하고 떠나니라 사람들이 살아난 청년을 데리고 가서 적지 않게 위로를 받았더라

우리는 지난 시간에, 드로아의 청년 유두고가 겪은 사건에 대해 살펴보았습니다. 지난 주일 예배가 끝난 다음 한 교우님이 또 다른 교우님에게 이렇게 말했답니다. "오늘 설교 시간에는 졸 수가 없었어. 졸면 죽을 테니까."

바울은 드로아를 떠나기 전날 밤, 그곳의 형제자매들과 마지막 주일예배

를 드렸습니다. 청년 유두고는 예배 장소인 3층 다락방 창문에 걸터앉아 있다가 졸음에 빠져, 그만 땅바닥으로 떨어져 죽고 말았습니다. 그러나 하루의 노동으로 피로에 절은 몸으로도 당신의 말씀을 사모하여 예배에 참석한 유두고의 중심을 보신 주님께서, 그를 다시 살리려 하심을 바울이 알았습니다.

> 바울이 내려가서 그 위에 엎드려 그 몸을 안고 말하되, 떠들지 말라 생명이 그에게 있다 하고(10절).

바울은 죽은 유두고의 시체 위에 엎드려 그 시체를 끌어안았습니다. 선지자 엘리야가 사르밧 과부의 죽은 아들을 살릴 때(왕상 17:21-22), 그리고 엘리사가 수넴 여인의 죽은 아들을 살릴 때(왕하 4:34-35)와 동일한 몸짓이었습니다. 그리고 바울은 갑작스러운 유두고의 죽음에 소리치며 통곡하는 사람들을 향해 단호하게 선포했습니다. '떠들지 말라. 생명이 그에게 있다.' 바울이 선포한 "생명"이 원문에 '프쉬케ψυχη'로 기록되어 있습니다. '마음', '호흡', '목숨'을 뜻하는 '프쉬케'는 성경에서 '참생명', '영원한 생명'의 의미로도 사용되고 있습니다. 다음은 주님의 말씀입니다.

> 너희의 인내로 너희 영혼을 얻으리라(눅 21:19).

여기에서 "영혼"으로 번역된 헬라어가 '프쉬케'입니다. 인내해야 할 때 인내할 수 있는 것은 주님의 참생명이 함께하실 때입니다. 결과적으로 인내해야 할 때 인내하는 사람이 주님께서 주시는 참생명을 더욱 충만하게 누릴 수 있습니다.

베드로전서 1장 8-9절도 이렇게 증언합니다.

예수를 너희가 보지 못하였으나 사랑하는도다. 이제도 보지 못하나 믿고 말할 수 없는 영광스러운 즐거움으로 기뻐하니, 믿음의 결국 곧 영혼의 구원을 얻음이라.

사람들이 눈에 보이지도 않는 예수님을 믿고 사랑하며 기뻐하는 이유는, 단 한 가지입니다. 예수님을 믿음으로 "영혼의 구원"을 얻고 누리기 때문입니다. 여기에서 '영혼'으로 번역된 헬라어 역시 '프쉬케'입니다. 누구든지 예수님을 믿는 사람은 육체가 소멸해도 주님 안에서 참생명, 영원한 생명을 누릴 수 있습니다. 예수님께서 죽음을 깨뜨리고 부활하신 참생명, 영원한 생명의 구주시기 때문입니다.

그러므로 이미 죽어 버린 유두고의 시체를 두고 바울이 선포한 '생명' 역시, 결국엔 또다시 죽음 앞에서 소멸해 버릴 육체의 회생이 아니라, 육체의 죽음도 삼킬 수 없는, 주님께서 주시는 참생명—영원한 생명을 의미했습니다. 그 '생명'의 선포에, 죽었던 유두고가 정말 다시 살아났습니다. 바울이 유두고를 살린 것이 아니라, 주님의 참생명이 바울을 통해 유두고에게 임한 것이었습니다.

지난 시간에 살펴보았듯이, 드로아의 형제자매들은 주님께서 새롭게 살리신 유두고와 함께 다시 3층 다락방으로 올라가, 밤을 꼬박 새며 주님의 은혜를 나누었습니다. 날이 밝자 바울 일행은 계획대로 드로아를 떠났습니다. 그러나 바울 일행이 떠난 뒤에도 드로아 사람들은, 주님께서 새롭게 살리신 유두고를 통해 주님의 큰 위로와 격려를 입었습니다. 사람들이 유두고를 보는 것은 곧 주님의 참생명, 영원한 생명의 능력을 확인하는 것이었습니다.

그것이 가능할 수 있었던 근본적인 이유가 무엇이었겠습니까? 단지 죽은 유두고가 육체적으로 회생한 까닭만이었겠습니까? 그랬더라면, 사람들이 유두고를 통해 받은 위로와 격려는 표피적이요, 얼마 지나지 않아 아예 소멸해 버리고 말았을 것입니다. 회생한 유두고와 주위 사람들은 이내 자기 욕심과 이기심을 앞세우며, 평생 아옹다옹 다투며 살았을 것이 분명하기 때문입니다. 그런 경우라면, 유두고의 이야기가 하나님의 말씀인 성경에 굳이 기록될 까닭도 없었을 것입니다.

바울은 로마서 6장 3-4절을 통해, 세례를 죽음과 거듭남으로 정의하였습니다. 세례는 공동묘지로 치닫던 옛사람이 죽고, 주님 안에서 참생명을 좇는 생명의 사람으로 거듭나는 것입니다. 그래서 고린도전서 10장 1-2절에 의하면 바울은, 이집트의 노예살이에서 해방된 이스라엘 백성이 홍해를 건넌 것도 세례로 규정하였습니다. 이스라엘 백성이 하나님께서 갈라 주신 홍해를 건너자, 그 바다는 다시 합쳐지고 말았습니다. 이스라엘 백성이 이집트로 되돌아갈 수 있는 길이 없어져 버린 것입니다. 다시 말해 죄와 죽음의 노예였던 그들의 옛사람이 홍해를 건너면서 죽어 버린 것입니다. 그들에게 남은 것은, 하나님의 은혜 속에서 언약의 땅으로 향하는 새로운 생명의 삶이었습니다. 그러므로 이스라엘 백성의 홍해 도해渡海사건 자체가 그들에게 본질적인, 죽음과 거듭남의 세례였습니다.

이런 관점에서 유두고의 죽음과 거듭남도 세례였습니다. 유두고가 3층 다락방 창문에서 졸다가 떨어져 죽은 것은, 그의 육체의 죽음만을 의미하지 않았습니다. 유두고가 추락사하는 순간, 육체의 생명을 목적 삼았던 그의 옛사람이 죽은 것이었습니다. 그리고 그가 다시 살아난 것도 육체의 회생만을 뜻하지 않았습니다. 주님께서 주신 참생명에 의한 새로운 생명의 거듭남이었습니다. 세례의 중요성은 형식이 아니라 본질에 있습니다. 그날 밤 유두고는 물속에 잠기거나, 누군가에 의해 머리에 물이 뿌려지는 외형적인 세례를 받은 적은 없었습니다. 하지만 그는 그날 밤, 주님 안에서 옛사람이 죽고 새 생명의 사람으로 거듭나는 진정한 세례 교인이 되었습니다.

그러므로 주님의 참생명 속에서 거듭난 유두고의 삶이 얼마나 새로워졌 겠습니까? 공동묘지로 치닫던 예전의 삶과는 판이하게 달라지지 않았겠습 니까? 거듭난 유두고의 새로운 삶을 볼 때마다, 사람들의 심령 속에서 인 간을 새롭게 하시는 주님의 참생명이 역사하지 않았겠습니까? 그 주님의 위 로와 격려를 힘입어 사람들도 참생명의 삶을 살 수 있었을 것입니다. 그래 서 주님께서는 유두고의 세례 사건을 당신의 말씀 속에 기록게 하시어 영원 히 기려지게 하셨습니다.

올해 우리 교회의 표어는 요한복음 14장 20절에 기인하여 '너희가 내 안 에, 내가 너희 안에'입니다. 그래서 저는 올해 1월 1월 0시 예배 시간부터 강 단에 설 때마다 설교나 기도를 통해, 주님께서 이미 영으로 우리 안에 임해 계시고, 벌써부터 당신의 말씀으로 우리를 품고 계심을, 한 주도 거르지 않 고 계속 강조해 왔습니다. 대체 이것이 무슨 의미이겠습니까? 육체의 죽음 이 결코 빼앗지 못할 주님의 참생명, 영원한 생명이 이미 우리에게 임해 계신 다는 말입니다. 우리가 구원받은 그리스도인이라는 것은 무슨 의미입니까? 주님께서 십자가의 보혈을 통해, 우리의 육체가 소멸되어도 결코 소멸되지 않는 참생명, 영원한 생명을 이미 우리에게 주셨다는 것입니다. 우리가 거듭 났다는 것은 또 무슨 의미입니까? 주님께서 주신 참생명—영원한 생명 속 에서, 그 생명을 힘입어, 새로운 생명의 삶을 살아가는 것입니다.

그렇다면 결론은 한 가지입니다. 주님의 참생명—영원하신 생명이 우리 속에 이미 임해 계심을 우리가 정녕 믿는다면, 그 믿음은 주님의 참생명을 힘입은 우리의 거듭난 삶—새로운 생명의 삶으로 입증된다는 것입니다. 이 시간에는, 제가 지난 9월 한 달 동안 확인한 몇 가지 입증 사례를 소개해

드리도록 하겠습니다.

한 달 전, 9월 첫째 주일이었습니다. 그날의 설교는, 주님의 부르심을 받은 이후부터 주님을 본받아 사람을 섬기는 청년으로 거듭났고, 사람을 섬기는 중년으로 살다가, 사람을 섬기는 시니어로 생을 마감한 바울의 일생에 대한 조명이었습니다. 2부 예배가 끝난 뒤, 30대 초반의 청년이 제게 자신의 결단을 밝혔습니다. 그동안 아버지와의 관계가 뒤틀려 있었는데, 그날 설교를 듣고 앞으로 아버지를 섬기며 살기로 결단했다는 것입니다. 혼자 마음속으로만 결단해도 될 터인데, 굳이 자신의 결단을 제게 밝힌 것은, 그 청년의 결단이 그만큼 비장했기 때문일 것입니다. 뒤틀어진 부모자식 간의 관계는 부모가 먼저 지속적으로 노력하지 않는 한, 개선되기 어렵습니다. 그런데도 자식이 먼저 뒤틀린 관계의 아버지를 섬기겠다고 설교 시간에 결단하고, 자신의 결단을 설교자에게 공개적으로 밝힌 것입니다. 반드시 실천하겠다는 의지 표명이었습니다.

9월 18일에, 지방에서 동네 교회에 다니면서 우리 교회 예배에도 인터넷으로 참여하는 여성 성도님의 편지를 받았습니다. 그분은 《성숙자반》을 읽으면서 자신이 그동안 죄라고 인식조차 못한 죄를 범해 온 죄인임을, 자신이 출석하는 교회 성가대원들이 남의 악보를 무단 복제하여 사용하는 것도 도둑질임을 비로소 깨닫고, 바른 그리스도인으로 살아갈 것을 결단하는 글을 제게 보낸 것이었습니다. 그분의 글은 이렇게 끝났습니다.

목사님, 깨닫는 것으로 그치지 않고 실천하며 살 수 있도록 부단히 애쓰며 노력하겠습니다. 감사합니다. 외눈박이로, 노인으로 살지 않고, 참어른으로 살아가겠습니다.

9월 19일 연합뉴스 보도에 따르면, 한국토지주택공사(LH) 임대아파트 관리 직원들과 경비 근로자들이 지난 3년 동안 입주민들로부터 당한 폭언 및 폭행이 무려 850건에 달하였습니다. 한국토지주택공사 임대아파트에서만 그 정도이니, 전국에 산재해 있는 모든 아파트에서 발생하는 입주민들의 폭언과 폭행은 얼마나 많겠습니까? 입주민의 폭언과 폭행을 견디다 못해 자살한 아파트 경비 근로자들도 있었습니다. 그러나 60대 말의 한 여성 교우님은, 현재 살고 있는 아파트에 이사 간 이후부터 경비원의 식사를 매일 챙겨 주고 있습니다. 자기 집을 방문한 손님을 접대하다가도 식사 시간이 되면, 반드시 경비원의 밥을 챙겨 가져다 줍니다. 자신이 외출할 때에는 경비원이 식당에서 밥을 시켜먹을 수 있도록 조치해 줍니다. 전국 아파트 주민들이 다 그분과 같다면, 세상을 비관하는 아파트 경비 근로자들은 없을 것입니다.

9월 22일에는, 올해 40대에 접어든 여성 성도님으로부터 편지와 함께 여성용 가방과 속지갑을 우편으로 받았습니다. 그분은 작년 봄, 한 교우님이 운영하는 재활용 가게에서 중고 명품 가방과 속지갑을 12만 원에 외상으로 구입하였습니다. 그 이후 사정이 여의치 않아 5만 원만 지불하고 나머지 7만 원은 미납 상태로, 1년 반 동안 그 가방과 속지갑을 몇 번 사용하였습니다. 그러다가 9월 둘째 주일과 셋째 주일 설교를 듣고 자신의 행동을 사과하는 편지와 함께, 미안하지만 그 가방과 속지갑을, 자기를 믿고 외상으로 주었던 재활용 가게에 대신 전해 달라고 제게 우편으로 보낸 것이었습니다. 이미 지불한 5만 원은 환불받지 않겠다는 첨언도 덧붙였습니다.

9월 22일자 조선일보에는 이색적인 기사가 실렸습니다.

가을 이사철을 맞아 전셋값이 치솟고 있는 가운데, 서울 마포구가 전·월셋값을 올리지 않는 임대사업자 발굴에 나선다. 마포구는 건물이 관내에 있는 주민으로, 전세금 또는 월세 임차료를 4년 이상 인상하지 않은 임대사업자를 선정해 올 연말 표창을 수여한다고 22일 밝혔다. 수많은 세입자가 더 싼 동네를 찾아 살던 곳에서 밀려나는 각박한 현실을 자치구가 방관해선 안 된다는 판단에서다.

바로 그날, 교회 식당에서 30대 중반의 청년과 함께 점심 식사를 했습니다. 작년 초에 결혼하여 올봄에 딸을 얻어 세 식구의 가장이 된 청년이었습니다. 그는 결혼 직전에 신혼전세자금으로 8천만 원을 대출받아, 그동안 가족과 함께 1억1천만 원의 작은 전셋집에서 살아왔습니다. 전세 만기 2년을 앞두고 그 청년은 세 달 전부터, 집주인이 행여 전셋돈을 올리거나 나가라고 하지는 않을까 마음을 졸여 왔습니다. 재계약일이 가까워져도 아무 연락이 없어, 그냥 살게 해주려나 보다 기대를 갖기도 했지만, 바로 그 직전 토요일에 집주인으로부터, 앞으로 월세를 놓을 계획이므로 집을 비워 달라는 통보를 받았습니다. 그러나 주일예배 시간에 설교를 들으면서, 주님께서 자기 가족을 위해 가장 적절한 곳으로 인도해 주리라는 믿음이 생겨, 마음속으로는 평안을 누리고 있다고 했습니다. 그 청년 가족이 이제 곧 비워 주어야 하는 전셋집, 전셋돈을 올리지 않는 임대사업자에게 표창을 수여하겠다는 마포구 관내에 있습니다.

10년 전 우리 교회 초창기에는, 전임교역자들의 거처가 모두 교회가 위치한 마포구 내에 있었습니다. 그러나 해가 거듭될수록 교역자들의 거처는 마포구를 넘어, 교회에서 점점 멀어지고 있습니다. 2년마다 오르는 전셋돈을 감당할 수 없어, 계속 전셋돈이 싼 곳으로 밀려나는 탓입니다. 이것이 자기 집을 갖지 못한 이 땅 모든 서민들의 아픔이요, 고통입니다. 몇 해 전만 해도 서민 연립주택의 전셋돈이 2년마다 2~3천만 원씩 오르더니, 요즘은 2년마다 예사로 4~5천만 원씩 오르고 있습니다. 이 각박한 세상 속에서 서민들이 어떻게 2년마다 4~5천만 원의 거금을 모을 수 있겠습니까? 그런데도 그런 일을 아무렇지도 않게 부추기고, 자행하고, 조장하는 부동산 중개업자들과 임대업자들 그리고 부동산 투기꾼들의 기사나 소문을 접하노라면, 마음속에서 불끈불끈 분노가 치밀어 오르곤 합니다.

저는 3년 3개월 전인 2012년 7월 첫째 주일 설교 시간에, 여유분의 집을 소유한 그리스도인들은 동일한 세입자가 거주하는 한 전셋돈을 올리지 말 것을 당부하면서, 스위스의 예를 소개했었습니다. 당시의 내용을 이 시간에 다시 한 번 그대로 인용하겠습니다.

〈목요강좌〉 시간에 이어령 선생님과의 대담을 통해서도 말씀드린 적이 있듯이, 제가 1998년부터 2001년까지 만 3년 동안 스위스 제네바에서 살면서 한 아파트에서만 살았습니다. 그러나 3년간 월세는 단돈 1원도 오르지 않았습니다. 제가 살던 아파트 주인이 제게만 선심을 베푼 것이 아니었습니다. 스위스에는 세입자가 한번 입주하면 그가 자진해서 나가기 전까지는 집주인이 월세를 인상하지 못하도록 법이 규정하고 있고, 또 모든 국민이 그 법을 따르기 때문이었습니다. 아니 한 집에서 10년, 20년을 살아도 집세를 올리지 않는단 말인가? 그렇습니다. 전기료나 난방비 같은 관리비는 물가변동에 따라 인상될 수 있지만 집세는 오르지 않습니다. 그래서 한 집에서 계속 살면, 소득이 올라가는 만큼 가족들과 여유 있는 삶을 살 수 있습니다. 제네바에 살고 있는 지인 중에 30년 이상 한 집에서 사는 분이 있습니다. 30년 동안 그분은 늘어난 소득으로 세 딸을 남부럽지 않게 잘 키웠습니다. 두 딸은 벌써 시집 보냈고, 다음 달이면 막내딸까지 결혼시킬 예정입니다. 불과 몇 년 사이에 세 딸을 결혼시키면서도 부담을 느끼지 않는 것은 우리와 다른 결혼문화 탓도 있겠지만, 무엇보다도 여전히 30년 전의 집세를 내는 덕분입니다. 이처럼 스위스에서는 세입자가 한번 입주하면 집세가 동결되는 것은 물론이요, 세입자가 사는 한 집 주인이 나가라고 할 수 없습니다. 세입자가 보다 큰 집으로 옮기거나 반대로 집을 축소하기 위해 자진하여 나가면, 집주인은 그제야 새로운 세입자와 그때의 시세에 따른 새로운 금액으로 계약을 맺을 수 있습니다. 그리고 새 세입자가 새로 계약한 조건으로 입주하면 집세는 또다시 동결됩니다. 스위스만 특별한 나라라서 그렇게 하는 것이 아닙니다. 서구 국가에는 거의 이와 같은 사회적 합의가 이루어져 있습니다. 중요한 것은 그처럼 이상적인 사회적 합의를 누가 이끌어 내었느냐는 것입니다. 두말할 것도 없이 그 땅에서 살았던 그리스도인들이었습니다. 삼위일체 하나님을 주인으로 모시고 자신들의 소유를 루디아처럼 삶의 목적이 아니라, 하나님의 사랑을 구현하는 수단과 도구로 사용한 실천적 그리스도인들에 의해 그런 이상적인 사회가 구축되었습니다.

3년 3개월 전 이 설교가, 당일 이 예배당에서 예배드리던 한 부부의 마음을 쳤습니다. 남편은 70대 초반이었고, 아내는 60대 중반이었습니다. 그날 밤, 아내는 한잠도 자지 못하고 밤을 꼬박 샜습니다. 이튿날은 한 세입자와 재계약을 하는 날이었습니다. 종전대로라면 세입자에게 당연히 인상된 전셋돈으로 재계약을 요구하겠지만, 주일설교가 귓가에서 맴돌아 번민이 떠나지 않았습니다. 꼬박 밤을 새며 번민에 시달리던 아내는 새벽 6시에 남편의 의사를 물었습니다. 남편의 대답은 간단했습니다. 교회에서 배운 대로, 재계약하지 말라는 것이었습니다. 그분은 그 이후 자신의 부동산에 입주해 있는 세입자들에게 묵시계약으로 일관해 오고 있습니다. 묵시계약은 재계약일이 되어도 아무런 통보를 하지 않음으로써, 종전의 계약조건이 자동으로 연장되게 해주는 것을 의미합니다. 이번에는 세입자들이 놀랐습니다. 세입자들이 그분에게, 어떻게 이런 선처를 베푸느냐고 물었습니다. 그분도 남편과 같은 대답을 했습니다. 교회에서 배운 대로 한다는 대답이었습니다. 최근에 그분과 통화하면서 요즘 심정이 어떤지 물었습니다. 설교를 들은 날은 밤새 번민했지만, 교회에서 배운 대로 세입자들에게 묵시계약을 해주고 있는 지금은 마음이 더없이 평안하다고 했습니다. 자신의 여유분을 타인과 나누는 것은 그리스도인으로서 당연한 일임을 깨달았다면서, 이미 가진 것만으로도 족한 줄 알아 모든 것이 주님께 감사하다고도 했습니다.

이상 언급한 분들과 같은 교우님들을 보면, 저는 눈시울이 뜨거워지는 감동을 받으면서, 그분들을 그렇게 본질적인 세례교인으로 세워 주신 주님을 찬양하지 않을 수 없습니다. 그분들이 옛 삶을 과감하게 청산하고, 새로운 생명의 삶을 결단하고 실행하는 본질적인 세례교인으로 살 수 있는 것은 모두, 예배를 통해 그분들에게 이미 임해 계신 주님의 참생명을 힘입은 덕분이었습니다. 주님의 참생명을 힘입지 않고는, 죄성을 지닌 인간은 그 누구도 죽음의 옛사람을 스스로 버리고 생명의 사람으로 거듭난 삶을 살 수 없습니다. 그리고 그것은 참된 예배를 통해 가능합니다. 노예였던 것으로 추정되는 청년 유두고는 비록 졸았을망정, 하루의 노동으로 인한 피로에 절은 몸으로도 주님을 사모하여 예배에 참석하였다가, 죽음과 거듭남을 통한 본질적인 세례교인으로 세움 받는 주님의 은총을 입었습니다. 만약 청년 유두고가 동일한 사고를 예배 장소가 아닌 다른 곳에서 당했더라면, 그의 인생은 그것으로 비극적인 종말을 맞고 말았을 것입니다. 예배의 중요성은 아무리 강조해도 지나침이 없습니다.

바울이 죽은 유두고의 시체를 보고 '생명이 그에게 있다'고 선포했던 주님의 참생명이, 우리 각자에게도 이미 임해 계심을 정녕 믿으십니까? 그렇다면 우리 역시 매주일 예배를 통해 그 생명을 확인하고, 그 생명을 힘입어, 유두고처럼 옛사람은 죽고 생명의 사람으로 거듭난 본질적인 세례교인으로 살아가십시다. 주일마다 예배를 거듭할수록 주님의 참생명을 더욱 힘입어, 공동묘지로 치닫던 죽음의 삶에서 벗어나, 영원하신 하나님의 나라를 향한 생명의 삶으로 일관하십시다. 우리로 인해 이 세상은 무척 따뜻한 하나님의 나라로 변모될 것입니다. 그리고 세상 사람은 아무도 우리를 몰라 주어도, 주님께서는 당신의 생명을 힘입어 본질적인 세례교인으로 살아가는 우리의 삶도 유두고의 경우처럼, 당신 안에서 영원히 기려 주실 것입니다.

오늘도 우리를 부르셔서 삼위일체 하나님을 예배하는 은총을 베풀어 주셔서 감사합니다. 이 예배를 통하여, 죽음을 깨뜨리고 부활하신 주님께서 이미 참생명으로 우리에게 임해 계시고, 벌써부터 생명의 말씀으로 우리를 품고 계심을 재확인시켜 주셔서 더욱 감사합니다. 우리 모두 매주일 예배를 통해 주님의 그 생명을 확인하면서, 그 생명을 힘입어 옛사람은 죽고 생명의 사람으로 거듭난, 본질적인 세례교인으로 살아가게 해주십시오. 그리하여 우리로 인해 이 세상이 주님의 향기 그윽한, 따뜻한 하나님의 나라가 되게 해주십시오. 아멘.

# 24. 바울이 걸어서

사도행전 20장 13절

우리는 앞서 배를 타고 앗소에서 바울을 태우려고 그리로 가니 이는 **바울이 걸어서** 가고자 하여 그렇게 정하여 준 것이라

드로아는 로마제국 콘스탄티누스 황제가 한때 동로마제국의 수도로 삼으려 했을 정도로, 에게해를 사이에 두고 아시아 대륙과 유럽 대륙을 연결하는 중요한 항구 도시였습니다. 그 지정학적 이점으로, 드로아는 2천 년 전 바울 당시에도 경제적 번영을 구가하는 대도시였습니다. 하지만 오늘날의 드로아는 폐허 속 돌더미로만 남아 있습니다. 14년 전인 2001년 1월 제가 옛 드로아를 찾아가 보았을 때, 누런 갈대에 파묻힌 유적지의 돌더미는 인생의 덧없음을 웅변해 주고 있었습니다. 인간이 놓고 세운 주춧돌과 성벽 돌들은 폐허 속일망정 여전히 남아 있건만, 그곳에 집과 성벽을 세우고, 그 속에서 위세를 부리며 살았던 인간은 모두 흔적도 없이 사라져 버리고 말았

습니다. 앞으로 또다시 2천 년이 지나도, 그 돌들은 계속하여 그 자리를 지키고 있을 것입니다.

그 돌들에 비한다면, 인생은 얼마나 하찮고 덧없습니까? 폐허 속에 내버려진 돌보다 못한 인간이, 대체 뭘 내세우며 자랑할 것이 있겠습니까? 육체의 생명을 목적으로 살면, 인간은 나이 들수록 생명이 쇠퇴하는 서글픈 존재요, 결국엔 돌보다 못한 한줌의 흙이나 재로 소멸해 버릴 따름입니다. 그보다 더 허무한 존재가 또 있겠습니까? 그렇기에 누런 갈대에 파묻힌 드로아 유적지의 폐허는 역설적이게도, 육체의 생명을 목적으로 삼던 옛사람은 죽고 주님의 참생명 속에서 본질적인 세례교인으로 거듭난 드로아의 유두고를 또렷하게 비춰 주는 반사경이었습니다. 폐허 속에 내버려진 돌보다 못한 우리에게도, 죽은 유두고를 다시 살리신 주님의 참생명—영원한 생명이 이미 임해 계신다는 것은 얼마나 감격스러운 은총입니까?

우리말 개역개정판 성경은 9절과 12절이 동일하게 드로아의 유두고를 "청년"이라 일컫고 있습니다. 그러나 헬라어 원문에는 9절과 12절의 단어가 각각 다르게 표기되어 있습니다. 9절의 '청년'은 '청년'을 뜻하는 '네아니아스 νεανίας'로 표기되어 있지만, 12절에서 우리말 '청년'으로 번역된 헬라어 '파이스παῖς'는 본래 '아이'를 의미합니다. 당시 헬라어로 '네아니아스'가 15세 이상의 젊은이를 가리켰다면, '파이스'는 8세에서 14세까지의 어린이를 뜻했습니다. 이것을 근거로 내세워, 유두고는 청년이 아니라 청소년기의 소년이었다고 주장하는 학자들도 있습니다. 우리가 현재 사용하고 있는 개역개정판 성경 이전의 개역성경도 본문 12절의 '파이스'를 '아이'라고 번역했었습니다.

그러나 유두고가 정말 어린 소년이었다면, 사도행전을 기록한 의사 누가는 9절에서도 유두고를 '청년'을 가리키는 '네아니아스'가 아니라, '아이'를 뜻하는 '파이스'로 기록하였을 것입니다. 누구보다도 고등교육을 받은 의사 누가가 본문을 기록하면서 의미가 상이한 두 단어로 유두고를 부른 것은, 유두고를 대하는 사람들의 입장에서 두 단어를 구별하여 사용한 까닭입니다. 사람들은 제 아들들을 '청년'이라고 말합니다. 그러나 저는 제 아들들을 가리켜 말할 때 '제 첫째 청년' 혹은 '제 둘째 청년'이라고 말하지 않습니다. 저는 다른 사람들 앞에서 제 아들을 가리킬 때, 언제나 '제 첫째 아이' 혹은 '제 둘째 아이'라고 부릅니다. 그들이 성인이 되었어도, 제 자식들이기 때문입니다.

누가가 9절에서 유두고를 '청년'이라고 표기한 것은, 누가 자신을 포함하여 당시 사람들에게 유두고는 연령상 실제로 '청년'이었음을 뜻합니다. 그러나 12절에서 똑같은 유두고를 두고 '아이'를 뜻하는 '파이스'라고 표기한 것은, 주님께서 새롭게 살려 주신 유두고를 데리고 간 집안 어른들과 동네 어른들 입장에서 기록한 것이었습니다. 그들에게는 '청년' 유두고가 '아이'였던 것입니다. 유두고는 한 명이었지만, 동일한 유두고는 누군가에 의해서는 청년으로 불렸고, 또 다른 누군가로부터는 아이로 일컬어졌습니다. 그리고 유두고가 자신을 살려 주신 주님의 생명 안에서 그 두 호칭에 대한 자신의 역할을 제대로 감당하였음을 밝히기 위해, 누가는 본문 속에 유두고의 두 호칭을 모두 표기하였던 것입니다.

우리 역시 마찬가지입니다. 이 세상에서 단 하나의 호칭으로 불리는 사람은 없습니다. 우리 각자는 남편, 아내, 부모, 자식, 형, 언니, 동생, 상사, 부하, 아이, 청소년, 청년, 중년, 장년, 어른 등, 동시에 여러 호칭으로 불리고 있습니다. 우리가 배우가 아닌데, 그 많은 호칭에 어떻게 일일이 제대로 응답할 수 있겠습니까? 우리가 삶 속에서 호칭에 따라 배우처럼 대응하려 하면, 도리어 그것이 큰일입니다. 배우는 무대나 스크린 속에서만 배우입니다. 누구든 실제의 삶 속에서 호칭에 따라 배우처럼 연기를 하려 하면, 그는 위선적인 바리새인이 될 따름입니다. 우리가 우리에게 붙여진 그 많은 호칭에 모두 바르게 응답할 수 있는 것은, 우리가 주님의 참생명을 힘입을 때입니다. 죽음을 깨뜨리고 부활하신 주님의 참생명만 죄성을 지닌 우리를 신실한 사람으로 세워 주실 수 있고, 신실한 사람만 자신에 대한 모든 호칭에 신실하게 응답할 수 있습니다. 참생명은 신실로 입증되고, 신실은 오해와 편견을 뛰어넘어 사람과 사람을 한데 엮어 주는 생명의 동아줄입니다.

이레 동안 드로아에 머물렀던 바울은 주일 밤 그곳의 형제자매들과 마지막 예배를 드린 뒤, 계획했던 대로 월요일 아침에 드로아를 떠났습니다. 그리고 그 이후의 여정을 13절이 밝혀 주고 있습니다.

우리는 앞서 배를 타고 앗소에서 바울을 태우려고 그리로 가니, 이는 바울이 걸어서 가고자 하여 그렇게 정하여 준 것이라.

드로아를 출발한 바울 일행의 다음 행선지는, 드로아 남쪽에 위치한 앗소였습니다. 그러나 앗소로 향하는 여정은 지금까지와는 전혀 다른 양상으로 전개되었습니다. 2차 전도 여행 중 바울이 홀로 아테네에서 고린도를 찾아간 것처럼, 그동안 바울은 일행 없이 홀로 여행한 적도 있었습니다. 반면에 바울에게 일행이 있을 때에는 도보로 걸어가든, 배를 타고 가든, 바울은 언제나 일행과 함께 움직였습니다. 하지만 이번에는 달랐습니다. 누가가 본문에서 '우리'라고 1인칭 복수형 주어를 사용한 것처럼, 바울에게는 '우리'로 표현되는 일행이 있었습니다. 사도행전을 기록한 누가를 포함하여, 흉년을 당한 예루살렘 교인들에게 구제헌금을 전달할 마게도냐와 아가야 각 지역 교회 대표들 등이었습니다. 바울과 그들의 행선지는 동일하게 앗소였습니다.

그러나 앗소에 이르는 여행 수단은 동일하지 않았습니다. 바울을 제외한 나머지 일행이 배를 타고 먼저 앗소에 가서 기다리면, 바울은 앗소까지 걸어가 그곳에서 일행과 다시 합류하는 것이었습니다.

그것은 바울 일행의 선택이나 의지가 아니었습니다. 본문은, "이는 바울이 걸어서 가고자 하여 그렇게 정하여 준 것이라"고 증언하고 있습니다. 우리말 '정하여 주다'라고 번역된 헬라어 동사 '디아탓소διατάσσω'는 '규정하다'는 의미와 함께 '명령하다', '지시하다'라는 뜻을 지니고 있습니다. 바울과 그의 일행은 상하의 관계가 아니라, 주님 안에서 동역의 관계를 이루고 이었습니다. 바울이 그들에게 명령하고 지시하는 관계가 아니었다는 말입니다. 그런데도 바울이, 나는 앗소까지 걸어갈 테니 여러분은 배를 타고 앗소로 가서 그곳에서 기다리라고 '명령'했다는 것은 무슨 의미이겠습니까?

바울은 이때, 당시의 평균 수명으로 이미 인생 말년에 접어든 시기였다고 했습니다. 그 바울이 일행과 떨어져 먼 길을 단신으로 걸어가겠다는데, 일행이 알았다며 자신들만 편하게 배에 승선했겠습니까? 몸도 노쇠한데 자신들과 함께 배를 타고 가자며 바울을 만류하지 않았겠습니까? 그래도 바울이 굳이 걸어가겠다면, 자신들도 걸어가겠다며 바울을 따라 나서지 않았겠습니까? 그러나 바울은 그때만은, 당연한 듯 보이는 일행의 만류와 제안을 받아들이지 않았습니다. 바울은 나는 앗소까지 홀로 걸어갈 것인즉, 여러분은 배를 타고 가서 그곳에서 나를 기다리라고 단호하게 명령했습니다. 바울이 일행으로부터 자신을 스스로 격리시켜 혼자 앗소까지 걸어간 것은, 누구도 만류하거나 제지할 수 없는 바울 자신의 굳은 의지와 결단이었습니다.

본문과 관련된 책들을 보면 드로아에서 앗소까지의 거리가 책마다 다르게 나타나 있습니다. 어떤 책에는 30킬로미터로, 또 어떤 책에는 40킬로미터로 기록되어 있는 식입니다. 2001년도에 드로아의 유적지를 찾았던 저는 그곳에서 앗소 항구까지, 자동차로 옛길을 따라가며 직접 거리를 확인해 보았습니다. 정확하게 65킬로미터였습니다. 인생 말년에 접어든 바울에게 그 거리는 도보로 최소한 이틀 이상을 필요로 하는 거리였습니다. 그것은 또 바울이 최소한 하루 이상 길에서 노숙해야 하였음을 의미합니다. 인생 말년에 접어든 바울이 그 먼 길을 홀로 걸어가다 시장하면, 길 옆 바위에 걸터앉아 배낭 속의 마른 빵을 씹어 먹습니다. 칠흑 같은 밤이 되어 더 이상 걸을 수 없으면, 바울은 대지의 풀을 요로 삼고, 초롱초롱 별이 빛나는 밤하늘을 이불 삼아 노숙합니다. 그리고 새벽 하늘이 밝으면, 또다시 마른 빵으로 요기를 한 다음 터벅터벅 앗소를 향해 계속 걸어갑니다. 배를 타고 편안히 가면 될 것을 바울이 인생 말년에, 더욱이 지병을 지닌 병약한 몸으로, 그렇듯 혼자 사서 고생한 까닭이 대체 무엇이겠습니까?

앞으로 계속하여 살펴보겠습니다만, 앗소까지 걸어가 그곳에서 자신의 일행과 합류한 바울이 밀레도에서 에베소의 장로들에게 남긴 마지막 유언 속에 그 단초가 들어 있습니다.

> 보라, 이제 나는 성령에 매여 예루살렘으로 가는데, 거기서 무슨 일을 당하는지 알지 못하노라. 오직 성령이 각 성에서 내게 증언하여 결박과 환난이 나를 기다린다 하시나(22-23절).

바울은 자신의 행선지를 자신의 유불리有不利에 따라 스스로 결정한 적이 없었습니다. 오직 성령님께 매여 살던 바울은 성령님의 인도하심에 따라 움직였습니다. 출애굽한 이스라엘 백성이 구름기둥이 움직이면 한밤중이라도 전진하고, 구름기둥이 멈추면 몇 달이든 계속 그 자리에 멈추어 있었던 것과 같습니다. 3절에 의하면, 바울이 고린도에서 3차 전도 여행을 매듭짓기 위해 고린도를 떠나려 할 때 그의 의도는 분명히, 배를 타고 예루살렘으로 가서 구제헌금을 전달한 뒤에 일단 자신의 목회 본거지인 수리아의 안디옥으로 귀환하는 것이었습니다. 하지만 유대인들이 지중해를 횡단하는 배 안에서 자신을 죽이기로 공모했기에, 바울은 고린도에서 마게도냐로 올라가 에게해를 건너 드로아와 앗소를 거쳐 밀레도에 이르렀습니다. 그리고 바울은 밀레도에서, "이제 나는 성령에 매여 예루살렘으로" 간다고 밝혔습니다. 마게도냐를 두르는 먼 길을 거쳐 오면서, 3차 전도 여행의 목적지가 수리아의 안디옥에서 예루살렘으로 변경된 것이었습니다.

바울은 에베소의 장로들에게 계속하여, "오직 성령이 각 성에서 내게 증언하여 결박과 환난이 나를 기다린다 하"신다고 증언하였습니다. 바울은 고린도에서 북쪽 마게도냐로 우회하면서 자신이 복음을 전했던 베뢰아, 데살로니가, 빌립보를 거쳐 네압볼리에서 에게해를 건너 드로아로 갔습니다. 그 모든 성을 거칠 때마다 성령님께서는 바울에게, 예루살렘에서 바울을 기다리는 것은 영광의 면류관이 아니라 '결박과 환난'이라고 예고하셨습니다. 우리는 '사명자반'에서 '믿음'은 '해석'이라고 배웠습니다. 동일한 사건을 믿음 안에서 어떻게 해석하느냐에 따라 결과는 판이하게 달라집니다. 바울은 성령님의 그 예고를, 자신의 예루살렘행을 막아 주시려는 주님의 은혜라고 자기중심적으로 안이하게 해석하고, 실제로 예루살렘행을 아예 포기할 수도 있었습니다. 그러나 성령님의 예고에 대한 바울의 해석은, 그가 왜 위대한 사도인지를 입증해 주고 있습니다.

내가 달려갈 길과 주 예수께 받은 사명, 곧 하나님의 은혜의 복음을 증언하는 일을 마치려 함에는, 나의 생명조차 조금도 귀한 것으로 여기지 아니하노라(24절).

바울은 복음의 증인이 되기 위해서라면, 자기 앞에 도사리고 있는 결박과 환난도 자신의 생명을 걸고 감수할 것이라고 선포했습니다. 바울은 바로 그것이 자신을 사랑하시고, 자신에게 참생명을 주신 성령님의 뜻이라고 해석한 것이었습니다. 그리고 지나쳐 온 각 성에서 결박과 환난을 일러 주신 성령님의 예고와, 복음의 증인이 되기 위해 자신의 생명마저 던지겠다는 바울의 선포 사이에, 드로아에서 앗소까지 단신으로 걸어갔던 바울의 여정이 끼어 있습니다.

그렇다면 바울이 왜 일행에게는 자신을 따라오지 말고 배를 타고 먼저 앗소로 가서 기다리라고 명령하고, 홀로 65킬로미터의 먼 거리를 걸어갔는지, 이제 그 까닭을 알게 됩니다. 그동안 성령님께서 계속 일러 주신 결박과 환난의 예고를 성령님의 조명 아래에서 바르게 해석하고, 그 어떤 위험의 길도 두려움 없이 나아갈 수 있게끔 주님 안에서 자신을 새롭게 추스르기 위함이었습니다. 다시 말해 자신을 일행으로부터 격리시켜 이 세상 그 누구의 방해도 받지 않고, 오직 삼위일체 하나님과만 독대하면서, 자신이 나아가야 할 소명의 길을 추호의 흔들림도 없이 완주하기 위함이었습니다.

드로아에서 앗소에 이르기까지 바울이 걸어갔던 옛길을 따라가노라면, 오른쪽으로 에게해 너머의 유럽 대륙이 손에 잡힐 듯 계속 시야에 들어옵니다. 아시아 대륙을 걷고 있는 바울에게, 에게해 너머의 유럽 대륙은 자신의 마지막 생을 던져야 할 로마가 있는 곳이기도 했습니다. 성령님의 예고를 곱씹고, 에게해 너머의 유럽 대륙을 바라보며, 앗소를 향해 홀로 걸어가는 바울은 주님과 독대하며 끊임없는 대화를 나누었을 것입니다. 14년 전 저는 그 길을 자동차를 타고 가다가, 차에서 내려 2천 년 전 바울이 앗소를 향해 걸었던 그 옛길을 한동안 걸었습니다. 2천 년의 시간을 뛰어넘어, 홀로 주님과 독대하며 그 길을 걸었던 바울의 심정에 젖어드는 것은 그리 어려운 일이 아니었습니다.

주님, 저는 지금 주님께 매여 예루살렘으로 향하고 있습니다. 그러나 제 앞에 결박과 환난이 도사리고 있음을 주님께서 제게 거듭 일러 주고 계십니다. 이것이, 저더러 이 길을 피하라 하심이 아니지요? 교회를 짓밟는 폭도였던 저를, 주님께서 주님의 십자가 보혈로 살려 주셨습니다. 그것은 제 일신의 안일을 꾀하게 하심이 아니라, 주님의 생명을 전하는 주님의 도구로 쓰시기 위함임을 저는 잘 알고 있습니다. 주님, 감사합니다. 저를 믿어 주시고, 주님의 뜻을 이루시기 위해 다른 사람이 꺼려 하는 결박과 환난의 이 길로, 저를 선택하여 불러 주셔서 감사합니다. 주님께서 다메섹 도상에서 저를 지명하여 불러 내실 때, 저의 옛사람은 그때 이미 죽었습니다. 제 생명은 살아도, 죽어도, 제게 영원한 생명을 주신 주님의 것입니다. 주님을 위해서라면 어떤 결박과 환난이 도사리고 있어도, 반드시 예루살렘을 거쳐 로마까지 가겠습니다. 저를 영원토록 살게 해주신 주님을 위해서라면, 제 육체의 생명은 조금도 아깝지 않습니다. 주님, 제가 주님을 얼마나 사랑하는지, 주님께서도 아시지요? '내가 그리스도와 함께 십자가에 못박혔나니, 그런즉 이제는 내가 사는 것이 아니요 오직 내 안에 그리스도께서 사신 것이라. 이제 내가 육체 가운데 사는 것은, 나를 사랑하사 나를 위해 자기 자신을 버리신 하나님의 아들을 믿는 믿음 안에서 사는 것이라'(갈 2:20).

이처럼 드로아에서 앗소까지 그 먼 길을 홀로 걸어가는 자발적인 자기 격리를 통해, 바울은 성령님의 예고의 참뜻을 바르게 해석하고, 만난을 뚫고 달려가야 할 소명의 길을 완주하기 위해 믿음의 허리띠를 다시 한 번 동여매었습니다. 바울의 그 자기 격리는 겟세마네의 예수님을 연상케 합니다. 십자가의 죽음을 앞두고 예수님께서는 제자들과 함께 겟세마네 동산으로 가셨습니다. 누가복음 22장 41절에 의하면, 겟세마네 동산에 이르신 예수님께서는 제자들로 하여금 한곳에서 함께 기도하게 하시고, 당신은 그곳에서 돌을 던져야 닿을 정도로 멀리 떨어진 곳으로 가셔서 홀로 성부 하나님 앞에 무릎을 꿇고 기도하셨습니다. 절체절명의 마지막 순간이라고 해서 주님께서 제자들과 함께 손을 맞잡고 통성으로 기도하신 것이 아니었습니다. 주님께서는 제자들로부터 당신을 자발적으로 격리하시어, 홀로 하나님 아버지와 독대하셨습니다. 그리고 예수님께서 하나님 아버지께 드린 기도의 핵심은 우리가 잘 아는 바와 같습니다.

> 아버지여, 만일 아버지의 뜻이어든 이 잔을 내게서 옮기시옵소서. 그러나 내 원대로 마옵시고 아버지의 원대로 되기를 원하나이다(눅 22:42).

예수님의 개인적인 바람은 십자가 죽음의 쓴 잔을 마시지 않는 것이었습니다. 그러나 예수님께서는 그 잔을 마시지 않기 위함이 아니라, 하나님 아버지의 뜻이 이루어지게끔 그 죽음의 쓴 잔을 기꺼이 마시기 위해 하나님 아버지와 독대하셨습니다. 그 겟세마네의 자기 격리를 통해 예수님께서는 피하고픈 십자가 죽음이 하나님의 뜻임을 바르게 해석하시고, 그 죽음의 쓴 잔을 온몸으로 마시는 십자가의 구주가 되셨습니다. 이때뿐만이 아니었습니다. 예수님께서는 평소에도 새벽이면 한적한 곳으로 당신을 격리시키시어,

홀로 하나님 아버지와 독대하셨습니다. 인간으로 이 땅에 오신 예수님께서는 그 자발적인 자기 격리를 통해 그리스도의 사역을 완수하셨습니다. 예수님도 그렇게 하셨고, 바울도 예수님을 본받아 그렇게 살았다면, 하물며 우리야 두말해 무엇하겠습니까?

다음 시간에 깊이 숙고해 보겠습니다만, 믿음은 마셔야 할 쓴 잔을 피하는 것이 아니라, 주님 안에서 기꺼이 마시는 것입니다. 져야 할 십자가를 외면하지 않고, 능동적으로 감수하는 것입니다. 나아가야 할 소명의 길에서 돌아서지 않고, 만난이 도사리고 있어도 정면 돌파하는 것입니다. 그것이 가능하기 위해서는 오직 삼위일체 하나님과만 독대하는 자발적인 자기 격리가 있어야 합니다. 겟세마네의 예수님처럼 하나님 앞에 홀로, 고독하게 무릎 꿇는 것입니다. 바울처럼 주님의 말씀을 곱씹으며 하나님과만 독대하는, 고독한 묵상의 길을 걷는 것입니다. 그리스도인의 영적 성장과 성숙은 하나님과 독대하는 자발적인 자기 격리, 그 고독의 시간과 정비례합니다. 삼위일체 하나님의 생명과 사랑과 은혜로 채움 받는 자발적인 자기 격리를 통해서만 우리의 영적 시력이 회복되고, 주어진 상황에 대한 바른 해석의 능력이 고양되며, 마셔야 할 쓴 잔을 마시는 용기가 체화되고, 소명의 길을 끝까지 완주하는 영적 내공이 심화됩니다. 그리고 그때부터 우리의 삶 속에 돌더미보다 못한 우리의 뜻이 아니라, 이 시대를 위한 영원하신 주님의 뜻이 움트기 시작합니다.


주님께서 이미 영으로 내 안에 임해 계시고, 벌써부터 당신의 말씀으로 나를 품고 계심을 감사드립니다. 하지만 세상으로부터 나를 격리시켜 주님과만 독대하려 하지 않았기에, 여전히 세상 속에서 무기력한 그리스도인으로 살고 있는 나의 어리석음을 용서해 주십시오. 이제부터 우리 모두 겟세마네에 홀로 무릎 꿇으셨던 예수님을, 앗소까지 홀로 묵상의 길을 걸었던 바울을 본받게 해주십시오. 기도를 통해, 말씀묵상을 통해, 세상으로부터 자신을 격리시켜 주님과만 독대하는 시간을 갖게 해주십시오. 세상의 삶이 분주하고 어지러울수록, 도리어 더욱 주님과만 독대하는 자기 격리의 시간을 더 많이 갖게 해주십시오. 자발적인 자기 격리를 통해 주어진 상황을 주님 안에서 바르게 해석하며, 마셔야 할 쓴 잔을 주님 안에서 기꺼이 마시고, 져야 할 십자가를 외면하지 않으며, 만난이 도사린 길일지언정 가야 할 소명의 길을 정면으로 돌파하게 해주십시오. 자발적인 자기 격리를 통해 돌더미보다 못한 우리의 뜻이 아니라, 이 시대를 위한 영원하신 주님의 뜻이 늘 이루어져 가게 해주십시오. 아멘.

# 25. 지체하지 않기 위하여

사도행전 20장 13-16절

우리는 앞서 배를 타고 앗소에서 바울을 태우려고 그리로 가니 이는 바울이 걸어서 가고자 하여 그렇게 정하여 준 것이라 바울이 앗소에서 우리를 만나니 우리가 배에 태우고 미둘레네로 가서 거기서 떠나 이튿날 기오 앞에 오고 그 이튿날 사모에 들르고 또 그다음 날 밀레도에 이르니라 바울이 아시아에서 **지체하지 않기 위하여** 에베소를 지나 배 타고 가기로 작정하였으니 이는 될 수 있는 대로 오순절 안에 예루살렘에 이르려고 급히 감이러라

우리는 지난 시간에, 바울이 왜 자기 일행과 떨어져 드로아에서 앗소까지 65킬로미터의 먼 길을 굳이 홀로 걸어갔는지, 그 연유에 대해 생각해 보았습니다. 바울이 3차 전도 여행을 매듭짓기 위해 고린도를 출발할 때, 본래 그의 계획은 예루살렘을 거쳐 자신의 목회 본거지인 수리아의 안디옥으로 일단 귀환하는 것이었습니다. 그러나 고린도를 출발한 바울이 베뢰아, 데살로니가, 빌립보, 드로아를 거쳐 오는 동안 성령님께서 바울에게 계속하여 일

러 주셨습니다. 바울이 가고자 하는 예루살렘은 영광의 길이 아니라, 결박과 환난이 도사리고 있다는 예고였습니다. 바울로서는 선택의 기로에 선 셈이었습니다. 바울은 성령님의 거듭된 예고를 자신의 예루살렘행을 막아 주시려는 성령님의 은혜로 해석할 수도 있었고, 성령님께서 자신을 믿으시고 온갖 위험이 도사린 결박과 환난의 그 길을 자기에게 맡겨 주신 소명이라고 해석할 수도 있었습니다.

이것이 바울이 드로아에서 앗소까지 그 먼 길을 홀로 고독하게 걸어간 이유였습니다. 일행으로부터 자신을 자발적으로 격리시켜, 이 세상 그 무엇이나 누구에게도 방해받지 않고, 오직 삼위일체 하나님과만 독대하면서, 성령님의 거듭된 예고의 참뜻을 주님 안에서 바르게 해석하고, 자신이 가야 할 소명의 길이라면 그 어떤 위험의 길도 정면으로 돌파하게끔 믿음의 허리띠를 다시 한 번 동여매기 위함이었습니다. 그 고독한 자기 격리를 통해 바울은, 지난 시간에 확인했던 것처럼, 이렇게 고백하기에 이르렀습니다.

보라, 이제 나는 성령에 매여 예루살렘으로 가는데, 거기서 무슨 일을 당할는지 알지 못하노라. 오직 성령이 각 성에서 내게 증언하여 결박과 환난이 나를 기다린다 하시나, 내가 달려갈 길과 주 예수께 받은 사명, 곧 하나님의 은혜의 복음을 증언하는 일을 마치려 함에는, 나의 생명조차 조금도 귀한 것으로 여기지 아니하노라(22-24절).

하나님과만 독대하는 자기 격리를 통해, 바울은 주님의 뜻을 바르게 분별했고, 자신을 영원히 살려 주신 주님을 위해 자기 육체의 생명마저 기꺼이 던지기로 결단하였습니다. 그리고 오늘의 본문은 그 이후에 있었던 일을 밝혀 주고 있습니다.

바울이 앗소에서 우리를 만나니, 우리가 배에 태우고 미둘레네로 가서 (14절).

마침내 걸어서 앗소에 도착한 바울은, 배를 타고 먼저 앗소에 와 바울을 기다리고 있던 일행을 만났습니다. 에게해 연안에서 가장 아름다운 도시로 손꼽히던 앗소는, 플라톤이 이상주의 국가를 건설하려 했던 곳이었습니다. 또 아리스토텔레스가 알렉산더의 선생으로 부름을 받기 전, 주전 348년부터 345년까지 직접 철학을 가르쳤던 앗소는 바울 당시에도 철학이 발달한 도시였습니다. 오늘날에도 앗소의 바다는 얼마나 물이 맑고 깨끗한지 속이 그냥 들여다보입니다. 하지만 앗소에 도착한 바울은 아름다운 앗소를 관광하거나, 플라톤과 아리스토텔레스의 발자취를 둘러보려 하지 않았습니다. 그는 일행과 함께 곧장 배를 타고 앗소 남쪽의 미둘레네로 갔습니다.

거기서 떠나 이튿날 기오 앞에 오고, 그 이튿날 사모에 들르고, 또 그다음 날 밀레도에 이르니라(15절).

미둘레네에서 바울 일행은 다시 선박으로 계속 남진하여 기오와 사모를 거쳐, 앗소를 출발한 지 나흘 만에 드로아에서 남쪽으로 약 250킬로미터 떨어진 밀레도에 도착하였습니다.

바울이 아시아에서 지체하지 않기 위하여 에베소를 지나 배 타고 가기로 작정하였으니, 이는 될 수 있는 대로 오순절 안에 예루살렘에 이르려고 급히 감이러라(16절).

바울 일행이 도착한 밀레도는 에베소 남쪽 45킬로미터 지점에 위치한 도시였습니다. 우리가 잘 아는 바와 같이, 에베소는 바울이 무려 3년이나 머물면서 복음을 전했던 곳이었습니다. 그곳에 3년 동안 정들었던 믿음의 형제자매들이 얼마나 많았겠습니까? 사도행전 20장 1절에서 에베소를 떠났던 바울이 본문의 시점에 이른 것은 대략 1년이 경과한 이후로 추정되고 있습니다. 그렇다면 1년 여 동안 보지 못한 에베소의 형제자매들이 얼마나 보고 싶었겠습니까?

그런데도 바울은 배를 타고 오면서 지척에 있는 에베소를 그냥 지나쳐, 에베소 남쪽의 밀레도로 직행하였습니다. 본문은 그 이유를 "바울이 아시아에서 지체하지 않기 위하여"라고 밝혔습니다. 그리고 바울은 "될 수 있는 대로 오순절 안에 예루살렘에 이르려고 급히" 서둘렀습니다. 오순절 이전에 예루살렘에 당도하기 위해, 바울은 에베소에 들르지 않고 서둘러 에베소 남쪽의 밀레도로 온 것이었습니다.


유월절, 초막절과 함께 유대 민족 3대 명절인 오순절은 유월절 이튿날로부터 7주가 지난 날이었습니다. 이처럼 오순절은 유월절로부터 50일째 되는 날이라고 해서 오순절이라 불렸고, 유월절로부터 7주가 지난 날이라고 해서 칠칠절이라고도 불렸으며, 마침 그 시기가 밀이나 보리의 수확기와 겹쳐 추수감사절을 뜻하는 맥추절이라고도 불렸습니다.

6절에 의하면 바울은 빌립보에서 무교절을 지냈습니다. 유월절 다음 날부터 시작되는 7일 동안의 무교절을 빌립보에서 지낸 것입니다. 그리고 바울은 드로아에 가기 위해 에게해를 건너는 데 5일이 걸렸고, 드로아에서 7일 동안 체류하였습니다. 바울이 드로아에서 앗소까지 걸어가는 데 이틀만 걸렸다 쳐도, 15절의 증언처럼 앗소에서 배를 타고 밀레도에 닿기까지 소요된

4일을 합치면, 바울이 드로아에서 밀레도까지 가는 데 6일이 걸린 셈이 됩니다. 그 날수를 모두 합치면, 빌립보에서 유월절을 맞은 바울은 본문의 밀레도에 이르기까지 총 25일을 소요하였습니다. 바꾸어 말하면, 오순절까지 남아 있는 날수도 동일하게 25일이었습니다. 그러나 바울이 앞으로 가야 할 밀레도에서 예루살렘까지의 거리는, 지난 25일 동안 빌립보에서 밀레도까지 온 거리보다 두 배나 더 멀었습니다. 자칫 지중해에서 폭풍이라도 만나 배가 표류한다면, 오순절 전에 예루살렘에 당도하는 것은 어려울 수도 있었습니다. 바울은 오순절 전에 여유 있게 예루살렘에 당도하기 위하여, 3년 동안 목회했던 정든 에베소를 지척에 두고서도 그냥 지나쳐 발걸음을 재촉한 것이었습니다.

이때 바울이 왜 굳이 오순절 전에 예루살렘에 당도하려 서둘렀는지, 그 이유를 유추하는 것은 어려운 일이 아닙니다. 유대 민족 최대의 명절인 오순절 전에 흉년을 당한 예루살렘 교인들에게, 마게도냐와 아가야의 각 교회 교인들이 모은 구제헌금을 전달해 주기 위함이었을 것입니다. 또 오순절이면 지중해 세계에 흩어져 사는 디아스포라 유대인들을 포함하여 사방에서 유대인들이 예루살렘으로 모여들기에, 그 시기가 바울에게는 더없이 좋은 복음 전도의 기회가 될 수 있었습니다. 게다가 그리스도인들에게는 오순절이 성령님께서 강림하신 뜻깊은 날이었습니다. 그러므로 바울에게 오순절은 예루살렘 모교회 교인들과 함께, 그동안 성령님께서 자신을 통해 이방 세계의 이방인들에게 어떻게 역사하셨는지를 나눌 수 있는 최적기였습니다.

그러나 그보다 더 중요한 이유가 있었습니다. 바울이 일행으로부터 자신을 자발적으로 격리시켜, 드로아에서 앗소까지 홀로 고독하게 걷는 하나님과의 독대를 통해, 결박과 환난이 도사리고 있는 예루살렘이 3차 전도 여행의 최종 목적지임을 분명하게 확인한 것입니다. 자신의 3차 전도 여행의 최종 목적지가 예루살렘임이 확인된 이상, 바울은 한순간이라도 지체할 수 없었습니다. 그에게 남은 것은, 주어진 소명의 길을 향해 지체 없이 계속 나아가는 것이었습니다. 고린도를 출발할 때까지만 해도 바울이 계획한 3차 전도 여행의 최종 목적지는 자신의 목회 본거지인 수리아의 안디옥이었지만, 성령님에 의해 예루살렘이 최종 목적지임을 확인한 바울은 이 이후에는 수리아의 안디옥을 다시는 언급조차 하지 않았습니다. 구체적으로 어떤 결박과 환난을 당할는지는 알 수 없지만 주님의 뜻에 따라 지체 없이 예루살렘으로 올라가는 것, 그것이 바울에게는 당장의 사명이었습니다.

지금 바울은 다른 사람보다 한발 앞서 신규 사업에 투자하기 위해, 혹은 반등 직전의 부동산을 급히 매입하기 위해 서둘러 예루살렘으로 향하는 것이 아니었습니다. 그의 예루살렘행이 그에게 단돈 1원이라도 경제적인 이득을 안겨 주는 것이 아니었다는 말입니다. 그렇다고 미래를 위한 기득권을 보장해 주는 것도 물론 아니었습니다. 세상 사람들이 부러워할 출세나 성공의 길은 더더욱 아니었습니다. 그 길은 결박과 환난이 도사린 위험한 길이었습니다. 그러나 바울은 그 결박과 환난의 길에 자신의 생명을 던지기 위해 한순간도 지체하지 않았습니다. 그 궁극적인 목적은 자기 일신의 영화가 아니라, 이 세상을 새롭게 하시는 주님의 도구가 되기 위함이었습니다. 주님께 자신의 전 인생을 맡긴 사람이 아니고서는 불가능한 일이었습니다. 바울 역시 우리와 똑같은 성정의 인간에 지나지 않지 않습니까? 대체 바울에게 어떻게 그런 결단과 실행의 삶이 가능할 수 있었겠습니까? 두말할 것도 없이, 바울이 자신을 격리시켜 하나님과 독대하는 사람이었기 때문입니다.

본문의 바울은 우리에게 중요한 교훈을 안겨 주고 있습니다.

첫째, 자기 격리를 통해 하나님과 독대하는 사람만 이 세상에서 참된 그리스도인으로 살아갈 용기를 견지할 수 있다는 교훈입니다. 바울은 이미 투옥과 태형 그리고 테러를 당한 경험이 있었습니다. 처음에는 몰라서 당한다지만, 한 번 그런 끔찍한 일을 당해 본 사람은 두 번 다시 같은 일을 당하려 하지 않습니다. 그것이 얼마나 몸서리치는 일인지 온몸으로 체험한 학습효과 때문입니다. 경험은 소중한 자산이지만, 때론 공포의 원천이 되기도 합니다. 지금 바울이 가려는 길은 결박과 환난이 도사린 길입니다. 그 끔찍한 투옥과 테러를 또다시 당해야 하는 길이란 말입니다. 이미 유경험자인 바울로서는 어떻게 해서든 피해야 할 길이었습니다. 하지만 바울은 그 길을 정면으로 돌파하기 위해 자신의 생명을 걸었습니다. 참된 용기요, 하나님과 독대하는 자기 격리를 통해서만 하나님으로부터 공급받을 수 있는 용기였습니다. 용기의 출처가 인간 자신이면 그것은 도리어 자신을 무너뜨리는 만용이거나 허세에 지나지 않습니다. 오직 하나님께로부터 비롯되는 용기만, 어떤 상황 속에서도 꺾이지 않는 참된 용기입니다.

그리스도인인 우리는 무엇이 참이고 거짓인지, 어느 쪽이 정의이고 불의인지, 다 알고 있지 않습니까? 그런데도 우리는 왜 하나님의 정의를 좇기보다는, 불의와 더 자주 손을 잡고 있습니까? 참을 추구해야 함을 뻔히 알면서도, 왜 습관적으로 거짓과 타협하고 있습니까? 두려움과 욕심 때문입니다. 정의와 참을 좇을 때 당할지도 모르는 불이익과 불편과 소외에 대한 두려움, 그리고 불의와 거짓의 벗이 됨으로써 더 많은 유익을 누리려는 욕심입니다. 인간의 마음속에 뿌리를 두고 있는 두려움과 욕심은 인간의 만용과 허세로는 절대로 제압할 수 없습니다. 그것은 하나님께서 주시는 용기로만 가능하고, 그 용기는 하나님과 독대하는 자기 격리를 통해서만 채움 받을 수 있습니다.

그리스도인이 세상과 자신을 격리시켜 삼위일체 하나님과 독대한다는 것은, 하나님께서 이미 영으로 내 안에 임해 계시고, 벌써부터 당신의 말씀으로 나를 품고 계심을 재확인하는 것을 의미합니다. 생각해 보십시오. 천지를 창조하신 성부 하나님, 나를 위해 죽음을 깨뜨리고 영원히 부활하신 성자 하나님, 진리의 영이신 성령 하나님께서 이미 내 안에 임해 계시고 내가 그분 안에 있거늘, 대체 내가 그분을 힘입어 제압하지 못할 두려움과 욕심이 어디에 있겠습니까? 참된 용기는 우리의 것이 아니라 언제나, 우리의 온갖 허물에도 불구하고 여전히 우리를 믿어 주시는 하나님의 것입니다.

본문의 바울이 우리에게 주는 두 번째 교훈은, 자기 격리를 통해 하나님과 독대하는 사람의 삶은 결과적으로 주님 안에서 이 세상을 새롭게 한다는 것입니다. 바울은 복음을 전하기 위해 온 지중해 세계를 누비고 다녔고, 마침내 결박과 환난이 도사리고 있는 예루살렘을 거쳐 제국의 심장 로마에서 참수형을 당해 죽었습니다. 이유는 단 하나, 주님의 증인—복음의 증인이 되기 위함이었습니다. 하지만 그의 전 생애에 걸쳐 그의 전도로 그가 얻은 그리스도인의 수를 다 합쳐도, 서울에 있는 중형 교회 한 곳의 교인 수에도 미치지 못할 것입니다. 바울의 위대함은 그가 전도한 사람의 머릿수에 있지 않습니다. 그의 위대함은 그로 인해 로마제국이 새로워졌고, 유럽의 역사가 새로워졌고, 세계사의 물줄기가 새로워졌다는 데 있습니다. 그러나 그것은 바울 개인의 능력에 따른 그의 업적이 아니었습니다. 바울이 자기 생명을 포함하여 자신의 삶을 온전히 주님께 드렸을 때, 바울을 도구 삼으신 주님에 의해 결과적으로 이루어진 생명의 역사였습니다.

인간의 몸으로 이 땅에 오셨던 예수님께서는 바울과는 전혀 대조적이셨습니다. 예수님께서는 전 생애를 통해 팔레스타인을 떠나신 적이 단 한 번도 없었습니다. 예수님께서는 팔레스타인에서 태어나셔서, 팔레스타인에서 사역하시다가, 팔레스타인에서 고난당하시고, 팔레스타인에서 부활 승천하셨습니다. 이처럼 팔레스타인을 벗어나 보신 적이 없는 그 예수님에 의해 인류의 역사가, 이 세상이 새로워졌습니다. 예수님께서 당신의 생명을 포함하여 당신의 전부를 성부 하나님께 드렸을 때, 예수님을 통해 성부 하나님께서 친히 섭리하신 결과였습니다. 예수님도, 바울도, 모두 하나님과 독대하는 자기 격리를 통해 그와 같은 삶이 가능하였습니다. 우리가 아무리 보잘것없어도, 우리가 태어난 이래 육체의 생명이 다할 때까지 한 곳에서만 살아도, 우리가 우리의 생명을 포함하여 우리 자신을 송두리째 하나님께 드리기만 하면, 우리의 삶은 결과적으로 하나님에 의해 이 세상을 새롭게 할 수 있습니다. 그것은 하나님과 독대하는 자기 격리의 사람만 가능합니다. 하나님과 독대하는 사람만, 유한한 인간이 전능하신 하나님께 자신을 드리는 것은, 세상을 새롭게 하시는 하나님의 손과 발로 자신을 승화시키는 것임을 바르게 터득하기 때문입니다.

본문의 바울이 우리에게 주는 마지막 교훈은, 자기 격리를 통해 하나님과 독대하는 사람은 시간을 허투루 허비하지 않는다는 것입니다. 일행으로부터 자신을 격리시킨 하나님과의 독대를 통해 결박과 환난이 도사린 예루살렘행이 하나님의 뜻임을 확인한 바울은, '아시아에서 지체하지 않기 위하여' 자신이 3년 동안 복음을 전했던 정든 에베소도 그냥 지나쳤습니다. 우리말 '지체하다'로 번역된 헬라어 동사 '크로노트리베오χρονοτριβέω'는 '시간'을 뜻하는 '크로노스χρόνος'와 '문지르다, 비비다'는 의미를 지닌 '트리보τρίβω'의 합성어로서, 문자적으로는 '시간을 비벼서 겉날려 버리는 것'을 의미합니다.

많은 사람들이 자신의 시간을 욕망에 비비느라 무의미하게 겉날려 버립니다. 자기 시간을 태만에 비비느라 겉날리는 사람들도 있고, 쾌락에 비벼 겉날려 버리는 사람들도 있습니다. 바울은 주님의 부르심을 받은 이후 단 한 번도 자신의 시간을 무의미한 것과 비벼 겉날린 적이 없었습니다. '새신자반'

에서 배운 것처럼 바울은 주님의 영원하신 말씀 안에서 자신의 시간을 영원으로 '엑사고라조ἐξαγοράζω', 즉 '건져올리는' 사람이었습니다.

이 세상에 살아 있는 모든 사람에게는 하루가 동일하게 24시간입니다. 그러나 동일한 24시간을 무의미한 것과 비비느라 겉날려 버리는 사람이 있는 반면에, 주님의 말씀 안에서 그 시간을 영원으로 건져올리는 사람도 있습니다. 그 결과 100년을 살아도 물거품처럼 흔적도 없이 허망하게 사라져 버리는 인생이 있는가 하면, 바울처럼 참수형을 당해 죽어도 시간과 공간을 초월하여 영원히 살아 있는 인생도 있습니다. 그 차이는 자기 격리를 통한 하나님과의 독대 여부에 의해 판가름 납니다. 하나님과 독대하는 사람만 하나님께 자신을 드린다는 것은 곧 자신의 시간을 드리는 것이요, 그것은 유한한 자신의 시간을 주님 안에서 하나님의 영원에 접속시키는 길임을 분명하게 알기 때문입니다.

스마트폰 시대에 접어든 요즘에는 손안에 온 세계가 들어 있습니다. 손안에 든 스마트폰을 통해 지구 반대편에서 일어나고 있는 일까지 실시간으로 알 수 있다는 의미입니다. 전 세계의 온갖 뉴스와 정보가 손안에 들어 있는 셈입니다. 그러나 스마트폰이 아무리 최첨단의 IT기기라 해도 전원을 켜지 않거나, 배터리를 충전하지 않는다면, 스마트폰으로부터 얻을 수 있는 것이라곤 아무것도 없습니다.

삼위일체 하나님께서는 이미 영으로 우리 안에 임해 계시고, 벌써부터 당신의 말씀으로 우리를 품고 계십니다. 하지만 우리가 세상으로부터 자신을 격리시켜 기도를 통해, 말씀묵상을 통해, 하나님과 독대하지 않는다면, 우리는 우리 안에 임해 계시는 하나님을 인식할 수도 없고, 하나님으로부터 아무것도 얻을 수도 없습니다. 그것은 스마트폰을 손안에 들고 있으면서도 전원을 켜지 않거나, 배터리를 충전하지 않는 것과 같습니다. 자기 격리를 통해 하나님과 독대하는 것은 하나님과 접속하기 위한 영적 전원을 켜는 것이요, 하나님과의 접속을 계속 유지하기 위해 영적 배터리를 충전하는 것입니다. 그때부터 내 속에 이미 임해 계시는 그분을 인식하고, 벌써부터 나를 품고 계시는 그분을 느끼며, 그분의 것들로 채움 받을 수 있습니다.

삼위일체 하나님으로부터 구원받은 우리는, 불의에 굴하기보다는, 정말 정의로운 그리스도인으로 살고 싶을 때가 더 많지 않습니까? 주님의 참생명 속에 있는 우리는, 이 세상의 오염을 가중시키기보다는, 이 세상을 진정으로 새롭게 하는 주님의 도구로 살고프지 않습니까? 영원한 구원의 은총을 입은 우리는, 우리의 생명인 시간을 무의미한 것과 비비느라 허망하게 끝나 버리지 않고, 우리를 스쳐가는 1초 1초를 영원으로 건져올리기를 진심으로 바라고 있지 않습니까?

그렇다면 우리 모두 기도를 통해, 말씀묵상을 통해, 하나님과 독대하는 자기 격리의 사람이 되십시다. 정의의 길을 좇으려는 우리의 뒷덜미를 끌어당기는 두려움과 욕망을 제압하는 용기도, 세상을 새롭게 하는 주님의 도구로 살아가는 삶도, 매 순간을 영원으로 건져 올리는 지혜도, 하나님과 독대하는 자기 격리를 통해서만 얻을 수 있습니다. 삼위일체 하나님과 독대하기 위한 그리스도인의 자기 격리는, 하나님과의 자기 연합을 향한 첫걸음입니다.


종이 한 장은 쉽게 찢어지지만, 종이에 풀을 발라 바위에 붙이면, 바위의 강함이 종이의 강함이 되어 종이는 찢어지지 않습니다. 내가 하나님과 독대하기 위해 나를 격리시키는 것은, 종이처럼 연약한 나의 존재를 하나님께 접붙이는 자기 연합임을 잊지 말게 해주십시오. 하나님과 독대하는 자기 격리를 통해 하나님의 강하심으로, 하나님의 능력으로, 하나님의 진리로, 하나님의 품성으로 채움 받게 해주십시오.

그리하여 정의와 참을 좇으려는 나의 뒷덜미를 끌어당기는 두려움과 욕심을 제압하는 용기를 지니게 해주시고, 나의 생명인 소중한 시간을 무의미한 것과 비비느라 겉날려 버리는 어리석음에서 벗어나 매 순간을 영원으로 건져올리게 해주시고, 결과적으로 나의 삶이 이 시대와 세상을 새롭게 하는 하나님의 손과 발로 쓰임 받게 해주십시오. 아멘.

# 26. 여러분도 아는 바니

사도행전 20장 17-21절

바울이 밀레도에서 사람을 에베소로 보내어 교회 장로들을 청하니 오매 그들에게 말하되 아시아에 들어온 첫날부터 지금까지 내가 항상 여러분 가운데서 어떻게 행하였는지를 **여러분도 아는 바니** 곧 모든 겸손과 눈물이며 유대인의 간계로 말미암아 당한 시험을 참고 주를 섬긴 것과 유익한 것은 무엇이든지 공중 앞에서나 각 집에서나 거리낌이 없이 여러분에게 전하여 가르치고 유대인과 헬라인들에게 하나님께 대한 회개와 우리 주 예수 그리스도께 대한 믿음을 증언한 것이라

바울은 드로아에서 앗소까지 65킬로미터에 이르는 먼 길을, 홀로 걸어갔습니다. 일행으로부터 자신을 자발적으로 격리시켜, 하나님과 독대하기 위함이었습니다. 바울은 그 고독한 자기 격리를 통해, 비록 결박과 환난이 도사리고 있다 해도, 하나님께서 뜻하시는 3차 전도 여행의 최종 목적지가 예루살렘임을 확인하였습니다. 앗소에서 일행과 다시 합류한 바울은 배를 타

고 미둘레네, 기오, 사모를 거쳐 밀레도로 갔습니다. 사모에서 에베소가 지척에 있었지만, 바울은 3년이나 목회했던 정든 에베소를 그냥 지나쳐 밀레도로 직행하였습니다. 예루살렘행이 하나님의 뜻임을 확인한 이상 조금이라도 지체하지 않기 위함이었습니다.

바울이 일행과 함께 당도한 밀레도는 에베소 남쪽 45킬로미터 지점에 위치하고 있었습니다. 밀레도는 로마제국의 행정구역상 아시아, 즉 오늘날 터키 대륙의 서부 지역을 일컫는 아시아에서 에베소 다음으로 큰 도시였습니다. 오늘날 밀레도의 옛 유적지를 찾아가 보면, 잘 발굴되어 있는 야외극장은 당시 소아시아 대륙에서 가장 큰 규모였습니다. 그리고 온 시가지는 처음부터 바둑판 모양으로 계획, 설계, 건축되었습니다. 밀레도 사람들의 기하학적 자질을 잘 보여 주는 대목입니다. 세계에서 가장 유명한 이스탄불의 성 소피아 성당을 설계한 천재 물리학자 이시도루스도 밀레도 출신이었습니다. 또 밀레도는 철학의 아버지라고 불리며, 막대기 하나로 거대한 피라미드의 높이를 측정하고 수학의 기초를 닦은 탈레스를 배출한 도시이기도 하였습니다. 그래서 바울 당시 상업과 철학뿐 아니라 예술의 도시로 명성을 날리던 밀레도는 외지 사람들이 찾아가 보고 싶어 하는 소문난 도시였습니다. 하지만 바울은 밀레도에서도 한눈을 팔지 않았습니다.

바울이 밀레도에서 사람을 에베소로 보내어 교회 장로들을 청하니(17절).

바울이 에베소를 지나쳐 밀레도로 직행했다고 해서, 3년이나 함께 지냈던 정든 에베소의 그리스도인들을 아예 도외시해 버린 것은 아니었습니다. 바울은 밀레도에 도착하는 즉시 에베소에 사람을 보내어, 에베소 교회의 장로들을 밀레도로 오게 했습니다. 자신이 경유지인 사모에서 에베소를 직접 들르면 들어가고 나오는 항해 시간을 포함하여, 3년이나 정들었던 교인 한 사람 한 사람과 다시 작별하느라 시간이 많이 지체되겠지만, 에베소의 장로들을 자신이 있는 밀레도로 불러 그들에게 당부의 말을 남기는 데는 상대적으로 시간이 덜 소요될 것이기 때문이었습니다. 바울이 이제 아시아를 떠나면, 앞으로 자신을 대신하여 현지의 그리스도인들을 책임져 줄 사람들은, 자신이 세운 에베소의 장로들이었습니다. 바울은 그 장로들에게 아시아의 그리스도인들을 잘 보살펴 주기를, 마지막으로 한 번 더 당부하기 원했던 것입니다.

오늘부터 살펴볼 그 내용은 바울의 '고별 설교'로 불리고 있습니다. 바울이 에베소 장로들에게 남긴, 사도행전 속의 마지막 유언인 셈입니다.

오매 그들에게 말하되, 아시아에 들어온 첫날부터 지금까지 내가 항상 여러분 가운데서 어떻게 행하였는지를 여러분도 아는 바니(18절).

"아시아"는 앞에서 말씀드린 것처럼, 에베소가 속하여 있는 오늘날 터키 대륙의 서부 지역을 일컫습니다. 바울은 기별을 받고 급히 달려온 에베소의 장로들에게, 자신이 에베소가 속해 있는 아시아에 첫발을 내디던 이래 자신이 어떻게 살아왔는지 "여러분도 아는 바"라고 고별 설교를 시작하였습니다.

그리고 그의 고별 설교는 이렇게 이어지고 있습니다.

곧 모든 겸손과 눈물이며 유대인의 간계로 말미암아 당한 시험을 참고 주를 섬긴 것과(19절).

우리말 번역은 원문의 뜻을 제대로 옮기지 못하고 있습니다. 본문의 원문을 그대로 옮기면, '유대인들의 온갖 모함으로 인한 시련에도 불구하고 모든 겸손과 눈물로 주님을 섬긴 것'이 됩니다. 주석을 가하자면, 바울은 아시아에 체류하는 3년 동안 온갖 시련과 도전에도 불구하고, 주님의 종으로서 지녀야 할 자세를 흐트러짐 없이 견지하면서 주님을 섬겼습니다.

> 유익한 것은 무엇이든지 공중 앞에서나 각 집에서나 거리낌이 없이 여러분에게 전하여 가르치고(20절).

바울은 에베소 사람들에게 유익하다고 여겨지는 것은 공개적으로든 개인적으로든, "거리낌 없이 전하여 가르"쳤습니다. 거리낌 없이 전하여 가르쳤다는 것은, 그로 인한 그 어떤 불이익도 바울은 개의치 않았다는 말입니다. 에베소는 아데미 여신과 아데미 신전이 절대적인 영향력을 행사하는 우상의 도시였습니다. 그 에베소에서 바울은 '사람의 손으로 만든 것들은 신이 아니라'고 설파하지 않았습니까? 에베소 사람들을 금속이나 돌덩이의 노예로 죽어가도록 방치해 둘 수 없었기 때문입니다. 그러나 우상의 도시 에베소에서 그것은 바울이 자신의 생명을 내어놓는 일이었습니다. 실제로 바울은 그 일로 인해 심한 곤욕을 치러야만 했습니다. 그러나 바울은 그것이 에베소 사람들을 살리는 데 절대적으로 필요하고 또 유익한 일이었기에, 조금이라도 거리끼거나 그 무엇도 개의치 않았습니다.

> 유대인들과 헬라인들에게 하나님께 대한 회개와 우리 주 예수 그리스도께 대한 믿음을 증언한 것이라(21절).

유대인들은 선민의식에 젖어 있는 유대교인들로, 유대교는 예수님을 신성 모독죄로 십자가에 못박아 죽인 종교집단이었습니다. 그 유대인들에게 회개하고 자신들이 못박아 죽인 예수 그리스도를 믿으라고 증언하는 것은, 유대교는 말할 것도 없고 그들 개개인의 신앙과 정체성마저 정면으로 부인하는 행위였습니다. 바울에게는 그것 역시 목숨을 걸어야 하는 일이었습니다. 바울이 가는 곳마다 유대인들이 바울을 박해하고 죽이려 한 것은 결코 우연의 일치가 아니었습니다. 유대인들이 보기에, 유대인이면서도 유대교를 부정하는 바울은 반드시 제거해야 할 사악한 배교자에 지나지 않았습니다.

반면에 헬라인들은 그리스신화 속에 등장하는 모든 신들을 믿는 우상숭배자들이었습니다. 그들에게 이 세상은, 수많은 신들이 제각각 영역을 나누어 통치하는 신들의 세상이었습니다. 그렇듯 온갖 신들을 숭배하는 헬라인들에게 유일하신 삼위일체 하나님 한 분을 믿으라는 것 또한 쉬운 일이 아니었습니다. 그들에게 회개하라는 것은 너희들의 신앙이 틀렸다는 말이었습니다. 세상에, 자신이 믿는 것을 틀렸다고 단정하는 사람의 말을 선뜻 따르는 사람이 흔할 수 있겠습니까? 바울이 가는 곳마다 바울을 박해하는 현지의 유대인들에게 적잖은 헬라인들이 동조하였던 것은 이런 연유로 인함이었습니다. 하지만 바울은 유대인들과 헬라인들에게 그들의 그릇된 믿음을 회개하고 십자가의 예수 그리스도를 향해 돌아설 것을 담대히 촉구하였습니다.

이상과 같이, 바울이 에베소의 장로들에게 행한 고별 설교의 첫 문장을 다시 읽어 보겠습니다. 18절의 내용입니다.

아시아에 들어온 첫날부터 지금까지 내가 항상 여러분 가운데서 어떻게 행하였는지를 여러분도 아는 바니.

한글 성경에는 우리말 어순상 "아시아에 들어온 첫날부터 지금까지"가 고별 설교의 첫머리를 장식하고 있어, 마치 바울이 아시아를 방문한 시기와 기간을 강조하고 있는 것처럼 보입니다. 하지만 헬라어 원문은 우리말 번역문 순서와는 전혀 다릅니다. 헬라어 원문에 의하면 바울의 고별 설교는, '여러분은 알고 있습니다'라는 말로 시작되고 있습니다. 본문의 원문을 그대로 옮기면, 바울의 고별 설교 첫 문장은 다음과 같습니다.

여러분도 알고 있습니다. 아시아에 첫발을 내디딘 이래, 내가 여러분 가운데서 항상 어떻게 살아왔는지를 말입니다.

바울이 고별 설교 첫 문장에서부터 강조하고자 한 것은 '여러분도 알고 있다'는 것이었습니다. 헬라어에서는 동사의 어미 변화가 주어의 성과 수를 나타내므로, 일반적으로 주어는 생략된다고 했습니다. 그럼에도 굳이 주어를 사용할 때는, 특별히 주어를 강조할 때라고 했습니다. 바울은 본문을 말하면서 의도적으로 2인칭 복수형 인칭대명사인 '휘메이스'Ὑμεῖς'를 사용하였습니다. 다른 누구도 아닌 바로 '너희들', 다시 말해 '에베소의 장로들인 여러분도 다 알고 있음'을 강조하기 위함이었습니다.

본문에서 우리말 '알다'는 의미로 번역된 헬라어 동사 '에피스타마이ἐπίσταμαι'는 머리로 이해하여 습득한 지식이 아니라, 삶의 경험을 통해 체득한 앎을 뜻합니다. 바울이 온갖 시련과 도전 속에서도 그리스도인의 중심을 잃지 않고 주님을 섬긴 것, 에베소 사람들에게 유익한 것이라면 자신의 생명도 개의치 않고 거리낌 없이 전하여 가르친 것, 유대인들과 헬라인들에게 주 예수 그리스도를 향해 회개하여 돌아서기를 촉구한 것은 모두, 사람에게 보여 주려 한 행동들이 아니었습니다. 바울이 그렇게 산 것은, 그것이 주님의 구원과 부르심을 받은 그리스도인의 당연한 책임이자 의무였기 때문입니다.

그런데도 에베소의 장로들은 바울의 그런 삶을 자신들의 눈으로 보았습니다. 바울의 삶을 자신들의 삶으로 직접 경험했습니다. 바울의 그런 삶 덕분에, 바울을 통해 그들이 주님의 구원의 은총을 입게 되었습니다. 그때 바울은 신체 건장한 청년이 아니었습니다. 당시의 평균 수명으로 이미 인생 말년에 접어든 바울은 지병을 지닌 병약한 인간이었습니다. 그러나 고령에 이른 바울의 나이도, 바울을 괴롭히던 육체의 지병도, 바울에게는 장애물이 아니었습니다. 오히려 바울은 육체적으로 노쇠하고 병약했기에 더더욱 겸손하게 주님의 은총을 구하면서, 주님의 증인으로 소명의 삶을 흔들림 없이 살았습니다. 에베소의 장로들은 그 바울과 3년 동안 함께 지내면서 삶의 체험을 통해, 온갖 시련과 도전 속에서도 바울이 주님을 어떻게 섬겼는지, 주님의 증인으로 어떻게 살아왔는지, 보고 겪어 잘 알고 있었습니다. 그래서 바울은 에베소의 장로에게 고별 설교를 시작하면서, 내가 어떻게 살아왔는지 여러분도 다 알고 있다고, 그 사실을 상기시켜 주었습니다. 여러분이 나를 보고 겪어 아는 것으로 그치지 말고, 나를 보고 겪어 아는 대로 여러분도 이제부터 살아가라는 당부였습니다.

바울은 고린도 교인들을 위한 첫 번째 편지인 고린도전서 11장 1절을 통해 그들에게 다음과 같이 권면하였습니다.

내가 그리스도를 본받는 자가 된 것같이, 너희는 나를 본받는 자가 되라.

바울은 주님을 아는 것으로 그치지 않고, 주님께서 이 땅에서 보여 주셨던 주님의 삶을 본받아 살았습니다. 2차 전도 여행 중에 고린도에서 1년 6개월 동안 체류했던 바울이, 그곳에서도 주님을 본받는 삶을 살았음은 물론입니다. 그래서 바울은 고린도 교인들에게도 자신이 주님을 본받아 사는 것을 보고 겪어 아는 대로, 여러분도 그렇게 살라고 권면한 것이었습니다. 믿음은 앎이 아니라, 삶이기 때문입니다.

바울 당시에 자천서나 교인들의 추천서를 들고 다니는 거짓교사들이 많았습니다. 자신들의 정당성과 권위를 내세우고 보장받기 위함이었습니다. 그들 가운데 고린도 교회에 침투하여, 바울에게는 추천서 한 장 없다고 바울을 비난하는 거짓 교사들이 있었습니다. 이에 대하여 바울은 고린도후서 2장 17절에서부터 3장 3절에 이르기까지 자신의 입장을 밝혔습니다. 해당 내용을 새번역성경으로 읽어드리겠습니다.

우리는, 저 많은 사람들처럼 하나님의 말씀을 팔아서 먹고 살아가는 장사꾼이 아닙니다. 우리는, 하나님께서 보내신 일꾼답게, 진실한 마음으로 일하는 사람들입니다. 우리는 하나님이 보시는 앞에서, 그리스도 안에서 말하는 것입니다. 우리가 이렇게 말하는 것이, 우리 자신을 치켜 올리는 말을 늘어놓는 것입니까? 아니면, 어떤 사람들처럼, 우리가, 여러분에게 보일 추천장이나 여러분이 주는 추천장을 필요로 하는 사람들이겠습니까? 여러분이야말로 우리를 천거하여 주는 추천장입니다. 그것은 우리 마음에 적혀 있습니다. 모든 사람이 그것을 알고, 읽고 있습니다. 여러분은 분명히 그리스도께서 쓰신 편지입니다. 우리는 그것을 작성하는 데 봉사하였습니다. 그것은 먹물로 쓴 것이 아니라 가슴판에 쓴 것입니다.

바울은 종이에 쓰인 추천서를 필요로 하지 않았습니다. 복음을 알지 못하던 고린도에 바울이 처음으로 찾아가 복음을 전하였고, 그와 같은 바울의 삶을 통해 주님을 영접한 고린도의 그리스도인들, 바로 그들이 바울의 추천서였습니다. 그 추천서는 사람이 파피루스에 먹으로 쓴 추천서와는 달리, 주님께서 사람의 마음판에 새겨 주신 추천서였기에, 아무리 세월이 흘러도 빛이 바래거나 닳아 없어지지 않는 영원한 추천서였습니다. 바울은 다른 사람에 의해 작성된 추천서뿐 아니라, 자신의 손으로 쓴 이력서도 필요로 하지 않았습니다. 바울에게는 먹으로 쓴 이력서보다 더 좋은 이력서가 있었습니다. 바울을 만난 사람들이 바울을 보고 겪어 체득하여 아는, 바울의 삶이라는 이력서였습니다. 이것이 바울이 에베소의 장로들을 위한 마지막 고별 설교를 이렇게 시작한 이유입니다.

> 여러분도 알고 있습니다. 아시아에 첫발을 내디딘 이래, 내가 여러분 가운데서 항상 어떻게 살아왔는지를 말입니다.

바울이 에베소의 장로들에게 아시아의 교인들을 부탁하며 가장 먼저 상기시켜 준 것은, 그동안 아시아에서 자신의 삶으로 써온 자기 삶의 이력서였습니다. 아시아에 흩어져 있는 교인들을 에베소의 장로들에게 맡기는 바울로서는 그보다 더 강렬하고 간곡한 당부는 있을 수 없었습니다. 여러분이 나를 보고 겪어 아는 대로, 여러분도 아시아의 교인들을 위해 나와 같은 삶의 이력서를 주님 안에서 써달라는 간곡한 당부였습니다.

그리스도인들이 삶으로 써가는 이력서는 사람들만 보는 것이 아닙니다. 바울이 삶으로 써내려간 이력서를 2천 년 전 극히 일부의 사람들만 보았다면, 그 이력서가 21세기를 살아가는 우리에게 무슨 의미가 있겠습니까? 바울의 삶의 이력서가 무한한 의미를 지니는 것은, 그 이력서를 하나님께서도 친히 보시고, 당신의 말씀인 성경 속에 영원히 기록되게 하셨다는 데 있습니다. 생각해 보십시오. 사람이 보고 겪어 알 수 있는 것을, 하나님께서 보지 못하고 알지 못하신다면, 그런 하나님이 과연 전능하시고 시공을 초월한 살아 계신 하나님이실 수 있겠습니까?

우리는 함께 신앙생활하면서 누가 어떤 그리스도인인지 다 알고 있습니다. 그래서 누군가가 부탁하면, 자신이 아는 사람들 가운데 가장 적합하다고 여겨지는 사람을 추천하기도 합니다. 각자의 삶 자체가 눈에 보이는 이력서이자 추천서이기 때문입니다. 삶보다 더 확실한 이력서와 추천서는 없습니다. 종이 위에 손으로 쓰는 이력서나 추천서는 위장이나 과장이 가능하지만, 삶의 이력서와 추천서에는 위장과 과장이 불가능합니다. 나를 아는 사람들에게 나의 삶은 위장과 과장이 가능한 한순간의 정지된 화면이 아니라, 나 자신이 어떤 인간인지를 가감 없이 구체적으로 보여 주는 지속적인 반사경이기 때문입니다. 그러므로 나와 더불어 살아가는 사람들 역시 내가 어떤 인간인지, 내가 참된 그리스도인인지 아닌지, 다 알고 있습니다. 나의 삶 자체가, 그들이 보고 겪어 아는 나 자신의 이력서이자 추천서이기 때문입니다.

더 중요한 사실은 우리 각자의 삶의 이력서를 하나님께서도 보고 알고 계신다는 것입니다. 그래서 우리 삶의 이력서는 하나님의 추천서와 보증서가 되기도 합니다. 우리가 한순간도 허투루 살아서는 안 될 이유가 여기에 있습니다. 세상 사람들은 종이에 쓰는 이력서를 더 두드러져 보이게 하기 위해 안간힘을 씁니다. 그러나 지혜로운 사람은 주님 안에서 삶의 이력서를 바른 삶으로 알차게 채워 갑니다. 하나님께서 보시는 이력서는 종이에 쓰인 이력서가 아니라, 우리 삶의 이력서이기 때문입니다.

젊은 시절 바울의 이력서는 화려했습니다. 베냐민 지파에, 8일 만에 할

레를 받은 정통파 유대인이었고, 바리새인 중의 바리새인이었으며, 위대한 율법사 가말리엘의 제자였고, 로마의 시민권을 보유하고 있었습니다. 그 정도의 이력이라면, 적어도 유대교 내에서는 출세가 보장되어 있었습니다. 그러나 그때까지 바울이 하나님 앞에서 자신의 삶으로 써내려간 이력은, 교회를 짓밟는 폭도일 뿐이었습니다. 주님께서는 그 폭도에게 구원의 은혜를 베푸셨고, 그 이후 바울은 그동안 자랑으로 여기던 세상의 이력을 배설물처럼 버렸습니다. 유대교 내에서는 그의 이력이 출세가 막힌 배교자로 전락한 셈이었지만, 그가 주님 안에서 삶으로 써내려간 새로운 이력서는 낱낱이 성경에 기록되어, 하나님의 영원한 추천서와 보증서가 되었습니다.

우리가 그동안 구원받은 그리스도인답지 않게 부끄러운 삶의 이력서를 써왔을지라도, 이제부터 주님 안에서 그리스도인다운 삶의 이력서를 써가기를 소망합니다. 이미 우리 안에 영으로 임해 계시고 벌써부터 우리를 당신의 말씀으로 품고 계시는 주님 안에서, 바울의 인생처럼, 우리 삶의 이력서에도 대역전극이 이루어지게 해주십시오. 우리의 삶이 세상이 볼 수 있는 하나님의 추천서요, 세상 사람이 맡을 수 있는 그리스도의 향기가 되게 해주십시오. 그리하여 우리도 이 세상을 떠날 때 바울처럼 주위 사람들에게, 내가 주님을 어떻게 섬기며 살아왔는지 여러분도 다 안다는 유언을, 주님 안에서 떳떳하게 남기게 해주십시오. 아멘.

# 27. 나의 생명조차 I

사도행전 20장 22-24절

보라 이제 나는 성령에 매여 예루살렘으로 가는데 거기서 무슨 일을 당할는지
알지 못하노라 오직 성령이 각 성에서 내게 증언하여 결박과 환난이 나를 기다
린다 하시나 내가 달려갈 길과 주 예수께 받은 사명 곧 하나님의 은혜의 복음
을 증언하는 일을 마치려 함에는 **나의 생명조차** 조금도 귀한 것으로 여기지 아
니하노라

우리는 지난 주일부터 바울이 에베소의 장로들에게 남긴 고별 설교, 즉 마
지막 유언의 내용을 살펴보고 있습니다. 바울의 유언은, 자신이 아시아에 첫
발을 내디딘 이래 온갖 시련과 도전 속에서도 어떻게 살아왔는지, 주님의 증
인으로 어떻게 주님을 섬겨 왔는지, 여러분도 다 알고 있다는 말로 시작되었
습니다. 다시 말해 바울은, 에베소의 장로들이 지난 3년 동안 자신을 보고
겪어 체득하여 알고 있는 자기 삶의 이력서를 그들에게 다시 상기시켜 주는
것으로 유언의 운을 뗐습니다. 자신이 떠난 뒤에, 아시아에 흩어져 있는

그리스도인들을 위해 에베소의 장로들도 그렇게 살아 달라고 당부하기 위함이었습니다. 그리고 바울의 유언은 이렇게 이어지고 있습니다.

> 보라, 이제 나는 성령에 매여 예루살렘으로 가는데 거기서 무슨 일을 당할는지 알지 못하노라(22절).

바울은 지금 예루살렘으로 가는 길에 밀레도에서 에베소의 장로들을 불러 유언을 남기고 있습니다. 바울이 지금 예루살렘을 목적지로 삼은 것은, 본래 그의 의지가 아니었습니다. 바울은 "이제 나는 성령에 매여 예루살렘으로" 간다고 밝혔습니다. 성령님께서 자신을 예루살렘으로 끌어가고 계신다는 말입니다. 바울이 이렇게 표현한 데는 이유가 있었습니다.

바울이 3차 전도 여행을 마무리 짓기 위해 고린도를 출발할 때 그의 계획은, 흉년을 당한 예루살렘 교인에게 구제헌금을 전해 준 다음, 자신의 목회 본거지인 수리아의 안디옥으로 귀환하는 것이었습니다. 그의 계획을 따르자면 예루살렘은 경유지요, 3차 전도 여행의 최종 목적지는 수리아의 안디옥인 셈이었습니다. 그것이 바울의 본래 의지였습니다. 그러나 고린도를 출발한 바울은 마게도냐로 우회하여 에게해를 건너 드로아를 거쳐 앗소까지 이르는 동안, 성령 하나님께서 뜻하시는 3차 전도 여행의 최종 목적지는 예루살렘임을 깨달았습니다. 자신의 의지에 따라 경유지로 삼았던 예루살렘이 성령님께서 작정하신 목적지였던 것입니다. 그 사실을 깨닫는 즉시 바울은 자신의 의지를 내려놓고, 성령님께서 작정하신 예루살렘을 3차 전도 여행의 목적지로 받아들였습니다. 그래서 바울은 '이제 나는 성령에 매여 예루살렘으로' 간다고 고백한 것이었습니다.

바울은 성령에 매여 예루살렘으로 가면서도, "거기서 무슨 일을 당할는지 알지 못"한다고 밝혔습니다. 자신이 지금 오리무중의 미궁 속으로 빠져들고 있다는 말이 아니었습니다. 진리의 영이신 성령 하나님께서 바울을 예루살렘으로 끌어가고 계시는데, 최종 골인 지점이 오리무중의 미궁 속일 수 있겠습니까? 23절을 보면, 바울은 예루살렘에서 어떤 일이 벌어질지 이미 알고 있었습니다. 그런데도 '거기서 무슨 일을 당할는지 알지 못'한다고 말한 것은, 자신의 예루살렘행이 자기 영광이나 안일을 위함이 결코 아님을 역설적으로 강조하기 위함이었습니다.

> 오직 성령이 각 성에서 내게 증언하여 결박과 환난이 나를 기다린다 하시나(23절).

바울은 자신의 예루살렘행이 결박과 환난이 도사린 길임을 알고 있었습니다. 그것은 바울의 예감이나 예측이 아니었습니다. 그것은 바울이 고린도를 출발하여 베뢰아, 데살로니가, 빌립보, 네압볼리를 거쳐 드로아에 이르기까지, 각 성을 거칠 때마다 성령님께서 바울에게 계속하여 증언해 주신 내용이었습니다. 증언한다는 것은 사실을 진술하는 것입니다. 거짓을 진술하는 것은 위증이요, 법정에서의 위증은 위증죄로 처벌받습니다. 바울의 예루살렘행이 결박과 환난이 도사린 길이라는 증언은 사람의 증언이 아니었습니다. 그것은 성령님의 증언이었습니다. 성령님의 증언이라면, 바울이 예루살렘행을 포기하지 않는 한, 바울은 그 길에서 반드시 투옥과 환난의 고통을 당할 수밖에 없었습니다. 하지만 바울은 그 사실을 알고서도 자신의 결의를 결연히 밝혔습니다.

> 내가 달려갈 길과 주 예수께 받은 사명 곧 하나님의 은혜의 복음을 증언

하는 일을 마치려 함에는 나의 생명조차 조금도 귀한 것으로 여기지 아니하노라(24절).

우리가 너무나도 잘 알고 있는, 그 유명한 바울의 고백입니다. 바울은 결박과 환난이 도사린 예루살렘행을 "내가 달려갈 길"이라고 표현했습니다. 자신이 반드시 가야 할 인생 노정이란 의미였습니다. 바울은 자신이 왜 그 길을 가야 하는지, 그 까닭도 분명히 알고 있었습니다. "주 예수께 받은 사명 곧 하나님의 은혜의 복음을 증언하는 일을 마치"기 위함이었습니다. 그리고 바울은 주님께서 자신에게 부여하신 복음 증언의 사명을 완수하기 위해서는, "나의 생명조차 조금도 귀한 것으로 여기지" 않는다고 선포했습니다. '생명조차' 귀한 것으로 여기지 않는다는 것은, 나머지 것은 언급할 필요도 없다는 의미였습니다. 이런 심정이었기에 바울은 투옥과 환난이 도사린 길인 줄 알면서도 예루살렘행을 피하려 하지 않았습니다.

그런데 본문 이후를 계속 읽어 가다 보면 이상한 점을 발견하게 됩니다. 밀레도에서 에베소의 장로들과 작별한 바울은 예루살렘을 향한 항해 길에 나섰습니다.

구브로를 바라보고, 이를 왼편에 두고 수리아로 항해하여 두로에서 상륙하니, 거기서 배의 짐을 풀려 함이러라. 제자들을 찾아 거기서 이레를 머물더니, 그 제자들이 성령의 감동으로 바울더러 예루살렘에 들어가지 말라 하더라(21:3-4).

바울이 탄 배는 짐을 풀기 위해 팔레스타인의 두로에 정박하였고, 바울은 그 틈을 이용하여 이레 동안 두로에서 제자들과 함께 지냈습니다. 본문은, 두로의 제자들이 "바울더러 예루살렘에 들어가지 말라 하더라"고 증언하고 있습니다. 헬라어 문법상 그들이 바울에게 예루살렘에 가지 말라고 부탁한 것이 아니라, 명령한 것이었습니다. 헬라어 원문을 보면, 우리말 '하더라'로 번역된 '말하다'는 의미의 동사 '레고χέγω'가 미완료형으로 기록되어 있습니다. 두로의 제자들이 바울에게 예루살렘에 가지 말라고 한 번 명령하고 그친 것이 아니라, 되풀이하여 명령했다는 말입니다.

두로의 제자들이 바울에게 그렇게 명령한 근거는 그들 자신에게 있지 않았습니다. 본문은 그들이 "성령의 감동으로" 바울에게 그렇게 명령하였음을 밝혀 주고 있습니다. 성령님께서 두로의 제자들에게도, 바울이 가려는 예루살렘행이 결박과 환난의 길임을 일러 주셨던 것입니다. 두로의 제자들은 몰랐다면 모를까, 그 사실을 안 이상, 사랑하는 바울이 결박과 환난의 길로 내닫는 것을 그냥 보고만 있을 수는 없었습니다. 그들은 예루살렘에 가지 말라고 명령형으로 되풀이하여 말하면서 바울을 만류했습니다. 하지만 바울은 그들의 거듭된 만류를 뿌리치고 두로를 떠나 예루살렘을 향한 길목인 가이사랴로 갔습니다.

가이사랴에서 바울은 빌립의 집에 여장을 풀었습니다. 빌립은 사도행전 6장에서 예루살렘 교회가 기독교 역사상 최초로 선출한 일곱 집사 가운데 한 명이었습니다. 바울이 빌립 집사의 집에 머무는 동안 선지자 아가보가 가이사랴를 방문하여, 바울이 머물고 있는 빌립 집사의 집을 찾아왔습니다. 사도행전 11장 28절에 의하면, 아가보는 클라우디우스 황제 치하에서 일어날 대흉년을 정확하게 예언했던 이름난 선지자였습니다.

우리에게 와서 바울의 띠를 가져다가 자기 수족을 잡아매고 말하기를, 성령이 말씀하시되 예루살렘에서 유대인들이 이같이 이 띠 임자를 결박하여 이방인의 손에 넘겨 주리라 하거늘(21:11).

선지자 아가보는 바울의 허리띠를 가지고 오게 하여, 그 띠로 자신의 손과 발을 결박하였습니다. 그리고 그는, 바울이 예루살렘에서 유대인들의 고발로 로마군의 감옥에 투옥될 것임을 예언하였습니다. 성령님께서 선지자 아가보를 통해 가이사랴의 그리스도인들에게도, 바울의 예루살렘행이 결박과 환난이 도사린 길임을 알려 주신 것이었습니다.

우리가 그 말을 듣고 그곳 사람들과 더불어 바울에게 예루살렘으로 올라가지 말라 권하니(21:12).

유명한 선지자 아가보의 예언에 빌립 집사의 가족들과 가이사랴의 제자들, 그리고 '우리'로 표현된 바울 일행도 울면서 함께 바울의 예루살렘행을 제지하였습니다.

바울이 대답하되, 여러분이 어찌하여 울어 내 마음을 상하게 하느냐? 나는 주 예수의 이름을 위하여 결박당할 뿐 아니라, 예루살렘에서 죽을 것도 각오하였노라 하니(21:13).

그러나 바울은 추호의 흔들림도 없었습니다. 바울은 주님을 위하여 자신의 생명조차 조금도 귀한 것으로 여기지 않음을 가이사랴에서도 또다시 분명하게 천명하였습니다.

정말 이상하지 않습니까? 바울이 믿었던 성령님과, 두로와 가이사랴의 그리스도인들이 믿었던 성령님은 서로 다른 성령님이 아니었습니다. 그 성령님께서는 동일한 삼위일체 하나님이셨습니다. 동일한 성령님께서 당사자인 바울에게도, 그리고 두로와 가이사랴의 그리스도인들에게도, 바울의 예루살렘행이 결박과 환난의 길임을 예고해 주셨습니다. 하지만 동일한 성령님의 예고에 대한 바울의 응답과, 두로와 가이사랴 그리스도인들의 응답은 판이하게 달랐습니다.

바울은 성령님께서 결박과 환난을 예고해 주셨기에, 오히려 주님을 위해서라면 자신이 지닌 모든 것은 말할 것도 없고, 자신의 생명조차 조금도 귀한 것으로 여기지 않는다는 일사각오—死覺悟의 결의를 새롭게 다졌습니다. 반면에 두로와 가이사랴의 그리스도인들은 성령님께서 바울의 앞길에 도사리고 있는 결박과 환난을 예고해 주셨기에, 자신들은 마땅히 바울의 예루살렘행을 만류해야 한다고 확신했고, 실제로 그들은 눈물로 바울을 만류하였습니다. 이 극단적인 차이는 대체 어디로부터 연유하는 것이겠습니까? 그 차이는 삼위일체 하나님과 자신의 차이에 대한 올바른 인식 여부에서 비롯됩니다.

여러분은 유한과 무한의 차이를 알고 계십니까? 무한은 유한을 알 수 있지만, 유한은 무한을 인식할 수 없습니다. 유한이 인식할 수 있는 무한이라면, 그것 역시 실은 보다 큰 유한일 뿐 결코 무한일 수는 없습니다. 여러분은 또 찰나와 영원의 차이를 이해하고 계십니까? 영원은 찰나를 볼 수 있지만, 찰나는 영원을 상상하는 것조차 불가능합니다. 유한과 찰나는 끝이 있는 반면, 무한과 영원에는 끝이 없습니다. 끝이 있는 것은 끝이 없는 것을 볼 수도, 알 수도, 상상할 수도 없습니다.

그러므로 유한하고 찰나적인 피조물에 불과한 인간이, 무한하고 영원하신 창조주 하나님을 온전히 안다는 것은 애당초 불가능한 일입니다. 인간은 죽을 때까지, 당신을 스스로 계시해 주신 당신의 말씀인 성경을 통해 삼위일체 하나님을 계속 알아가는 존재입니다. 바로 여기에 믿음이 필요합니다. 우리가 우리의 이성이나 오감으로 삼위일체 하나님을 온전히 알 수 있다면, 하나님은 단지 소유와 규명의 대상이 될 뿐입니다. 그러나 삼위일체 하나님께서는 우리의 이성과 지성 그리고 오감으로는 도저히 인식할 수 없는 어마어마한 분이시기에, 우리는 그분의 소유가 되고, 그분은 우리 믿음의 대상이 되십니다.

두로와 가이사랴의 그리스도인들은 바울의 예루살렘행이 결박과 환난의 길이라는 성령님의 예고를 접하는 순간, 누가 먼저랄 것도 없이 일심으로 바울의 예루살렘행을 만류해야 한다고 확신했습니다. 성령님께서 그렇게 증언하신 이상 바울이 죽음과도 같은 고난과 고통을 당할 것이 뻔했고, 그 상황에서 그들이 취할 수 있는 최선의 방책은 바울을 만류하는 것이라고 판단한 것이었습니다. 그들은 삼위일체 하나님을 믿는 그리스도인이기는 했지만, 무한하고 영원하신 하나님을 유한하고 찰나적인 존재에 불과한 자기 자신들 정도로 인식하고 있었습니다. 그들이 자신들의 생각과 판단 속에 하나님을 가두어, 소유하고 있었다는 말입니다. 그래서 그들은, 하나님께서 결박과 환난이 도사린 길로 왜 바울을 이끌어 가려 하시는지, 무한하고 영원하신 하나님의 뜻을 단 한 번이라도 겸손하게 헤아려 보거나 믿음으로 수용하려 하지 않았습니다. 그 대신에 그들은, 유한하고 찰나적인 존재에 불과한 자신들의 세속적인 판단이 하나님의 뜻이라 속단하고, 성령님께 이끌려 예루살렘으로 향하는 바울의 앞길을 가로막고 말았습니다. 그것은 무한하고 영원하신 하나님에 대한 참된 믿음일 수 없었습니다.

반면에 바울은 철저한 하나님의 소유로, 언제나 하나님의 다스림 속에서 살아가는 사람이었습니다. 삼위일체 하나님께서 유한하고 찰나적인 존재인 자신과는 근본적으로 다른, 무한하고 영원한 분이심을 알고 또 믿었기 때문입니다. 그래서 바울은 성령님의 동일한 예고를 두로와 가이사랴의 그리스도인들과는 전혀 다르게 받아들였습니다. 바울에게는 결박과 환난을 일러 주신 성령님의 예고가 자신을 향한 성령님의 내밀한 프러포즈였습니다.

> 바울아, 지금부터 네가 가야 하는 길은 세상의 출세와 성공이 보장된 길이 아니란다. 너는 이 길 위에서 내 이름을 위하여 투옥당하고, 온갖 환난과 시련을 겪게 될 것이다. 그러나 바울아! 나는, 네가 나를 위해, 이 길을 끝까지 완주해 줄 것을 믿는다.

무한하고 영원하신 삼위일체 하나님께서 자신을 믿고 불러 주셨는데, 바울이 대체 무엇이 두렵겠습니까? 무한하고 영원하신 하나님께서 자신을 친히 예루살렘으로 이끌어 가고 계시는데, 피할 것이 무엇이겠습니까? 그래서 바울은 무한하고 영원하신 하나님의 부르심에 자신이 지닌 모든 것을 포함하여, 유한하고 찰나적인 자신의 생명조차 아낌없이 던졌습니다. 참된 믿음의 전형이었습니다.

이상과 같은 바울의 자세는 우리로 하여금, 우리의 의지와 믿음의 관계가 어떠해야 하는지를 깨닫게 해줍니다. 이미 말씀드린 것처럼 고린도를 출발할 때 바울의 의지는, 예루살렘을 거쳐 자신의 목회 본거지인 수리아의 안디옥으로 귀환하는 것이었습니다. 그러나 성령님께서 뜻하시는 3차 전도 여행의 목적지가 예루살렘임을 인지한 바울은, 수리아의 안디옥으로 귀환하려던 자신의 의지를 미련 없이 내려놓았습니다. 그리고 예루살렘행이 결박과 환난이 도사린 길이라는 성령님의 예고에, 그 결박과 환난의 길을 돌파하기 위해 자신의 생명조차 아까워하지 않는 의지의 결행을 단행했습니다. 이처럼 바울의 의지는 하나님 앞에서 한편으로는 자기 부인으로, 또 다른 한편으로는 하나님의 부르심에 자신의 생명조차 아까워하지 않는 단호한 결행으로 나타났습니다. 바울에게 믿음은 자기 의지의 부인인 동시에 소명을 위한 의지의 결행이었던 것입니다.

참된 믿음은 하나님의 뜻 앞에서 자기 중심적인 자신의 의지를 내려놓는 것입니다. 그렇다고 그 이후부터 무의지의 사람으로 살아가는 것은 아닙니다. 그리스도인이 하나님 앞에서 자기 중심적인 자신의 의지를 내려놓는 것은, 자신의 의지와는 근본적으로 다른, 무한하고 영원하신 하나님의 뜻을 깨달았기 때문입니다. 그러므로 하나님 앞에 자기 중심적인 자신의 의지를 내려놓은 그리스도인은, 그 이후부터는 하나님의 뜻을 이루기 위해 자신의 모든 의지를 다하게 됩니다. 그리스도인의 믿음에는 이와 같은 의지의 양면성이 반드시 수반되어야 합니다. 그리스도인에게 자기 의지의 부인이 없으면 하나님을 소유하려는 무지를 범하게 되고, 그리스도인에게 하나님의 뜻을 이루기 위한 의지의 결행이 없으면 그리스도인의 믿음은 삶이 실종된 망상으로 전락해 버립니다. 세상을 변화시키는 것은 그리스도인의 삶이지, 결코 머릿속의 망상이 아닙니다.

의지의 양면성은 자신의 의지로 삼위일체 하나님을 내려다보는 사람에게는 불가능합니다. 그런 사람은 자신도 모르게 하나님을 소유한 채 자신의 의지로 하나님의 말씀을 재단하면서, 하나님의 말씀을 이용하여 자기 의지의 강화만을 꾀할 따름입니다. 성령님의 예고를 접하고, 도리어 성령님께 사로잡혀 예루살렘으로 향하는 바울의 앞길을 가로막았던 두로와 가이사랴의 그리스도인들이 그 좋은 예입니다. 의지의 양면성은 자신의 의지로 삼위일체 하나님을 우러러 뵈는 사람에게만 가능합니다. 바꾸어 말해 자신의 의지를 무한하고 영원하신 하나님을 알아가는 도구로 사용하는 사람만, 한편으로는 자기 중심적인 자기 의지를 부인하면서, 또 한편으로는 하나님의 부르심에 자신의 생명조차 아까워하지 않는 의지의 결행을 단행할 수 있습니다. 본문의 바울이 그랬습니다. 그 결과 그는 참수형을 당해 죽었지만, 무한하고 영원하신 하나님 안에서 영원히 살아 있습니다.

다음 시간에 좀더 깊이 생각해 보겠습니다만, 우리가 육체를 지니고 살아 있는 한, 우리 앞에는 언제나 온갖 형태의 시련과 도전이 도사리고 있을 수 있습니다. 우리의 의지로 그 시련과 도전을 피하려 하면 우리는, 우리를 그 길로 인도하신 삼위일체 하나님을 우리의 의지로 외면하는 어리석음을 범하게 됩니다. 그리스도인에게 그보다 더 큰 불행은 없습니다. 이미 영으로 우리 안에 임해 계시고 벌써부터 당신의 말씀으로 우리를 품고 계시는 하나님은, 무한하고 영원하신 삼위일체 하나님이십니다. 그 하나님 앞에 유한하고 찰나적인 존재에 불과한 우리의 자기 중심적인 의지를 날마다 내려놓으십시다. 동시에 비록 온갖 시련과 도전의 길일지라도, 무한하고 영원하신 하나님의 부르심에 유한하고 찰나적인 우리의 생명조차 아까워하지 않는 의지의 결행을 매일 단행하십시다. 그 의지의 양면성 속에 참된 믿음의 희열이 있고, 생명의 확장이 있으며, 죽음을 깨뜨린 부활의 능력이 있습니다.


무한하고 영원하신 하나님을, 유한하고 찰나적인 존재에 불과한 우리 자신 정도로 여겨 온 우리의 믿음 없음을 용서해 주십시오. 시련과 도전이 도사린 길이라고 피하는 것은, 그 길로 우리를 인도하신 삼위일체 하나님을 외면하는 어리석음임을 잊지 말게 해주십시오. 이제부터 우리의 의지로 하나님을 내려다보는 교만을 버리고, 언제나 우리의 의지로 하나님을 우러러 뵙는 겸손을 허락해 주십시오.

그리하여 한편으로는 하나님 앞에 자기 중심적인 우리의 의지를 내려놓으면서, 또 한편으로는 하나님의 부르심에 유한하고 찰나적인 우리의 생명조차 아까워하지 않는 의지의 결행을 단행하는, 의지의 양면성이 우리의 일상이 되게 해주십시오. 그와 같은 우리의 삶이, 이 절망의 땅에서 하나님의 소망의 통로로 쓰임 받게 해주십시오. 아멘.

# 28. 나의 생명조차 II 감사주일

사도행전 20장 22-24절

보라 이제 나는 성령에 매여 예루살렘으로 가는데 거기서 무슨 일을 당할는지 알지 못하노라 오직 성령이 각 성에서 내게 증언하여 결박과 환난이 나를 기다린다 하시나 내가 달려갈 길과 주 예수께 받은 사명 곧 하나님의 은혜의 복음을 증언하는 일을 마치려 함에는 **나의 생명조차** 조금도 귀한 것으로 여기지 아니하노라

우리는 오늘로 3주째 바울이 에베소의 장로들에게 남긴 고별 설교, 즉 마지막 유언의 내용을 살펴보고 있습니다. 바울이 3차 전도 여행을 매듭짓기 위해 고린도를 출발하여 베뢰아, 데살로니가, 빌립보, 네압볼리를 거쳐 드로아에 이르기까지 각 성을 거칠 때마다, 성령님께서 바울의 예루살렘행이 결박과 환난의 길임을 계속하여 바울에게 일러 주셨습니다. 성령님께서 그렇게 예고하셨다면, 바울은 예루살렘에서 투옥당하고 죽음과도 같은 환난과 시련의 고통을 겪을 수밖에 없었습니다. 그렇다면 바울은 성령님의 거듭된

예고에 감사하면서, 얼마든지 예루살렘을 피해 갈 수도 있었습니다. 하지만 바울은 도리어 이렇게 선포하였습니다.

> 내가 달려갈 길과 주 예수께 받은 사명, 곧 하나님의 은혜의 복음을 증언하는 일을 마치려 함에는 나의 생명조차 조금도 귀한 것으로 여기지 아니하노라(24절).

바울은 결박과 환난이 도사린 예루살렘행을, 자신이 반드시 달려가야만 할 인생 노정으로 받아들였습니다. 주님으로부터 부여받은, 은혜의 복음을 증언하는 소명을 완수하기 위함이었습니다. 바울은 그 소명을 완수하기 위해서는, 자신의 '생명조차' 조금도 귀한 것으로 여기지 않는다고 천명했습니다. '생명조차' 귀한 것으로 여기지 않는다는 것은, 나머지 것은 두말할 나위도 없다는 의미였습니다. 한마디로 말해, 이 세상의 그 어떤 시련과 도전도 주님의 부르심을 좇는 자신의 의지를 꺾을 수 없다는 말이었습니다.

만약 이때 성령님의 거듭된 결박과 환난의 예고를 접한 바울이 예루살렘행을 포기해 버렸더라면, 어떤 결과가 초래되었겠습니까? 바울은 육체적으로는 결박과 환난의 위험에서 벗어나 안일을 누렸을 것입니다. 하지만 바울은 결박과 환난이 도사린 길로 자신을 불러내신 주님을 자신의 의지로 외면하는, 세상에서 가장 미련하고 불행한 인간으로 전락하고 말았을 것입니다. 바울은 육체적으로 안락한 여생을 누리며 계속하여 삼위일체 하나님을 부를 수는 있었겠지만, 바울을 통로로 삼아 로마제국과 인류의 역사를 새롭게 하시려는 주님의 뜻이 그를 통해 이루어지지는 않았을 것입니다. 주님의 그 고귀한 뜻은, 주님의 부르심에 절대 순종하는 다른 사람을 통해 이루어졌을 것입니다.

바울은 본문의 선포를 아무도 없는 골방이나 산속에서 홀로 행한 것이 아니었습니다. 바울은 에베소의 장로들을 앞에 두고, 자신의 예루살렘행이 결박과 환난이 도사린 길이지만, 자신은 그 길을 완주하기 위해 자신의 생명조차 조금도 귀한 것으로 여기지 않는다고 선포하였습니다. 그것도 이 세상에서 남기는 마지막 유언으로 말입니다. 그 의도가 무엇이었겠습니까? 여러분도 그렇게 살아 달라는 것입니다. 그것이 바른 믿음이라는 것입니다. 그런 길닦이들에 의해 사회와 역사와 미래가 새로워진다는 것입니다.

당시 에베소는 오늘날의 터키 대륙인 소아시아 반도에서 가장 큰 도시였습니다. 교통과 상업의 요충지였던 에베소에는 고대세계 7대 불가사의 중 하나인 아데미 신전이 있어, 원근각처에서 신전을 찾아오는 사람들로 에베소는 늘 붐볐습니다. 우상과 돈과 향락과 유행과 패션 그리고 온갖 볼거리와 흥밋거리로 가득한 그 에베소에서, 주님께서는 바울을 통해 당신의 택하신 자녀들을 불러내시고 당신의 종으로 세우셨습니다. 우상과 맘몬과 향락과 타락의 도시인 에베소에서 당신의 증인으로 삼으시기 위함이었습니다. 그러나 부름 받은 에베소의 장로들 입장에서 보자면, 그것은 온갖 시련과 도전이 도사린 길이었습니다. 그래서 지금 바울은 그들에게 그 길을 포기하지 말라고, 그 길을 포기하는 것은 그 길로 인도해 내신 구원의 주님을 부인하는 어리석은 짓이라고, 주님께서 불러내신 이상 반드시 함께해 주실 것이라고, 그러므로 그 길을 좇는 데 두려움 없이 생명을 걸라고 역설하고 있는 것입니다.

하란에서 삶의 기반이 탄탄하게 다져진 아브라함에게 하나님께서 명령하셨습니다. 한 번도 가본 적이 없고 들어 본 적도 없는, 미지의 원주민들이 장악하고 있는 가나안 땅으로 삶의 터전을 옮기라는 것이었습니다. 가장인 아브라함에게 그것은 삶의 근간을 뒤흔드는 시련이요 도전이었습니다. 그러나 아브라함은 하나님의 명령에 순종하여 가나안 이주의 길에 나섰습니다. 그 길을 피하는 것은, 그 길 위로 자신을 불러내신 하나님을 외면하는 것이었기 때문입니다.

40년 동안 미디안 광야의 양치기였던 모세가 80세가 되었을 때입니다. 양치기 80세라면, 모세의 인생은 그렇게 이미 막을 내린 것과 같았습니다. 하나님께서 그 모세를 부르시고, 이집트에서 노예살이하는 이스라엘 백성을 해방시키라고 명령하셨습니다. 모세는 한때 이집트 왕궁에서 왕자로 살았기에, 이집트의 군사력이 얼마나 막강한지 누구보다 잘 알고 있었습니다. 하지만 하나님께서는 모세에게 칼 한 자루, 군인 한 명 붙여 주시지 않고, 당신의 전 백성을 이집트 파라오의 손에서 해방시키라고 명령하셨습니다. 그것은 현실적으로 볼 때에 결박과 환난을 넘어, 100퍼센트 무모한 가미가제 식의 자살 길이었습니다. 그런데도 모세는 끝내 그 길을 믿음으로 받아들였습니다. 비록 자신은 지닌 것이라곤 마른 막대기 하나뿐인 아무 짝에도 쓸모없는 팔십 노인에 불과하지만, 하나님께서 자신을 그 길로 불러내신 이상, 하나님께서 그 결과를 친히 책임져 주실 것임을 믿었기 때문입니다.

유다왕국 말기에, 백성은 말할 것도 없고 제사장들마저 영육 간에 타락하였습니다. 설상가상으로 하나님의 평강을 보장하는 거짓 선지자들까지 기승을 부렸습니다. 그와 같은 시대 상황 속에서 하나님께서는 예레미야를 선지자의 길로 불러내셨습니다. 그것은 환대와 환영의 길이 아니었습니다. 하나님을 외면한 유대 백성의 파멸과, 임박한 하나님의 심판을 외치는 예레미야의 말에 아무도 귀를 기울이려 하지 않았습니다. 오히려 재수 없는 소릴 한다며 예레미야를 배척하고 괴롭혔습니다. 예레미야는 선지자의 길에 나섰다는 이유만으로 투옥과 감금, 그리고 온갖 시련과 수모를 당해야만 했습

니다. 당시 예레미야의 상황이 얼마나 고통스러웠던지, 그는 자신의 고충을
다음과 같이 토로하였습니다.

> 내가 말할 때마다 외치며 파멸과 멸망을 선포하므로, 여호와의 말씀으로
> 말미암아 내가 종일토록 치욕과 모욕거리가 됨이니이다. 내가 다시는 여
> 호와를 선포하지 아니하며 그의 이름으로 말하지 아니하리라 하면, 나의
> 마음이 불붙는 것 같아서 골수에 사무치니 답답하여 견딜 수 없나이다
> (렘 20:8-9).

선지자의 길 위에서 예레미야가 당해야만 했던 시련과 수모가 얼마나 견
디기 힘겨웠던지, 그는 수차례나 선지자의 멍에를 벗어던져 버리려고 했습니
다. 그러나 그때마다 예레미야는 자신의 심장과 뼈를 불사르는 것 같은 하
나님의 말씀에 굴복하고, 파멸과 심판을 외치는 선지자의 길을 끝까지 완주
했습니다. 그 길을 회피하는 것은, 하나님의 심판 앞에서 곧 자기 자신의 파
멸을 뜻하기 때문이었습니다.

이처럼 하나님께서는 당신의 사랑하는 자녀들을 붉은 카펫이 깔린 평탄
한 길로 불러내신 적이 없습니다. 성경을 보면 신구약을 통틀어, 하나님께
서 당신의 사랑하는 자녀들을 불러내신 길은 언제나 온갖 시련과 도전이 도
사린 길이었습니다. 하나님께서 당신의 자녀들을 불러내신 까닭이 이 세상
에서 편안하고 안일하게 살게 하심이 아니라, 이 세상을 새롭게 하시려는
데 있기 때문입니다.

하나님께서 이사야 선지자를 통해 말씀하셨습니다.

> 보라, 내가 새 일을 행하리니 이제 나타낼 것이라. 너희가 그것을 알지 못

하겠느냐? 반드시 내가 광야에 길을, 사막에 강을 내리니 장차 들짐승, 곧 승냥이와 타조도 나를 존경할 것은 내가 광야에 물을, 사막에 강들을 내어 내 백성, 내가 택한 자에게 마시게 할 것임이라. 이 백성은 내가 나를 위하여 지었나니, 나를 찬송하게 하려 함이니라(사 43:18-21).

하나님께서는 광야에 길을 내시고, 또 사막에 강을 내시기 위해 당신의 사랑하는 자녀들을 부르십니다. 광야와 사막의 공통점은, 그곳에는 아무것도 없이, 오직 불덩이 같은 태양만 작열한다는 것입니다. 그와 같은 죽음과 절망의 현장에 길을 뚫고 강을 내는 것은 죽음과 같은 시련과 고난이 아닐 수 없습니다. 그럼에도 하나님께서 그렇게 하시는 것은, 당신의 사랑하는 자녀들로 하여금 광야에 소망의 길을 뚫고 사막에 생명의 강을 내게 하심으로, 짐승처럼 죽어가는 세상 사람들이 참생명의 혜택을 누리게 해주시기 위함입니다. 그래서 하나님으로부터 그 소명을 위해 부르심을 입은 하나님의 자녀들은 하나님을 찬양하지 않을 수 없습니다. 미약한 자신들을 도구삼아 하나님께서 친히 광야에 소망의 길을 내시고, 사막에 생명의 강이 흐르게 하시는 것을, 자신들의 온 삶으로 체험하고 확인할 수 있기 때문입니다. 아브라함도 그랬고, 모세도 그랬고, 예레미야도 그랬고, 본문의 바울 역시 그랬습니다.

이처럼 자기 시대의 광야와 사막으로 부르시는 하나님의 소명에 응답한 사람만 자신의 온몸으로 하나님의 능력을 체험하고 확인하면서, 하나님을 진정으로 찬양할 수 있습니다. 하나님께서 당신의 사랑하는 자녀들을 언제나 그 시대의 광야와 사막으로 불러내시는 까닭이 여기에 있습니다.

오늘날 우리는 정치·사회·경제적으로 많은 문제들과 직면하고 있습니다.

그래서인지 우리 사회에는 유독, 우리 사회에 대한 부정적인 신조어가 많습니다. '헬조선'은 2010년부터 등장한 신조어입니다. '지옥'을 뜻하는 영어 '헬hell'과 우리나라의 옛 이름인 '조선'을 합쳐, 우리 사회가 지옥처럼 희망이 없는 사회라는 의미의 신조어입니다. 처음에는 인터넷에서 극소수의 사람들에 의해 사용되던 이 신조어를 언론이 그대로 받아쓰기 시작하면서, 지금은 예사로 통용되고 있습니다. 비슷한 개념으로 한반도를 '지옥불반도'로, 대한민국을 '망한민국'으로 부르기도 합니다.

또 '삼포세대', '오포세대', '칠포세대'라는 용어도 있습니다. 취업난과 양극화의 심화로 2011년에 등장한 '삼포세대'는 '연애', '결혼', '출산'을 포기한 세대라는 의미입니다. '오포세대'는 '삼포'에 '인간관계'와 '집'까지 포기한 세대를 뜻하고, '칠포세대'는 거기에 '꿈'과 '희망'마저 포기한 세대를 가리킵니다. 이 용어들 역시 마찬가지입니다. 처음에는 인터넷에서 일부의 사람들에 의해 회자되던 이 용어들이, 언론을 통해 보편화되었습니다. 인터넷에서 이런 신조어들이 사용되고 있다는 팩트를 보도하던 언론들이, 그 이후부터는 그 용어들을 거리낌 없이 사용함으로써, 이 땅의 가난한 청년들은 마치 '삼포'나 '오포' 혹은 '칠포' 가운데 어느 한쪽에 속해야 하는 것처럼 결과적으로 청년들을 오도하고 있습니다.

11월 1일 현재 우리 교회 교인 가운데 40세 미만이 전체 교인의 62.1퍼센트를 차지하고 있습니다. 그중에서 20대가 1,944명, 30대가 4,419명으로, 20대와 30대가 전체 교인의 44.4퍼센트에 달하고 있습니다. 이를테면 우리 교회는 대단히 젊은 교회입니다. 저는 이 시간에 여러분과 동시대를 함께 살아가는 그리스도인으로서, 여러분의 목회자로서, 그리고 우리 교회 전체 교인의 44.4퍼센트를 차지하고 있는 젊은이들의 부모 입장에서 여러분께 간곡히 당부드립니다. '헬조선'이니, '삼포, 오포, 칠포세대'니 하는 말에 현혹당하거나 미혹당하지 마십시오.

아브라함도, 모세도, 예레미야도, 바울도, 세상의 부귀영화를 위해 하나님의 부르심을 받지 않았습니다. 그들은 모두 자기 시대의 광야와 사막에 길을 뚫고 강을 내기 위해 하나님의 부르심을 입은 사람들이었습니다. 아무것도 없이 태양만 작열하는 죽음과 절망의 광야와 사막에 길을 뚫고 강을 내는 것은, 죽음과도 같은 시련과 도전의 연속이었습니다. 그러나 그들은 '헬광야'나 '지옥불사막'이라고 투덜거리지 않았고, '오포'니 '칠포'니 하며 자포자기하지도 않았습니다. 그들은 하나님의 인도하심 속에서 자신들의 생명을 던져 소명 받은 광야와 사막에 소망의 길과 강을, 믿음의 길과 강을, 말씀의 길과 강을, 생명의 길과 강을 내었습니다. 그리고 수많은 사람들이 그들이 낸 길을 걷고 강물을 마시며 예수 그리스도 안에서 참생명을 얻고 누렸습니다.

오늘날 젊은이들을 포함하여 우리 모두가 한반도에서 살고 있는 것은 우연이 아닙니다. 하나님께서 우리를 한반도에 내버려 두신 것은 더더욱 아닙니다. 우리로 하여금 한반도에 태어나 한반도에서 살게 하신 분은 하나님이십니다. 바로 이 시대에, 문제가 산적한 이 한반도에서 살게끔, 하나님께서 우리 각자를 한반도로 불러내신 것입니다. 우리를 통로로 삼아 광야와 같고, 사막을 방불케 하는 이 한반도에, 소망의 길을 뚫고 생명의 강을 내시기 위함입니다. 만약 우리가 광야와 사막이라 해서 그 길을 외면한다면 그것은 우리가, 그 길 위로 우리를 부르신 하나님을 외면하는 무지를 범하고 있음을 뜻합니다. 그리스도인에게 그보다 더 큰 불행과 비극은 없다고 했습니다.

이 세상에서 그리스도인들의 삶의 목표는 결코 세상의 부귀영화가 아닙니다. 부귀영화가 삶의 목표가 되면, 우리는 어쩔 수 없이 물질이라는 우상숭배자로 전락할 수밖에 없습니다. 우리 삶의 목표는 주님의 부르심에 따라,

광야와 사막과 같은 이 세상에 소망의 길을 뚫고 생명의 강을 내는 것입니다. 그렇다면 광야가 거칠면 거칠수록, 사막이 모질면 모질수록, 그 속에 소망의 길을 뚫고 생명의 강을 내는 우리의 삶은 더욱 보람될 것입니다. 거칠대로 거친 광야와 모질대로 모진 사막에 우리를 통해 길을 뚫고 강을 내시는 주님의 능력을 우리의 온몸으로 더 크게 확인할 수 있을 것이기 때문입니다.

지난 10월 첫째 주일 설교 시간에 한 청년의 이야기를 들려 드렸었습니다. 작년 초에 결혼하고 올봄에 딸을 얻어 세 가족의 가장이 된 청년의 이야기였습니다. 그 청년은 대출 받은 신혼전세자금 8천만 원을 합쳐 전세금 1억 1천만 원의 작은 전셋집에서 2년 동안 살아오던 중, 집을 비워 달라는 집주인의 통보를 받고 이사 갈 집을 찾고 있었습니다. 그 이후 얼마 지나지 않아, 그 청년이 제게 사진을 보내왔습니다. 동일한 전세금으로 새로이 이사 가기로 한 집의 사진이었습니다. 그동안 살던 집보다 거리는 멀어졌지만, 동화 속 그림처럼 예쁜 집이었습니다. 그 사진을 보는 순간 제 눈시울이 뜨거워짐과 동시에, 제 마음은 기쁨으로 새처럼 마냥 날아올랐습니다. 저는 그 청년 부부를 결혼 전부터 알고 있습니다. 그들에게는 가진 것도, 물려받은 것도 없었습니다. 더욱이 가장인 청년은, 매달 고정수입이 보장되지 않는 자유직업인이었습니다. 이를테면 소위 '오포'니 '칠포세대'에 해당하는 처지라 할 수 있었습니다. 하지만 그들은 '결혼'을 포기하지 않았습니다. '출산'도 포기하지 않았습니다. '꿈'과 '희망'은 더더욱 포기하지 않았습니다. 그들은 '삼포', '오포' 혹은 '칠포세대'가 되기를 단호히 거부했습니다. 그 대신 그들은 광야와 사막과 같은 이 세상에서 가난하지만 주님 안에서 함께 가정을 일구어, 소망의 길을 뚫고 생명의 강을 내는 일에 자신들의 젊음을 걸었습니다. 두고 보십시오. 이 땅의 많은 젊은이들이 그 부부를 본으로 삼고, 그 부부가 낸 길을 걷고 강물을 마실 것입니다.

오늘은 지난 1년 동안 주님께서 우리 각자에게 베풀어 주신 주님의 은혜에 감사드리는 감사주일입니다. 필설로는 다 표현할 수 없는 주님의 은혜에 대체 어떤 예물로 감사를 표할 수 있겠습니까? 이 질문에 대한 사도 바울의 대답입니다.

> 그러므로 형제들아, 내가 하나님의 모든 자비하심으로 너희를 권하노니, 너희 몸을 하나님이 기뻐하시는 거룩한 산 제물로 드리라. 이는 너희가 드릴 영적 예배니라(롬 12:1).

우리가 하나님께 드릴 수 있는 최상의 예물은, 우리의 "몸을 거룩한 산 제물로" 드리는 것입니다. 우리의 삶 자체를 거룩한 예물로 드린다는 말입니다. 다시 말해 주님께서 우리를 부르신 광야와 사막에서 소망의 길을 뚫고 생명의 강을 내는 소명을 완수하기 위해, 우리 육체의 생명조차 귀한 것으로 여기지 않고 던지는 것입니다. 우리의 생명을 영원히 살려 주신 주님께, 주님께서 맡겨 주신 소명을 완수하기 위해 우리 육체의 생명을 던지는 것보다, 더 귀한 감사의 예물이 어디에 있겠습니까?

5년 전 사도행전 14장 19-20절을 숙고할 때에도 말씀드린 적이 있습니다만, 기독교 정신에 입각한 건학과 교육이념으로 유명한 거창고등학교에는 학생들을 위한 '직업 선택의 십계명'이 있습니다. 그 내용을 이 시간에 다시 한 번 소개해 드리겠습니다.

① 월급이 적은 쪽을 택하라.
② 내가 원하는 곳이 아니라 나를 필요로 하는 곳을 택하라.
③ 승진의 기회가 거의 없는 곳을 택하라.

④ 모든 것이 갖추어진 곳을 피하고 처음부터 시작해야 하는 황무지를 택하라.

⑤ 앞을 다투어 모여드는 곳은 절대 가지마라. 아무도 가지 않는 곳으로 가라.

⑥ 장래성이 전혀 없다고 생각되는 곳으로 가라.

⑦ 사회적 존경 같은 건 바라볼 수 없는 곳으로 가라.

⑧ 한가운데가 아니라 가장자리로 가라.

⑨ 부모나 아내나 약혼자가 결사반대하는 곳이면 틀림없다. 의심치 말고 가라.

⑩ 왕관이 아니라 단두대가 기다리고 있는 곳으로 가라.

고등학생이라면 10대의 미성년자들입니다. 그 미성년자들에게 이런 십계명을 가르치는 것은, 세속적인 관점으로 보자면 이 세상에서 쪽박을 차라는 것과 마찬가지 아니겠습니까? 세상에 그렇게 무책임하고 비교육적인 처사가 어디에 있겠습니까? 도대체 거창고등학교는 왜 그런 십계명을 만들고, 교사들은 왜 그런 십계명을 학생들에게 주지시키는 것입니까? 삼위일체 하나님께서 살아 계심을 믿기 때문입니다. 그 십계명의 핵심은 세상의 부귀영화를 목적으로 삼지 말고, 아무도 가려 하지 않는 광야와 사막으로 가라는 것입니다. 그곳에서 소망의 길을 뚫고 생명의 강을 내기 위해 생명을 던지라는 것입니다. 그렇게 하면, 하나님께서 반드시 이루신다는 것입니다. 세상을 살리고 새롭게 하는 삶보다 더 영원한 가치를 지니는 삶은 없다는 것입니다. 그래서 하나님을 경외하는 사람에게는 어떤 경우에도 '오포'니 '칠포'니 하는 자포자기가 있을 수 없습니다. 하나님께서 예레미야 29장 11절을 통해 약속하신 것처럼, 이미 영으로 우리 안에 임해 계시고 벌써부터 당신의 말씀으로 우리를 품고 계시는 삼위일체 하나님 당신께서 곧, 우리의 '미래와 희망'이시기 때문입니다.

　사랑하는 교우 여러분! 특히 사랑하는 청년 여러분! 우리가 살고 있는 한반도는 절대로 '헬조선'이 아닙니다. 우리의 인생이 '삼포'나 '오포' 또는 '칠포'의 대상인 것도 결코 아닙니다. 이 땅은, 하나님께서 우리를 믿으시고 불러내신 우리의 소명지요, 우리 다음 세대에게 물려주어야 할 아름다운 언약의 땅입니다. 거창고등학교의 '직업 선택의 십계명'처럼, 다른 사람이 가려 하지 않는 곳에서, 하기 꺼려 하는 일을, 우리의 소명으로 삼는 우리 각자의 십계명을 지니십시다. 그리고 우리 모두 하나님께서 부르시는 우리 각자의 광야와 사막으로 기꺼이 달려가, 그곳에 소망의 길을 뚫고 생명의 강을 내는 소명에 우리의 생명을 던지십시다. 이 땅의 수많은 사람들이 주님 안에서 그 길을 걷고 강물을 마시게 될 것이요, 우리의 삶은 삼위일체 하나님께 바쳐 드릴 최상의 감사예물이 될 것입니다.


　우리는 늘 평탄한 길 위의 안일과 편안함만을 추구합니다. 하지만 그것은 하나님을 필요로 하지 않는 자멸의 길이기에, 오히려 우리를 늘 광야와 사막으로 부르셔서, 하나님을 향한 우리의 심령이 싱싱할 수밖에 없도록 은혜 베풀어 주심에 감사합니다. 세상이 왜 광야와 사막 같으냐고 불평하고 원망하던 불신의 삶에 이제 마침표를 찍게 해주십시오. 다른 사람이 하기 싫어하고 가기 꺼려 하는 광야와 사막을 우리의 소명지로 삼아, 그곳에서 소망의 길을 뚫고 생명의 강을 내는 일에 우리의 생명을 던지게 해주십시오. 절망과 자포자기에 빠져 있는 이 땅의 청년들을 포함하여 많은 사람들이 그 길을 걷고 강물을 마셔, 주님 안에서 그들의 인생

이 새로워지게 해주십시오. 그와 같은 우리의 삶이, 삼위일체 하나님을
향한 최상의 감사예물이 되게 해주십시오. 아멘.

# 29. 내 얼굴을 대림절 둘째 주일

사도행전 20장 25-27절

보라 내가 여러분 중에 왕래하며 하나님의 나라를 전파하였으나 이제는 여러분
이 다 **내 얼굴을** 다시 보지 못할 줄 아노라 그러므로 오늘 여러분에게 증언하거
니와 모든 사람의 피에 대하여 내가 깨끗하니 이는 내가 꺼리지 않고 하나님의
뜻을 다 여러분에게 전하였음이라

결박과 환난의 길임을 알면서도 예루살렘행에 나선 바울은, 자신이 3년
동안 복음을 가르쳤던 에베소의 장로들을 밀레도로 불러 마지막 고별 설교
를 전했습니다. 그들에게 살아생전 마지막 유언을 남긴 것입니다. 우리가 오
늘로 4주째 접하는 바울의 유언은 본문 25절로 이어지고 있습니다.

보라, 내가 여러분 중에 왕래하며 하나님의 나라를 전파하였으나 이제는,
여러분이 다 내 얼굴을 다시 보지 못할 줄 아노라.

우리말 "보라"로 번역된 헬라어 '이두ἰδού'는 감탄을 표할 때, 또는 상대의 이목을 집중시키거나 경각심을 일깨울 필요가 있을 때, 혹은 특별히 자신의 말을 강조하고자 할 때 사용되는 지시불변사로, 영어의 'behold'에 해당합니다. 바울은 우리가 이미 살펴본 22절에서도 이 단어를 사용하였습니다.

> 보라, 이제 나는 성령에 매여 예루살렘으로 가는데, 거기서 무슨 일을 당할는지 알지 못하노라.

그동안 바울이 각 성을 거쳐 올 때마다 성령님께서 그의 예루살렘행이 결박과 환난의 길임을 계속 예고해 주셨지만, 바울은 주님께서 부여하신 사명을 완수하기 위해서는 자신의 생명조차 조금도 귀한 것으로 여기지 않음을 에베소 장로들에게 천명하면서, '보라'는 지시불변사를 사용하였습니다. 자신의 굳은 결심을 강조하기 위함이었습니다. 그리고 오늘의 본문 25절 역시 '보라'는 지시불변사로 시작되고 있습니다. 한글 성경에는 '보라'는 지시불변사만 번역되어 있지만, 헬라어 원문에는 '카이 뉜 이두καὶ νῦν ἰδού'라고 기록되어 있습니다. '그리고 이제, 보라'는 의미입니다. 바울은 이렇게 운을 뗌으로써 단순히 '보라'는 지시불변사만을 사용하는 것보다, 자신이 말하고자 하는 내용에 대해 에베소 장로들의 경각심을 더욱 높이고 있습니다.

헬라어 원문을 보면 '보라'는 지시불변사 이후에 이어진 바울의 말은, 헬라어 문법상 한글 성경과는 순서가 다르게 기록되어 있습니다. 헬라어 원문에는 '내가 알고 있다'는 말이 먼저 나옵니다. 헬라어는 동사의 어미로 주어의 성과 수를 알 수 있으므로, 일반적으로 헬라어에서 주어는 생략된다고 했습니다. 그런데도 바울은 헬라어로 '나'라는 1인칭 주어를 사용하여 '내가 알고 있다'라고 말했습니다. 이 세상 그 누구도 아닌 바로 자기 자신, 즉 '내'가 알고 있음을 강조하기 위함이었습니다. 바울이 그렇듯 강조하고자 했던 것은, '여러분이 내 얼굴을 다시 보지 못할 줄 내가 알고 있다'는 것이었습니다. 바울이 강조하려 했던 원문의 뉘앙스를 그대로 살려서 본문을 문자적으로 옮기면, 바울은 이렇게 말한 셈이 됩니다.

> 자, 이제 보십시오. 나는 알고 있습니다. 여러분이 내 얼굴을 다시는 보지 못할 것을 나는 알고 있습니다. 여러분을 찾아다니며 하나님의 나라를 전하던 나의 얼굴, 이 얼굴을, 여러분이 다시는 보지 못할 것을 나는 알고 있다는 말입니다.

바울은 지금 에베소의 장로들에게 절박한 심정으로 마지막 유언을 남기고 있습니다. 하지만 에베소의 장로들은 이번 작별이, 이 세상에서 바울과의 영원한 이별임을 아직 절감하지 못하고 있습니다. 그래서 바울은 지시불변사 '보라'와 1인칭 주어 '나'를 동원하면서까지, '여러분이 나의 얼굴을 다시는 보지 못할 것을 나는 알고 있다'고 강조하고 있습니다.

이 시간에 우리가 주목하고자 하는 것은 바울이 이 세상에서의 영원한 작별, 죽음을, '얼굴을 다시 보지 못하는 것'으로 정의한 사실입니다. 우리의 몸에 얼굴이 있지 않다면, 우리는 누가 누구인지 분간하지 못할 것입니다. 살아 있는 사람에게 얼굴은 자신의 정체성을 드러내는 절대적인 기준입니다. 더욱이 '얼굴'의 본딧말이 '얼꼴'이라고 했습니다. 보이지 않는 영혼의 꼴―모습이, 눈에 보이도록 드러나는 곳이 얼굴인 것입니다. 이런 의미에서 얼굴은 몸의 일부가 아니라, 바로 우리 자신입니다. 바울이 자신의 죽음을, 다시는 자기 얼굴을 보지 못할 것으로 정의한 것은 탁월한 통찰력입니다.

모든 인간에게는, 이 세상에서 영원한 작별이 반드시 있기 마련입니다. 살아 있는 한 공간적으로 멀리 떨어진 사람과도, 헤어진 사람과도 언젠가는 다시 만날 수 있습니다. 살아 있음은, 누구와도 다시 만날 가능성을 지녔음을 뜻합니다. 모든 인간에게 이 세상에서 영원한 작별이 있기 마련인 것은, 그 누구도 죽음을 피할 수 없는 까닭입니다. 죽음은 공간적으로 멀리 떨어져 있는 사람은 말할 것도 없고, 이 세상에서 가장 가까이에 있는 사람과의 다시 만남도 원천적으로 차단합니다. 바울이 에베소의 장로들에게 '여러분이 내 얼굴을 다시는 보지 못할 것을 나는 알고 있다'고 그토록 강조한 것은, 바울이 에베소의 장로들과는 달리 이미 자신의 죽음을 예견하고 있었다는 말입니다.

죽음이 무엇인지 아십니까? 죽음은 당사자의 얼굴을 다시는 보지 못하는 것입니다. 내가 아무리 보고 싶어도, 죽어 장례를 치른 사람의 얼굴을 나는 다시는 볼 수 없습니다. 죽은 사람의 얼굴을 다시는 볼 수 없으니, 나는 그 사람의 얼굴을 이루었던 그의 입에서 나오는 말도 다시는 들을 수 없습니다. 죽은 사람의 얼굴을 다시는 볼 수 없으니, 나는 그 사람의 귀에 어떤 말도 다시는 담아 줄 수 없습니다. 죽은 사람의 얼굴을 다시는 볼 수 없으니, 나는 그 사람의 눈앞에서 다시는 웃어 줄 수도 없습니다. 아무리 애타게 그리워도, 죽은 사람의 얼굴을 산 사람은 다시는 볼 수 없습니다. 이것은, 나는 살아 있고 다른 사람이 죽었을 경우의 이야기입니다. 내가 죽으면, 모든 것은 그 반대가 됩니다.

나는 사람입니다. 암에 걸려도, 신체의 일부가 마비되어 수족을 제대로 쓰지 못해도, 나이 들어 육체가 쇠퇴해도, 호흡이 있는 한 나는 사람입니다. 하지만 나의 코끝에서 호흡이 멎는 순간부터, 나는 사람이 아니라 시체가 된다고 했습니다. 호흡이 멎는다고 당장 내 몸에서 나의 얼굴이 사라지는 것은 아닙니다. 호흡이 멎어도 내게는 여전히 얼굴이 있습니다. 내 몸이 관 속에 뉘어지고 관 뚜껑이 닫혀도, 내 얼굴엔 입과 귀 그리고 눈이 그대로 붙어 있습니다. 그런데도 호흡이 멎는 순간부터 더 이상 사람이 아니라 시체로 불리는 것은 나의 얼굴이, 내 얼굴에 있는 입과 귀와 눈이 더 이상 작동하지 않기 때문입니다. 그래서 나는 사랑하는 사람에게 나의 입으로, 다시는 사랑한다고 말할 수 없습니다. 나의 귀는, 사랑하는 사람이 아무리 소리쳐도 그 음성을 다시는 들을 수 없습니다. 나의 눈 역시, 사랑하는 사람의 그 어떤 모습도 다시는 볼 수 없습니다.

우리말 '얼굴'을 가리키는 헬라어 '프로소폰πρόσωπον'은 본래, 방향을 가리키는 전치사 '프로스πρός'와 '눈'을 뜻하는 '옵스ὀφς'의 합성어입니다. 얼굴의 중심은 눈에 있습니다. 내가 어느 방향으로 내 얼굴을 돌리는 것은 실은 나의 눈길을 돌리는 것입니다. 나의 눈은 항상 사랑하는 사람을 따라, 그리고 관심이 있는 곳을 향해 움직입니다. 그 눈의 움직임이 곧 얼굴의 움직임입니다. 또 눈은 마음의 창입니다. 내가 세상의 언어로 내 마음을 다 표현할 수 없을 때, 나는 나의 눈빛으로 상대에게 내 마음을 전합니다. 같은 이치로, 나는 상대의 눈을 통해 상대의 마음을 읽을 수도 있습니다. 그러나 죽음은 인간에게 가장 중요한 얼굴의 그 작동을 완전히, 그리고 영원히 정지시켜 버립니다.

바울은 에베소의 장로들에게 이 세상에서 마지막 유언을 남기면서 자신의 죽음을 빗대어, '여러분이 나의 얼굴을 다시는 보지 못할 것을 내가 알고 있다'고 말했습니다. 이 유언의 깊은 의미가 무엇이겠습니까? 이 유언을 통해 바울이 에베소 장로들의 심령에 새겨 주기 원했던 메시지가 무엇이었겠습니까? 그러므로, 다시는 보지 못할 '내 얼굴을' 똑바로 보라는 것입니다. 한 단계 더 나아가, 여러분도 앞으로 '내 얼굴'과 같은 얼굴로 살아 달라는 것이었습니다.

이런 유언을 남기는 바울은 대체 어떤 얼굴이었겠습니까? 25절의 증언을 따르자면, 사람들을 찾아다니며 하나님의 나라를 전하던 얼굴이었습니다. 그리고 바울의 유언은 다음과 같이 계속됩니다.

그러므로 오늘 여러분에게 증언하거니와(26절 상).

헬라어 원문을 보면 우리말 "오늘"이라고만 번역된 표현이 '엔 테 세메론 헤메라ἐν τῇ σήμερον ἡμέρᾳ'로 기록되어 있습니다. 그 표현을 정확하게 옮기면, '그 오늘이라는 날'입니다. 바울은 그렇게 '오늘'도 강조하고 있습니다. 오늘이 지나면, 지금 이 순간이 지나가면, 에베소의 장로들이 자신의 얼굴을 다시는 보지 못할 것을 바울만은 알고 있기 때문입니다.

그러므로 오늘 여러분에게 증언하거니와, 모든 사람의 피에 대하여 내가 깨끗하니(26절).

바울은 에베소의 장로들에게 '자신의 얼굴'을 마지막으로 보여 주는 '오늘', '지금 이 순간'에, "모든 사람의 피에 대하여 내가 깨끗하"다고 선언했습니다.

이는 내가 꺼리지 않고 하나님의 뜻을 다 여러분에게 전하였음이라 (27절).

바울이 모든 사람의 피에 대하여 깨끗한 것은, 하나님의 나라와 뜻을 모든 사람들에게 거리낌 없이 전했기 때문이라는 것입니다. 대체 무슨 의미이겠습니까? 이것은 구약성경 에스겔서의 말씀을 바울이 자신에게 적용하여 말한 것이었습니다. 에스겔서 33장 2-6절을 새번역성경으로 읽어드리겠습니다.

사람아, 너는 네 민족의 자손 모두에게 전하여라. 너는 그들에게 말하여라. 만일 내가 어떤 나라에 전쟁이 이르게 할 때에, 그 나라 백성이 자기들 가운데서 한 사람을 뽑아서, 파수꾼으로 세웠다고 하자. 이 파수꾼은 자기 나라로 적군이 접근하여 오는 것을 보고 나팔을 불어, 자기 백성에게 경고를 하였는데도, 어떤 사람이 그 나팔 소리를 분명히 듣고서도 경고를 무시해서, 적군이 이르러 그를 덮치면, 그가 죽은 것은 자기 탓이다. 그는 나팔 소리를 듣고서도 그 경고를 무시하였으니, 죽어도 자기 탓인 것이다. 그러나 파수꾼의 나팔 소리를 듣고서 경고를 받아들인 사람은 자기의 목숨을 건질 것이다. 그러나 만일 그 파수꾼이, 적군이 가까이 오는 것을 보고서도 나팔을 불지 않아서, 그 백성이 경고를 받지 못하고, 적군이 이르러 그들 가운데 어떤 사람을 덮쳤다면, 죽은 사람은 자신의 죄 때문에 죽은 것이지만, 그 사람이 죽은 책임은 내가 파수꾼에게 묻겠다.

옛날 파수꾼의 중요성은 지대하였습니다. 성안에 살고 있는 사람들의 존망이 파수꾼에게 달려 있었습니다. 산이 흔한 우리나라와는 달리 지평선이 보이는 광야가 많은 중동에서는, 아득히 먼 지평선에 나타난 적군을 파수꾼이 발견한 뒤에도, 그 적군이 성 앞에 이르러 대오를 갖추고 성을 공격하기까지는 며칠씩 걸렸습니다. 그러므로 적군을 발견한 파수꾼이 비상 나팔을 불면, 성안에 있는 군사들과 주민들은 적군과 맞서 싸울 전열을 가다듬거나, 보다 큰 성으로 도피할 시간적 여유를 가질 수 있었습니다. 파수꾼이 지평선에 나타난 적군을 발견한 즉시 비상 나팔을 불었는데도, 성안의 군사들과 주민들이 적군과의 전쟁에서 패하거나 도피하지 못했다면, 그것은 파수꾼의 책임이 아니었습니다. 파수꾼은 비상 나팔을 부는 자기 역할에 이미 충실했기 때문입니다. 그러나 지평선에 나타난 적군이 성의 턱밑까지 다가오는 것을 파수꾼이 계속 쳐다보고서도 비상 나팔을 불지 않아 성을 빼앗기고 사람들이 죽었다면, 왕은 파수꾼에게 반드시 책임을 물을 것입니다. 그 파수꾼은 자신의 사명을 경홀히 여긴 탓입니다.

> 너 사람아, 내가 너를 이스라엘 족속의 파수꾼으로 세웠다. 그러므로 너는 내가 하는 말을 듣고, 나를 대신하여 그들에게 경고하여라. 내가 악인에게 말하기를 "너는 반드시 죽을 것이다" 하였는데도, 네가 그 악인에게 말하여 그가 악한 길을 버리고 떠나도록 경고하지 않으면, 그 악인은 자신의 죄가 있어서 죽을 것이지만, 그 사람이 죽은 책임은 내가 너에게 묻겠다. 네가 악인에게, 그의 길에서 떠나서 거기에서 돌이키도록 경고하였는데도, 그가 자신의 길에서 돌이키지 않으면, 그는 자신의 죄 때문에 죽지만, 너는 목숨을 보존할 것이다(겔 33:7-9, 새번역).

하나님께서 한 인간을 선지자로 부르시고 당신의 말씀을 맡기시는 것은, 그 홀로 말씀을 독점하여 자기 안일과 영달을 위해 이용하라 하심이 아닙니다. 그것은 그 사람을 당신 말씀의 파수꾼으로 삼으시기 위함입니다. 시시각각 다가오는 인간의 죽음을 내다보면서, 그렇게 살면 하나님의 심판을 피할 수 없다고, 속히 삼위일체 하나님께로 돌아서라고, 사람들을 향해 말씀의 나팔을 불게 하시기 위함인 것입니다. 선지자가 말씀의 파수꾼 역할을 충실히 이행하였음에도 그의 말을 듣지 않아 멸망하는 사람이 있다면, 그것은 선지자의 책임이 아닙니다. 하지만 선지자가 불어야 할 말씀의 나팔을 불지 않아 그의 주위 사람들이 멸망한다면, 하나님께서는 그 책임을 선지자에게 물으시겠다는 것입니다. 그가 파수꾼의 사명을 가벼이 여긴 까닭입니다.

바울은 이와 같은 에스겔서의 말씀에 근거하여, 에베소의 장로들에게 자신을 복음의 파수꾼으로 묘사하였습니다. 바울은 자기 앞에 있는 에베소의 장로들을 포함하여 에베소 사람들뿐 아니라, 오늘날 터키 대륙의 서부 지역을 일컫는 아시아 각지의 사람들을 찾아다니며 복음을 전하였습니다. 복음의 핵심은, 십자가에서 인간의 죗값을 대신 치러 주신 예수 그리스도 안에만 영원한 생명, 영원한 구원이 있다는 것입니다. 2천 년 전 우상과 맘몬의 노예로 살아가던 사람들에게 그 복음을 전하는 데엔 많은 장애물이 있었지만, 바울은 복음의 파수꾼 역할을 다하기 위해 그 무엇에도 구속당하거나 구애받지 않았습니다. 이것이 에베소의 장로들에게 바울이 '모든 사람의 피에 대하여 내가 깨끗하'다고 선언한 이유였습니다. 바울의 그 선언을 문자적으로만 이해하자면 바울이 복음의 파수꾼 역할을 다한 이상, 바울로부터 복음을 들은 사람들 가운데 복음을 경홀히 여겨 멸망당하는 사람이 있다 해도, 그것은 에스겔서의 증언에 비추어 바울의 책임이 아니라는 의미가 됩니다.

바로 이 지점에서, 우리는 바울이 오늘의 본문을 통해 그토록 강조하려 했던 바를 명료하게 파악할 수 있습니다. 바울이 에베소의 장로들에게 이 세상에서 다시는 보지 못할 자신의 얼굴을 마지막으로 똑바로 보기를 원했던 그 얼굴은, 복음의 파수꾼으로 살아가는 얼굴이었습니다. 복음의 파수꾼이 늘 듣기에 감미로운 말만 하는 것은 아닙니다. 죄와 사망의 멸망으로 치닫는 어리석은 사람들을 깨우기 위해 질책과 권면의 비상 나팔도 불어야 합니다. 세상을 온통 집어삼키려는 어둠의 세력에 맞서 싸우기도 해야 합니다. 그러나 복음의 파수꾼의 얼굴은 세상과는 구별된 얼굴입니다. 영혼이 복음에 사로잡힌 파수꾼의 얼굴은 세상과 구별된 얼굴일 수밖에 없습니다. 세상과 구별된 파수꾼의 얼굴이, 그 얼굴의 눈과 귀와 입이 세상을 살리고 새롭게 하는 생명력과 감화력을 지닙니다. 바울이 다메섹 도상에서 주님의 부르심을 받은 이후, 참수형을 당해 죽을 때까지 평생 견지했던 얼굴이었습니다.

그러므로 복음의 파수꾼 역할을 다하였으므로 복음을 외면하여 멸망하는 사람이 있더라도 자신은 그의 피에 대하여 깨끗하다고 선언한 바울의 진의는, 그 사람이 죽든 말든 이제부터 자신과는 아무 상관이 없다는 책임 회피가 아니라, 에베소의 장로들도 앞으로 복음의 파수꾼의 얼굴로 살아 주기를 간곡하게 당부하는 데 있었습니다. 인간을 사랑하는 사람만, 인간을 위해, 그 영혼이 복음에 사로잡혀, 복음의 파수꾼의 얼굴로 살아갈 수 있습니다. 그리고 그런 사람만 살아생전에는 말할 것도 없고, 코끝에서 호흡이 멎는 순간에도 후회 없이 하나님 앞에 설 수 있습니다. 교회를 짓밟는 폭도였던 바울에게 그런 얼굴이 가능할 수 있었던 것은, 다메섹 도상에서 바울을 복음의 파수꾼으로 불러내신 주님께서 그것으로 그치지 않고 바울 안에 영으로 임해 계시고, 당신의 말씀으로 바울을 품어 주고 계신 덕분이었습니다.

오늘은 우리를 구원하기 위해 이 땅에 오셨던 예수님의 성탄을 기리고 다시 오심을 대망하는 대림절 둘째 주일입니다. 예수님께서는 하나님 나라의 파수꾼이셨습니다. 죄와 사망의 올무에 빠진 인간에게 하나님의 나라를 전해 주시기 위해 이 땅에 오시어 위로와 동시에 인간의 죄악을 질타하셨고, 인간과 하나님의 나라 사이를 가로막고 있던 죄의 장벽을 허물어 주시기 위해 당신 자신을 십자가의 제물로 던지셨고, 인간에게 영원한 하나님 나라의 백성이 되는 길을 열어 주시려 죽음을 깨뜨리고 영원히 부활하셨습니다. 그래서 그분은 우리의 영원한 Good News, 복음이십니다. 그 주님께서 우리한 사람 한 사람을 불러내셨습니다. 복음의 파수꾼으로 삼으시기 위함입니다. 그리고 오늘 대림절 두 번째 주일을 맞이하여 본문의 사도 바울을 통해우리에게, 복음의 파수꾼의 얼굴로 살아가라고 명령하십니다. 나 자신과 세상을 동시에 살리고 세우는 길이, 바로 거기에 있기 때문입니다.

우리 각자는 지금 어떤 얼굴을 지니고 있습니까? 세상의 욕망에 짓눌려이지러진 얼의 꼴입니까, 아니면 영혼이 복음에 사로잡힌 얼의 꼴, 즉 복음의 파수꾼의 얼굴입니까? 우리가 이 세상을 떠난 뒤, 이 세상 사람들이 우리를 어떤 얼굴로 기억해 주기를 원하십니까? 죽음은 다시는 얼굴을 볼 수도, 보여 줄 수도 없는 것입니다. 남녀노소 빈부귀천을 막론하고 그 시각은우리 각자에게 지금 이 순간에도 1초 1초 다가오고 있습니다. 우리 모두 하나님 나라의 파수꾼이신 주님 안에서 복음의 파수꾼으로, 파수꾼의 구별된얼굴로 살아가십니다. 우리의 눈을 복음의 반사경으로, 우리의 입은 복음의스피커로, 우리의 귀는 복음의 리시버로 삼으십시다. 그래야 코끝에서 호흡이 멎는 순간 우리는 후회 없는 얼굴로 이 세상을 떠나 하나님 앞에 설 수있고, 이 땅에 살아 있는 사람들의 심령 속에 우리의 얼굴은 영원한 복음의이정표로 새겨질 것입니다.


죽음은 얼굴을 다시 볼 수 없고, 보여 줄 수도 없는 것임을 일깨워 주신
주님! 그날이 이르기 전, 대강절 둘째 주일을 맞는 오늘부터 우리의 얼굴
이 가다듬어지게 해주십시오. 이미 영으로 우리 안에 임해 계시고, 벌써
부터 당신의 말씀으로 우리를 품고 계시는 주님 안에서 우리의 얼굴이,

주님의 복음에 사로잡힌 우리 영혼의 꼴을 드러내는 파수꾼의 얼굴로 가다듬어져 가게 해주십시오. 세상과 구별된 우리의 얼굴이, 세상을 살리고 새롭게 하는 생명력과 감화력을 지니게 해주십시오. 우리의 얼굴이, 이 땅에 오시어 인간을 위로하고 질타하시며 십자가의 죽음으로 인간의 죗값을 대신 치르고 부활하신 예수님, 하나님 나라의 파수꾼이신 예수님의 일생을 투사하는 화면이 되게 해주십시오. 세상 사람들이 우리의 얼굴을 봄으로 위로와 생명의 힘을 얻고, 우리의 눈빛을 보고 흐트러진 삶을 바르게 추스르게 해주십시오. 그리하여 우리의 코끝에서 호흡이 멎는 순간, 일말의 후회도 없는 얼굴로 주님 앞에 서게 해주십시오. 아멘.

# 30. 여러분은 삼가라 대림절 셋째 주일

사도행전 20장 28-35절

**여러분은** 자기를 위하여 또는 온 양 떼를 위하여 **삼가라** 성령이 그들 가운데 여러분을 감독자로 삼고 하나님이 자기 피로 사신 교회를 보살피게 하셨느니라 내가 떠난 후에 사나운 이리가 여러분에게 들어와서 그 양 떼를 아끼지 아니하며 또한 여러분 중에서도 제자들을 끌어 자기를 따르게 하려고 어그러진 말을 하는 사람들이 일어날 줄을 내가 아노라 그러므로 여러분이 일깨어 내가 삼 년이나 밤낮 쉬지 않고 눈물로 각 사람을 훈계하던 것을 기억하라 지금 내가 여러분을 주와 및 그 은혜의 말씀에 부탁하노니 그 말씀이 여러분을 능히 든든히 세우사 거룩하게 하심을 입은 모든 자 가운데 기업이 있게 하시리라 내가 아무의 은이나 금이나 의복을 탐하지 아니하였고 여러분이 아는 바와 같이 이 손으로 나와 내 동행들이 쓰는 것을 충당하여 범사에 여러분에게 모본을 보여준 바와 같이 수고하여 약한 사람들을 돕고 또 주 예수께서 친히 말씀하신 바 주는 것이 받는 것보다 복이 있다 하심을 기억하여야 할지니라

결박과 환난이 도사리고 있는 예루살렘행에 나선 바울은 지금, 밀레도에

서 에베소의 장로들에게 마지막 유언을 남기고 있습니다. 바울이 자신의 죽음을 다시는 자기 얼굴을 보지 못하는 것으로 정의하고, 또 모든 사람의 피에 대해 자신은 깨끗하다고 선언한 이유와 의미에 대해서는 지난 시간에 숙고해 보았습니다. 그리고 바울의 유언은 28절 상반절로 이어지고 있습니다.

여러분은 자기를 위하여 또는 온 양 떼를 위하여 삼가라(28절 상).

바울은 에베소의 장로들에게 "삼가라"고 명령하였습니다. 헬라어에서 현재 명령형은 지속과 반복의 의미를 지닙니다. 한 번 '삼가'는 것으로 그치는 것이 아니라, 계속하여 '삼가라'는 명령이었습니다. 먼저는 에베소 장로들 '자기 자신들을 위하여', 그다음으로는 '온 양 떼' 다시 말해 주님께서 부르신 교인들을 위해 '삼가라'는 것이었습니다. 우리말 '삼가라'고 번역된 헬라어 동사 '프로세코προσέχω'는 '주의하다', '경계하다'라는 의미입니다. 바울은 에베소의 장로들이 왜 먼저 삼가야 할 것인지, 그 이유를 설명합니다.

성령이 그들 가운데 여러분을 감독자로 삼고, 하나님이 자기 피로 사신 교회를 보살피게 하셨느니라(28절 하).

에베소 교회는 바울에 의해 세워졌고, 바울은 3년 동안 그 교회를 돌보았습니다. 복음을 가르치고, 세례를 베풀고, 장로들을 세운 장본인도 바울이었습니다. 하지만 바울은 내가 여러분을 감독자로 세웠다고 말하지 않았습니다. 바울은 성령님께서 그들을 에베소 교회의 감독자로 삼으셨음을 분명히 하였습니다. 바울이 밝힌 감독자의 역할은, 성자 하나님께서 당신의 "피로 사신 교회를 보살피"는 것이었습니다. 우리말 "감독자"로 번역된 헬라어

'에피스코포스ἐπίσκοπος'는 '관리자', '보호자'라는 뜻입니다.

> 내가 떠난 후에 사나운 이리가 여러분에게 들어와서 그 양 떼를 아끼지
> 아니하며(29절).

"사나운 이리"는 이단 혹은 거짓 선지자들을 일컫습니다. 바울은 이제 자신이 에베소를 영영 떠나가면, 이단과 거짓 선지자들이 에베소를 찾아와 교인들을 미혹할 것을 알고 있었습니다. 바울이 에베소에 있는 동안에는 얼마든지 이단과 거짓 선지자들을 물리칠 수 있었지만, 자신이 떠난 뒤에 그 역할을 맡을 사람들은 에베소의 장로들이었습니다. 그래서 바울은 그들에게 먼저 '여러분은 삼가라'고 명령했던 것입니다. 그러나 에베소의 장로들이 스스로 삼가야 하는 데는, 보다 중요한 이유가 있었습니다.

> 또한 여러분 중에서도 제자들을 끌어 자기를 따르게 하려고 어그러진 말
> 을 하는 사람들이 일어날 줄을 내가 아노라(30절).

바울은 지금 에베소의 장로들에게 마지막 유언을 남기고 있습니다. 그렇다면, 내가 떠난 뒤에 여러분이 나를 대신하여 맡겨진 소명을 잘 감당할 줄 믿는다고 덕담하는 것이 마땅하지 않겠습니까? 그러나 바울의 말은 전혀 의외였습니다. 이단이나 거짓 선지자들처럼, 에베소의 장로들 중에서도 교인들을 미혹하여 자기 유익을 꾀하려, "어그러진 말을 하는 사람들이 일어날 줄을 내가 아노라"고 바울이 확언한 것이었습니다. 우리말 '어그러지다'는 의미로 번역된 헬라어 동사 '디아스렙호διαστρέφω'는 '왜곡하다'는 뜻입니다. 에베소 장로들 가운데 자기 유익을 위해 하나님의 말씀을 의도적으로 왜곡하

는 사람들이 반드시 있으리라는 것이었습니다. 바울은 이 말을 하면서 '사람'을 단수형이 아니라 복수형으로 표현하였습니다. 자기 유익을 위해 하나님의 말씀을 의도적으로 왜곡하는 사람이 어쩌다 한 사람 나오는 것이 아니라, 에베소 장로들 중에 여러 명이 그렇게 할 것이라는 단언이었습니다. 믿음은 삶의 절대 기준인 하나님의 말씀 앞에서 날마다 자기를 부인해 가는 것입니다. 그러나 죄성을 지닌 우리는 하나님을 믿는다면서도 우리의 욕망을 위해 하나님의 말씀을 다반사로 이용하거나 왜곡하고 있습니다. 바울은 에베소의 장로들에게 지금 그 위험성을 지적하고 있습니다. 그것은 자신과 주위 사람을 동시에 망치는 길인 탓입니다.

이처럼 바울은 밖으로는 이단과 거짓 선지자들로부터 교인들을 지키고 보호하기 위해, 그리고 안으로는 자기 유익을 꾀하려 교인들을 미혹하면서 하나님의 거룩한 말씀을 왜곡하려는 유혹에 빠지지 않기 위해, 늘 스스로 삼갈 것을 에베소의 장로들에게 명령하였습니다. 그리고 그것이 가능하게끔 이제부터 에베소의 장로들이 무엇을 어떻게 해야 할 것인지도 설명해 주었습니다.

> 그러므로 여러분이 일깨어 내가 삼 년이나 밤낮 쉬지 않고 눈물로 각 사람을 훈계하던 것을 기억하라(31절).

바울은 에베소에 머무는 3년 동안 에베소 사람들에게 복음을 전했을 뿐 아니라, 복음을 영접한 그리스도인들을 위해 밤이나 낮이나 쉬지 않고 눈물로 기도하며, 하나님의 말씀으로 그들에게 권면하였습니다. 바울은 에베소의 장로들도 깨어, 교인들을 위해 자기처럼 살아 줄 것을 당부한 것입니다.

> 지금 내가 여러분을 주와 및 그 은혜의 말씀에 부탁하노니, 그 말씀이 여러분을 능히 든든히 세우사, 거룩하게 하심을 입은 모든 자 가운데 기업이 있게 하시리라(32절).

바울은 에베소를 떠나면서 에베소의 장로들을 에베소의 유력자나 권력자에게 부탁하지 않았습니다. 바울은 그들을 주님과 주님의 은혜의 말씀에 부탁하였습니다. 바꾸어 말하면 에베소의 장로들에게, 그들의 삶을 오직 주님과 주님의 말씀에 온전히 의탁할 것을 당부하였습니다. 주님의 말씀에 자신을 온전히 의탁하는 사람만 말씀으로 세움을 입어 다른 사람을 말씀으로 권면할 수 있고, 또 영원한 하나님 나라의 기업을 이어받을 수 있기 때문입니다.

> 내가 아무의 은이나 금이나 의복을 탐하지 아니하였고, 여러분이 아는 바와 같이 이 손으로 나와 내 동행들이 쓰는 것을 충당하여, 범사에 여러분에게 모본을 보여 준 바와 같이 수고하여 약한 사람들을 돕고, 또 주 예수께서 친히 말씀하신 바 주는 것이 받는 것보다 복이 있다 하심을 기억하여야 할지니라(33-35절).

바울은 2천 년 전 "은", "금", "의복"으로 대변되던 세상의 물질을 삶의 목적으로 삼은 적이 없었습니다. 오히려 천막 제조기술을 보유했던 바울은 자비량으로 전도의 삶을 살았습니다. 자기 손으로 천막을 제조 판매하면서, 전도에 필요한 경비를 직접 충당해 온 것이었습니다. 나아가 바울은, "이 손으로 나와 내 동행들이 쓰는 것을 충당"하였다고 밝혔습니다. 자신의 필요한 경비뿐 아니라, 동행자들의 경비까지 바울이 부담하였던 것입니다. 그것은 바울의 일방적인 주장이 아니었습니다. 바울은 그 사실을 언급하면서 "여러분이 아는 바와 같"다고 말했습니다. 에베소의 장로들도 바울의 그와 같은 헌신을 다 알고 있었습니다. 바울은 이렇듯 물질로도 약한 사람들을 도움으로써, 받는 삶보다 주는 삶이 훨씬 복된 삶이라는, 참된 믿음의 모본을 보여 주었습니다. 따라서 바울은 에베소의 장로들 역시 교인들 앞에서 그와 같은 모본의 삶을 살 것을 촉구한 것입니다. 주님께서 바울을 통해 그들을 장로로 세우신 까닭이 거기에 있었기 때문입니다.

　바울이 에베소의 장로들에게 마지막 유언으로 당부한 내용은, 오늘날 한국 교회의 목사 장로상과는 사뭇 다릅니다. 한국 교회 거의 대부분의 교인들은, 교회 직분은 봉사를 위한 직분이라고 말은 하면서도 실제로는 계급으로 이해하고 있습니다. 일반 교인보다 서리집사가 높고, 서리집사보다는 안수집사가 높으며, 장로와 목사는 그보다 더 높다는 식입니다. 그 결과 로마 가톨릭교회의 그릇된 계급제도인 하이어라키에 맞서, 모든 그리스도인은 하나님 앞에서 동등한 제사장이라는 '만인제사장'을 주창하며 태동된 개신교가, 유독 한국에서만은 여전히 그릇된 계급제도의 덫과 병폐에 갇혀 있습니다.

　10년 전 사도행전 1장 1절을 묵상할 때 말씀드렸던 것처럼, 16세기 스위스의 제네바에서 종교개혁의 꽃을 피웠던 장 칼뱅의 장로제는, 교황의 1인 지배 체제로 인해 뒤틀린 교회와 사회의 본질을 회복시키고 개혁하려는 새로운 스피릿이었습니다. 칼뱅은 장로제를 교회의 목적으로 삼지 않고, 교황의 1인 지배 체제에 맞서기 위한 대의 기구로 활용하였습니다. 그래서 칼뱅은 자신이 이끄는 교회를 개혁교회라 불렀고, 교회의 본질인 하나님의 절대적인 말씀을 고수하기 위해 필요한 상대적인 제도는 시대와 상황에 따라 언제나 탄력적으로 변경될 수 있게 했습니다. 칼뱅이 제네바에서 시행했던 장로제의 형태와 내용을 절대불변의 제도로 내세우지 않았던 만큼, 유럽 각지로 퍼져나간 개혁교회의 장로제가 계급과 서열로 왜곡될 소지는 없었습니다.

그러나 스코틀랜드의 존 녹스가 칼뱅의 개혁교회를, 장로를 중심으로 운영되는 인적제도로 받아들여 장로교회를 태동시켰습니다. 많은 사람들이 오해하듯 장로교회란 명칭의 효시는 장 칼뱅이 아니라 존 녹스였습니다. 그리고 스코틀랜드 존 녹스의 장로교회가 대서양을 넘어 미국으로 건너갔습니다. 존 녹스의 장로교회가 교회를, 장로를 중심으로 운영되는 인적제도로 간주했다는 것은, 처음부터 장로직이 계급과 서열로 오인될 소지를 지니고 있었음을 의미합니다. 그 결과 미국에서 장로교회는 침례교나 감리교에 비해 각광을 받지 못했습니다. 한번 선출된 장로가 일평생 그 영향력을 행사한다는 것은, 대통령의 임기도 정할 정도로 자유 지향적인 미국인의 기질에는 맞지 않았습니다. 그래서 오늘날에도 미국의 장로교회는 작은 교단에 불과합니다. 현재 미국장로교회PCUSA의 장로 피선거권은 19세에서부터 90세까지 주어지고 있습니다. 90대를 대표하는 90세의 장로가 있는가 하면, 10대를 대변하는 19세의 장로도 있습니다. 그렇게 함으로써 미국장로교회는 장로직분이 연령과 직능을 대표하는 봉사직분일 뿐 계급이나 서열이 아님을 분명히 하고 있습니다. 목사의 전횡을 방지하기 위한 제도적인 견제 장치도 있음은 물론입니다.

하지만 130년 전 미국에서 태평양을 넘어 한국으로 건너온 장로교회의 장로제는 한국의 가부장적인 사회제도와 한국 특유의 수직적 인간관계와 접목되면서, 철저한 계급제도로 변질되었습니다. 목사를 포함한 장로직을 계급으로 간주하기에 서리집사와 안수집사직도 장로에 이르기 위한 계급이 되었고, 성경에서는 말할 것도 없고 세계 어느 나라 교회에서도 유례를 찾아볼 수 없는 권사직은 전적으로 여자를 위한 계급이 되었습니다. 세계 개신교회 중에서 한국 교회만 유독 시대착오적인, 벌써 용도폐기되었어야 할 비성경적인 낡은 옷을 그대로 입고 있는 셈입니다. 오늘날 한국 개신교회의 대부분의 문제는 따지고 보면 봉사를 위한 직분이 수직화되고 계급화되어 버린, 비성경적인 이 낡은 옷에서 유래하고 있습니다. 수직적이고 계급화된 인간관계에서는 참된 사랑이나 봉사가 불가능하고, 그런 사람이 아무리 많이 모여도 참된 교회를 이룰 수는 없습니다.

우리 교회는 한국 교회 200주년을 향한 길닦이의 사명을 지니고 창립되었습니다. 한국 교회 미래를 위한 초석을 다지기 위해, 누구도 가보지 않은 사막에 강을 내고 광야에 길을 뚫는 사명입니다. 그 일환으로 우리 교회가 시행하고 있는 여러 제도 가운데 상임위원회와 운영위원회, 그리고 장로권사 호칭제가 있습니다. 각 봉사팀의 팀장으로 구성된 79명의 상임위원과 306명의 구역장으로 구성된 운영위원회가 교회를 운영하는 것은, 어느 누구든 특정인 한 사람에 의해 교회가 좌지우지 되지 않게끔, 장 칼뱅이 표방한 개혁교회의 대의제도 정신을 구현하기 위함입니다. 그리고 장로권사 호칭제는, 한국 교회에서 계급화되고 서열화된 장로권사제의 병폐를 바로잡기 위해, 누구든 우리 교회 정관이 제정한 조건을 충족한 분들은 빈부귀천을 따지지 않고 장로권사로 호칭하여 존중해 드리자는 것입니다. 장로권사 호칭제의 조건을 명시한 정관은 교회 홈페이지에서 확인할 수 있습니다.

은 30냥에 예수님을 팔았던 가룟 유다가 자살로 생을 마감하자, 사도들은 가룟 유다를 대신할 사도로 맛디아를 보선하였습니다. 그때 베드로는 보선될 사도의 자격을 분명하게 밝혔습니다. 예수님께서 세례자 요한에게 세례를 받으심으로 공생애를 시작하신 이래 부활 승천하시기까지, 항상 자신들과 함께 예수님을 모시고 다니던 사람이어야 한다는 것이었습니다(행 1:21-22). 선출된 맛디아는 그 자격을 갖춘 사람이었습니다. 예루살렘 모교회가 기독교회 역사상 최초로 집사를 선출할 때에도 자격이 있었습니다. "성령과 지혜가 충만하여 칭찬받는 사람"이어야 한다는 자격이었습니다(행 6:3). 그리고 교인들의 투표에 의해, 그 자격에 합당한 일곱 명이 최초의 집사로 선출되었습니다.

사도행전 13장에서부터 세 차례에 걸쳐 전도 여행에 나섰던 바울은, 지중해 세계를 누비고 다니며 각지에 교회를 세웠고, 장로도 택하여 세웠습니다. 그러나 사도행전 그 어디에도 바울이 세운 장로의 자격이 명시되어 있지 않습니다. 우리말 '장로'로 번역된 헬라어 '프레스뷔테로스πρεσβύτερος'는, '나이 든 사람'을 뜻하는 '프레스뷔스πρεσβύτης'의 비교급으로 '더 나이 든 사람', 즉 '연장자', '원로'를 뜻합니다. 유대인들은 구약시대부터 나이 들고 덕망 높은 원로를 '프레스뷔테로스', 다시 말해 공동체의 장로로 삼았습니다. 바울은 이와 같은 유대인의 관습을 따라, 복음을 전한 곳마다 복음을 영접한 사람들 가운데 나이 들고 덕망 높은 연장자들을 장로 삼아 교회를 돌보게 했던 것입니다. 에베소의 장로들 역시 마찬가지였습니다. 그 장로직은 계급이나 서열이 아니었습니다. 그들은 바울이 떠난 뒤에 바울을 대신하여, 교인들을 사랑하고 섬기는 관리자와 보호자가 되어야 할 사람들이었습니다. 그래서 바울은 그들에게 먼저 이단과 거짓 선지자들의 외적 공격과, 자기 욕망을 위해 하나님의 말씀을 왜곡하려는 내적 유혹으로부터 스스로 삼갈 것을 명령하면서, 자신이 그들을 위해 그랬던 것처럼 교인들을 위해 밤낮 눈물로 기도하며 권면하고, 주님의 말씀에 삶을 온전히 의탁하면서, 자기 물질을 털어 연약한 교인들을 섬기는 믿음의 모본이 되어 주기를 당부하였습니다. 자격을 갖추어서가 아니라 오직 주님의 은혜에 의해 장로로 세움 받았으므로, 지금부터 주님의 은혜를 의지하여 교인들을 섬기는 믿음의 모본으로 살아가라는 당부였습니다.

2009년에 개정된 우리 교회 정관의 조건을 충족한 분들이 작년부터 공식적으로 우리 교회의 장로권사로 호칭되기 시작했고, 내년 1월 1일부터 호칭될 분들도 있습니다. 이미 장로권사 호칭자가 되었거나, 앞으로 호칭자가 될 교우님들께 간곡하게 부탁드립니다. 우리 교회의 장로권사 호칭은 결코 계급이나 서열이 아닙니다. 과거의 봉사에 대한 보상이거나 명예의 꽃다발인 것도 아닙니다. 지금 현재 교회를 위해 봉사하는 것보다, 앞으로 더더욱 교회와 교인을 사랑하고 섬겨 달라고 멍에를 씌워 드리는 것입니다.

그러므로 이미 장로권사 호칭자가 되었거나 앞으로 될 분들은, 오늘 바울의 유언을 청종하시기를 당부드립니다. 자신과 교인들을 위하여, 비성경적인 외적 공격과 말씀을 왜곡하려는 내적 유혹으로부터 자신을 스스로 삼가십시오. 교인들을 위해 밤낮 눈물로 기도하는 기도의 사람이 되십시오. 주님의 말씀에 자신을 온전히 의탁하여, 자신의 삶을 통해 주님의 말씀이 육신을 입게 하는 말씀의 사람이 되십시오. 세상의 재물을 삶의 목적으로 삼지 말고, 오히려 주머니를 털어 연약한 사람들을 돕는 사랑의 실천자가 되십시오. 여러분을 장로와 권사로 호칭해 드리는 모든 교인들을 위해 참된 믿음의 모본이 되십시오. 그때 우리 교회의 장로권사 호칭제는, 계급화되고 서열화된 한국 교회 장로권사 제도의 병폐를 척결하는 분명한 대안이 될 것이요, 한국 교회 200주년을 향해 광야에 길을 내고 사막에 강을 내는 우리의 애씀은 헛되지 않게 될 것입니다. 하지만 장로권사로 호칭되거나 호칭하는 분들이 그 호칭을 계급과 서열로 오인한다면, 우리 교회의 장로권사 호칭제는 오히려 한국 교회의 병폐를 가중시키는 또 하나의 장애물이 될 것이요, 그런 장로권사 호칭제라면 한국 교회의 미래를 위해 당장 폐지함이 마땅할 것입니다.

오늘의 본문은 비단 장로권사 호칭자에게만 해당되는 말씀이 아닙니다. 앞에서 언급했듯이, 개신교의 핵심 교리 중 하나가 모든 그리스도인은 동등한 제사장이라는 '만인제사장'입니다. 개신교회, 특히 개혁교회에서는 남녀노소 빈부귀천을 막론하고 우리 각자가 우리 자신과 주위 사람을 지키고 돌보아야 할 '프레스뷔테로스'입니다. 우리 모두 바울의 유언을 우리의 마음에 새기십시다. 믿음의 삶은 삼갈 것을 삼가는 것으로부터 시작됨을 잊지 마십시다. 바울처럼 매사에 스스로 삼가면서 나 자신 앞에서, 가족들 앞에서, 교인들 앞에서, 동료들 앞에서, 세상 사람들 앞에서, 믿음의 모본이 되는 '프레스뷔테로스'로 살아가십시오. 주님께서 우리의 삶을 들어 우리의 가정과 일터를, 우리의 교회를, 우리 사회를 반드시 새롭게 하실 것입니다. 이것이 우리를 구원하려 이 땅에 오셨던 주님의 성탄을 기리고 다시 오심을 대망하는 대림절 셋째 주일을 맞아, 주님께서 오늘의 본문을 통해 우리에게 주시는 메시지입니다.


예수님의 성탄을 기리고 다시 오심을 대망하는 대림절 셋째 주일을 맞아, 오늘도 우리에게 귀한 깨달음의 은혜를 주심을 감사합니다. 이 땅에 오셔서 먼저 사탄의 유혹을 삼가시는 것으로부터 공생애를 시작하셨던 주님! 우리 모두 주님을 본받아 우리 자신을 위해, 우리와 더불어 살아가는 사람들을 위해, 그리스도인으로 마땅히 삼갈 것을 삼가는 것으로부터 그리스도인의 삶을 시작하게 해주십시오. 예수님처럼 나 자신을 위해, 교인들을 위해, 나라를 위해, 눈물로 기도하게 해주십시오. 어떤 경우에도 나의 유익을 위해 주님의 말씀을 왜곡하는 어리석음을 범치 않도록, 날마다 나 자신을 주님의 말씀에 온전히 의탁하게 해주십시오. 세상의 물질은 내 삶의 목적이 아니라, 더불어 살아가는 사람들을 섬기기 위한 도구임을 잊지 않게 해주십시오. 날마다 성숙한 '프레스뷔테로스'로 세워져 가는 우리로 인해, 우리의 가정과 일터 그리고 교회가 매일 새로워져 가게 해주십시오. 100주년기념교회의 장로권사 호칭자들이 바울의 유언을 청종하여, 계급화되고 서열화된 한국 교회 장로권사 제도의 병폐를 바로잡는 주님의 첨병들이 되게 해주십시오. 한국 교회 200주년을 내다보며 광야에 길을 뚫고 사막에 강을 내고 있는 100주년기념교회가, 늘 세상을 새롭게 하는 개혁교회로 존속되게 해주십시오. 아멘.

# 31. 그를 전송하니라 대림절 넷째 주일

사도행전 20장 36-38절

이 말을 한 후 무릎을 꿇고 그 모든 사람들과 함께 기도하니 다 크게 울며 바울의 목을 안고 입을 맞추고 다시 그 얼굴을 보지 못하리라 한 말로 말미암아 더욱 근심하고 배에까지 **그를 전송하니라**

결박과 환난이 도사린 예루살렘행에 나선 바울은, 밀레도에서 에베소의 장로들을 불러 마지막 유언을 남겼습니다. 우리는 다섯 주에 걸쳐 그 유언의 내용을 숙고해 보았습니다.

먼저 바울은 유언을 통해, 에베소 장로들에게 지난 3년 동안 자신이 살아온 삶의 이력서를 재상기시켜 주었습니다. 온갖 시련과 도전 속에서도 흔들림 없이 겸손과 눈물로 주님을 섬긴 것, 에베소 사람들에게 유익한 것이라면 그 어떤 위험도 개의치 않고 거리낌 없이 전하여 가르친 것, 그리고 유대인과 헬라인을 막론하고 모든 사람들에게 주님을 향해 회개하여 돌아서기를 촉구했던 것을 보여 주는, 자기 삶의 이력서였습니다. 그렇게 함으로써 바울은, 에베소의 장로들도 이제부터 그와 같은 삶의 이력서를 써갈 것을 당부한 것이었습니다.

또 바울은 유언을 통해 에베소의 장로들에게 자신의 굳은 결심을 밝혔습니다. 그동안 바울이 각 성을 거쳐 올 때마다, 성령님께서 바울의 예루살렘행이 결박과 환난이 도사린 길임을 계속하여 예고해 주셨습니다. 바울은 성령님의 그 예고를 얼마든지, 예루살렘행을 피하라는 성령님의 섭리로 해석할 수도 있었습니다. 하지만 바울은 주님께로부터 부여받은 소명을 완수하기 위해서는, 자신의 생명조차 조금도 귀한 것으로 여기지 않는다고 천명했습니다.

바울의 궁극적인 목적은 예루살렘을 거쳐 로마제국의 심장인, 수도 로마에 이르는 것이었습니다. 사도행전 19장 21절에서 '로마도 보아야 하리라'고 선포한 이후부터 바울은, 주님의 증인으로 자기 생을 마지막으로 던져야 할 곳이 로마임을 분명하게 알고 있었습니다. 그 길은 아무도 가보지 않은 미지의 광야요, 사막이었습니다. 그러나 바울은 그 절망의 광야에 소망의 길을 뚫고, 죽음의 사막에 생명의 강을 내는 데 자기 생명을 던질 결심임을, 자신의 유언을 통해 밝힌 것이었습니다. 주님의 부르심에 응답하는 삶만이 주님께 드릴 최상의 감사 예물임을, 에베소의 장로들에게 일깨워 주기 위함이었습니다.

그리고 바울은 유언을 통해 자신의 죽음을, 다시는 자신의 얼굴을 보지 못하는 것으로 정의하면서, 자신은 모든 사람들의 피에 대하여 깨끗하다고 선언하였습니다. 그것은 바울이 구약성경 에스겔서 33장 2-9절의 말씀을 자기에게 적용한 표현으로, 에베소의 장로들에게 앞으로 복음의 파수꾼의 얼굴로 살아가 달라고 당부하기 위함이었습니다. 복음의 파수꾼으로 사는

사람만, 코끝에서 호흡이 멎는 순간 후회 없는 얼굴로 이 세상을 떠나 하나
님 앞에 설 수 있고, 살아 있는 사람들의 마음속에 그 얼굴이 복음의 이정
표로 남을 수 있기 때문이었습니다.

　마지막으로 바울은 유언을 통해 에베소의 장로들에게, 자격을 갖추어서가
아니라 주님의 은혜로 장로로 세움 받았으므로, 자신과 교인들을 위하여 참
된 '프레스뷔테로스'로 살아가 주기를 당부했습니다. 이단과 거짓선지자들의
외적 공격과 자기 욕망을 위해 하나님의 말씀을 왜곡하려는 내적 유혹으로
부터 자신을 삼가면서, 교인들을 위해 밤낮 눈물로 기도하고, 자신을 온전
히 주님의 말씀에 의탁하며, 자기 지갑을 열어 연약한 교인들을 도와, 교인
들 앞에서 믿음의 모본으로 살아 달라는 부탁이었습니다.

　그리고 오늘의 본문 36절은 그 이후의 일을 전해 주고 있습니다.

　　이 말을 한 후, 무릎을 꿇고 그 모든 사람들과 함께 기도하니.

　유언을 마친 바울은 그 자리에 모인 사람들과 기도하였습니다. 의자에 앉
은 편한 자세가 아니라, 무릎을 꿇고 기도하였습니다. 본래 유대인들은 하
늘을 향해 두 손을 들고 기도했습니다. 하나님께서 하늘에 계신다고 생각
한 까닭이었습니다. 그러나 신약시대에 들어오면서부터 그리스도인들은 무
릎을 꿇고 기도하기 시작하였습니다. 누가복음 22장 41절은, 예수님께서도
당신의 죽음을 앞두고 겟세마네 동산에서 무릎을 꿇고 기도하셨음을 밝혀
주고 있습니다. 사도행전 7장 60절에 의하면 스데반도 무릎 꿇고 기도하다
가 순교했고, 사도행전 9장 40절은 무릎 꿇고 기도한 베드로를 통해 죽은
다비다가 살아났음을 전해 주고 있습니다. 무소부재한 영이신 삼위일체 하

나님께서는 이미 우리 안에 임해 계시고, 벌써부터 당신의 말씀으로 우리를 품고 계시기에, 우리는 어디서든 그분 앞에 무릎 꿇을 수 있습니다. 우리가 하나님 앞에 무릎 꿇는 것은, 우리의 전 존재가 하나님께 굴복하는 것을 의미합니다. 그러므로 하나님 앞에 무릎을 꿇으면, 기도하는 우리 마음의 자세와 기도의 내용이 달라집니다.

바울과 에베소의 장로들이 함께 무릎 꿇고 기도드렸던 내용을 우리는 어렵지 않게 짐작할 수 있습니다. 바울은 에베소의 장로들이 자신의 유언처럼 교인들을 사랑하고 섬기는 믿음의 모본이 되어 주기를 기도했을 것이고, 에베소의 장로들은 그 기도에 더하여 바울의 앞길에 주님의 은총이 함께해 주시기를 기도했을 것입니다.

다 크게 울며 바울의 목을 안고 입을 맞추고(37절).

우리말 '울다'로 번역된 헬라어 '클라우드모스κλαυθμός'는 일상의 슬픔을 반영하는 눈물이 아니라, 누군가 죽었을 때 울부짖는 '통곡'을 뜻합니다. 에베소의 장로들은 통곡하며 차례로 바울의 목을 끌어안고 입을 맞추었습니다. '입 맞추다'는 의미의 동사 '카탑힐레오καταφιλέω'가 헬라어 원문에 미완료형으로 기록되어 있습니다. 한 번 입맞춤으로 그친 것이 아니라, 장로들마다 몇 번씩이나 계속하여 바울에게 입을 맞추었다는 말입니다. 엉엉 울면서 바울의 목을 끌어안고 몇 번씩이나 작별의 입맞춤을 계속하는 에베소 장로들의 모습이 눈에 선합니다.

다시 그 얼굴을 보지 못하리라 한 말로 말미암아 더욱 근심하고, 배에까지 그를 전송하니라(38절).

우리말 '근심하다'로 번역된 헬라어 동사 '오뒤나오ὀδυνάω'는 '깊은 슬픔에 빠져들다'는 뜻입니다. 바울은 자신과의 영원한 작별, 즉 자신의 죽음을, 다시는 자신의 얼굴을 보지 못하는 것으로 정의하지 않았습니까? 에베소 장로들의 입장에서 보자면, 이제 바울과 헤어진다는 것은, 자신들을 그토록 사랑하고 섬겨 주던 바울의 얼굴을 이 세상에서 다시는 보지 못하게 됨을 의미했습니다. 그들은 통곡 속에서 바울의 목을 끌어안고 몇 번씩이나 작별의 입맞춤을 했지만, 오히려 더 깊은 슬픔에 빠져들었습니다. 그래서 그들은 모두 항구로 나가, 바울이 배에 오르기까지 바울을 전송하였습니다. 바울과의 영원한 작별이 정말 현실이 된 것이었습니다.

마침내 바울이 탄 배가 움직이기 시작합니다. 배 위의 바울도, 항구에 서 있는 에베소의 장로들도, 서로 바라보며 손을 흔들었을 것입니다. 배가 움직이기 시작함과 동시에, 이 세상에서 바울의 얼굴을 다시는 보지 못할 에베소 장로들의 슬픔은 더 깊어졌을 것이요, 바울의 모습이 점점 더 멀어질수록 그들의 울음은 더 격해졌을 것입니다. 바울이 탄 배가 그들의 시야에서 완전히 사라진 후에도, 그들은 한동안 그 자리에 그대로 서 있었을 것입니다. 그리고 밀레도에서 45킬로미터 떨어진 에베소로 돌아가는 내내, 아니 그들의 평생에, 바울의 유언이 그들의 마음에서 떠나지 않았을 것입니다.

바울의 유언이, 바울과 작별하는 에베소 장로들을 왜 그토록 통곡하게 했겠습니까? 그들의 평생에 바울의 유언이 그들을 떠나지 않았다면, 그 까닭이 무엇이었겠습니까? 바울의 유언이 2천 년의 시간과 공간을 초월하여, 오늘날 우리의 마음속에까지 큰 울림으로 다가오는 이유가 무엇이겠습니까? 바울의 유언이 명문장으로 이루어져 있기 때문이겠습니까? 명문장이라면, 바울의 유언이 감히 넘볼 수도 없는 대문호들의 유언들이 얼마든지 있습니다. 그러나 위대한 소설가와 시인이 남긴 명문장의 유언이라고 해서, 우리에게 바울의 유언과 같은 깊은 울림을 주는 것은 결코 아닙니다.

바울의 유언이, 2천 년 전 그 유언을 직접 들은 에베소의 장로들뿐 아니라, 지구 반대편에서 21세기를 살아가는 우리의 영혼과 마음까지 사로잡는 이유는, 바로 바울의 유언 속에서 찾아볼 수 있습니다. 바울의 유언은 이렇게 시작되었습니다.

> 아시아에 들어온 첫날부터 지금까지, 내가 항상 여러분 가운데서 어떻게 행하였는지를 여러분도 아는 바니(18절).

이미 우리가 알고 있는 것처럼 바울은, 내가 그동안 어떻게 살아왔는지 여러분도 다 알고 있다는 말로 유언을 시작하였습니다.

> 그러므로 여러분이 일깨어 내가 삼 년이나 밤낮 쉬지 않고 눈물로 각 사람을 훈계하던 것을 기억하라(31절).

바울은 에베소의 장로들에게, 교인들을 위해 밤낮 쉬지 않고 눈물로 기도하며 말씀으로 권면하라고 명령하지 않았습니다. 자신이 교인들을 위해 그렇게 살았던 것을 '기억하라'고 당부했습니다. 자신이 그렇게 살았던 것도 여러분이 다 알고 있다는 말이었습니다.

> 여러분이 아는 바와 같이, 이 손으로 나와 내 동행들이 쓰는 것을 충당하여(34절).

바울은 또, 자신과 일행이 전도 여행에 필요한 경비를 모두 자기 손으로 직접 충당한 것 역시 여러분이 알고 있다고 말했습니다.

> 범사에 여러분에게 모본을 보여 준 바와 같이, 수고하여 약한 사람들을 돕고 또 주 예수께서 친히 말씀하신 바, 주는 것이 받는 것보다 복이 있다 하심을 기억하여야 할지니라(35절).

바울은 마지막으로, 자신이 에베소의 장로들에게 믿음의 모본을 보여 준 것처럼, 에베소의 장로들도 교인들을 위한 믿음의 모본이 되어 줄 것을 부탁하였습니다. 자신이 믿음의 모본으로 살았던 것 또한, 에베소의 장로들이 다 알고 있다는 뜻이었습니다.

바울이 에베소의 장로들에게 남긴 유언은, 단지 듣기에 좋은 말의 향연이 아니었습니다. 그랬더라면 그의 유언은, 이미 2천 년 전에 순간적인 공기의 진동으로 흔적도 없이 사라져 버리고 말았을 것입니다. 유언의 무게는 말이 아니라, 생전의 삶에 의해 결정된다고 했습니다. 바울이 교회를 짓밟던 청년 시절의 삶으로 평생 일관하다가 유언을 남겼다면, 깃털보다 더 가볍고 물거품보다 더 무의미한 유언을 남긴 그와의 작별을 에베소의 장로들이 슬퍼하거나 아쉬워할 까닭이 없었을 것입니다. 바울의 유언은 단순한 말이 아니라, 에베소의 장로들이 3년 동안 직접 보고 겪은 그의 삶, 그 자체였습니다.

이때 바울은 당시의 평균 수명으로 이미 인생 말년에 접어들었을 때였습니다. 노쇠한데다 지병까지 지닌 병약한 몸으로 3년 동안 에베소의 교인들을 위해 자신을 던졌던 바울이, 이제 에베소를 영영 떠나면서 장로들에게 마지막 삶의 유언을 남겼습니다. 내가 여러분을 위해 어떻게 살았는지 여러분이 보고 아는 대로, 이제부터는 교인들을 위해 여러분이 그렇게 살아달라는 삶의 유언이었습니다. 바울의 전 생애가 밴 그 유언의 무게가, 에베소의 장로들을 압도한 것은 조금도 이상한 일이 아니었습니다. 그 삶의 유언을 남겨 주고 떠나는 바울과의 영원한 작별이, 에베소의 장로들에게 어찌 슬프지 않을 수 있었겠습니까? 주님을 위해 자신의 생명조차 조금도 귀한 것으로 여기지 않았던 바울의 삶의 유언이 하나님의 말씀으로 승화되어 성경에 기록되고, 시간과 공간을 초월하여 21세기를 살아가는 우리의 영혼과 마음까지 울리는 것은 너무나도 당연한 일 아니겠습니까?

교회를 짓밟던 폭도였던 바울이 이처럼 영원한 삶의 유언을 남길 수 있었던 것은, 자기 속에 영으로 임해 계시고 말씀으로 자신을 품고 계시는 주님의 은혜를 전적으로 의지하며 산 덕분이었습니다.


이 세상에서 살아 있는 사람들과 영영 작별하면서 마지막 유언을 남기는 것은, 본문의 바울에게만 국한된 이야기가 아닙니다. 우리 각자도 예외 없이 언젠가 주위 사람들과 영원한 작별을 하면서, 어떤 형태로든 마지막 유언을 남길 것입니다. 그때 여러분은 어떤 유언을 남기시겠습니까? 현재 자신의 삶에 비추어 보건대, 여러분의 유언은 남아 있는 사람들에게 어느 정도의 무게로 전해질 것 같습니까?

지방에서 교회에 다니며 인터넷으로 우리 교회 예배에도 참여하고 있는 주부가, 한 달여 전에 제게 보내온 편지 가운데 일부분을 당사자의 허락하에 읽어드리겠습니다.


> 목사님의 책을 읽고 설교를 들으면서, 제 뇌리에 박힌 두 가지 주제가 있습니다. 먼저는 사람이 되라는 것이고, 다음으로는 정직성을 회복하라는 것입니다. 연초에 정직에 대한 말씀을 묵상하다가, '나는 정직한가?'라는

스스로의 질문에, 선뜻 '예스'라고 대답할 수가 없었습니다. 크게 처벌받을 만한 범죄를 저지른 것은 아니라 해도, 저 자신을 속이는 짓을 계속해 왔기 때문입니다.

첫째, 제 휴대폰 명의가 초등학생 딸 이름으로 되어 있었습니다. 좀더 싼 요금제 혜택을 받기 위해서였습니다. 둘째, 전세금을 치르고 남은 돈 2천만 원을 친정어머니 명의로 은행에 예치했습니다. 자녀들이 저소득층 혜택을 받지 못할까 봐 친정어머니의 명의를 도용한 것입니다. 그런 일이 잘못된 일이라고 양심의 가책을 느낀 적이 한 번도 없었습니다. 오히려 명의를 빌릴 수 있는 딸과 친정어머니가 있음을 감사했지요. 그러나 목사님의 설교와 책은, 제가 정직과는 거리가 먼 사람이라는 걸 깨우쳐 주었습니다. 지금은 휴대폰을 제 명의로 바꾸어 예전에 비해 더 많은 요금을 내고 있고, 은행 예금도 제 명의로 변경해서 내년부터 아이들이 받던 혜택이 사라질 수도 있지만, 오히려 가면을 벗고 제 얼굴로 살게 되었음을 감사하고 있습니다. 올해부터 '주거급여'라는 복지 혜택이 시행되고 있습니다. 혹시 저희 가정도 대상이 되는지 동사무소에 확인했더니, 승용차만 없으면 대상으로 선정될 수 있다면서, 동사무소 직원은 승용차를 처분하고 오라했습니다. '처분'이라는 표현에는 자동차의 명의를 변경하라는 뜻도 포함되어 있어, 그 자리에서 주저 없이 사양하고 왔습니다. 꽤 많은 금액의 '주거급여'였지만, 남편과 한마음으로 거절할 수 있게 되었음이 감사했습니다.

목사님! 가족들의 아침 식사를 준비하면서 지난주 목사님 설교를 들었습니다. 우리 삶의 목표는 세상의 부귀영화가 아니라, 광야와 사막에 소망의 길을 뚫고 생명의 강을 내기 위해 우리의 생명을 던지는 것이며, 하나님께 드리는 최상의 예물은 우리의 삶 자체를 거룩한 예물로 드리는 것이라는 내용이었습니다. 앞으로 하나님과 독대의 시간을 가지면서, 제 삶이 이력서가 되도록 힘써 노력하겠습니다. 저는 영상으로 목사님을 자주 뵙지만, 일면식도 없는 저의 넋두리 같은 편지를 읽어 주셔서 감사합니다.

이런 넋두리라면, 아무리 읽어도 은혜롭기만 합니다. 만약 올해 초에 이분의 코끝에서 호흡이 멎어 사랑하는 딸에게 유언을 남겼다면, 아무리 아름다운 내용이었더라도, 그 유언이 딸 앞에서 무게를 지닐 수는 없었을 것입니다. 어린 딸은 어머니가 자기 명의로 휴대폰을 개설했고, 외할머니 명의를 도용하였음을 이미 알고 있거나, 앞으로 반드시 알게 될 것이기 때문입니다. 그러나 이분은 올 한 해를 살아오면서, 그리스도인으로서 자신의 삶에서 삼갈 것을 용기 있게 도려내었습니다. 그리고 앞으로 그분이 유언을 남긴다면, 그분의 유언은 지난 1년 동안 주님 안에서 반듯하게 가꾸어 온 삶만큼의 무게를 지닐 것입니다.

주님의 성탄을 기리고 다시 오심을 대망하는 대림절 넷째 주일인 오늘은, 이제 올해를 열하루 남겨두고 있습니다. 불과 열하루 후면 2015년과 영원히 작별해야 하는 우리는, 언젠가 이 세상 모든 사람들과도 영원히 작별해야만 합니다. 그때 어떤 유언을, 어떤 무게의 유언을 남기기를 원하십니까? 우리 모두 2015년과의 영원한 작별을 열하루 앞둔 오늘을, 우리가 이 세상을 영원히 작별하게 될 그날을 대비하고, 그날 남길 유언을 우리의 삶으로 준비하기 시작하는 출발점으로 삼으십시다. 우리의 삶 속에서 삼가야 할 불의와 부정직과 부도덕과 불륜을 과감하게 도려내십시다. 그리고 언젠가 우리의 코끝에서 호흡이 멎는 순간 사랑하는 사람들에게, 내가 그리스도인으로 어떻게 살아왔는지 여러분이 다 알고 있으니, 여러분도 그렇게 살아 달라는 삶의 유언을 남기십시다. 비록 한마디의 말도 할 수 없는 상황에서 우리 코끝의 숨이 멎는다 해도, 우리의 삶의 유언은 살아 있는 사람들의 마음속에 천만금의 무게와 가치로 새겨지게 될 것입니다.

우리 자신의 능력으로는 불가능하지만, 인간의 몸으로 이 땅에 오셔서 십자가의 보혈로 우리를 살리시고 구원해 주신 주님께서 이미 우리 안에 영으로 임해 계시고, 벌써부터 당신의 말씀으로 우리를 품고 계시기에, 주님 안에서는 얼마든지 가능합니다.


올해 초 '너희가 내 안에, 내가 너희 안에'라는 주님의 말씀을 우리 교회 표어로 주시고, 지난 1년 동안 매주일 마다, 주님께서 이미 영으로 우리 안에 임해 계시고, 벌써부터 당신의 말씀으로 우리를 품고 계심을, 우리의 심령 속에 계속하여 되새겨 주셔서 감사합니다. 그리고 올해를 열하루 남겨두고 대림절 넷째 주일을 맞은 오늘을, 우리가 이 세상을 영원히 작별하게 될 날을 대비하고, 그날 남길 유언을 우리의 삶으로 준비하기 시작하는 출발점으로 삼게 해주셔서 감사합니다.

그리스도인으로서 우리의 삶 속에서 삼갈 것을 과감하게 도려내는 용기를 주십시오. 이 세상에서는 비록 참수형으로 인생이 끝난다 해도, 절망의 광야에 소망의 길을 뚫고 죽음의 사막에 영원한 생명의 강을 내는, 이 시대의 바울로 살아가게 해주십시오. 그와 같은 우리 삶의 무게가, 우리가 이 땅에 남길 마지막 유언의 무게가 되어, 우리의 유언이 허물어지지 않는 복음의 이정표로 남게 해주십시오. 아멘.

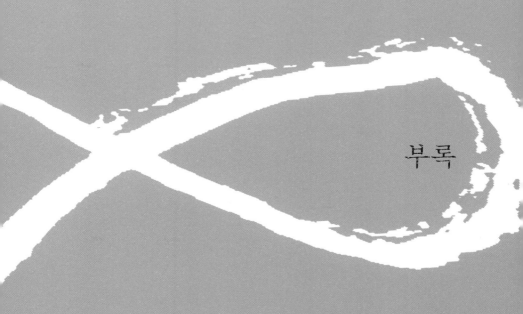

# 부록

신년 0시 예배  **너희가 내 안에, 내가 너희 안에**

2015년 1월 1일

성탄 축하 예배  **독생자를 주셨으니**

2015년 12월 25일

# 너희가 내 안에, 내가 너희 안에 <sub>신년 0시 예배</sub>

요한복음 14장 16-21절
내가 아버지께 구하겠으니 그가 또 다른 보혜사를 너희에게 주사 영원토록 너희
와 함께 있게 하리니 그는 진리의 영이라 세상은 능히 그를 받지 못하나니 이는
그를 보지도 못하고 알지도 못함이라 그러나 너희는 그를 아나니 그는 너희와
함께 거하심이요 또 너희 속에 계시겠음이라 내가 너희를 고아와 같이 버려 두
지 아니하고 너희에게로 오리라 조금 있으면 세상은 다시 나를 보지 못할 것이
로되 너희는 나를 보리니 이는 내가 살아 있고 너희도 살아 있겠음이라 그날에
는 내가 아버지 안에, **너희가 내 안에, 내가 너희 안에** 있는 것을 너희가 알리라
나의 계명을 지키는 자라야 나를 사랑하는 자니 나를 사랑하는 자는 내 아버지
께 사랑을 받을 것이요 나도 그를 사랑하여 그에게 나를 나타내리라

미국의 빌 위더스Bill Withers는 그래미 어워드의 'R&B', 즉 '리듬 앤 블루
스' 부문의 최우수상을 세 번이나 수상한 세계적인 싱어 송라이터입니다. 그
의 대표작 가운데 우리나라 사람들도 즐겨듣는, 〈Lean on me〉가 있습니
다. '나에게 기대세요'라는 의미의 그 노래는 이렇게 시작됩니다.

살아가다 보면

우리 모두 고통과 슬픔을 겪지요

그러나 지혜로운 사람이라면

언제나 내일이 있음을 알지요

Sometimes, in our lives

We all have pain, we all have sorrow

But if we are wise

We know that there's always tomorrow

이 짧은 소절에서 우리는 빌 위더스가 소망하던, 고통과 슬픔으로 얼룩진 오늘보다 나은 '내일'을 읽을 수 있습니다. 1938년 빌 위더스는 흑인 광부의 아들로 태어났습니다. 20세기 초 미국 사회에서 흑인이, 특히 광부와 그 가족처럼 흑인 빈민이 어떤 취급을 받았었는지는 굳이 설명할 필요도 없을 것입니다. 설상가상으로 13세에 아버지를 여읜 위더스는 어머니와 함께 할머니 댁에 얹혀살았습니다. 그것도 여의치 않자, 위더스는 18세의 나이에 가족을 부양하기 위해 해군에 입대하여 9년이나 복무하였습니다. 제대 후에는, 낮에는 기술자로 일하면서 밤마다 자신이 원하는 음악에 매진하였습니다. 흑인에 대한 사회적 차별과 편견과 홀대 그리고 숙명과도 같은 가난 속에서 위더스를 지탱시켜 준 소망은, 오늘보다 나은 '내일'이었습니다. 그래서 그는, 살다 보면 고통과 슬픔을 겪지만 지혜로운 사람은 내일이 있음을 안다고 노래했고, 그의 애절한 노래는 세계인의 마음을 사로잡으며 그를 세계적인 스타의 반열에 오르게 해주었습니다.

김현승 시인도 '내일'을 예찬했습니다.

나는 이렇게 내일을 맞으련다.

모든 것을 실패에게 주고,

비방은 원수에게,

사랑은 돌아오지 못하는 날들에게…


나의 잔에는

천년의 어제보다 명일明日의 하루를

넘치게 하라.


내일은 언제나 축제의 날,

꽃이 없으면 웃음을 들고 가더래도…


내일,

오랜 역사보다도

내일만이 진정 우리가 피고 가는

풍성한 흙이 아니냐?


　시인에게는 지나간 천년보다 다가올 '내일' 하루가 더 중요하고, '내일'이야
말로 자신이 진정으로 꽃피는 축제의 날입니다. 비단 빌 위더스의 노래와 김
현승 시인의 시가 아니더라도, '내일'이라는 단어는 우리의 가슴을 설레게 합
니다. '내일'이 있기에, 많은 사람들이 '내일'을 바라보며, 오늘의 고통과 아픔
과 슬픔을 이겨내고 있습니다. '내일'이 오늘과 구별된 '새날'을 의미한다면,
'내일'을 확장한 것은 '내년' 곧 '새해'입니다. '내년'—새해가 있기에 사람들
은 또 올해의 질곡도 이를 악물고 헤쳐나갈 수 있습니다.

그러나 혹 윤동주 시인의 〈내일은 없다〉라는 시를 알고 계십니까?

　　내일 내일 하기에 물었더니

　　밤을 자고 동틀 때 내일이라고

　　새날을 찾던 나는 잠을 자고 돌아보니

　　그때는 내일이 아니라 오늘이더라

　　무리여! 동무여! 내일은 없나니

　윤동주 시인은 그토록 많은 사람들이 갈망하는 '내일'은 없다고 단언하였습니다. 다음은 홍영철 시인의 시 〈그 많던 내일은 다 어디에 갔을까?〉입니다.

　　그때도 그랬다

　　그때도 내일을 기다렸다

　　내일이 오면 오늘보다 조금은 다른

　　무엇이 다가오지 않을까

　　그렇게 그때도 기다렸다

　　그러나 내일은 언제나 만나지지 않았다

　　내일은 언제나 오늘이 되었고

　　오늘은 언제나

　　인내처럼 쓰고 상처처럼 아렸다

　　내일은 언제나 내일 그 자리에 있었고

　　언제나 오늘은 스스로 걸어가고 있었다

　　지금도 그렇다

내일은 끝없이 내일이고

오늘은 텅 빈 꿈처럼 끔찍이도 허전하다

다 어디 갔을까

그 많던 내일은?


홍영철 시인도 윤동주 시인처럼 '내일'은 없다는 쪽에 서 있습니다. 바꾸어 말하면 우리가 움켜쥐기를 갈구하는, 오늘과 구별된 '새날'과 '새해'는 없다는 것입니다. 대체 어느 쪽이 맞습니까? 소망과 기대에 찬 '새날' 혹은 '새해'는 실제로 축제일처럼 실재하는 것입니까, 아니면 세상 사람들이 실재하지도 않는 허상을 마치 신기루처럼 헛되이 좇고 있는 것입니까?

이제 방금 과거완료형으로 막을 내린 2014년을 되돌아보십시다. 1년 전 우리는 바로 이 자리에서 2014년을 새해로 맞았습니다. 그 전 해인 2013년에서 바라보자면 2014년은 분명 소망 가득한 '내일'과 '새날'이요, '새해'였습니다. 그러나 어땠습니까? 이제는 이미 과거가 되어 버린 2014년이 과연 '새날'과 '새해'였습니까? 개선의 여지도 없이 무한 반복적인 정치·경제 문제는 차치하고서도 '송파구 세 모녀 자살사건', '경주리조트 붕괴사고', '세월호 침몰사고', '요양원 화재사고', '고양종합터미널 화재사고', '국회의원 연루 대리기사 폭행사건', '윤 일병 구타사망사건', '임 병장 총기난사 사망사건', '판교 공연장 환풍구 붕괴사고', '대한항공 땅콩 회항사건' 등, 수많은 인명을 살상하고 국민의 공분을 일으킨 사건사고로 점철된 한 해였습니다. 서아프리카에서 발병한 죽음의 병—에볼라의 확산, 러시아의 크림반도 합병으로 러시아와 우크라이나 간 무력충돌과 신냉전시대 돌입, 무장단체 이슬람국가(IS)의 무차별적인 테러 행위, 과거사를 부정하는 일본 아베 정권의 총선 압승, 점증하는 북한의 핵미사일 위협 등 나라 밖 사정도 암울하기는 매한가지였습니다. 2014년은 '새해'는커녕 기억하는 것조차 끔찍한 불신과 분노의 한 해였습니다.

그렇지만 그 속에서도 경제적으로는 더 빈궁해졌을망정, 육체적으로는 병들었을망정, 사랑하는 사람을 잃었을망정, 2014년을 정녕 '새해'로 엮으며 오늘보다 새로운 '내일'을 누리며 살아온 분들도 분명히 있을 것입니다. 이처럼 새로운 '내일'과 '새해'는 신기루와 같은 허상일 수도 있고, 분명하고도 구체적인 실체일 수도 있습니다. 물질이 많아지고 지위가 높아진다고 새로운 '내일'과 '새해'를 누리는 것은 아닙니다. 오히려 그로 인해 새로운 '내일'과 '새해'를 영영 상실해 버린 사람들이 더 많습니다. 참된 새것은 물질적이거나 외적인 것이 아니라, 철저하게 영적이고도 내적이기 때문입니다.

제 개인적인 이야기를 드리는 것을 양해해 주시기 바랍니다. 2013년 6월 25일은, 제가 전립선암 제거 수술을 받기 위해 입원한 지 열이틀 만에 퇴원하는 날이었습니다. 새벽에 눈을 뜬 저는 병실에서 평소처럼, 성경을 순서대로 읽는 것으로 입원 마지막 날의 일정을 시작했습니다. 그날 새벽에 제가 읽어야 할 성경의 차례는 출애굽기 12장부터였는데, 그 내용이 다음과 같이 시작되었습니다.

> 여호와께서 애굽 땅에서 모세와 아론에게 일러 말씀하시되, 이 달을 너희에게 달의 시작 곧 해의 첫 달이 되게 하고(출 12:1-2).

하나님께서 이스라엘 백성을 이집트에서 해방시키시며, 바로 그 달을 "해의 첫 달이 되게 하"라고 명령하셨습니다. 출애굽의 시점을 '새해'의 시작으로 삼으라는 명령이었습니다. 그것은 하나님께서 이스라엘 백성에게 '새날', '새해'를 주시겠다는 언약의 말씀이었습니다. 이집트에서 파라오의 노예로 살던 이스라엘 백성이 하나님과 동행하는 하나님의 백성이 되었으니, 하나님 안에서 존재가 새로워진 그들의 날과 해가 어찌 새로운 '내일'과 '새해'로 엮어지지 않았겠습니까?

그 말씀은 암 수술을 받고 퇴원하는 저를 향한 하나님의 명령인 동시에 언약이었습니다. 비록 제 몸에서 장기의 일부를 적출해 내었을망정, 적출해 낸 장기의 절단면에서도 암세포가 발견되어 일평생 암세포를 경계하며 살아야 할망정, 노년에 접어든 제 육신이 날이 갈수록 점점 더 쇠약해져갈망정, 한마디로 말해 세상적으로는 제게 새로워질 조건이 아무것도 없을망정, 삼위일체 하나님께서 제 인생을 날마다 '새날', '새해'로 친히 엮어 주시겠다는 감격적인 언약이었습니다. 그래서 그날 퇴원하면서, 저는 하나님의 명령에 따라 그날을 제 인생의 '새해 첫날'로 삼았습니다. 2015년 1월 1일을 맞는 오늘은, 제 개인적인 캘린더로는 '새해' 556일째 되는 날입니다. 사도 바울의 고백(고후 4:16)처럼, 제 겉사람은 하루하루 더 낡아져 가지만 제 속사람을 날로 새롭게 해주시며, 이 세상의 그 어떤 풍파 속에서도 제 인생을 날마다 '새날', '새해'로 엮어 주시는 주님을, 제가 어찌 제 인생의 주인으로 모시지 않을 수 있겠습니까?

오늘의 본문은 십자가의 죽음을 목전에 둔 주님께서 제자들에게 이르신 말씀입니다.

내가 아버지께 구하겠으니 그가 또 다른 보혜사를 너희에게 주사 영원토록 너희와 함께 있게 하리니, 그는 진리의 영이라. 세상은 능히 그를 받지 못하나니, 이는 그를 보지도 못하고 알지도 못함이라. 그러나 너희는 그를 아나니 그는 너희와 함께 거하심이요, 또 너희 속에 계시겠음이라

(16~17절).

주님께서 떠나신 뒤, 성령님께서 오셔서 제자들과 함께하시리라는 주님의 약속이었습니다.

내가 너희를 고아와 같이 버려 두지 아니하고 너희에게로 오리라(18절).

주님께서는 오실 성령님과 당신 자신을 동일시하시면서, '내가 너희에게로 오리라'고 약속하셨습니다. 우리가 믿는 하나님께서는 삼위일체 하나님이십니다. 성령 하나님께서는 성부 하나님의 영이신 동시에 성자 하나님의 영이시기도 합니다. 인간을 구원하시기 위해 십자가의 제물로 돌아가셨다가 죽음을 깨뜨리고 부활하시어 승천하신 주님께서는, 제자들에게 다시 영으로 임하셨습니다. 당신께서 사랑하시는 제자들을 고아처럼 내버려 두시지 않기 위함이었습니다.

조금 있으면 세상은 다시 나를 보지 못할 것이로되 너희는 나를 보리니, 이는 내가 살아 있고 너희도 살아 있겠음이라. 그날에는 내가 아버지 안에, 너희가 내 안에, 내가 너희 안에 있는 것을 너희가 알리라(19~20절).

세상 사람들은 육안으로 볼 수 없는 주님의 영을 알 수도 없었습니다. 그러나 부활하신 주님 안에서 영적으로 소생한 제자들은 성령님을 알아보았습니다. 그들은 성령님의 조명 속에서 주님께서 아버지 안에, 자신들이 주님 안에, 그리고 주님께서 자신들 안에 계심을 알았습니다.

나의 계명을 지키는 자라야 나를 사랑하는 자니, 나를 사랑하는 자는 내 아버지께 사랑을 받을 것이요, 나도 그를 사랑하여 그에게 나를 나타내리라(21절).

주님께서 로고스 곧 말씀이시기에, 눈에 보이는 주님의 말씀을 좇고 지키는 것이 보이지 않는 영이신 주님을 사랑하는 것이란 의미입니다. 제자들이 먼저 말씀을 좇고 지켰기에 주님의 제자가 된 것이 결코 아니었습니다. 주님께서 먼저 그들 안에 계셔 주시고, 그들로 하여금 당신 안에 있게 해주셨기에, 주님의 도우심 속에서 그들은 말씀의 증인이 될 수 있었습니다. 그들이 의로운 사람들이었기에 거룩한 사도가 된 것이 아니었습니다. 주님께서 그들 안에 계셔 주시고, 그들로 하여금 당신 안에 있게 해주셨기에, 주님의 의를 힘입어 그들은 거룩한 사도가 될 수 있었습니다. 그들이 입고 있는 의복이 새 옷이거나 그들의 육체가 청결했기에, 혹은 그들이 당대의 지성인들이었기에 세상을 새롭게 할 수 있었던 것도 아닙니다. 갈릴리 빈민 출신인 그들은 배운 것도 없고 변변한 의복도 없었지만 주님께서 그들 안에 계셔 주시고, 그들로 하여금 당신 안에 있게 해주셨기에, 주님의 인도하심 속에서 그들은 세상을 새롭게 하는 주님의 손과 발로 살아갈 수 있었습니다.

주님의 말씀을 좇고 지키는 삶을 살아가는 제자들에게 주어진 현실은 갈릴리에서보다 훨씬 가혹했습니다. 갈릴리에서는 비록 빈민의 삶일망정 매일 끼니를 때우며 가정을 지킬 수 있었습니다. 그러나 이 세상에서 말씀의 증인으로 살아가기 위해 그들이 치러야 했던 대가는 참수형을 당하거나, 산 채로 불타 죽거나, 원형경기장에서 맹수의 밥이 되는 것이었습니다. 그리고 그들의 가정은 풍비박산이 되었습니다. 하지만 그들은 말씀의 증인으로 살기를 포기하지 않았고, 그들이 목숨을 걸고 전한 주님의 말씀에 의해 인류의 역사는 새로워졌습니다. 말씀이신 주님께서 그들 안에 계셔 주시고 그들로 하여금 당신 안에 있게 해주셨기 때문이요, 주님의 말씀 안에서 심령이 새로워진 그들의 매일 매일이 먼저 참된 '새날'과 '새해'로 엮어져 간 덕분이었습니다.

서두에 언급한 빌 위더스의 노래 〈나에게 기대세요〉의 가사는 다음과 같이 이어집니다.

> 당신이 연약해질 때, 나에게 기대세요
> 내가 당신의 친구가 되어 드릴게요
> 당신이 지탱할 수 있도록 내가 도와드릴게요
> Lean on me, when you're not strong
> And I'll be your friend
> I'll help you carry on

그리고 그 노래는 이렇게 끝을 맺습니다.

> 당신이 져야 하는 짐이
> 홀로 감당하기에 버거울 때
> 내가 달려갈게요
> 당신이 날 부르기만 하면 내가 당신의 짐을 나누어 져드릴게요
> 친구가 필요하면 나를 부르세요
> 날 부르세요
> If there is a load

You have to bear, that you can't carry

I'm right up the road

I'll share your load if you just call me

Call me if you need a friend

Call me


올해 만 77세가 된 빌 위더스는 인터뷰를 통해, 자신이 어린 시절 교회에서 부르던 찬송가를 연상하며 이 노래를 지었다고 밝힌 적이 있습니다. 빌 위더스가 '나에게 기대고 나를 부르라'고 노래할 때의 '나'는 위더스 자신이나 특정 인간이 아니라, 바로 주님을 가리킨 것이었습니다. 우리가 끝이 보이지 않는 고통과 슬픔의 터널을 지날 때, 인생의 버거운 짐을 홀로 지느라 자신을 지탱할 수도 없을 때, 우리를 도우시고 우리의 짐을 함께 져주시는 주님을 의지하라는 의미입니다. 주님께서 말씀으로 우리 안에 계시고, 우리가 말씀을 통해 주님 안에 있기 때문임은 두말할 나위가 없습니다. 그러므로 빌 위더스가 고통과 슬픔 속에서도 '언제나 내일이 있다'고 노래한 것 역시 캘린더상의 '내일'이 아니라, 주님으로부터 주어지는 '새날'을 뜻했습니다. 그 어떤 고통이나 슬픔도 주님의 말씀 안에서 주어지는 '새날'을 가로막을 수는 없습니다.

올해 우리 교회의 표어는 본문 20절에 기인하여 '너희가 내 안에, 내가 너희 안에'입니다. 우리가 믿는 주님께서는 시간과 공간을 초월하여 우리보다 '먼저 가시는 하나님'이시고, 시간과 공간을 초월하여 우리 배후에서 우리의 백그라운드 되시고, 시간과 공간을 초월하여 우리 곁에서 우리의 동행자 되시고, 시간과 공간을 초월하여 우리 안에 계시고, 시간과 공간을 초월하여 우리로 하여금 당신 안에 있게 하십니다. 그렇기에 주님께서는 우리보다 우리 자신을 더 잘 알고 계시고, 우리가 주님을 부를 때마다 응답해 주실 수 있고, 우리가 질 수 없는 인생의 무거운 짐을 우리와 함께 져주실 수 있고, 우리의 심령을 날마다 새롭게 해주실 수 있습니다. 세상 사람들은 볼 수 없는 영이신 그 주님을 우리는 말씀을 통해 보고, 알고, 만나고, 만질 수 있습니다. 눈으로 볼 수 있는 말씀이 보이지 않는 주님이시고, 영이신 주님께서 보이는 말씀을 통해 당신을 우리에게 계시해 주시기 때문입니다.

잊지 마십시오. 우리는 죽을 수밖에 없는 죄인이지만, 우리 안에 계시는 주님으로 인해 우리는 이미 의롭고 거룩한 하나님의 자녀가 되었습니다. 우리는 아무것도 내세울 것이 없지만, 주님께서는 당신의 말씀을 통해 당신의 온유하고 겸손한 품격을 이미 우리에게 주셨습니다. 걸레처럼 더럽기만 한 우리가 말씀이신 주님 안에서 이미 새로운 피조물이 된 것입니다.

그러므로 이제 막 시작된 2015년이, 또다시 우리를 암울하게 만드는 사건사고로 점철된다고 할지라도 절망하지 마십시다. 우리 모두 말씀이신 주님께만 기대고, 영원한 산성이신 주님의 말씀에만 기대십시다. 말씀 안에서 날마다 주님을 부르고, 주님을 만나고, 주님과 속삭이며, 주님을 좇으십시다. 설령 고통과 슬픔이 몰아닥친다 할지라도 우리에게는 언제나 새로운 '내일'이 있을 것이요, 우리의 주머니가 넉넉하지 못해도 우리의 매일 매일은 '새날'로 엮어질 것이요, 우리로 인해 이제 막 시작한 2015년은 이 시대의 역사를 새롭게 하는 진정한 '새해'가 될 것입니다. 천지를 창조하시고 만물을 새롭게 하시는 주님께서 우리 안에 계시고, 우리가 이미 그분 안에 있기 때문입니다.


2015년을 맞는 첫날 첫 시간부터 주님께서 우리 안에 계시고, 우리가 주님 안에 있음을 확인시켜 주셔서 감사합니다. 올 1년 동안 날마다 말씀 안에서 주님을 보고, 만나고, 만지고, 따르게 해주십시오. 주님께서 우리 안에 계시고 우리가 주님 안에 있기에, 주님의 의를 힘입어 우리가 이미 새로운 피조물이 되었음을 잊지 말게 해주십시오. 혹 고통과 슬픔이 몰아닥칠 때, 홀로 지고 가기에 인생 짐이 너무 버거울 때, 사람이나 세상의 것에 기댔다가 넘어지는 어리석음을 범치 않고, 오직 말씀 안에서 영원한 산성이신 주님께만 기대게 해주십시오. 주님께서 우리 안에 계시고 우리가 주님 안에 있기에, 주님의 말씀을 덧입어 더욱 거룩하게 살게 해주십시오. 주님께서 우리 안에 계시고 우리가 주님 안에 있기에, 주님의 말씀을 좇아 온유하고 겸손한 주님의 품격으로 살아가게 해주십시오. 주님께서 우리 안에 계시고 우리가 주님 안에 있기에, 어떤 상황 속에서든 날마다 말씀으로 더욱 새로워지는 '내일'을 맞게 해주십시오. 그와 같은 삶을 살아가는 우리로 인해 지금 막 시작한 2015년이, 이 시대의 역사를 새롭게 하는 진정한 '새해'가 되게 해주십시오. 아멘.

# 독생자를 주셨으니 성탄 축하 예배

요한복음 3장 16절

하나님이 세상을 이처럼 사랑하사 **독생자를 주셨으니** 이는 그를 믿는 자마다 멸망하지 않고 영생을 얻게 하려 하심이라

지난 12월 13일, SBS-TV가 막걸리 제조와 관련하여 보도했던 뉴스의 내용을 그대로 읽어드리겠습니다.

한 양조장 대표가 막걸리의 주재료인 쌀의 3분의 1을 외국산을 쓰고도, 100퍼센트 국산쌀을 썼다며 제품을 팔다가 적발돼 원산지 허위표시 혐의로 기소됐지만, 법원은 무죄를 선고했습니다. 법원은 막걸리 제조에 수입쌀이 많이 사용되기는 했지만, 원산지 표시 대상에서 제외되는 '식품첨가물'에 들어갔기에 위법하지 않다고 판단했습니다. 서울서부지법 형사2단독 신형철 판사는 농수산물의 원산지 표시에 관한 법률 위반 혐의로 기

소된 경북 지역 모 양조장 대표 45세 권 모 씨에게 무죄를 선고했습니다. 권 씨가 할아버지 대부터 3대째 운영해 온 이 양조장은 오랜 전통으로 주류업계에서 인지도가 높은 곳입니다. 권 씨는 지난해 10월부터 올 7월 말까지 국산과 수입쌀을 2대 1 비율로 섞어 막걸리와 동동주를 제조하고서, 제품 겉면에 '100퍼센트 우리 쌀'이라고 표시하고, 원재료명 표시란에도 '백미-국내산'으로 허위 기재한 혐의로 기소됐습니다. 검찰은 국내산 가공용 쌀 가격이 오르자, 권 씨가 제조원가를 낮추려고 외국산을 섞어 술을 제조하고서, 원산지를 허위로 표시했다고 보고 권 씨를 재판에 넘겼습니다.

하지만 법원은 양조장에서 막걸리가 제조되는 과정을 살펴본 결과, 현행 법령상 문제 삼을 수 없다고 판단했습니다. 양조장에서는 막걸리를 빚는 데 쓰이는 누룩의 일종인 입국粒麴을 만드는 데 수입쌀 45킬로그램을 사용했고, 막걸리의 주원료인 덮밥을 만드는 데는 국내산 쌀 95킬로그램과 밀가루 10킬로그램을 썼습니다. 법원은 막걸리 제조에 쓰이는 입국이 농수산물 원산지표시법 시행령상 원산지를 표시할 필요가 없는 식품첨가물에 해당한다고 봤습니다. 시행령에 따르면 물, 식품첨가물, 술에 넣는 알코올인 주정, 당류는 원산지 표시 대상이 아닙니다. 또 식품첨가물의 기준과 규격을 명시한 '식품첨가물 공전'에 천연 식품첨가물의 하나로 '국'이 있고, 여기에 입국이 포함됐다는 점에도 법원은 주목했습니다. 법원은 '외국산 쌀을 국산의 절반이나 사용하고도 국산만 사용하는 것처럼 표기해 소비자에게 혼동을 줄 우려가 있다는 사정만으로는, 별도의 입법 없이 피고인을 처벌할 수 없다'고 판시했습니다.

검찰은 '수입쌀을 사용해 입국을 직접 제조했고, 사용된 양도 상당하다는 점에서 해당 양조장의 입국을 첨가물로 볼 수만은 없다고 판단했다'며,

'법리적으로 다퉈 볼 여지가 있는 만큼 항소할 예정'이라고 밝혔습니다.

일반으로서는 선뜻 납득하기 어려운 내용입니다. 네이버 사전은 '식품첨가물'을 '식품을 제조·가공할 때 기호嗜好 가치를 향상시키거나 영양 가치를 높일 목적으로 첨가하는 물질. 조미료, 착색료, 보존료 따위가 있다'고 풀이하고 있습니다. '보존료保存料'는 '미생물에 의한 식품의 부패나 변질을 막기 위하여 식품에 첨가하는 물질'을 의미합니다. 조미료, 착색료, 보존료와 같은 식품첨가물의 공통점은, 그것들이 첨가될 본래의 식품 분량에 비하여 그 양이 미량에 지나지 않는다는 것입니다. 식품에 조미료를 첨가하면서 식품 분량의 2분의 1에 해당하는 조미료를 넣는 경우는 없습니다. 미량의 첨가물이라면 굳이 원산지를 표시할 필요가 없을 것입니다.

하지만 막걸리를 제조하는 데 사용된 수입쌀의 양이 전체량의 3분의 1, 다시 말해 국산쌀 분량의 2분의 1이나 차지했다면, 그건 첨가물의 표현과 범위를 넘어서는 일입니다. 그렇게 많은 양의 수입쌀을 쓰고서도 용기에 100퍼센트 국산쌀을 사용했다고 표기하는 것은, 소비자 입장에서 보자면 원산지를 허위 표시한 명백한 기만일 수 있습니다. 그러나 법원은 그 막걸리 제조업자에게 무죄를 선고했습니다. 막걸리에 필요한 입국을 만드는 데 아무리 많은 양의 수입쌀을 사용해도 입국은 현행법상 식품첨가물로 분류되어 있고, 식품첨가물은 원산지표시법 시행령상 원산지를 표시할 필요가 없기 때문입니다. 이를테면 방금 소개한 사례보다 더 많은 양의 수입쌀을 첨가물로 사용하고 '100퍼센트 우리 쌀'이라고 표기해도 거짓이 아닌 셈이 됩니다. 수입쌀의 사용량이 아무리 많아도 그것이 첨가물로 분류되는 한, 현행법상 당사자의 행위는 무죄이기 때문입니다. 이 사례는 우리로 하여금 죄와 법의 관계에 대해 생각하게 해줍니다.

우리나라 사법부도 죄형법정주의를 채택하고 있습니다. 죄형법정주의의 요지는 '어떤 행위가 범죄인가 아닌가, 또는 그 범죄에 대하여 어떤 형벌을 내릴 것인가 하는 것은 법률에 의해서만 정할 수 있다'는 것입니다. 국민 개인의 자유와 권리를 보장하기 위하여 권력자가 범죄와 형벌을 마음대로 좌지우지하지 못하게 한 죄형법정주의의 대원칙은 '법률이 없으면 범죄도 없고, 법률이 없이는 형벌도 없다'는 것입니다. 따라서 사회적으로 비난받아 마땅하고 도덕적으로 명백하게 어긋난 행위일지라도, 법률이 그 행위를 범죄로 규정하지 않았다면 처벌할 수 없습니다. 법률상 그 행위는 무죄이기 때문입니다. 수입쌀을 3분의 1이나 사용하고도 용기에 '100퍼센트 우리 쌀'이라 표기한 양조업자가 법원에서 무죄판결을 받은 것도 동일한 이유였습니다.

　법이 없으면 범죄도 없고, 결과적으로 범죄자도 있을 수 없습니다. 살인이 범죄인 것은, 법이 살인을 범죄로 규정하고 있기 때문입니다. 살인이 범죄라는 법이 제정되고 시행되기 이전에는, 살인은 무죄였습니다. 그래서 옛날에는 사람을 많이 죽인 사람들이 도리어 영웅 취급을 받았습니다. 아무리 사람을 많이 죽여도, 살인은 범죄가 아니었던 것입니다. 법이 살인을 범죄로 규정하고 있는 오늘날이라면, 그런 사람들은 모두 살인마로 중형에 처해질 것입니다. 절도·폭행·강간 등이 범죄인 것도, 법률이 그런 행위를 범죄로 규정하고 있기 때문입니다.

　법이 있어 법을 어기는 범죄가 있고 결과적으로 범죄자가 있다는 것은, 반대로 법이 있어 법을 준수하는 준법자도 있다는 말입니다. 법이 범죄자와 준법자의 기준인 셈입니다. 범죄자가 많으면 치안이 불안한 사회이고, 준법자가 많을수록 안전한 사회입니다. 하지만 아무리 법이 있고 법이 구체적인 범죄를 규정하고 있어도, 범죄자의 범죄행위가 발각되지 않으면, 범죄자는 얼마든지 무죄의 준법자처럼 행세하며 살아갈 수 있습니다.

인간의 법은 인간을 위해, 인간에 의해 만들어진 법입니다. 법을 제정한 사람이나, 법을 집행하는 사람이나, 법 집행의 대상이 되는 사람이나, 불완전 존재이기는 매한가지입니다. 인간에 의해 제정된 법도, 인간에 의한 법 집행도 완전할 수 없다는 말입니다. 그래서 공익을 해치고 비난받아 마땅한 행위임에도 법이 없어 무죄가 되기도 하고, 분명히 법을 어긴 범죄자이면서도 법 집행이 미치지 못해 의로운 준법자 행세를 할 수도 있습니다. 그러나 하나님의 법은 불완전한 인간의 법과는 근본적으로 다릅니다.

　하나님의 법은 피조물인 인간에 대한 창조주의 법이기에, 하나님의 법은 완벽합니다. 하나님의 법이 미치지 못하는 인간의 범죄는 있을 수 없습니다. 하나님의 법은 인간의 모든 범죄를 낱낱이 고발합니다. 하나님의 법 앞에서 유죄가 무죄로 선고될 확률은 0.000퍼센트입니다. 그러므로 이 세상의 그 어떤 인간도 하나님의 법을 벗어날 수 없습니다. 법이 없으면 살인을 저지르고도 의인 행세를 하듯이, 하나님의 법을 알지 못하는 사람은 자신을 의로운 사람으로 착각하며 살아갑니다. 중요한 것은 그 사람이 하나님의 법을 알지 못한다고 해서, 그 사람 앞에서 하나님의 법이 소멸되거나 그 사람을 피해 가지 않는다는 사실입니다. 하나님의 법은 인간이 알든 모르든, 원하든 원치 않든, 수용하든 거부하든 상관없이, 이 세상 모든 인간에게 적용됩니다.

　더욱이 하나님께서는 인간의 속마음까지 꿰뚫어보는 분이시기에, 인간이 하나님 앞에서 자신의 죄과를 숨긴다는 것은 아예 불가능합니다. 그 어떤 인간도 하나님의 법에 의한 하나님의 심판을 피할 수 없다는 말입니다. 그러므로 하나님의 법, 하나님의 심판 앞에서 의로운 인간은 있을 수 없습니다. 죄성을 지닌 인간 가운데 하나님의 법을 모두 준행할 수 있는 인간은 그 어디에도 없기 때문입니다. 인간이 하나님의 법 앞에서 의로운 준법자 행세를 한다는 것은 애당초 불가능합니다.

  다음은 사도 바울의 증언입니다.

> 그러면 무엇을 말해야 하겠습니까? 우리 유대 사람이 이방 사람보다 낫습니까? 전혀 그렇지 않습니다. 유대 사람이나 그리스 사람이나, 다 같이 죄 아래에 있음을 우리가 이미 지적하였습니다. 성경에 이렇게 기록되어 있습니다. '의인은 없다. 한 사람도 없다. 깨닫는 사람도 없고, 하나님을 찾는 사람도 없다. 모두가 곁길로 빠져서, 쓸모가 없게 되었다. 선한 일을 하는 사람은 없다. 한 사람도 없다. 그들의 목구멍은 열린 무덤이다. 혀는 사람을 속인다. 입술에는 독사의 독이 있다. 입에는 저주와 독설이 가득 찼다. 발은 피를 흘리는 일에 빠르며, 그들이 가는 길에는 파멸과 비참함이 있다. 그들은 평화의 길을 알지 못한다. 그들의 눈에는 하나님을 두려워하는 빛이 없다(롬 3:9-18, 새번역).

  우리의 속마음을 들킨 것 같지 않습니까? 아니, 하나님께서 우리의 실체를 정확하게 꿰뚫어보고 계시지 않습니까? 하나님께서 단정하셨습니다. "의인은 없다. 한 사람도 없다." 그렇지 않습니까? 하나님께서 먹지 말라 명령하신 선악과를 먹고 에덴동산에서 쫓겨난 아담과 하와의 피를 이어받아 죄성을 타고난 우리 가운데, 대체 누가 하나님 법 앞에서 의인일 수 있겠습니까? 하나님께서는 또 이렇게도 단정하셨습니다. "선한 일을 하는 사람은 없다. 한 사람도 없다." 인간 중에, 상대적으로 선한 인간은 도처에 있을 수 있습니다. 하지만 하나님의 절대적인 법 기준에 의한 절대적인 선인은 결코 있을 수 없습니다. 스스로 하나님의 선민임을 자처하던 유대인이든, 지성과 문화를 자랑하던 헬라인이든, 하나님의 법 앞에서 똑같은 죄인이라는 관점에서는 아무런 차이가 있을 수 없었습니다. 인간의 속마음까지 꿰뚫어보시는 하나님의 법정에서, 완전무결한 하나님의 법에 의해, 무죄 선고를 받을 수 있는 인간은 단 한 명도 없다는 말입니다.

그렇다면 죄인인 인간에게 하나님께서 당신의 법에 따라 내리실 선고는 오직 영원한 멸망의 사형밖에 없습니다. 하나님의 법은 "죄의 삯은 사망"(롬 6:23)이라고 분명하게 규정하고 있기 때문입니다. 법은 마치 둑과 같습니다. 아무리 거대한 둑이라도 조그마한 구멍이 둑 전체를 무너지게 만들 듯이, 법 집행자가 법률 한 조항이라도 무시하는 것은 법 전체의 권위와 효력을 스스로 무너뜨리는 행위입니다. 하나님의 법이 '죄의 삯을 사망'이라고 규정한 이상, 하나님께서는 당신과 당신의 법의 권위를 위해, 당신의 법을 어긴 인간에게 반드시 영원한 멸망의 사형을 선고하셔야만 했습니다. 하지만 하나님께서는 인간이 상상도 할 수 없는 역전의 드라마, 구원의 대드라마를 직접 연출하셨습니다. 오늘의 본문인 요한복음 3장 16절이 그 역전의 드라마, 그 구원의 대드라마의 핵심을 이렇게 증언하고 있습니다.

하나님이 세상을 이처럼 사랑하사 독생자를 주셨으니, 이는 그를 믿는 자마다 멸망하지 않고 영생을 얻게 하려 하심이라.

하나님께서 당신의 법에 따라 죄인인 인간에게 영원한 멸망의 사형을 선고하시는 대신에, 인간을 사형선고에서 구해 주시기 위해 당신의 독생자를 보내 주셨습니다. 하나님의 독생자이신 예수님께서 이 땅에 인간으로 오셔서, 인간의 죄를 당신이 지시고, 인간의 죗값을 당신이 대신 치르시기 위해, 죄인을 사형시키는 십자가의 제물이 되어 친히 돌아가심으로써, 하나님의 법에 의해 죄인은 반드시 죽어야 한다는 하나님의 공의와, 그럼에도 불구하고 죄인을 구원하시려는 하나님의 사랑을 십자가 위에서 동시에, 그리고 온전히 성취하셨습니다. 그리고 예수님께서 십자가에 못박혀 돌아가신지 사흘째 되는 날, 성부 하나님께서 죽음의 한가운데서 예수님을 영원히 일으켜 세우심으로, 인간을 영원한 멸망의 사형에서 구해 주신 하나님께서 인간으로 하여금 예수 그리스도 안에서 영원한 생명까지 누리게 해주셨습니다. 그야말로 복음, Good News가 아닐 수 없습니다. 예수님께서 태어나신 오늘―성탄절은 하나님의 그 복음, 그 Good News가 인간 세상과 역사 속에 침투해 들어온 날입니다.

인간에 의해 만들어진 세상의 종교는 인간이 신을 찾아가야 합니다. 그러나 하나님의 독생자이신 예수님께서는 당신이 친히 인간 세상과 역사 속으로 강림하시고, 진입하시고, 침투해 오셨습니다. 영원한 멸망의 사형선고로부터 인간을 구해 주시기 위함이었습니다. 그렇다면 어떤 사람이 예수님을 자기 욕망을 이루기 위한 수단이 아니라, 자신을 죄와 사망의 덫에서 살려 주신 영원한 생명의 구주로 영접하며, 자기 삶의 목적으로 경배하겠습니까? 두말할 것도 없이 하나님의 법 앞에 서본 사람, 다시 말해 하나님의 법을 아는 사람입니다. 자신이 얼마나 흉악한 죄인인지 하나님의 법에 의해 통렬하게 고발당하고, 영원한 멸망의 사형선고 이외의 다른 길이 자기에게 있을 수 없음을 절감한 사람만, 십자가의 예수님을 진정한 구원자로 영접하고 삶으로 경배할 수 있습니다.

그러므로 율법의 행위로는 하나님 앞에서 의롭다고 인정받을 사람이 아무도 없습니다. 율법으로는 죄를 인식할 뿐입니다(롬 3:20, 새번역).

율법이 있기에, 율법의 고발에 의해, 영원한 멸망의 사형선고를 받을 수밖에 없는 우리 자신의 실체를 확인할 수 있습니다. 율법은 우리의 실체를 비춰 주는 거울입니다. 하나님께서 당신의 법인 율법이 담긴 구약성경을 우리에게 주신 까닭이 여기에 있습니다. 율법의 거울에 자신의 실체를 비춰 본 사람만, 칼날 같은 율법의 고발로 자신이 영원한 멸망의 사형선고를 받아 마땅한 죄인임을 자각한 사람만, 신약성경의 복음이 왜 필요한지 비로소 명료하게 깨닫게 되고, 하나님께서 이 땅에 보내신 하나님의 독생자요 구원자이신 십자가의 예수님과 인격적인 만남을 가질 수 있습니다.

여러분은 무슨 이유로 예수님을 좇고 있습니까? 경제적인 문제로 예수님을 좇을 수 있습니다. 얼마든지 그럴 수는 있지만 그러나 그런 경우라면, 실제로는 세상의 재물이 예수님을 대체하고 있을 수 있습니다. 육체의 질병으로 인해 예수님을 좇을 수도 있습니다. 그 경우에는, 예수님은 수단일 뿐 사실은 육체의 건강이 우상이 되어 있을 수 있습니다. 세상의 성공과 출세를 위해 예수님을 좇을 수도 있습니다. 하지만 그런 사람은 성공하고 출세하면 할수록, 그의 영혼은 예수님과 점점 더 멀어질 수 있습니다.

자신의 출세와 성공이, 자신이 소유한 재물과 육체의 건강이, 언젠가 불현듯 자신을 덮치는 죽음을 막아 주지 못하는 순간, 자신이 지닌 그 무엇도 자신의 죽음 이후를 보장해 주지 못하는 그 마지막 순간, 예수님 안에서 영원한 생명과 영원한 하나님의 나라를 누리기 원하십니까? 그렇다면 이 시간, 우리 모두 구약성경의 율법 앞에 서십시다. 율법의 거울 앞에 우리의 실체를 비춰 보십시다. 칼날 같은 율법의 고발에 우리 자신을 노출시킬수록, 우리는 신약의 복음서로 넘어가 오늘의 본문 말씀을 찬양하지 않을 수 없을 것입니다.

하나님이 세상을 이처럼 사랑하사 독생자를 주셨으니, 이는 그를 믿는 자마다 멸망하지 않고 영생을 얻게 하려 하심이라.

바로 오늘이, 영원한 멸망의 사형선고로부터 우리를 구하시기 위해 하나님의 독생자이신 예수님께서 이 땅에 오신 날, 하나님의 Good News—복음의 대드라마가 시작된 날입니다. 그래서 오늘은 예수님의 성탄일인 동시에, 그분 안에서 새 생명의 삶을 살게 된 우리 모두의 두 번째 생일이 시작되는 날이기도 합니다. 메리 크리스마스!

만약 하나님께서 우리에게 하나님의 법이 담긴 구약성경만 주셨다면, 우리는 모두 하나님의 법에 의해 영원한 멸망의 사형선고를 피하지 못할 것입니다. 만약 하나님께서 우리에게 하나님의 복음을 선포한 신약성경만 주셨다면, 우리는 예수님을 제대로 알지도 못한 채 우리 욕망을 이루기 위한 기복의 수단으로만 삼을 것입니다.

오늘 뜻깊은 예수님의 성탄절을 맞아 우리에게 왜 구약성경과 신약성경이 동시에 필요한지 알게 해주셔서 감사합니다. 구약성경을 통해 영원한 멸망의 사형선고를 받아 마땅한 나의 실체를 확인하며, 신약성경의 복음을 좇아 십자가의 예수님을 내 삶의 목적으로 경배하게 해주십시오. 그리하여 예수님 안에서 구약성경과 신약성경이 조화와 균형을 이루는 우리의 새로운 삶이, 날마다 참생명의 기쁨과 능력이 충만한 성탄절로 엮어져 가게 해주십시오. 그리고 오늘 본문 말씀이 일평생 우리의 고백과 찬양이 되게 해주십시오.

'하나님이 세상을 이처럼 사랑하사 독생자를 주셨으니, 이는 그를 믿는 자마다 멸망하지 않고 영생을 얻게 하려 하심이라.' 아멘.